LES GRECS ET L'IRRATIONNEL

LES GRECS ET L'IRRATIONNEL

Couverture : Bacchante, détail de l'amphore du peintre de Kléophradès/Münich, Museum Antiker Kleinkunst *(photo Hirmer)*.

E. R. DODDS
Professeur à l'Université d'Oxford

LES GRECS
ET
L'IRRATIONNEL

Traduit de l'anglais
par
MICHAEL GIBSON

FLAMMARION

To Gilbert Murray
τροφεῖα

The Greeks and the Irrational
University of California Press, Berkeley U.S.A.
1959

LISTE DES ABRÉVIATIONS

AJA	American Journal of Archeology
AJP	American Journal of Philology
ARV	Attic Redfigure Vases
CAH	Cambridge Ancient History
CMAG	Catalogue des Manuscrits Alchimiques Grecs
C Ph	Classical Philosophy
CQ	Classical Quarterly
CR	Classical Review
CRAI	Comptes Rendus de l'Académie des Inscriptions
EGPh	Early Greek Philosophy
FHG	Fragmenta Historicorum Graecorum
IG	Inscriptiones Graecae
JEg. Arch.	Journal of Egyptian Archeology
JHS	Journal of the Hellenic Society
J. Phil.	Journal of Philology
JRAI	Journal of the Royal Anthropological Institute
JRS	Journal of Roman Studies
Mind N.S.	Mind, New Series
Nauck TGF	Tragicorum Graecorum Fragmenta
NJbb	Neue Jahrbücher für Klassische Philologie
OF	Orphicorum Fragmenta
OZ	Griechisch-Aegyptische Offenbarungzauber
PG	Patrologia Graeca
PGM	Papyri Graecae Magicae
Proc. R.I.A.	Proceedings of the Royal Irish Academy
P.-W.	Pauli-Wissowa Realenzyklopädie
REG	Revue des Etudes Grecques
RGVV	Religiongeschichtliche Versuchen und Vorarbeiten

Rh. Mus.	Rheinisches Museum
S.P.R.	Society for Psychical Research
SVF	Stoicorum Veterum Fragmenta
TAPA	Transactions of the American Philological Association

Pour d'autres abréviations se reporter à la liste placée au début du volume annuel de Mazoureau, *L'Année Philologique*.

PRÉFACE

Cet ouvrage tire sa substance d'un cycle de conférences que j'eus l'honneur de donner à Berkeley en automne 1949. Pour le fond mon propos est le même, la forme en est seulement un peu amplifiée. Mes auditeurs californiens comprenaient de nombreux anthropologues et d'autres savants aussi qui n'avaient pas des connaissances spécialisées de l'Antiquité grecque, et je souhaite que dans leur forme nouvelle ces conférences puissent intéresser le même genre de public. J'ai donc traduit presque toutes les citations grecques qui paraissent dans le texte, et j'ai fait une translittération des termes grecs pour lesquels il n'existe aucun équivalent véritable en notre langue. Je me suis aussi abstenu, dans la mesure du possible, soit d'encombrer le texte par des arguments relatifs à des sujets de controverse, estimant que ces arguments n'ont guère d'intérêt pour un lecteur qui n'est pas déjà au courant de la question, soit de surcharger mon propos en m'attardant aux nombreuses questions tangentielles qui peuvent tenter l'érudit de métier. On trouvera une sélection de toute cette matière dans mes notes. En fournissant, quand je le pouvais, des références aux sources anciennes ou aux discussions modernes, et en donnant des arguments quand il en fallait, je me suis efforcé d'y indiquer brièvement les fondements des opinions émises dans le texte.

Je tiens à avertir ceux de mes lecteurs qui ne seraient pas des étudiants de l'Antiquité classique que ce n'est pas une histoire de la religion, ni même des idées ou des sentiments religieux grecs qu'ils trouveront dans ces pages. S'ils croyaient trouver ces choses, ils se tromperaient gravement. Il s'agit en effet d'une étude des interprétations successives que des esprits grecs ont voulu donner à un type particulier d'expérience humaine — expérience qui était de peu d'intérêt aux yeux du rationalisme du XIXe siècle, mais dont l'importance culturelle est maintenant généralement reconnue. Les documents rassemblés dans ces pages illustrent un aspect sans doute important, et aussi relativement inconnu, du monde mental de la Grèce antique. Mais il faut se garder de confondre la partie et le tout.

A mes collègues je dois peut-être justifier l'emploi que je fais en plusieurs endroits d'observations et de théories anthropologiques et psychologiques récentes. Dans un monde de spécialistes les érudits accueillent généralement ce genre d'emprunts avec appréhension et souvent avec une véritable répugnance. Je m'attends à ce qu'on me rappelle en premier lieu que « les Grecs n'étaient pas des sauvages », et ensuite que dans ces domaines relativement neufs, les vérités reçues aujourd'hui tendent à devenir les erreurs que l'on rejettera demain. Les deux affirmations sont justes. Mais il suffit peut-être, pour y répondre, de citer l'opinion de Lévy-Bruhl selon laquelle « dans tout esprit humain, quel qu'en soit le développement intellectuel, subsiste un fond indéracinable de mentalité primitive »; ou bien si l'avis d'un anthropologue non hellénisant paraît suspect, nous pouvons invoquer l'opinion de Nilsson pour qui la « mentalité primitive est une assez bonne description du comportement mental de la plupart des gens aujourd'hui, sauf dans leurs activités techniques ou consciemment intellectuelles ». Pourquoi devrions-nous attribuer aux Grecs de l'Antiquité une immunité aux modes de pensée « primitifs », immunité que nous ne rencontrons dans aucune société accessible à notre observation directe ?

Quant au deuxième point, beaucoup de théories auxquelles je fais allusion sont assurément provisoires et incertaines. Mais si nous voulons arriver à comprendre la mentalité grecque, et si nous ne voulons pas nous contenter de décrire des comportements extérieurs ou de dresser une liste des « croyances » consignées par les auteurs, il nous faut bien travailler selon les lumières dont nous disposons, et une lumière incertaine vaut mieux que rien. L'animisme de Tylor, la « vegetation-magic » de Mannhardt, les « year-spirits » de Frazer, la mana de Codrington, ont chacun à tour de rôle contribué à éclairer les lieux obscurs de l'histoire antique. Ils ont aussi suscité de nombreuses suppositions téméraires.

Mais on peut compter sur le temps et sur les critiques pour faire un sort à la témérité; la lumière demeure. Je vois en tout cela de bonnes raisons pour être prudent en appliquant aux Grecs des généralisations fondées sur des témoignages autres que grecs; mais je n'y vois aucune raison pour justifier la retraite de l'érudition grecque dans un isolement artificiel. Il est encore moins justifiable que les savants hellénistes continuent à utiliser — comme beaucoup d'entre eux le font encore — des concepts anthropologiques périmés, ignorant les directions nouvelles prises par ces études au cours des trente dernières années, telles que, par exemple, l'alliance récente et pleine de promesse de l'anthropologie sociale et de la psychologie sociale. Si la vérité est inaccessible, les erreurs de l'avenir sont encore préférables aux erreurs du passé; car l'erreur en science n'est qu'un autre nom pour l'approximation progressive de la vérité.

Il me reste à exprimer ma reconnaissance à ceux qui m'ont aidé dans la préparation de cet ouvrage : en premier lieu à l'Université de Californie qui fut cause que je l'écrivis; ensuite à Ludwig Edelstein, W. K. C. Guthrie, I. M. Linforth, et A. D. Nock qui ont lu le manuscrit en tout ou en partie et ont fait d'utiles suggestions; et enfin à Harold A. Small, W. H. Alexander et d'autres membres de l'University of California Press qui se sont donné beaucoup de peine sans jamais se plaindre, afin de préparer le texte pour l'imprimeur. Je dois aussi remercier le professeur Nock et le Council of the Roman Society qui m'ont permis de reproduire en appendice deux articles qui furent publiés dans la *Harvard Theological Review* et le *Journal of Roman Studies* respectivement; et le Council of the Hellenic Society qui m'a permis de reproduire quelques pages d'un article publié dans le *Journal of Hellenic Studies*.

E. R. D.

Oxford. Août 1950

I

LES EXCUSES D'AGAMEMNON

The recesses of feeling, the darker, blinder strata of character, are the only places in the world in which we catch real fact in the making.

WILLIAM JAMES.

Un jour, il y a quelques années, comme je regardais les sculptures du Parthénon au British Museum, un jeune homme de mine inquiète m'aborda en disant : « Je sais bien que ça ne se fait pas d'avouer une chose pareille mais ces " machins " grecs, moi, ça ne me touche absolument pas. » « Voilà qui est intéressant », lui dis-je, « pourriez-vous préciser les causes de votre indifférence ? » Il réfléchit et répondit enfin : « Eh bien, tout cela me paraît beaucoup trop *rationnel*. Me comprenez-vous ? » Je croyais comprendre. Il exprimait en gros ce qui avait déjà été dit dans un langage plus précis par Roger Fry [1] et par d'autres : qu'une génération dont la sensibilité s'est formée à travers l'art africain et aztèque, et par les œuvres d'artistes comme Modigliani ou Henry Moore, peut considérer l'art grec, et la culture grecque de façon générale, comme dépourvus d'un certain sens du mystère et incapables de pénétrer jusqu'aux couches les plus profondes et les moins conscientes de l'expérience humaine.

Ce petit bout de conversation me resta à l'esprit, et m'incita à la réflexion. Etait-ce donc vrai — les Grecs auraient-ils été, en fait, aussi insensibles à l'importance des facteurs non rationnels dans l'expérience et le compor-

1. Les notes du ch. I se trouvent pp. 29-35.

tement humains que le supposent généralement aussi bien leurs apologistes que leurs critiques ? De cette question est né ce livre. Une réponse complète exigerait évidemment qu'on revît toutes les réalisations culturelles de la Grèce antique. Je me propose d'entreprendre quelque chose de beaucoup plus modeste : je tenterai seulement d'éclairer cette question en examinant à nouveau certains aspects significatifs de l'expérience religieuse grecque. Je souhaite que le résultat puisse avoir de l'intérêt non seulement pour les hellénistes, mais aussi pour les anthropologistes et les étudiants de psychologie sociale, et même pour ceux qui cherchent à découvrir les ressorts du comportement humain. Aussi tâcherai-je de présenter les choses en un langage qui soit intelligible au non-spécialiste.

Pour commencer, j'examinerai un aspect particulier de la religion homérique. Certains hellénistes estimeront que ce n'est pas dans les poèmes homériques qu'il faut chercher quelque trace d'une expérience religieuse. « La vérité, dit le professeur Mazon dans un ouvrage récent, est qu'il n'y eut jamais poème moins religieux que l'*Iliade* [2]. » On trouvera peut-être cette affirmation un peu trop absolue; elle reflète pourtant une opinion qui semble être assez généralement reçue. Le professeur Murray estime que la prétendue religion homérique « n'avait vraiment rien à voir avec la religion », car, selon lui, « le véritable culte des Grecs avant le IVe siècle ne s'adressait presque jamais à ces lumineuses formes olympiennes [3] ». Le Dr Bowra est du même avis lorsqu'il remarque que « ce système complètement anthropomorphique n'avait évidemment aucun rapport avec une religion ou une morale véritables. Ces dieux sont l'invention charmante et gaie d'un poète [4] ».

Mais est-ce si évident ? Certes oui, si l'expression « religion véritable » ne signifie pas autre chose que ce qu'un occidental cultivé, de nos jours, entend par ce terme. Mais si nous restreignons de la sorte le sens du mot, ne risquons-nous pas de sous-estimer, ou même de négliger tout à fait, certains types d'expériences que *nous* n'interprétons plus dans un sens religieux, mais qui pouvaient en d'autres temps être grosses de significations religieuses. Je ne vais pas, dans ce chapitre, chercher querelle aux humanistes distingués que j'ai cités, pour les termes qu'ils ont employés. Je désire seulement attirer l'attention sur un type d'expérience évoqué par Homère, de caractère religieux au prime abord, et j'en voudrais examiner la psychologie.

Prenons comme point de départ l'expérience de la tentation ou de l'insufflation divine de la folie *(atê)* qui incite Agamemnon à compenser la perte de sa maîtresse en enlevant celle d'Achille : « Ce n'est pas moi », déclare-t-il plus tard, « qui suis coupable, mais Zeus, et le Destin, et l'Erinys qui marche dans l'obscurité : ceux-là, à l'assemblée, mirent dans mon entendement une *atê* farouche, ce jour où arbitrairement je dépouillai Achille de sa part d'honneur. Qu'y pouvais-je faire ? La divinité fera toujours ce qu'elle voudra [5] ». Des lecteurs modernes agacés de cette explication, l'ont parfois rejetée, n'y voyant que de faibles prétextes et une fuite de responsabilité. Mais ceux qui se donnent la peine de lire attentivement, ne seront pas, me semble-t-il de cet avis. En parlant ainsi, Agamemnon ne nie assurément pas sa responsabilité juridique, puisque à la fin de son discours il offre des compensations à ce titre précisément : « Mais puisque j'ai été aveuglé par l'*atê* et que Zeus m'a ravi l'entendement, je suis prêt à faire la paix et à offrir une large compensation [6]. » S'il avait agi de son propre gré, il n'aurait pas pu avouer ses torts si aisément; mais les choses étant ce qu'elles sont, il payera le prix de ses actions. Juridiquement, sa situation serait la même dans les deux cas, car la justice grecque, à ses débuts, ne tient pas compte de l'intention — c'est l'action qui importe. Et il n'est pas vrai non plus qu'il se fabrique malhonnêtement un alibi moral, car la victime même de son action est du même avis que lui. « Zeus Père, grandes sont les *atai* que tu donnes aux hommes! Sans quoi l'Atride ne se fût pas obstiné à exciter le *thumos* dans ma poitrine et n'eût pas emmené la fille contre mon gré sans rien vouloir entendre [7]. » On pourrait croire qu'Achille, par politesse, accepte une fiction pour permettre au Grand Roi de sauver la face. Mais il n'en est rien, car déjà au chant premier, lorsque Achille explique la situation à Thétis, il appelle ce comportement d'Agamemnon son *atê* [8]; et au chant IX, il s'exclame « que l'Atride aille à sa perte sans me troubler... car Zeus le conseiller lui a pris sa raison [9] ». C'est l'opinion d'Achille autant que celle d'Agamemnon, et les fameuses paroles qui introduisent l'histoire de la Colère — « le plan de Zeus fut accompli [10] » — semblent indiquer que c'est aussi l'opinion du poète.

Si c'était là le seul incident auquel les personnages d'Homère donnent cette interprétation particulière, nous pourrions nous demander avec raison pourquoi le poète raconte la chose ainsi. Nous pourrions supposer, par exemple, qu'il voulait éviter qu'Agamemnon ne perdît entièrement la sympathie des auditeurs ; ou bien encore qu'il espérait donner un sens plus profond à la querelle un peu triviale des deux chefs, en imaginant que c'était une étape dans l'accomplissement d'un plan divin. Mais ces explications ne tiennent plus si nous faisons appel à d'autres passages où il est dit que « les dieux » ou « quelque dieu » ou Zeus, ont momentanément « enlevé » ou « détruit » ou « ensorcelé » l'entendement d'un humain. L'une de ces explications pourrait valoir dans le passage où Hélène achève un discours très émouvant, et manifestement sincère, en disant que Zeus leur a imposé, à elle et à Alexandre, un dur destin, « afin que nous soyons plus tard chantés par les hommes à venir [11] ». Mais lorsqu'on nous dit tout simplement que Zeus « ensorcela l'esprit des Achéens » et qu'ils se battirent mal, notre sympathie pour telle ou telle personne n'est plus en jeu. Elle l'est encore moins dans une affirmation d'ordre général comme celle-ci : « Les dieux peuvent rendre fou l'homme le plus sensé, et redonner le bon sens au fou [12]. » Et que dire de Glaucos, par exemple, à qui Zeus enleva le jugement, en sorte qu'il fit — chose qu'un Grec ne fait presque jamais — un mauvais marché, troquant une armure d'or contre du bronze [13] ? Et que dire enfin d'Automédon qui tente inutilement de mener ses chevaux d'une main, tandis qu'il manie la lance de l'autre, en sorte qu'un ami l'interpelle pour demander « quel dieu lui a mis un vain dessein dans la poitrine et lui a dérobé son bon jugement [14] ». Ces deux cas n'ont manifestement aucun rapport avec quelque dessein secret des dieux et, par ailleurs, il n'est pas besoin de retenir la sympathie des auditeurs puisqu'il ne s'agit pas de flétrissure morale.

Ceci dit, le lecteur peut très bien se demander si ce n'est pas en fait une simple façon de parler. Le poète ne voulait-il pas dire tout simplement que Glaucos était sot d'avoir fait un tel échange ? L'ami d'Automédon ne veut-il pas dire tout simplement : « Pourquoi diable as-tu fait ça ? » C'est possible. Les formules hexamétriques du répertoire des poètes anciens se prêtaient facilement à cette espèce de dégénérescence sémantique qui finit par donner naissance à une « façon de parler ». On pourrait d'ailleurs remarquer que ni l'épisode de Glaucos, ni la futile *aristeia* d'Automédon ne font nécessairement partie de l'argument d'une *Iliade*, même « amplifiée ». Il se pourrait bien qu'ils fussent une addition tardive [15]. Mais il reste que même une façon de parler doit avoir une origine; aussi notre intention est-elle de comprendre l'expérience authentique qui est la source de ce genre de formule stéréotypée. La chose sera peut-être facilitée si nous examinons d'abord de plus près la nature de cette *atê* et des agents qui, selon Agamemnon, la produisent, pour jeter ensuite un coup d'œil sur ce que les poètes épiques disent par ailleurs, des causes du comportement humain.

Il se trouve chez Homère un certain nombre de textes qui attribuent à l'influence de l'*atê* une conduite imprudente ou inexplicable, ou qui décrivent cette conduite par l'emploi du verbe de même racine *aasasthai*, sans allusion explicite à une intervention divine. Mais l'*atê* chez Homère [16] n'est pas en soi un agent personnel : les deux passages qui parlent de l'*atê* en termes personnels, *Il.* 9.505 seq., et 19.91 seq., sont d'évidentes allégories. Jamais non plus, dans l'*Iliade* du moins, le mot ne signifie un désastre objectif [17], alors que cet usage se rencontre communément en tragédie. L'*atê* est toujours, ou presque toujours [18], un état d'âme — un obscurcissement, une perturbation momentanée de la conscience normale. C'est en fait une folie passagère et partielle, et comme toute folie, elle est attribuée, non à des causes physiologiques ou psychologiques, mais à un agent extérieur « démonique ». Dans l'*Odyssée* [19], certes, il est dit qu'une consommation excessive de vin produit l'*atê ;* mais il y a sans doute lieu de comprendre, non pas que l'*atê* peut être produite naturellement, mais plutôt que le vin a en soi quelque chose de surnaturel et de démonique. Cela excepté, il semble donc que les agents qui produisent l'*atê*, quand ils sont nommés, soient toujours des êtres surnaturels [20]; nous pouvons par conséquent classer tous les exemples d'*atê* « non alcoolique » chez Homère sous le chef de ce que je me propose d'appeler « l'intervention psychique ».

A revoir ces passages, on remarque que l'*atê* n'est pas nécessairement, tant s'en faut, un synonyme ou un résultat de la méchanceté. Liddell et Scott affirment que l'*atê* est « surtout envoyée comme punition à la témérité coupable », mais cela est tout à fait inexact quand il s'agit d'Homère. L'*atê* qui surprit Patrocle après qu'Apollon l'eut frappé [21] (en l'occurrence une espèce d'effacement de bête assommée) pourrait à la rigueur être invoquée comme exemple, puisque Patrocle avait témérairement mis en déroute les Troyens *huper aisan* [22]*;* mais un peu plut tôt, cette même témérité est attribuée à la volonté de Zeus et décrite par le verbe *aasthê* [23]. Par ailleurs, l'*atê* d'un certain Agostrophos [24], qui s'écarte trop de son char et se fait tuer, n'est pas une « punition » de sa témérité; la témérité est elle-même l'*atê*, ou un résultat de l'*atê*, et n'implique aucune culpabilité morale qui soit perceptible — ce n'est qu'une erreur inexplicable, tout comme le mauvais marché que fit Glaucos. Ailleurs encore, Ulysse n'était ni coupable ni téméraire de s'endormir à un moment inopportun, donnant ainsi l'occasion à ses compagnons de tuer les bœufs consacrés. C'est là ce que nous appellerions un accident; mais pour Homère, et d'une façon générale pour toute la pensée des premiers âges [25], il n'existe pas d'accidents — Ulysse savait que son sommeil était envoyé par les dieux *eis atên* « pour le duper [26] ». De tels passages laisseraient entendre que l'*atê* n'avait à l'origine aucun rapport avec la culpabilité. L'idée de l'*atê* comme punition semble être soit un développement tardif en Ionie, soit une importation tardive de l'extérieur : ce rôle qui est explicitement attribué une seule fois chez Homère dans le passage exceptionnel du chant IX de l'*Iliade* [27] (au sujet des *Litai*), ce qui laisserait entendre que c'est peut-être une idée venue de la Grèce continentale et adoptée en même temps que l'histoire de Méléagre — tous les deux provenant d'un poème épique composé dans la mère patrie.

Disons un mot, à présent, des puissances auxquelles l'*atê* est attribuée. Agamemnon en cite non pas une seule, mais trois : Zeus, Moira et l'Erinys qui va dans l'obscurité (ou, selon un autre texte peut-être plus ancien, l'Erinys qui suce le sang). De ces trois, Zeus est l'agent mythologique qui, dans la pensée du poète, est le premier moteur dans l'affaire : « Le plan de Zeus fut accompli. » Il est peut-être significatif que Zeus soit le seul des Olympiens à qui l'on attribue les manifestations de l'*atê* dans l'*Iliade* (à moins que nous ne rendions Apollon responsable de l'*atê* de Patrocle) — c'est pourquoi l'*atê* est décrite allégoriquement comme sa fille aînée [28]. Il est question de *Moira* dans notre texte, parce que, ce me semble, les gens parlaient alors de tout désastre personnel inexplicable comme d'une chose faisant partie de leur destin, de leur « portion » — ce qui signifiait tout simplement qu'ils ne savaient pas très bien pourquoi cela se produisait, mais puisque cela s'était produit, il était donc manifestement nécessaire « que cela fût ». Les gens s'expriment encore ainsi, surtout en parlant de la mort, dont *mira* est devenu en effet un synonyme en grec moderne, tout comme *moros* l'était en grec classique. Je suis sûr qu'il est faux d'écrire *Moira* avec une majuscule en cet endroit, comme s'il s'agissait d'une déesse personnelle qui commanderait à Zeus; ou d'une Destinée cosmique comparable à l'*Heimarmenê* hellénistique. En tant que déesses, les *Moirai* sont toujours plurielles, tant pour le culte que pour la littérature des premiers temps et, hormis une exception douteuse [29], elles ne figurent pas du tout dans l'*Iliade*. Tout au plus peut-on dire qu'en traitant son « sort » comme un agent — en lui faisant *faire* quelque chose — Agamemnon franchit le premier pas qui mène à la personnification [30]. D'ailleurs, en accusant sa *moira*, Agamemnon ne se déclare pas déterministe systématique, pas plus que le paysan grec d'aujourd'hui qui emploie un langage semblable. Se demander si les personnages d'Homère sont déterministes ou s'ils croient au libre arbitre serait un anachronisme extravagant : ils ne se sont jamais posé la question, et si nous pouvions la leur poser, nous aurions beaucoup de mal à leur en faire comprendre le sens [31]. Ce qu'ils reconnaissent effectivement, c'est la différence entre les actes normaux et les actes accomplis dans un état d'*atê*. Les actes de cette dernière espèce peuvent être attribués indifféremment soit à leur *moira* soit à la volonté d'un dieu, selon qu'ils voient la chose d'un point de vue subjectif ou objectif. Ainsi Patrocle attribue sa mort directement à sa cause immédiate qui est Euphorbus, l'homme; et indirectement à l'agent mythologique, Apollon; mais d'un point de vue subjectif, il l'attribue à sa mauvaise *moira*. Comme diraient les psychologues, elle est « surdéterminée [32] ».

Selon cette analogie, l'Erinys devrait être la cause immédiate dans le cas d'Agamemnon. Qu'elle puisse même figurer dans ce contexte pourrait surprendre ceux pour qui une Erinys est essentiellement un esprit de vengeance, et cela devrait encore plus étonner ceux qui croient avec Rohde [33] que les Erinyes étaient à l'origine les morts vengeurs. Mais ce passage n'est pas le seul. Dans l'*Odyssée* [34] nous trouvons aussi « la lourde *atê* que la déesse à la main dure, Erinys, fit peser sur l'entendement de Melampos ». Dans aucun des deux cas il n'est question de vengeance ou de punition. L'explication en est peut-être que l'Erinys est l'agent personnel qui assure l'accomplissement d'une *moira*. C'est pourquoi les Erinyes coupent court au discours du cheval d'Achille : il n'est pas « compatible avec la *moira* » des chevaux de parler [35]. C'est pourquoi elles puniraient le soleil, selon Héraclite [36], s'il « transgressait ses limites » en dépassant la tâche qui lui est assignée. Il me semble fort probable que la fonction morale des Erinyes en tant que ministres de la vengeance est dérivée de cette tâche primitive : la mise en vigueur d'une *moira* qui est, pour commencer, moralement neutre, ou plutôt qui contient implicitement à la fois une « obligation » et une « nécessité » que la pensée des premiers temps ne distinguait pas clairement. Ainsi chez Homère, nous les voyons occupées à faire valoir des droits de préséance qui découlent de situations familiales ou sociales et qu'on estime faire partie de la *moira* de telle ou telle personne [37] : un parent [38], un frère aîné [39], un mendiant même [40], ont un certain droit en tant que tels et peuvent invoquer « leur » Erinys pour les protéger. Ainsi les invoque-t-on aussi comme témoins à des serments; car le serment crée un lien, une *moira*. Le rapport entre Erinys et *moira* est encore attesté par Eschyle [41], quoique les *moirai* soient maintenant devenues quasi personnelles; et les Erinyes sont encore pour Eschyle les dispensatrices de l'*atê* [42], bien qu'elles soient maintenant toutes les deux passées dans le domaine moral. Il semblerait que le complexe *moira*-Erinys-*atê* ait eu des racines profondes, et il pourrait bien être plus ancien que l'attribution de l'*atê* à Zeus [43]. A ce sujet, il est intéressant de rappeler qu'Erinys et *aisa* — qui est synonyme de *moira* — remontent à ce qui est peut-être la forme la plus ancienne du langage hellénique qui nous soit connue, le dialecte arcado-cypriote [44].

Ici donc, pour le moment, quittons l'*atê* et ses notions connexes et considérons brièvement une autre forme d' « intervention psychique » qui est non moins fréquente chez Homère, à savoir la communication du pouvoir d'un dieu à un homme. Dans l'*Iliade*, le cas typique est la communication du *menos* [45] au cours d'une bataille — comme lorsque Athéna met une triple portion de *menos* dans la poitrine de son protégé Diomède, ou qu'Apollon met du *menos* dans la poitrine de Glaucos blessé [46]. Ce *menos* n'est pas en premier lieu la force physique; ce n'est pas non plus un organe permanent de la vie mentale [47] comme le *thumos* ou le *noos*. C'est plutôt, comme l'*atê*, un état d'esprit. Quand un homme sent le *menos* dans sa poitrine, quand il le sent « remonter âcrement dans ses narines [48] », il est conscient d'un mystérieux accès d'énergie. Le rapport entre le *menos* et le domaine de la volonté apparaît clairement dans les mots qui lui sont apparentés comme *menoinan*, « désirer » et *dusmenès* « qui veut du mal ». Il est significatif qu'une communication de *menos* soit souvent (mais pas toujours) une réponse à une prière. Mais c'est quelque chose de beaucoup plus spontané et instinctif que ce que nous appellerions la « résolution »; les animaux peuvent en avoir [49], et le mot sert par analogie à décrire l'énergie dévorante du feu [50]. Chez l'homme c'est l'énergie vitale, le « cran », qui n'est pas toujours disponible, mais qui va et vient mystérieusement et, dirions-nous, capricieusement. Mais pour Homère, il n'y a pas de caprice là-dedans : c'est l'acte d'un dieu qui « augmente ou diminue à volonté l'*aretê* d'un homme (c'est-à-dire sa force guerrière) [51] », Certes le *menos* peut parfois être suscité par l'exhortation; à d'autres moments cela ne peut s'expliquer qu'en disant qu'un dieu l'a « insufflé » au héros, ou l'a « mis dans sa poitrine », ou, comme il est dit dans un autre texte, qu'il l'a transmis par le contact, au moyen d'un bâton [52].

Je ne crois pas qu'il faille tenir ces propos pour de simples « inventions poétiques », ni pour de la « mécanique divine ». Sans doute les cas particuliers sont-ils souvent inventés par le poète selon les besoins de son histoire; et il est certain que l'intervention psychique est liée parfois à une intervention physique, ou à une scène se passant sur l'Olympe. Mais nous avons de bonnes raisons de présumer que l'idée sous-jacente n'est l'invention d'aucun poète, et qu'elle est plus ancienne que la conception de dieux anthropomorphes prenant physiquement et visiblement part au combat. La possession momentanée d'un *menos* accentué est, tout comme l'*atê*, un état anormal qui appelle une explication supranormale. Les hommes, chez Homère, reconnaissent son apparition, qui est marquée par des sensations étranges dans les membres. « Mes pieds sous moi, et mes mains à mes côtés se sentent remplis d'ardeur *(maimôôsi)* » dit l'un en recevant ce pouvoir : et c'est, dit le poète, parce que le dieu les a rendus agiles *(elaphra)* [53]. Cette sensation, partagée ici par un second bénéficiaire, confirme à leurs yeux l'origine divine du *menos* [54]. C'est une expérience anormale. Et des hommes dans un état de *menos* divinement accentué se comportent, jusqu'à un certain point, anormalement. Ils peuvent accomplir avec aisance *(rhea)* les prouesses les plus difficiles [55], ce qui est un signe traditionnel de puissance divine [56]. Ils peuvent même, comme Diomède, combattre impunément contre les dieux [57] — action qui, pour des hommes à l'état normal, serait excessivement dangereuse [58]. Ils sont en réalité, et pour le moment, quelque peu au-dessus, ou peut-être quelque peu au-dessous de l'humain. Des hommes qui ont reçu une infusion de *menos* sont, à plusieurs reprises, comparés à des lions dévorants [59]; mais la description la plus frappante de cet état se trouve au livre XV où Hector est soudain possédé par la fureur *(mainetai)*, la bouche écumante, l'œil embrasé [60]. Il n'y a qu'un pas entre les cas de ce genre, et l'idée de possession véritable *(daimonan);* mais ce pas, Homère ne le franchit pas. Certes, il dit bien, au sujet d'Hector, qu'ayant revêtu l'armure d'Achille, « Arès entra en lui et ses membres furent emplis de courage et de force [61] »; mais Arès n'est ici guère plus qu'un synonyme de l'esprit guerrier, et la communication du pouvoir se fait par la volonté de Zeus, avec le secours, peut-être, de l'armure divine. Il arrive, bien sûr, que les dieux prennent, pour se déguiser, la forme et l'apparence de tel ou tel humain; mais il s'agit là d'une croyance différente. Des dieux peuvent parfois apparaître sous une forme humaine, des hommes peuvent parfois participer à cet attribut divin qu'est la puissance, mais la ligne précise qui sépare l'humain du divin ne s'efface jamais réellement chez Homère.

Dans l'*Odyssée*, qui ne traite pas aussi exclusivement de combat, la communication de puissance prend d'autres formes. Le poète de la « Télémachie » imite l'*Iliade* quand Athéna donne du *menos* à Télémaque [62];

mais ici, le *menos* est du courage *moral* qui permettra au jeune homme de faire face aux prétendants arrogants. C'est déjà une adaptation littéraire. Plus ancienne et plus authentique est l'affirmation répétée que la puissance créatrice des bardes émane de Dieu. « Je me suis enseigné moi-même », dit Phémios ; « c'est un dieu qui a implanté toutes sortes de chants dans mon esprit [63] ». Les deux termes de son affirmation ne lui paraissent pas contradictoires ; il veut dire, me semble-t-il, qu'il n'a pas appris par cœur les chants des autres bardes, mais qu'il est un poète authentique, comptant sur les phrases hexamétriques qui sourdent, selon le besoin, des profondeurs insondables et incontrôlables ; son chant vient directement des dieux, comme toujours chez les meilleurs bardes [64]. J'y reviendrai vers la fin du chapitre III : « Les bienfaits de la folie ».

Mais le trait le plus caractéristique de l'*Odyssée* est la manière dont ses personnages attribuent toutes sortes d'événements tant physiques que psychiques à l'intervention d'un *daimôn* [65] ou d'un « dieu » ou de « dieux » indéterminés et sans nom [66]. Ces êtres assez indéfinis peuvent donner du courage à un moment critique [67] ou enlever à l'homme son entendement [68], tout comme le font les dieux de l'*Iliade*. Mais on leur attribue aussi un assez large registre de ce qui pourrait s'appeler, sans trop de rigueur, des « avertissements ». Quand un homme a une idée particulièrement brillante [69] ou stupide [70] ; quand il reconnaît soudain l'identité d'un personnage [71] ou voit dans un éclair le sens d'un présage [72] ; quand il se souvient de ce qu'il aurait pu oublier [73] ou quand il oublie ce dont il aurait dû se souvenir [74], il y voit, ou quelqu'un d'autre y voit — du moins s'il faut prendre leurs propos au pied de la lettre — une intervention psychique d'un de ces êtres surnaturels anonymes [75]. Sans doute ne s'attendent-ils pas toujours à être pris au mot : Odysseus, par exemple, n'est guère sérieux quand il attribue aux machinations d'un *daimôn* le fait qu'il est sorti sans manteau par une nuit froide. Mais il ne s'agit pas simplement d'une convention du style épique. Car ce sont les personnages du poète qui parlent ainsi, non le poète lui-même [76] : sa convention à lui est tout autre — tout comme l'auteur de l'*Iliade ;* il a recours, lui, à des dieux anthropomorphes bien définis comme Athéna et Poseidon, et non à des *daimones* anonymes. Si ces personnages emploient une convention différente, c'est sans doute parce que l'on s'exprimait ainsi à son époque : il fait du « réalisme ».

Et certes, c'est bien ainsi qu'on s'attend à ce que parlent des gens qui croient (ou dont les ancêtres croyaient) à des avertissements quotidiens et constants. La reconnaissance, l'intuition, le souvenir, l'idée brillante ou perverse ont tous ceci en commun qu'ils entrent subitement, comme on dit, « dans la tête ». Le plus souvent, l'homme n'est conscient d'aucune observation, d'aucun raisonnement qui les ait amenés. Mais dans ce cas, comment seraient-ils « siens » ? Il y a un instant, il ne les avait pas à l'esprit; maintenant ils y sont. Quelque chose les y a mis et ce quelque chose est autre que lui-même. Il n'en sait pas plus. Donc, quand il en parle, c'est sans s'aventurer; il dit « les dieux », ou « quelque dieu », ou le plus souvent (surtout si la suggestion s'est révélée mauvaise) un *daimôn* [77]. Et par analogie, il donne la même explication aux idées et aux actions des autres quand elles lui paraissent difficiles à comprendre, ou peu compatibles avec le personnage. Un bon exemple est le discours d'Antinoüs, au chant II de l'*Odyssée*. Antinoüs, après avoir loué l'intelligence et la droiture exceptionnelles de Pénélope, poursuit en disant que son idée de refuser de se remarier n'est guère convenante et en conclut que « les dieux la lui ont mise dans la poitrine [78] ». De même quand Télémaque pour la première fois s'élève avec hardiesse contre les prétendants, Antinoüs conclut, non sans ironie, « que les dieux lui enseignent à parler présomptueusement [79] ». L'être qui lui enseigne cela est en réalité Athéna, le poète et le lecteur le savent [80], mais Antinoüs ne doit pas le savoir : il dit donc « les dieux ».

Une distinction semblable entre ce que sait celui qui parle et ce que sait le poète se retrouve dans quelques passages de l'*Iliade*. Quand Teucer brise la corde de son arc, il s'exclame avec un frisson d'effroi qu'un *daimôn* s'oppose à lui; en réalité c'est Zeus qui a brisé la corde, et le poète vient de nous le dire [81]. On a suggéré que dans ce genre de texte, le point de vue du poète représenterait la conception plus ancienne : qu'il se servirait encore de la mécanique divine « mycénienne » alors que ses personnages l'ignorent et se servent d'un langage plus vague, comme les contemporains ioniens du poète qui, affirme-t-on, étaient alors en train de perdre leur croyance aux anciens dieux anthropomorphes [82]. A mon avis, comme on le verra tout à l'heure, c'est là un renversement presque complet de la relation véritable. Il est en tout cas évident que le langage imprécis de Teucer n'a rien à voir avec le scepticisme : ce n'est qu'un résultat de l'ignorance. En se servant du mot *daimôn*, il « exprime le fait qu'une puissance supérieure a provoqué quelque chose [83] »; il n'en sait pas plus. Comme l'a indiqué Ehnmark [84], ce langage vague dans l'allusion au surnaturel, est communément employé par les Grecs de toutes les époques, non par scepticisme, mais simplement parce qu'ils n'arrivent pas à identifier le dieu dont il s'agit. Il est communément employé par les peuplades primitives, soit pour la même raison, soit parce qu'ils ne possèdent pas la notion de dieux personnels [85]. Que son emploi par les Grecs soit très ancien, cela est attesté par la grande antiquité de l'adjectif *daimonios*. Ce mot devait signifier à l'origine « qui agit en suivant l'avertissement d'un *daimôn* »; mais dans l'*Iliade* déjà son sens primitif est tellement estompé que Zeus peut l'appliquer à Héra [86]. Il est clair qu'une monnaie verbale usée à ce point circule déjà depuis longtemps.

Nous avons ainsi examiné, brièvement, selon que le temps nous l'a permis, les espèces d'interventions psychiques les plus fréquentes chez Homère. En résumé, nous pouvons dire que tout écart de la conduite humaine normale dont les causes ne sont pas immédiatement perceptibles [87], que ce soit à la conscience du sujet lui-même ou à l'observation d'autrui, est attribué à un agent surnaturel; il en est de même pour tout écart peu saisonnier du temps et pour tout comportement inhabituel de la corde d'un arc. Ce genre de découverte ne surprendra pas l'anthropologue « non classique » : il pourra tout de suite nous citer de nombreux exemples de cas semblables à Bornéo ou en Afrique centrale. Mais il est assurément curieux de trouver cette croyance, ce sentiment d'une dépendance constante, quotidienne vis-à-vis du surnaturel, solidement établis dans des poèmes réputés aussi « irreligieux » que l'*Iliade* et l'*Odyssée*. Et nous pouvons aussi nous demander pourquoi un peuple aussi civilisé, lucide et rationnel que les Ioniens n'a pas éliminé de ses poèmes épiques nationaux ces liens qui le rattachent à Bornéo et au passé primitif, tout comme il avait éliminé la crainte de la pollution, et d'autres terreurs primitives qui ont sans doute à l'origine joué un rôle dans la Saga. Je doute que la littérature primitive d'aucun autre peuple européen — et même celle de mes superstitieux compatriotes les Irlandais — suppose une ingérence surnaturelle dans les affaires humaines aussi fréquente et aussi étendue [88].

Nilsson est, je crois, le premier savant qui ait tenté d'expliquer tout cela en termes de psychologie. Dans une étude publiée en 1924 [89] et devenue classique, il soutient que les héros d'Homère sont particulièrement sujets à des sautes d'humeur rapides et violentes : ils souffrent, dit-il, d'instabilité mentale *(psychische Labilität)*. Et il fait remarquer que même de nos jours une personne de ce tempérament, lorsque son humeur change, tend à éprouver de la répulsion pour ce qu'elle vient de faire et à s'exclamer : « Ce n'est pas vraiment cela que je voulais ! » — De là il n'y a pas loin à dire : « Ce n'est pas vraiment moi qui l'ai fait. » « Son propre comportement, dit Nilsson, lui est devenu étranger. Elle ne peut le comprendre. Pour elle cela ne fait pas partie de son moi. » C'est une observation parfaitement juste, et l'on ne peut, à mon avis, douter qu'elle ne s'applique à certains des phénomènes dont nous venons de parler. Nilsson a également raison, me semble-t-il, de soutenir que des expériences de ce genre ont joué un rôle — en même temps que d'autres facteurs, tels que la tradition minoenne des déesses tutélaires — dans l'élaboration de ce « merveilleux », de cette mécanique d'intervention *physique* à laquelle Homère a si constamment, et (selon notre manière de voir) si inutilement recours. Cela nous paraît superflu parce que la mécanique divine ne nous paraît pas faire autre chose, dans bien des cas, que doubler une causalité psychologique naturelle [90]. Mais ne devrions-nous pas plutôt dire que la mécanique divine « *double* » une intervention psychique — c'est-à-dire qu'elle la présente sous une forme imagée, concrète ? Cela n'est pas superflu — car c'est ainsi seulement que la chose devenait frappante à l'imagination des auditeurs. Les poètes homériques ne disposaient pas de ces raffinements du langage qui sont nécessaires à l'expression adéquate d'un miracle purement psychologique. Quoi de plus naturel que d'amplifier d'abord, et de remplacer ensuite, une vieille formule banale et usée comme le *menos embale thumôi*, en faisant apparaître le dieu physiquement pour exhorter son protégé de vive voix [91]. Combien plus frappante qu'un simple avertissement intérieur est la fameuse scène du chant I de l'*Iliade*, dans laquelle Athéna saisit Achille par les cheveux et le prévient de ne pas frapper Agamemnon! Mais elle n'est visible que pour Achille : « Aucun des autres ne la vit [92]. » Voilà une indication claire qu'elle est la projection, l'expression imagée d'un avertissement intérieur [93] — avertissement qu'Achille aurait, de son côté, pu décrire par des termes vagues comme *enepneuse phresi daimôn*. Et je suppose qu'en général l'avertissement intérieur ou le sentiment subit et inexplicable de puissance, ou la perte inexplicable du jugement, sont le germe d'où est né le merveilleux homérique.

Un des résultats de cette transposition extérieure de l'événement intérieur est que l'imprécision est éliminée; le *daimôn* indéfini doit être rendu concret dans la personne précise d'un dieu. Au premier chant de l'*Iliade*, il devient Athéna, la déesse du bon conseil. Mais le poète était libre de choisir. Et par une multitude de choix semblables les poètes ont dû, peu à peu, structurer les personnalités de leurs dieux, « distinguant », comme le dit Hérodote [94], « leurs fonctions et leurs dons, et déterminant leur aspect physique ». Les poètes n'ont évidemment pas inventé les dieux (et Hérodote ne dit pas cela) : Athéna par exemple avait été, nous avons aujourd'hui des motifs de le croire, une déesse minoenne tutélaire. Mais les poètes leur attribuèrent la personnalité — et ainsi, comme le dit Nilsson, ils ôtèrent aux Grecs la possibilité de retomber dans une religion du type magique commun à leurs voisins orientaux.

Mais certains souhaiteraient peut-être contester l'affirmation sur laquelle repose toute la construction de Nilsson. Les personnages homériques paraissent-ils vraiment exceptionnellement instables quand on les compare aux personnages d'autres épopées antiques ? Les preuves de Nilsson ne sont pas très solides. Certes, ils en viennent aux coups pour peu de chose : mais les héros nordiques ou celtes en font autant. Hector est saisi une fois d'une possession furieuse; mais cela arrive bien plus souvent aux héros nordiques. Les hommes chez Homère pleurent bien plus facilement que ne le fait un Suédois ou un Anglais; mais il en est ainsi de tous les peuples méridionaux jusqu'à ce jour. Admettons qu'Agamemnon et Achille soient des hommes passionnés et emportés (le récit exige bien qu'ils le soient). Mais Ulysse et Ajax, chacun à sa manière, ne sont-ils pas le type même de la patience et de l'endurance, tout comme

Pénélope est le type de la constance féminine ? Et pourtant ces personnages équilibrés ne sont pas plus que les autres exempts de l'intervention psychique. A tout prendre, j'hésiterais à poursuivre cette idée de Nilsson jusqu'au bout et j'aimerais mieux rapporter la croyance en l'intervention psychique à deux autres traits distinctifs qui font sans aucun doute partie de la culture décrite par Homère.

Le premier trait est négatif : l'homme homérique n'a aucune conception unifiée de ce que nous appelons « l'âme » ou la « personnalité » (lacune dont Bruno Snell [95] a récemment fait remarquer les implications). On sait qu'Homère ne semble attribuer de *psychê* à l'homme qu'après la mort ou quand l'homme est sur le point de mourir, ou de s'évanouir, ou quand la mort le menace : la seule fonction de la *psychê* dont il soit fait état, par rapport à l'homme vivant, est justement celle de le quitter. Homère n'a guère d'autre mot pour la personnalité vivante. Le *thumos* a peut-être été une fois une « âme-souffle » ou « âme-vie » primitive, mais chez Homère, ce n'est ni l'âme ni, comme chez Platon, une « partie de l'âme ». On peut dire, de façon générale et approximative, qu'il est l'organe du sentiment. Mais il jouit d'une indépendance que le mot « organe » ne nous suggère pas — à nous qui sommes influencés par les concepts plus tardifs d' « organisme » et d' « unité organique ». Le *thumos* d'un homme lui signifie qu'il doit boire, ou manger, ou tuer un ennemi, il le conseille sur la voie à adopter il lui met les mots dans la bouche : *thumos anôgei*, dira-t-on, ou bien *keletai de me thumos*. Chacun peut converser avec lui, ou avec son « cœur », ou son « ventre » presque d'homme à homme. Il réprimande parfois ces entités séparées *(kardiên enipape muthôi* [96]*)*; d'ordinaire, il suit leur conseil, mais il est également capable de le rejeter et d'agir, comme le fait Zeus une fois, « sans le consentement de son *thumos* [97] ». Dans ce dernier cas, nous dirions comme Platon que l'homme se domine lui-même, qu'il se montre « *kreittôn heautoû* ». Mais pour l'homme homérique, le *thumos* tend à ne pas être ressenti comme faisant partie du moi : il se révèle communément comme une voix intérieure indépendante. Il adviendra même qu'un homme entende deux de ces voix, comme Ulysse qui « forme le projet dans son *thumos* » de tuer le Cyclope directement et qu'une seconde voix *(heteros thumos)* retient [98]. Il semblerait que cette habitude d'« objectiver », comme nous dirions, les « pulsions émotives », de les traiter en non-moi, ait ouvert largement la voie à l'idée religieuse d'intervention psychique, que l'on dit souvent agir non sur l'homme directement mais sur son *thumos* [99] ou le lieu physique de celui-ci, la poitrine, le diaphragme [100]. Ce rapport apparaît clairement dans la remarque de Diomède selon laquelle Achille combattra « quand le *thumos* dans sa poitrine lui dira de le faire *et* quand un dieu l'incitera [101] » (de nouveau la sur-détermination).

Une seconde particularité, qui semble se rattacher de près à la première, doit avoir œuvré dans le même sens. Il s'agit de l'habitude d'expliquer le caractère ou la conduite en termes de connaissance [102]. L'exemple le plus connu est l'usage très large qui est fait du verbe *oida*, « je sais », avec un objet pluriel neutre, pour exprimer non seulement la possession d'une habileté technique (*oiden polemêia erga*, et autres termes semblables) mais aussi ce que nous appellerions le caractère moral ou les sentiments personnels : Achille connaît « des choses sauvages, comme un lion », Polyphème « connaît des choses sans loi », Nestor et Agamemnon « connaissent des choses amicales l'un pour l'autre [103] ». Ce n'est pas là un simple idiotisme homérique : une transposition semblable de sentiments en termes intellectuels est impliquée quand on nous dit qu'Achille a un « *entendement (noos)* impitoyable », ou que les Troyens « se *souvinrent* de la fuite et *oublièrent* la résistance [104] ». Cette manière intellectualiste d'expliquer le comportement laissa une marque durable sur l'esprit grec : les paradoxes dits socratiques tels que « la vertu est connaissance » et « personne ne fait le mal volontairement » n'étaient pas des nouveautés; il faut y voir des formulations explicites et généralisées de ce qui était depuis longtemps des tournures d'esprit solidement établies [105]. De telles tournures d'esprit ont dû encourager la croyance en l'intervention psychique. Si le caractère se définit par la connaissance, ce qui n'est pas connaissance ne fait pas partie du caractère, mais vient à l'homme du dehors. Quand il agit d'une manière qui est contraire au système d'attitudes conscientes, qu'il est censé « connaître », c'est que son action n'est pas proprement sienne mais lui est dictée. En d'autres termes les pulsions irrationnelles, non systématisées, et les actes qui en découlent tendent à être exclus du soi et attribués à une source étrangère

Evidemment, ceci est d'autant plus probable quand les actions dont il s'agit sont de nature à causer une honte vive à leur auteur. Nous savons comment dans notre propre société on se débarrasse de sentiments intolérables de culpabilité en les « projetant » en imagination sur quelqu'un d'autre. Et nous pouvons supposer que la notion d'*atê* avait une utilité semblable pour l'homme homérique en lui permettant, en toute bonne foi, de projeter sur une puissance extérieure ses sentiments insupportables de honte. Je dis bien « honte » et non « culpabilité » car certains anthropologues américains nous ont récemment appris à distinguer, selon leur terminologie, « *shame-culture* » et « *guilt-culture* [106] », les « civilisations de honte » et les « civilisations de culpabilité »; et la société décrite par Homère tombe nettement dans la première catégorie. Le plus grand bien de l'homme homérique n'est pas la jouissance d'une conscience tranquille, c'est la jouissance de la *timê*, l'estime publique : « Pourquoi combattrais-je, dit Achille, si le bon guerrier ne reçoit pas plus de *timê* que le mauvais [107] ? » Et la plus grande force morale que connaisse l'homme homérique n'est pas la crainte de Dieu [108], mais le respect de l'opinion publique, *aidôs : aideomai Trôas*, dit Hector à l'heure décisive de son destin et, les yeux ouverts, il va à la mort [109]. La situation à laquelle répond la notion d'*atê* provient non seulement du caractère impulsif de l'homme homérique, mais aussi de la tension entre l'impulsion individuelle et les pressions du conformisme social qui caractérisent les civilisations de honte [110]. Dans une telle société tout ce qui expose un homme au mépris ou au ridicule de ses semblables, tout ce qui lui fait « perdre la face » paraît intolérable [111]. Cela explique peut-être pourquoi non seulement des cas de défaillance morale, comme lorsque Agamemnon s'abandonna à ses passions, mais aussi des actions diverses comme le mauvais marché de Glaucos, ou l'oubli, par Automédon, des tactiques convenables, arrivèrent à être tous ensemble « projetés » sur un agent divin.

D'autre part, c'est le sens de la culpabilité dans son développement progressif, caractéristique d'une époque postérieure, qui fit de l'*atê* une punition, des Erinyes des ministres de la vengeance, et de Zeus une personnification de la justice cosmique. Je traiterai de cette question au chapitre suivant.

J'ai voulu montrer jusqu'ici, en examinant un type

précis d'expérience religieuse, qu'il se trouve, sous ces mots de « religion homérique » quelque chose d'autre qu'un « merveilleux » artificiel constitué de dieux et de déesses héroï-comiques, et qu'il serait injuste de n'y voir qu'un interlude de joyeuse bouffonnerie succédant aux profondeurs présumées d'une religion tellurique égéenne dont nous savons très peu de chose, et précédant celles d'un « mouvement orphique primitif » dont nous savons moins encore.

NOTES DU CHAPITRE I

1. *Last Lectures*, 182 seq.
2. *Introduction à l'Iliade*, 294.
3. *Rise of the Greek Epic*[4], 265.
4. *Tradition and Design in the Iliad*, 222. Les italiques sont de moi. De même Wilhem Schmid pense que la conception homérique des dieux « ne peut pas être appelée religieuse » (*Gr. Literaturgeschichte*, I. i. 112 seq.).
5. *Il.* 19.86 seq.
6. 137 seq. Cf. 9.119 seq.
7. 19.270 seq.
8. 1.412.
9. 9.376.
10. 1.5.
11. *Il.* 6.357. Cf. 3.164, où Priam dit que ce n'est pas Hélène mais les dieux qui sont coupables *(aitioi)* de la guerre; et *Od.* 4.261 où elle parle de son *atê*.
12. *Il.* 12.254 seq.; *Od.* 23.11 seq.
13. *Il.* 6.234 seq.
14. *Il.* 17.469 seq.
15. Cf. Wilamowitz, *Die Ilias und Homer*, 304 seq., 145.
16. Pour cette conception de l'*atê* cf. W. Havers, « *Zur Semasiologie von griech.* ἄτη », *Ztschr. f. vgl. Sprachforschung*, 43 (1910) 225 seq.
17. La transition vers ce sens se voit dans *Od.* 10.68, 12.372 et 21.302. Sinon il semble être posthomérique. Liddell-Scott le cite encore pour *Il.* 24.480, mais à tort, je crois : voir Leaf et Ameis-Hentze *ad loc.*
18. Le pluriel semble être employé deux fois à propos d'actions symptomatiques de l'état d'esprit dans *Il.* 9.115 et (si le point de vue donné à la note 20 est exact) dans *Il.* 10.391. C'est là une extension facile et naturelle du sens originel.
19. *Il.* 61; 21.297 seq.
20. *Il.* 10.391 est communément cité comme l'unique exception. Le sens toutefois pourrait être, non pas que le mauvais conseil d'Hector suscita l'*atê* chez Dolon, mais que c'était un symptôme de l'*atê* (divinement inspiré) d'Hector lui-même. *Atai* serait alors employé dans le même sens que dans 9.115, tandis que la conception habituelle postule non seulement une psychologie spéciale, mais aussi un emploi spécial d'*atai* dans le sens d' « actes producteurs d'*atê* ». Dans *Od.* 10.68 les compagnons d'Odysseus sont nommés à titre d'agents subordonnés en même temps que *hupnos schetlios*.
21. *Il.* 16.805.

22. *Ibid.*, 780.
23. *Ibid.*, 684-691.
24. *Il.* 11.340.
25. Cf. Lévy-Bruhl, *La Mentalité primitive*, 27 seq.; *Le Surnaturel et la Nature dans la Mentalité primitive*, 31 seq.
26. *Od.* 12.371 seq. Cf. 10.68.
27. *Il.* 9.512 : τῷ ἄτην ἅμ' ἕπεσθαι, ἵνα βλαφθεὶς ἀποτίσῃ.
28. *Il.* 19.91. Dans *Il.* 18.311, Athéna, en tant que Déesse du Conseil enlève leur entendement aux Troyens, en sorte qu'ils applaudissent au mauvais conseil d'Hector. Le mot *atê* n'est toutefois pas employé ici. Mais dans la « Télémachie », Hélène attribue son *atê* à Aphrodite (*Od.* 4.261).
29. *Il.* 24.49, où le pluriel peut être simplement une allusion au « lot » d'individus différents (Wilamowitz, *Glaube*, I.360). Mais les « puissantes fileuses » de *Od.* 7.197 semblent être une espèce de destin personnel, apparenté aux Norns de la mythologie teutonique (cf. Chadwick, *Growth of Literature*, I.646).
30. Cf. Nilsson, *History of Greek Religion*, 169. L'opinion de Cornford selon laquelle *moira* « signifie l'ordonnance providentielle du monde », « la notion de la portion ou du sort individuel » venant « en dernier lieu et non en premier dans l'ordre du développement » *(From Religion to Philosophy*, 15 seq.) me paraît intrinsèquement improbable, et n'est certainement pas appuyée par des preuves tirées d'Homère, chez qui *moira* a encore un emploi tout à fait concret et signifie, par exemple, une « portion » de viande (*Od.* 20.260). George Thomson non plus ne parvient pas à me convaincre que les *Moirai* furent originellement « les symboles de fonctions économiques et sociales d'un communisme primitif », ou qu'elles « se développèrent à partir des déesses mères néolithiques » (*The Prehistoric Aegean*, 339).
31. Snell, *Philol.* 85 (1929-1930) 141 seq. et (plus minutieusement) Chr. Voigt, *Ueberlegung u. Entscheidung... bei Homer*, ont fait remarquer qu'Homère n'a pas de mot pour désigner un acte de choix ou de décision. Mais la conclusion que chez Homère « l'homme ne possède pas encore le sentiment de liberté personnelle et de choix individuel » (Voigt, *op. cit.*, 103) me paraît exprimée d'une manière qui prête à confusion. Je dirais plutôt que l'homme homérique ne possède pas de concept pour la volonté (qui eut, en Grèce, un développement curieusement tardif), et ne pouvait donc pas avoir de concept pour le « libre arbitre ». Ce qui ne l'empêche pas en pratique de distinguer les actions originaires du moi de celles qu'il attribue à l'intervention psychique : Agamemnon peut dire : *Ce n'est pas moi le coupable, mais Zeus.* Et il semble un peu artificiel de nier que ce qui est décrit dans des passages comme *Il.* 11.403 seq. ou *Od.* 5.355 seq. sont en fait des décisions raisonnées prises après la considération des alternatives possibles.
32. *Il.* 16.849 seq. Cf. 18.119, 19.410, 21.82 seq., 22.297-303; et pour la « surdétermination » chap. II, pp. 40 seq.
33. *Rh. Mus.* 50 (1895) 6 seq. (= *Kl. Schriften*, II.229). Cf. Nilsson, *Gesch. d. gr. Rel.* I.91 seq.; et, *contra*, Wilamowitz dans l'introduction à sa traduction des *Euménides*, et Rose, *Handbook of Greek Mythology*, 84.
34. 15.233 seq.
35. *Il.* 19.418. Cf. Σ B *ad loc.*, ἐπίσκοποι γάρ εἰσιν τῶν παρὰ φύσιν.
36. Fr. 94 Diels.
37. Dans tous les cas à l'exception d'un seul (*Od.* 11.279 seq.) il s'agit de prétentions de personnes *vivantes*. Cela semble être un argument de poids contre la théorie (inventée en l'audacieux printemps de l'animisme) que les *Erinyes* sont les morts vengeurs. Viennent s'ajouter dans la balance *(a)* le fait que chez Homère le meurtre n'est jamais puni par les Erinyes; et *(b)* le fait que les dieux tout comme les

hommes ont « leur » Erinys. Les Erinyes d'Héra (*Il.* 21.412) ont exactement la même fonction que celles de Pénélope (*Od.* 2.135) — la protection des prérogatives d'une mère par la punition d'un fils manquant de piété filiale. Nous pouvons dire qu'elles sont la colère maternelle projetée en un être personnel. La *theôn erinys* qui, dans la *Thébaïde* (fr. 2 Kinkel), entendit la malédiction d'Œdipe (vivant) incarne sous une forme personnelle la colère des dieux qui sont invoqués dans la malédiction : on peut donc se servir d'*Erinys* comme d'un terme équivalent à malédiction (Aesch. *Sept.* 70, *Eum.* 417). Selon cette opinion Sophocle n'innovait donc pas, mais se servait du langage traditionnel, lorsqu'il fait menacer Créon par Tiresias d'*Aidou kai theôn erinyes* (Ant. 1075); leur fonction est de punir la transgression par Créon de la *moira*, du partage naturel, selon lequel le défunt Polynice appartient à l'Hadès, et la vivante Antigone aux dieux d'en haut, *anô theoi* (1068-1073). Pour ce qui est de *moira* en tant que rang ou prérogative, cf. la prétention de Poseidon qu'il est ἰσύμορος καὶ ὁμῇ πεπρώμενος αἴσῃ avec Zeus, *Il.* 15.209. Ceci étant écrit, je m'aperçois que la relation intime entre *erinys* et *moira* est également soulignée par George Thomson (*The Prehistoric Aegean*, 345) et par Eduard Frænkel à propos de *Agam.* 1535 seq.

38. *Il.* 9.454, 571; 21.412; *Od.* 2.135.

39. *Il.* 15.204.

40. *Od.* 17.475.

41. *P.V.* 516, Μοῖραι τρίμορφοι μνήμονες τ' Ἐρινύες aussi *Eum.*, 333 seq. et 961, Μοῖραι ματρικασιγνῆται. Euripide, dans une œuvre perdue, fait dire à *Erinys* que ses autres noms sont *tuchê*, *nemesis*, *moira*, *anankê* (fr. 1022). Cf. aussi Eschyle, *Sept.* 975-977.

42. *Eum.* 372 seq., etc.

43. Concernant le problème ancien du rapport entre les dieux et *moira* (qui ne peut se résoudre en termes logiques) voir surtout E. Leitzke, *Moira u. Gottheit im alten griech. Epos*, qui donne tous les documents; E. Ehnmark, *The Idea of God in Homer*, 74 seq.; Nilsson, *Gesch. d. gr. Rel.* I.338 seq.; W. C. Greene, *Moira*, 22 seq.

44. Demeter *Erinys* et le verbe *erinuein* en Arcadie, Paus. 8.25.4 seq. *aisa* en arcadien, *IG* V.2.265, 269; en cypriote, *GDI* 1.73.

45. Cf. E. Ehnmark, *The Idea of God in Homer*, 6 seq.; et sur le sens du mot *menos*, J. Böhme, *Die Seele u. das Ich im Homerischen Epos*, 11 seq., 84 seq.

46. *Il.* 5.125 seq., 136; 16.529.

47. Le fait que les rois étaient considérés à une certaine époque comme possesseurs d'un *menos* spécial qui leur était communiqué en vertu de leur fonction semble être impliqué dans l'emploi de la tournure *hieron menos* (cf. ἱερὴ ἴς) quoique son emploi chez Homère ne paraît être gouverné que par des considérations de métrique (appliquée à Alcinous, *Od.* 7.167, etc., à Antinous, *Od.* 18.34). Cf. Pfister, P.-W. s.v. « Kultus », 2125 seq; Snell, *Die Entdeckung des Geistes*, 35 seq.

48. *Od*, 24.318.

49. Chevaux, *Il.* 23.468; *Boos menos*, *Od.* 3.450. En *Il.* 17.456 les chevaux d'Achille reçoivent une communication de *menos*.

50. *Il.* 6.182, 17.565. Ainsi les auteurs de traités médicaux parlent du *menos du vin* (Hipp. *acut.* 63), et même le *menos* de la famine (*vet. med.* 9), signifiant le pouvoir immanent qui se montre dans les effets qu'ils ont sur l'organisme humain.

51. *Il.* 20.242. Cf. l'« Esprit du Seigneur » qui « fondit sur Samson », lui permettant de faire des prouesses surhumaines (Juges 14 : 6, 15 : 14).

52. *Il.* 13.59 seq. La transmission physique de la force par le contact est toutefois rare chez Homère, et dans la croyance grecque en général, en contraste avec l'importance qui a été attachée par le christianisme

(et par beaucoup de cultures primitives) à l' « imposition des mains ».

53. *Il.* 13.61, 75 γυῖα δ' ἔθηκεν ἐλαφρά est une formule qui revient périodiquement dans les descriptions de *menos* communiqué (5.122, 23.772); cf. aussi 17.211 seq.

54. Cf. la note de Leaf sur 13.73. Dans *Od.* 1.323 Télémaque reconnaît une transmission de force, mais on ne dit pas exactement à quels signes il la reconnaît.

55. *Il.* 12.449. Cf. *Od.* 13.387-391.

56. *Il.* 3.381 : ῥεῖα μάλ', ὥστε θεός. Esch. *Supp.* 100 : πᾶν ἄπονον δαιμονίων.

57. *Il.* 5.330 seq., 850 seq.

58. *Il.* 6.128. seq.

59. *Il.* 5.136; 10.485; 15.592.

60. *Il.* 15.605 seq.

61. *Il.* 17.210.

62. *Od.* 1.89, 320 seq.; cf. 3.75 seq.; 6.139 seq.

63. *Od.* 22.347 seq. Cf. Demodocus, 8.44, 498; et Pindare, *Nem.* 3.9, où le poète implore la Muse de lui accorder « un flot de chant abondant, jailli de *mes propres pensées* ». Selon l'expression de McKay, « la Muse est la source de l'originalité du poète, plutôt que de sa conventionnalité » (*The Wrath of Homer*, 50). Chadwick, *Growth of Literature*, III.182, cite d'après Radloff un parallèle primitif curieusement semblable; celui du barde Kirghiz qui déclara : « Je puis chanter n'importe quelle chanson, car Dieu a implanté ce don du chant dans mon cœur. Il donne les mots sur ma langue sans que j'aie besoin de les chercher. Je n'ai appris aucune de mes chansons. Tout jaillit de mon for intérieur. »

64. *Od.* 17.518 seq., Hes. *Theog.* 94 seq. (= *Hymne H.* 25.2 seq.). Cf. chap. III, pp. 87 seq.

65. Sur l'emploi homérique du terme *daimôn* et sa relation à *theos* (qui ne peut être discutée ici), voir Nilsson in *Arch. f. Rel.* 22 (1924) 363 seq. et *Gesch. d. gr. Rel.* I.201 seq.; Wilamowitz, *Glaube*, I.362 seq.; E. Leitzke. *op. cit.*, 42 seq. Selon Nilsson le *daimôn*, à l'origine, aurait été non seulement indéfini, mais impersonnel aussi, une simple « manifestation de puissance *(orenda)* »; mais à ce sujet je tends à partager les doutes exprimés par Rose, *Harv. Theol. Rev.* 28 (1935) 243 seq. Les témoignages que nous possédons donnent plutôt à croire que *moira*, qui était au départ un « lot » impersonnel, évolua dans le sens d'un Destin personnel, alors que *daimôn* évolua dans le sens contraire, et de « distributeur de lots » personnel qu'il était à l'origine (cf. *daiô*, *daîmônê*) devint « chance » impersonnelle. Il se trouve un point où les deux développements se croisent et où les mots sont virtuellement synonymes.

66. Parfois aussi à Zeus (14.273, etc.) qui dans de telles phrases n'est peut-être pas tant un dieu individuel que le représentant d'une « volonté divine » généralisée (Nilsson, *Greek Piety*, 59).

67. 9.381.

68. 14.178; cf. 23.11.

69. 19.10; 19.138 seq.; 9.339.

70. 2.124 seq.; 4.274 seq.; 12.295.

71. 19.485. Cf. 23.11, où une *erreur* d'identification est expliquée de la même façon.

72. 15.172.

73. 12.38.

74. 14.488.

75. Si son intervention est maléfique il est d'ordinaire appelé *daimôn* plutôt que *theos*.

76. Cette distinction fut signalée pour la première fois par O. Jorgensen, *Hermes*, 39 (1904) 357 seq. Pour les exceptions à la règle de Jorgensen, voir Calhoun, *AJP* 61 (1940) 270 seq.

77. Cf. le *daimôn* qui amène les visiteurs malvenus ou porteurs de malheur, 10.64, 28.149, 4.274 seq., 17.446, et qui est appelé *kakos* dans les deux premiers cas; et le *stugeros daimôn* qui cause la maladie 5.396. Ces passages, tout au moins, doivent faire exception à la généralisation de Ehnmark (*Anthropomorphism and Miracle*, 64.) selon laquelle les *daimones* de l'*Odyssée* sont simplement des Olympiens non identifiés.

78. 2.122 seq.

79. 1.384 seq.

80. 1.320 seq.

81. *Il.* 15.461 seq.

82. E. Hedén, *Homerische Götterstudien.*

83. Nilsson, *Arch. f. Rel.* 22.379.

84. *The Idea of God in Homer*, chap. v. Cf. aussi Linforth, « Named and Unnamed Gods in Herodotus », *Univ. of California Publications in Classical Philology*, IX.7 (1928).

85. Voir par exemple les passages cités par Lévy-Bruhl, *Le Surnaturel*, XXVII seq.

86. *Il.* 4.31. Cf. P. Cauer, *Kunst der Uebersetzung* [2], 27.

87. Un exemple, excellent parce que banal, de l'importance attachée à la chose inexpliquée est le fait que l'éternuement — cette convulsion apparemment futile — compte pour un présage chez tant de peuples, y compris les Grecs de l'époque homérique (*Od.* 17.541), de l'époque classique (Xen. *Anab.* 3.3.9) et des temps romains (Plut. *gen. Socr.* 581 F). Cf. Halliday, *Greek Divination*, 174 seq. et Tylor, *Primitive Culture*, 1.97 seq.

88. On peut être autorisé à voir quelque chose d'analogue à l'*atê* dans l'état appelé en anglais *fey* ou *fairy-struck* (« fada », « touché des fées », « féé ») qui dans les croyances celtiques est censé survenir soudain et faire que les gens « font chose très contraire à leur précédente façon » (Robert Kirk, *The Secret Commonwealth*).

89. « Götter und Psychologie bei Homer », *Arch. f. Rel.* 22.363 seq. dont les conclusions sont résumées dans son *History of Greek Religion*, 122 seq.

90. Comme le fait remarquer Snell (*Die Entdeckung des Geistes*, 45), le caractère « superflu » de tant d'interventions divines montre qu'elles ne furent pas inventées uniquement pour tirer le poète d'embarras (puisque le cours des événements n'aurait pas changé par leur absence), mais qu'elles sont fondées sur quelque croyance plus ancienne. Cauer estimait (*Grundfragen*, I.401) que le caractère « naturel » de tant de miracles homériques est un raffinement inconscient datant d'une époque où les poètes cessaient de croire aux miracles. Mais le miracle gratuit est en fait typiquement primitif. Voir par exemple E. E. Evans-Pritchard, *Witchcraft, Oracles and Magic among the Azande*, 77, 508; et pour une critique de Cauer, Ehnmark, *Anthropomorphism and Miracle*, chap. IV.

91. Par exemple, *Il.* 16.712 seq. et en beaucoup d'autres endroits. En *Il.* 13.43 seq. l'intervention physique et (60) psychique se trouvent côte à côte. Sans doute les épiphanies de dieux au cours de combats avaient-elles aussi quelque fondement dans la croyance populaire (la même croyance qui suscita les Anges à Mons), quoique à des époques plus tardives, comme le remarque Nilsson, ce sont habituellement des héros et non des dieux qui apparaissent de cette façon.

92. *Il.* 1.198.

93. C. Voigt, *Ueberlegung u. Entscheidung... bei Homer*, 54 seq. Le plus souvent l'avertissement est donné par le dieu en l'apparence d'un

personnage humain; ceci peut être dérivé d'une forme ancienne où le conseil était donné, à l'instigation d'un dieu (ou d'un *daimôn*), par le personnage lui-même (Voigt, *ibid.*, 63).

94. Hdt. 2.53. Lowie a remarqué que l'artiste primitif, suivant son impulsion esthétique, « peut en venir à créer un type qui, à la fois, synthétise l'essentiel des croyances courantes, sans y contrevenir en quelque aspect, et cependant y ajoute une série de traits qui ne font pas qu'ombrer, mais au contraire transforment substantiellement le dessin préexistant. Tant que les choses ne vont pas plus loin, l'image nouvelle n'est pas autre chose qu'une version entre autres de la norme générale. Mais aussitôt que cette variante... est élevée au rang de représentation type, elle devient dès lors un facteur déterminant de la conception populaire ». (*Primitive Religion*, 267 seq.) Ceci se rapporte aux arts visuels, mais fournit une description exacte de la manière dont je conçois l'influence de la poésie épique sur la religion grecque.

95. Snell. *Die Entdeckung des Geistes*, chap. I. Cf. aussi Böhme, *op. cit.*, 76 seq. et W. Marg, *Der Charakter i. d. Sprache der frühgriechischen Dichtung*, 43 seq.

96. *Od.* 22.17.

97. *Il.* 4.43 : ἑκὼν ἀέκοντί γε θυμῷ. Comme l'a fait remarquer Pfister (P.-W. XI.2117 seq.), cette indépendance relative de l'élément affectif est fréquente parmi les peuplades primitives (cf. par exemple, Warneck *Religion der Batak*, 8). Sur la faiblesse du sentiment du moi parmi les Primitifs, voir aussi Hans Kelsen, *Society and Nature* (Chicago, 1943), 8 seq.

98. *Od.* 9.299 seq. Ici le moi s'identifie en premier lieu à la première voix, mais accepte l'avertissement de la deuxième. Une semblable pluralité de voix, et un déplacement semblable de l'auto-identification, paraît être implicite dans le passage curieux *Il.* 11.403-410 (cf. Voigt, *op. cit.*, 87 seq.). Un des personnages de Dostoïevski, dans *L'Adolescent* décrit fort bien cette relation fluctuante du moi et du non-moi. « C'est tout à fait comme si un second vous-même était debout à côté de vous; vous êtes quant à vous tout à fait sensé et rationnel, mais l'autre se sent poussé à faire une chose totalement dépourvue de sens et qui peut être parfois très drôle; puis vous remarquez soudain que vous mourez d'envie de faire cette chose amusante, Dieu sait pourquoi; je veux dire que vous le souhaitez, en quelque sorte, malgré vous : vous vous y opposez de toutes vos forces, mais vous le désirez néanmoins. »

99. Par exemple *Il.* 5.676 : τράπε θυμὸν 'Αθήνη; 16.691 : (Ζεὺς) θυμὸν ἐνὶ στήθεσσιν ἀνῆκε; *Od.* 15.172 : ἐνὶ θυμῷ ἀθάνατοι βάλλουσι. Ainsi le *thumos* est l'organe de la voyance, *Il.* 7.44, 12.228. (Cf. Esch. *Pers.* 10 : κακόμαντις... θυμός; 224 : θυμόμαντις. Aussi Eur. *Andr.* 1073 : πρόμαντις θυμός et *Trag. Adesp.* fr. 176 : πηδῶν δ' ὁ θυμὸς ἔνδοθεν μαντεύεται.)

100. Par exemple *Il.* 16.805 : ἄτη φρένας εἷλε; *Il.* 5.125 : ἐν γάρ τοι στήθεσσι μένος. ἧκα.

101. *Il.* 9.702 seq. Cf. *Od.* 8.44 : « Un dieu » a donné à Démodocus le don de chanter selon que le *thumos* l'incite à le faire.

102. Cf. W. Marg. *op. cit.*, 69 seq.; W. Nestle, *Vom Mythos zum Logos*, 33 seq.

103. *Il.* 24.41; *Od.* 9.189; *Od.* 3.277.

104. *Il.* 16.35, 356 seq.

105. Cette même remarque a été faite par W. Nestle, *NJbb* 1922, 137 seq. pour qui les paradoxes socratiques sont *echt griechisch* et qui remarque qu'ils sont déjà implicites dans la psychologie naïve d'Homère. Mais il faut nous garder de considérer cet « intellectualisme » habituel comme étant une attitude consciemment adoptée par les porte-parole d'un peuple « intellectuel »; ce n'est que le résultat

inévitable de l'absence du concept de volonté. (Cf. L. Gernet, *Pensée juridique et morale*, 312.)

106. Une explication simple de ces termes sera trouvée chez Ruth Benedict, *The Chrysanthemum and the Sword*, 222 seq. Nous sommes nous-mêmes les héritiers d'une « culture de culpabilité » puissante et antique (mais aujourd'hui en son déclin), ce qui explique peut-être pourquoi tant d'érudits ont de la peine à reconnaître que la religion homérique puisse avoir quelque chose de « religieux ».

107. *Il.* 9.315 seq. Sur l'importance du *timê* chez Homère voir W. Jaeger, *Paideia*, 1.7 seq.

108. Cf. chap. II, pp. 39 seq.

109. *Il.* 22.105. Cf. 6.442, 15.561 seq.; *Od.* 16.75, 21.323 seq.; Wilamowitz, *Glaube*, I.353 seq.; W. J. Verdenius, *Mnem.* 12 (1944) 47 seq. La sanction de *aidôs* est *nemesis*, la réprobation publique : cf. *Il.* 6.351, 13.121 seq.; et *Od.* 2.136 seq. L'application des termes *Kalon* et *aischron* au comportement semble aussi être typique d'une « culture de honte ». Ces mots indiquent non pas que l'acte est bénéfique ou dommageable à l'agent, ou que c'est bien ou mal aux yeux de la divinité mais que cela paraît « beau » ou « laid » aux yeux de l'opinion publique.

110. Une fois l'idée de l'intervention psychique établie, cela tendrait naturellement à encourager un comportement impulsif. Aussi tout comme les anthropologistes récents qui, au lieu de dire, comme Frazer, que les Primitifs croient en la magie parce qu'ils raisonnent de façon défectueuse, préfèrent dire qu'ils raisonnent mal parce qu'ils sont socialement conditionnés à croire en la magie, ainsi nous-mêmes peut-être, au lieu de dire comme Nilsson que l'homme homérique croyait à l'intervention psychique parce qu'il était de caractère impulsif nous devrions plutôt dire qu'il cède à l'impulsion parce qu'il est socialement conditionné à croire à l'intervention psychique.

111. Sur l'importance de la crainte du ridicule en tant que motif social voir Paul Radin, *Primitive Man as Philosopher*, 50.

II

DE « CIVILISATION DE HONTE » A « CIVILISATION DE CULPABILITÉ »

C'est une chose terrible de tomber entre les mains du Dieu vivant.

Hébr. 10.30.

Au premier chapitre, j'ai parlé de la manière dont Homère interprète les éléments irrationnels du comportement humain. Il en fait des « interventions psychiques », des interventions dans la vie humaine d'agents non humains qui introduisent quelque chose dans l'homme et influencent ainsi sa conduite et ses pensées. Dans le présent chapitre, je traiterai de quelques-unes des formes nouvelles que prirent ces idées homériques au cours de l'époque archaïque. Mais pour que mon exposé soit intelligible au non spécialiste, il me faudra d'abord tenter de rendre clairs, au moins schématiquement, quelques-uns des grands traits qui différencient l'attitude religieuse à l'époque archaïque de celle qui est implicite chez Homère. A la fin du chapitre précédent, je me suis servi des termes de *shame-culture* (civilisation de honte) et de *guilt-culture* (civilisation de culpabilité) comme d'étiquettes commodes pour décrire les deux attitudes en question. Je sais que ces termes ne s'expliquent pas d'eux-mêmes, qu'ils seront probablement nouveaux pour la plupart des humanistes et qu'ils prêtent facilement à malentendu. Le sens auquel je les prends apparaîtra, je l'espère, au fur et à mesure. Mais je voudrais que deux choses soient tout à fait claires dès maintenant. D'abord, je ne me sers de ces termes que d'une manière descriptive, sans prendre à mon compte aucune théorie précise de la transformation des civilisations. En second lieu, je reconnais que la distinction n'est que relative, puisqu'en fait, de nombreux types de comportement caractéristiques des « civilisations de honte » persistèrent tout au long des époques archaïques et classiques. Il y a une transition mais elle est progressive et incomplète.

Quand, abandonnant Homère, nous nous tournons vers la littérature fragmentaire de l'époque archaïque, et vers ceux des écrivains de l'époque classique qui gardèrent l'optique archaïque [1] — Pindare et Sophocle, par exemple, et dans une large mesure Hérodote — nous sommes d'abord frappés par le sentiment accru de l'insécurité et de l'impuissance humaines *(amêchania* [2]*)*, qui ont leur contrepartie religieuse dans le sentiment de l'hostilité des dieux — et ceci, non dans le sens que la divinité est estimée mauvaise, mais dans le sens qu'une Sagesse et une Puissance insurmontables retiennent l'homme pour toujours et l'empêchent de s'élever au-dessus de son rang. C'est le sentiment qu'exprime Hérodote en disant que la Divinité est toujours *phthoneron te kai tarachôdes* [3]. Nous traduisons cela par « jalouse et importune » mais ce n'est pas très juste — comment cette irrésistible Puissance serait-elle jalouse d'une chose aussi misérable que l'homme ? L'idée est plutôt que les dieux trouvent déplaisant tout succès, tout bonheur qui pourraient parfois soulever ce mortel au-dessus de son état de mortel, portant ainsi atteinte à leur prérogative.

Assurément, de telles idées n'étaient pas tout à fait neuves. Au chant XXIV de l'*Iliade*, Achille, touché enfin par le spectacle de Priam, son ennemi brisé, énonce la moralité tragique du poème : « Telle est la destinée que les dieux ont filée pour les pauvres mortels : vivre dans le chagrin, tandis qu'ils demeurent, eux, exempts de tout souci. » Il en vient ensuite à la célèbre image des deux jarres dont Zeus tire les bons présents et les mauvais. A certains hommes, il donne un mélange des deux, à d'autres, le malheur pur; ceux-ci errent, tourmentés, à travers le monde, « méprisés des hommes et des dieux [4] ». Quant au bien sans mélange, il faut croire que c'est la portion réservée aux dieux seuls. Les jarres n'ont aucun rapport avec la justice, sans quoi la moralité de l'œuvre serait faussée. Dans l'*Iliade*, une conduite héroïque ne procure pas le bonheur, sa seule

1. Notes du chap. II, pp. 60-70.

et adéquate récompense est la renommée. Malgré cela, les princes d'Homère arpentent fièrement leur monde; s'ils craignent les dieux, c'est de la même façon qu'ils craignent leurs suzerains humains; l'avenir ne les opprime pas, même quand ils savent, comme Achille, que cet avenir amène une mort prochaine.

A ce sujet, ce n'est pas une croyance nouvelle que nous trouvons dans l'époque archaïque, c'est une réaction affective nouvelle à une croyance ancienne. C'est ainsi que Simonides d'Amorgos écrit : « Zeus contrôle l'accomplissement de tout et ordonne selon sa volonté. La connaissance n'appartient pas aux hommes, nous vivons comme des bêtes, à la merci de ce qu'amène le jour, sans savoir quelle issue Dieu imposera à nos actions [5]. » Et Théognis : « Aucun homme, Cyrnus, n'est responsable de sa ruine ou de son succès : ces deux choses, les dieux les donnent. Nul homme ne peut accomplir un acte et savoir si l'issue en sera bonne ou mauvaise... L'humanité dans un aveuglement total suit ses coutumes futiles; mais les dieux mènent tout au terme qu'ils ont choisi [6]. » La doctrine d'après laquelle l'homme impuissant dépend d'un Pouvoir arbitraire n'est pas une nouveauté; mais il y a dans ces textes un nouvel accent de désespoir, une nouvelle et amère insistance sur la futilité de tous les projets humains. Nous sommes plus près du monde d'*Œdipus Rex* que du monde de l'*Iliade*.

Il en va à peu près de même du *phthonos*, de la jalousie divine. Eschyle l'appelle avec raison « une doctrine vénérable énoncée depuis longtemps [7] ». La notion qu'un succès trop flagrant amène un danger surnaturel, surtout si l'on s'en vante, est apparue spontanément dans bien des civilisations différentes [8] et possède de profondes racines dans la nature humaine. (Nous y souscrivons nous-même en « touchant du bois ».) L'*Iliade* pourtant l'ignore, tout comme elle ignore d'autres superstitions populaires; mais le poète de l'*Odyssée* — toujours plus accueillant pour les modes de pensée contemporains — permet à Calypso de s'exclamer avec dépit que les dieux sont au monde les êtres les plus jaloux et qu'ils vous font grief du moindre bonheur [9]. Il est toutefois apparent, si l'on considère la vantardise sans contrainte que se permet tout homme homérique, que pour lui, les dangers de *phthonos* ne sont pas bien sérieux : de tels scrupules sont étrangers aux « civilisations de honte ». Ce n'est qu'à la fin de l'époque archaïque et au début de l'époque classique que l'idée de *phthonos* devient une opprimante menace, une source, — ou une expression — d'anxiété religieuse. Elle apparaît ainsi chez Solon, chez Eschyle et surtout chez Hérodote. Pour Hérodote, l'histoire est surdéterminée : extérieurement, elle est le résultat des desseins humains, mais un regard pénétrant peut déceler partout l'action secrète du *phthonos*. C'est dans le même esprit que le Messager des *Perses* attribue les tactiques imprudentes de Xerxès à Salamine, tant au Grec rusé qui le trompe, qu'au *phthonos* des dieux agissant par l'intermédiaire d'un *alastor*, d'un *daimôn* mauvais [10] : l'événement est doublement déterminé, au niveau naturel et au surnaturel.

Par les écrivains de cette époque, le *phthonos* divin est parfois [11], mais pas toujours [12], moralisé en tant que *nemesis*, la « juste colère ». Entre l'offense primitive que constitue le trop grand succès d'une part, et sa punition par la Divinité jalouse, de l'autre, on introduit un chaînon moral : on estime que le succès est producteur de *koros* — la suffisance de l'homme qui réussit trop bien — et que celle-ci à son tour produit l'*hubris*, l'arrogance en paroles, en actes ou même en pensée. Interprétée de la sorte, l'ancienne croyance paraissait plus rationnelle, mais elle n'en était pas moins opprimante. La scène du tapis dans l'*Agamemnon* nous montre combien chaque manifestation de triomphe suscitait de sentiments anxieux de culpabilité : l'*hubris* est devenue le mal foncier, le péché dont le salaire est la mort — et qui n'en est pas moins si universel qu'un hymne homérique l'appelle la *thémis*, l'usage consacré de l'humanité, et qu'Archiloque l'attribue même aux bêtes. Les hommes savaient qu'il était dangereux d'être heureux [13]. Mais la contrainte avait sans doute son côté salutaire. Il est significatif que lorsque Euripide, écrivant à l'époque nouvelle du scepticisme, fait déplorer par le chœur l'effondrement de toutes les valeurs morales, la preuve suprême de cet effondrement est alléguée dans le fait « que le désir commun des hommes n'est plus d'échapper au *phthonos* des dieux [14] ».

La moralisation du *phthonos* nous conduit à un second trait caractéristique de la pensée religieuse archaïque — la tendance à transformer l'ensemble du surnaturel, et Zeus tout particulièrement, en puissance justicière. Il est à peine nécessaire de rappeler ici que la religion et la morale n'étaient pas interdépendantes à l'origine, ni en Grèce, ni ailleurs; elles ont chacune leur source distincte. Il me semble, pour parler schématiquement, que la religion naît des relations de l'homme avec son milieu pris globalement, tandis que la morale naît de ses relations avec ses semblables. Mais tôt ou tard, dans la plupart des cultures, il vient un temps de souffrance où la plupart des gens refusent de se contenter du point de vue d'un Achille pour qui les dieux sont dans leur paradis et ne se soucient guère de ce monde. L'homme projette sur le cosmos ses propres exigences naissantes d'une justice sociale; et lorsque, des espaces extérieurs, l'écho agrandi de sa propre voix lui revient, promettant la punition des coupables, il se sent rassuré et encouragé.

Dans l'œuvre épique grecque, ce niveau n'est pas encore atteint mais nous y voyons des signes toujours plus nets de son approche. Les dieux de l'*Iliade* sont avant tout préoccupés de leur honneur *(timê)*. Parler d'un dieu à la légère, négliger son culte, maltraiter son prêtre, toutes ces choses suscitent sa colère et cela se comprend; dans une culture de honte, les dieux, tout comme les hommes, s'offensent vite d'un manque d'égards. Le parjure se condamne au même titre : les dieux ne détestent pas le franc mensonge, mais ils n'aiment pas que leur nom soit pris en vain. Par endroits, pourtant, il y a comme un soupçon d'autre chose. Les offenses contre les parents sont un crime à tel point monstrueux qu'ils exigent une procédure spéciale : les Puissances infernales sont contraintes de prendre la chose en main [15] (j'y reviendrai).

Et une fois, il nous arrive de lire que Zeus s'emporte contre les hommes qui rendent des jugements malhonnêtes [16]. Mais c'est là, à mon avis, un reflet de conditions plus tardives qui, par une inadvertance commune chez Homère, s'est glissée dans une comparaison [17]. Car je ne vois aucune indication dans le récit de l'*Iliade* que Zeus ait cure de la justice en soi [18].

Dans l'*Odyssée*, ses intérêts se sont nettement élargis : non seulement il protège les suppliants [19] (qui dans l'*Iliade* ne jouissent d'aucune sécurité comparable), mais aussi « de Zeus viennent tous les étrangers, tous les mendiants [20] »; c'est déjà l'hésiodique vengeur des pauvres et des opprimés qui commence à paraître. Au surplus le Zeus de l'*Odyssée* commence à être sensible aux critiques morales : il se plaint que les hommes passent leur temps à critiquer les dieux « car ils disent que leurs ennuis viennent de nous tandis que c'est eux-mêmes, par leurs actes iniques, qui s'attirent plus d'ennuis qu'il ne leur en faut [21] ». Placée comme elle l'est, au début du poème, cette remarque peut paraître, comme disent les Allemands, « programmatique ». Et le programme est mené à bien. Les prétendants, par leurs actions iniques attirent la destruction [22], tandis qu'Ulysse, attentif aux conseils divins, l'emporte malgré l'avantage de ses adversaires : la preuve de la justice divine est faite.

Les phases ultérieures de l'éducation morale de Zeus peuvent être étudiées chez Hésiode, chez Solon et chez Eschyle; mais je ne puis ici suivre ce progrès dans le détail. Je dois pourtant faire mention d'une complication qui eut d'immenses conséquences historiques. Les Grecs ne manquaient pas de réalisme au point de se cacher l'évidence que « le méchant grandit comme le cèdre ». Hésiode, Solon et Pindare en sont profondément troublés, et Théognis éprouve le besoin de sermonner Zeus sur ce point [23]. Il était plutôt facile de faire la preuve de la justice divine dans une œuvre de fiction comme l'*Odyssée :* comme le fait remarquer Aristote, « les poètes racontent ce genre d'histoire pour satisfaire les désirs de leurs auditeurs [24] ». Mais la chose était moins facile en réalité. A l'époque archaïque, la justice divine n'agissait certes pas avec une vivacité extrême. Son mouvement était à peu près imperceptible, sinon au regard de la foi, et pour soutenir la croyance qu'elle était en marche, il fallait abolir le délai naturel que lui imposait la mort. En regardant au-delà de cette limite, on pouvait adopter l'une des vues possibles — ou même les deux à la fois : on pouvait affirmer que le pécheur impuni souffrirait dans sa descendance, ou bien l'on pouvait dire qu'il acquitterait sa dette en personne dans une autre vie.

Cette seconde solution n'apparut, en tant que doctrine générale, que tard dans l'époque archaïque, et elle était peut-être limitée à des cercles assez restreints. Je l'examinerai dans un chapitre ultérieur. L'autre est la doctrine caractéristiquement archaïque : elle est enseignée par Hésiode, par Solon et Théognis, par Eschyle et Hérodote. Il ne leur échappait pas qu'une telle doctrine impliquait la souffrance de personnes qui n'étaient pas moralement coupables : Solon, parlant des victimes héréditaires de *nemesis*, dit qu'ils sont *anaitioi*, « non responsables »; Théognis se plaint qu'un système est injuste qui « permet au criminel d'en réchapper, tandis qu'un autre subit la punition plus tard »; Eschyle, si je comprends bien, voudrait en mitiger l'injustice en admettant qu'une malédiction héréditaire pouvait être levée [25]. Si, néanmoins, ces hommes acceptaient l'idée de la culpabilité héréditaire et de la punition différée, c'est qu'ils croyaient en la solidarité familiale, croyance que la Grèce archaïque partage avec d'autres sociétés des premiers temps [26] et avec beaucoup de civilisations primitives de nos jours [27]. Cela pouvait être injuste, mais cela leur paraissait une loi de la nature qu'il fallait accepter : la famille était une unité morale, la vie du fils était une prolongation de celle du père [28] et il héritait des dettes morales de son père tout comme il héritait de ses dettes commerciales. Tôt ou tard, la dette *exigeait son propre acquittement :* comme la Pythie le fit savoir à Crésus, le lien causal entre le crime et la punition était *moira*, quelque chose que même un dieu ne pouvait rompre; Crésus devait achever ou remplir *(ekplêsai)* ce qui avait été provoqué par le crime d'un ancêtre, cinq générations avant lui [29].

On peut regretter pour les Grecs que l'idée d'une justice cosmique représentant un progrès sur l'ancienne notion des Puissances divines purement arbitraires, et fournissant une sanction pour la nouvelle morale civique, — ait été ainsi rattachée à une conception primitive de la famille. Car cela impliquait que tout le poids du sentiment religieux et de la loi religieuse empêchait l'apparition d'une conception véritable de l'individu en tant que personne, avec des droits et des responsabilités personnelles. Une telle conception apparut à la longue dans le droit séculier attique. Comme le montre Glotz dans son grand ouvrage *La Solidarité de la Famille en Grèce* [30], la libération de l'individu des liens du clan et de la famille est une des principales réalisations du rationalisme grec, et une réalisation dont le mérite revient à la démocratie athénienne. Mais bien après que cette libération fut achevée en droit, les esprits religieux restaient hantés par l'ombre de l'ancienne solidarité. Nous voyons chez Platon qu'au IVe siècle, on montrait encore du doigt l'homme marqué d'une culpabilité héréditaire et cet homme était encore disposé à payer un *cathartes* pour obtenir une purification rituelle [31]. Platon lui-même, d'ailleurs, tout en acceptant la révolution dans le droit séculier, admettait la culpabilité religieuse héréditaire dans certains cas [32]. Un siècle plus tard, Bion de Borysthènes éprouve encore le besoin de faire remarquer que Dieu, en punissant le fils pour l'offense paternelle, se comporte comme le médecin qui purgerait l'enfant pour guérir le père; et le dévôt Plutarque, qui cite ce trait d'esprit, tente néanmoins de trouver une justification à l'ancienne doctrine en faisant appel aux faits observables de l'hérédité [33].

Pour en revenir à l'époque archaïque, on peut aussi regretter que les fonctions attribuées au surnaturel ainsi moralisé aient été surtout, sinon exclusivement, d'ordre pénal. On nous parle beaucoup de la culpabilité héréditaire, mais peu d'une innocence héréditaire; beaucoup des souffrances du pécheur en Enfer ou au Purgatoire, relativement peu des récompenses différées de la vertu; l'accent est toujours sur les sanctions. Cela reflète sans doute les idées juridiques de l'époque; le droit pénal précède le droit civil, et la fonction originelle de l'état était coercitive. Au surplus, la loi divine, tout comme la loi humaine primitive, ne tient pas compte des motifs et n'a aucune indulgence pour la faiblesse humaine; elle est dépourvue de cette qualité de miséricorde que les Grecs appelaient *epieikeia* ou *philantrôpia*. Le dicton familier de l'époque « toute vertu est comprise dans la justice [34] », ne s'applique pas moins aux dieux qu'aux hommes : chez les uns comme chez les autres, il y avait peu de place pour la pitié. Il n'en était pas ainsi dans l'*Iliade :* là Zeus avait pitié d'Hector et de Sarpédon, condamnés d'avance; il plaint Achille dans son deuil pour Patrocle, et même les chevaux d'Achille dans leur deuil pour leur cocher [35]. *Melousi moi ollumenoi per*, dit-il au chant XXI de l'*Iliade :* « Je me soucie d'eux, bien qu'ils meurent. » Mais en devenant la figure de la justice cosmique, Zeus perdit son humanité. Aussi la religion olympienne sous sa forme moralisée tendait-elle à devenir une religion de crainte, une tendance que reflète d'ailleurs le vocabulaire religieux. Il n'existe pas de mot pour « craignant-dieu » dans l'*Iliade;* mais dans l'Odyssée c'est déjà une vertu importante que d'être *theoudês*, et le terme équivalent en prose, *deisidaimôn*, était employé dans un sens laudatif jusqu'à l'époque même d'Aristote [36]. L'amour de dieu, par contre, fait défaut dans le vocabulaire grec plus ancien [37] : *philothéos* paraît pour la première fois chez Aristote. Et en fait, parmi les principales divinités olympiennes, Athéna seule, peut-être, inspirait un sentiment qui pouvait raisonnablement être appelé de l'amour. « Il serait extravagant », lit-on dans la *Magna Moralia*, « de prétendre aimer Zeus [38] ».

Venons-en au dernier trait général que je désire souligner — l'universelle crainte de la pollution *(miasma)*, et son corrélatif, l'universel et insatiable besoin de la purification rituelle *(catharsis)*. Ici encore, la différence entre Homère et l'époque archaïque est relative et non pas absolue; ce serait une erreur de nier qu'un certain minimum de *catharsis* ne soit de règle dans les deux poèmes [39]. Mais des simples purifications homériques, accomplies par des laïcs, il y a un grand pas à franchir jusqu'aux *cathartai* professionnels de l'époque archaïque avec leurs rites compliqués et barbouilleurs. Il y a plus loin encore, de la manière dont Télémaque accepte sans contrainte, comme compagnon de bord, un homme qui est, de son propre aveu, un assassin, aux présomptions d'innocence que pense tirer l'accusé d'un procès du Ve siècle du fait que le navire sur lequel il voyageait est parvenu à bon port [40]. On mesure encore mieux l'écart en comparant la version homérique de la légende œdipienne à celle qui a été rendue familière par Sophocle. Chez ce dernier, Œdipe devient un proscrit impur, écrasé sous le poids d'une culpabilité que « ni la terre ni la pluie sainte, ni la clarté du jour ne peuvent accepter ». Tandis que dans la version que connaissait Homère, il continue à régner sur Thèbes, même après la découverte de sa culpabilité, et il est en fin de compte tué au combat et enterré avec les honneurs royaux [41]. Ce fut apparemment un poème épique continental et plus tardif, la *Thébaïde*, qui créa « l'homme de douleurs » sophocléen [42].

On ne trouve pas de traces chez Homère, de la croyance que la pollution est infectieuse ou héréditaire. Du point de vue archaïque elle était les deux à la fois [43], d'où son horreur : comment être certain, en effet, de n'avoir pas contracté le mal par un contact adventice, ou de ne l'avoir pas hérité de quelque lointain ancêtre par suite d'une offense oubliée ? De telles anxiétés étaient d'autant plus désolantes qu'elles étaient imprécises, et qu'il était impossible de les rattacher à une cause définissable dont on pût venir à bout. Voir dans ces croyances les *origines* du sens archaïque de culpabilité, serait sans doute une simplification excessive; mais elles en étaient certes une expression, tout comme les sentiments de culpabilité d'un chrétien peuvent s'exprimer dans la hantise d'une chute dans le péché mortel. La différence entre ces deux situations est évidemment que le péché est un état de la volonté, un mal de la conscience intime de l'homme, tandis que la pollution est la conséquence automatique d'une action, appartenant au monde des événements extérieurs, et fonctionnant avec la même impitoyable indifférence, quant aux intentions, que le microbe du typhus [44]. Rigoureusement parlant, le sens archaïque de la culpabilité ne devient sens du péché que grâce à une intériorisation [45] de la conscience, un phénomène qui n'apparaît que tard et de façon incertaine dans le monde hellénique, et ne devint commun que bien après que le droit séculier eut reconnu l'importance des intentions [46]. Ce fut aussi par un développement tardif que la notion de pureté passa du domaine magique au domaine moral : ce n'est qu'à la fin du ve siècle qu'on rencontre l'affirmation explicite que les mains pures ne suffisent pas, le cœur doit, lui aussi, être pur [47].

Nous devrions néanmoins hésiter, à mon avis, à fixer des démarcations chronologiques précises, car une idée peut souvent œuvrer obscurément dans le comportement religieux bien avant qu'elle ne soit arrivée au point de la formulation explicite. Je pense que Pfister a probablement raison quand il observe que dans l'ancien mot grec *agos* (terme qui décrit les pires espèces de *miasma*) les idées de pollution, de malédiction et de péché, ont déjà fusionné à une époque reculée [48]. Et alors que la *catharsis* à l'époque archaïque n'était sans doute souvent que l'exécution mécanique d'une obligation rituelle, cette conception d'une purification automatique et quasiment physique pouvait passer, par degrés imperceptibles, à l'idée plus profonde de l'expiation du péché [49]. Dans certains cas historiques, il n'est guère possible de douter que cette dernière idée soit impliquée, par exemple, dans le cas extraordinaire du tribut locrien [50]. Sur un peuple qui consentait, en compensation du crime d'un ancêtre éloigné, à envoyer chaque année pendant des siècles, deux des filles de ses illustres familles vers un pays lointain pour y être assassinées, ou, en mettant les choses au mieux, pour y survivre comme esclaves du temple — sur ce peuple devait peser, semble-t-il, non seulement la crainte d'une pollution dangereuse, mais le sentiment profond d'un péché héréditaire qui exigeait une expiation aussi horrible.

Je reviendrai sur la *catharsis* dans un chapitre ultérieur. Mais il convient à présent de reprendre la notion d'intervention psychique que nous avons déjà étudiée chez Homère, pour nous demander quel rôle elle a joué dans le contexte religieux fort différent qu'était celui de l'époque archaïque. Le plus simple serait d'examiner quelques emplois post-homériques du mot *atê* (ou de son équivalent prosaïque *théoblabeia*) et du mot *daimôn*. Ce faisant, nous verrons que sous certains aspects, la tradition épique s'y retrouve avec une remarquable fidélité. *Atê* représente encore l'irrationnel à l'encontre du comportement rationnel délibéré : par exemple, en apprenant que Phèdre refuse de manger, le Chœur demande s'il faut attribuer cela à l'*atê* ou bien à l'intention de se donner la mort [51]. Son siège est encore le *thumos* ou le *phrenes* [52], et les puissances qui le provoquent sont à peu près les mêmes que chez Homère : le plus souvent un *daimôn*, ou un dieu, ou des dieux non identifiés; plus rarement, quelque Olympien précis [53]; parfois, comme chez Homère, Erinys [54] ou la *moira* [55]; une fois, comme dans l'*Odyssée*, le vin [56].

Mais on trouve aussi des développements importants. D'abord l'*atê* est souvent, sinon toujours, moralisée et présentée comme une punition; cela ne se produit qu'une fois chez Homère — au chant IX de l'*Iliade* — et ensuite chez Hésiode qui fait de l'*atê* une punition de l'*hubris*, et se délecte à la pensée que « même un noble » n'y échappe pas [57]. Comme les autres punitions surnaturelles, elle retombera sur la descendance du pécheur si la « dette d'iniquité » n'est pas acquittée durant sa vie [58]. De cette conception de l'*atê* en tant que punition est dérivée une large extension du sens du mot. Il s'applique non seulement à l'état d'âme du pécheur, mais aussi aux désastres objectifs qui en découlent : ainsi les Perses à Salamine subissent l'expérience « d'*atai* » maritimes, tandis que le bétail massacré est l'*atê* d'Ajax [59]. *Atê* prend de la sorte une signification générale de « ruine » qui l'oppose à *kerdos* ou *sôtêria* [60], quoique en littérature le mot retient toujours, je crois, l'implication que cette ruine est déterminée par une cause surnaturelle. Une extension plus large encore l'applique aussi parfois aux instruments ou incarnations de la colère divine : ainsi le cheval de Troie est une *atê*, et Antigone et Ismène sont pour Créon « deux *atai* »[61]. De tels emplois s'expliquent par le sentiment plutôt que par la raison : elles expriment la conscience d'un lien dynamique mystérieux, le *menos atês* comme l'appelle Eschyle, qui relie le crime au châtiment; tous les éléments de cette unité sinistre sont de l'*atê* au sens large [62].

Une interprétation théologique précise, distincte de ce développement plutôt vague, fait de l'*âtê* non seulement une punition menant à ces désastres physiques, mais aussi une tromperie intentionnelle qui pousse la victime à commettre de nouvelles erreurs, intellectuelles ou morales, qui hâtent sa propre ruine. C'est la doctrine sévère : *quem deus vult perdere, prius dementat*. Cela nous est suggéré au chant IX de l'*Iliade* quand Agamemnon appelle son *atê* une vile tromperie *(apatê)* montée par Zeus (l. 21); mais il n'y a pas d'exposé général de cette doctrine, ni chez Homère ni chez Hésiode. L'orateur Lycurgue [63] l'attribue à « certains vieux poètes » qu'il ne nomme pas, et il cite un passage en vers iambiques, œuvre de l'un d'entre eux : « Quand la colère des *daimones* nuit à un homme, en premier lieu, elle enlève le bon entendement de son esprit et le retourne vers le mauvais jugement, afin qu'il ne puisse se rendre compte de ses propres erreurs. » De même, Théognis [64] déclare que nombreux sont les hommes qui, recherchant « la vertu » et « l'avantage » sont intentionnellement trompés par un *daimôn*, qui les induits à prendre le mal pour le bien et l'avantageux pour le mal. Ici l'action du *daimôn* n'est aucunement moralisée : il semble n'être qu'un esprit mauvais, poussant l'homme vers sa perdition.

La crainte réelle de ces esprits pernicieux à l'époque archaïque est également attestée par les paroles du Messager dans *les Perses*, paroles que j'ai déjà citées à un autre propos : Xerxès fut tenté par un « *alastor* ou mauvais *daimôn* ». Mais Eschyle lui-même ne s'y méprend pas : comme l'explique plus tard l'ombre de Darius, la tentation était la punition de l'*hubris* [65]; ce qui, dans la perspective incomplète des vivants semble être l'œuvre d'un esprit malin, est compris par l'entendement plus vaste des morts comme un aspect de la justice cosmique. Dans l'*Agamemnon*, nous retrouvons cette même interprétation à deux niveaux. Tandis que le poète, s'exprimant par la bouche du Chœur, arrive à discerner la volonté irrésistible de Zeus *(panaitiou, panergeta* [66]*)* s'élaborant dans une loi morale inexorable, ses personnages ne voient qu'un monde démoniaque, rempli de puissances maléfiques. Ceci rappelle la distinction que nous avons vue dans le poème épique, entre le point de vue du poète et celui de ses personnages. Cassandre voit dans les Erinyes une troupe de *daimones* enivrés de sang humain; pour l'imagination surexcitée de Clytemnestre, autant que les Erinyes, l'*atê* elle-même est un démon personnifié, et c'est aux démons qu'elle a offert son mari en sacrifice humain; un moment vient même où elle sent sa personnalité humaine perdue et submergée dans celle de l'*alastor* dont elle fut l'intermédiaire et l'instrument [67]. Ceci ne me paraît pas être précisément un cas de « possession » au sens habituel du mot, mais plutôt de ce que Lévy-Bruhl appelle la « participation », le sentiment que dans une situation donnée une personne ou une chose est non seulement elle-même, mais aussi quelque chose d'autre : je comparerais le « Grec rusé » des *Perses* qui était également un *alastor*, avec la prêtresse Timo chez Hérodote, qui induisit Miltiade au sacrilège et dont Apollon déclara : « Timo ne fut pas la cause de ces événements, mais parce que Miltiade était voué à une mauvaise fin, quelqu'un parut pour le conduire au mal [68] » — elle n'avait pas agi en tant que personne humaine, mais en tant que médiatrice d'une intention surnaturelle.

Cette atmosphère opprimante et hantée dans laquelle se meuvent les personnages d'Eschyle nous paraît infiniment plus ancienne que l'air pur que respirent les hommes et les dieux de l'*Iliade*. C'est pour cela que Glotz a appelé Eschyle « ce revenant de Mycènes » (tout en ajoutant qu'il fut aussi un homme de son temps); c'est pour cela aussi qu'un auteur allemand récent affirme qu'il « avait fait renaître le monde des *daimones*, et surtout des mauvais *daimones* [69] ». Mais qui s'exprime de la sorte se méprend complètement à mon sens, tant sur les intentions d'Eschyle que sur le climat religieux du monde dans lequel il vivait. Eschyle n'avait pas besoin de faire renaître le monde des *daimones :* c'est dans ce monde qu'il est né. Et son intention n'est pas d'y ramener ses concitoyens, mais au contraire de les conduire à travers ce monde pour les en faire sortir. Il entreprit de faire cela, non pas comme Euripide en jetant des doutes sur sa réalité par des arguments intellectuels et moraux, mais en montrant que ce monde était susceptible d'une interprétation plus haute et, dans les *Euménides*, en le montrant transformé par l'action d'Athéna en un monde nouveau de justice rationnelle.

Le démonique, en tant qu'il se distingue du divin, a de tous temps tenu un grand rôle dans les croyances populaires grecques — il le tient encore. Les personnages de l'*Odyssée*, comme nous l'avons vu au chapitre I, attribuent de nombreux événements de leur vie, tant mentale que physique, à l'action de *daimones* anonymes; on a l'impression toutefois qu'ils ne parlent pas toujours très sérieusement. Mais au cours de l'époque qui va de l'*Odyssée* à l'*Orestie*, les *daimones* semblent se rapprocher : ils se font plus persévérants, plus insidieux, plus sinistres. Théognis et ses contemporains croyaient sérieusement au *daimôn* qui pousse l'homme à l'*atê*, comme on peut le voir dans les passages que je viens de citer. Et la croyance survécut dans la pensée populaire bien après l'époque d'Eschyle. Dans *Médée*, la nourrice sait que l'*atê* est l'œuvre d'un *daimôn* furieux, et elle le rattache à la vieille idée de *phthonos :* plus grande est la maison, plus grand sera l'*atê*, seules les vies obscures en sont préservées [70]. Et encore en l'année 330, l'orateur Eschine peut émettre l'hypothèse, tout en s'abritant derrière un prudent « peut-être », que le personnage grossier qui interrompt son discours au Conseil Amphictionique, est poussé à cette conduite malséante par « quelque chose de démonique [71] ».

Fort semblables à ce médiateur de l'*atê* sont les impulsions irrationnelles qui s'élèvent en l'homme malgré lui pour le tenter. Quand Théognis appelle l'espérance et la peur des « *daimones* dangereux », ou quand Sophocle dit qu'Eros est un pouvoir qui « gauchit l'esprit juste, le poussant vers le mal pour sa destruction [72] », il faut se garder de n'y voir que de la « personnification » : sous ce langage il y a le vieux sentiment homérique que ces choses ne font pas vraiment partie du Soi, puisqu'elles ne sont pas soumises au contrôle conscient de l'homme; elles sont douées d'une vie et d'une énergie propres, et peuvent ainsi obliger un homme, comme du dehors, à un comportement qui lui est étranger. Nous verrons dans des chapitres ultérieurs que de fortes traces de cette manière d'interpréter les passions subsistent même chez des auteurs comme Euripide et Platon.

D'une autre espèce sont les *daimones* projetés par une situation humaine précise. Comme l'a dit le professeur Frankfort en parlant d'autres peuples anciens :

« Les mauvais esprits ne sont souvent rien de plus que le mal lui-même conçu comme substantiel et doué de puissance [73]. » C'est ainsi que les Grecs parlaient de la famine et de la peste comme de « dieux [74] », et que l'Athénien moderne croit qu'une certaine faille dans la colline des Nymphes est habitée par trois démons nommés Choléra, Variole et Peste. Ce sont là de grandes puissances et l'humanité, prise entre leurs griffes, est impuissante; or, la divinité est puissance. C'est ainsi que la puissance et le poids continuels d'une pollution héréditaire peuvent prendre corps dans le *daimôn gennês* eschylien, et que, de façon plus spécifique, la culpabilité du sang est tout entière projetés en une Erinys [75]. De tels êtres, nous l'avons vu, ne sont pas tout à fait extérieurs à leurs victimes et agents humains : Sophocle peut parler d'une Erinys dans le cerveau [76]. Ils sont pourtant objectifs, car ils présentent la loi objective que le sang doit être expié; il n'y a qu'Euripide [77] et M.T.S. Eliot qui les « psychologisent » et en font des tourments de la mauvaise conscience.

Une troisième espèce de *daimôn*, qui apparaît pour la première fois à l'époque archaïque, s'attache à un individu donné, habituellement dès la naissance, et détermine, en tout ou en partie, sa destinée individuelle. Nous le trouvons pour la première fois chez Hésiode et Phocylide [78]. Il représente la *moira* ou « portion » individuelle dont parle Homère [79], mais sous une forme personnalisée qui plaisait à l'imagination de l'époque. Souvent, il ne semble pas qu'il soit autre chose que la « chance » d'un homme, sa fortune [80]; mais cette chance n'est pas considérée comme un accident purement externe — tout autant que la beauté ou le talent, cela fait partie des dons naturels de l'homme. Théognis déplore que plus de choses dépendent de son *daimôn* que de son caractère : si votre *daimôn* est de mauvaise qualité, le bon sens seul ne sert à rien — vos entreprises échouent [81]. En vain Héraclite protesta-t-il que « le caractère *est* le destin » *(êthos anthrôpôi daimôn);* la superstitution ne s'en porta pas plus mal. Les mots *kakodaimôn* et *dusdaimôn* semblent en fait avoir été forgés au Ve siècle (*eudaimôn* est aussi ancien qu'Hésiode). Dans le sort qui surprit de grands rois et de grands militaires — un Candaule ou un Miltiade — Hérodote ne voit ni un accident extérieur, ni les conséquences du caractère, mais « ce qui devait être » — *chrèn gar*

Kandaulêi genesthai kakôs[82]. Pindare réconcilie pieusement ce fatalisme populaire avec la volonté de Dieu : « Le haut projet de Zeus *dirige le daimôn* des hommes qu'il aime[83]. » Par la suite Platon reprit et transforma complètement cette idée, comme il le fit de tant d'autres éléments de croyance populaire : le *daimôn* devient une espèce d'esprit directeur sublime ou de sur-moi freudien[84], qui, dans le *Timée*, est identifié avec l'élément de pure raison en l'homme[85]. Sous cette forme transfigurée, devenue moralement et philosophiquement recevable, il peut jouir d'un regain de vie chez les écrivains stoïciens et néo-platoniciens, et même chez les auteurs chrétiens du Moyen Age[86].

Tels étaient donc certains des *daimones* qui faisaient partie de l'héritage religieux du ve siècle av. J.-C. Je n'ai même pas tenté de donner une image complète de cet héritage. Certains autres aspects seront mis en lumière dans les chapitres ultérieurs. Mais nous ne pouvons aller plus loin sans nous poser une question — question qui a déjà dû se formuler dans l'esprit du lecteur. Comment faut-il concevoir la relation entre « civilisation de culpabilité » telle que je l'ai décrite dans ces dernières pages, et « civilisation de honte » dont j'ai parlé au premier chapitre ? Quelles forces historiques en déterminèrent les différences ? J'ai voulu montrer que le contraste est moins absolu que ne l'ont supposé certains savants. Nous avons suivi divers fils qui partent d'Homère vers les profondeurs de cette brousse encore mal démarquée qu'est l'époque archaïque, et au-delà vers le ve siècle. La discontinuité n'est pas absolue. Néanmoins, une réelle différence de conception religieuse sépare le monde d'Homère, ne fût-ce que de celui de Sophocle, qu'on a appelé le plus homérique des poètes. Peut-on hasarder quelque hypothèse sur les causes de cette différence ?

Nous ne pouvons espérer trouver une réponse simple et unique à une telle question. En premier lieu, il ne s'agit pas d'une évolution historique continue, au cours de laquelle une conception religieuse se serait peu à peu transformée en une autre. Nous n'avons d'ailleurs pas besoin d'adopter la position extrême, selon laquelle la religion homérique n'est qu'une invention poétique « aussi éloignée de la réalité et de la vie que l'est l'artificiel langage homérique[87] ». Mais il existe de bonnes raisons pour croire que les poètes épiques minimisèrent ou ne voulurent pas tenir compte de nombreuses croyances et pratiques qui existaient de leurs jours sans être approuvées par leurs protecteurs. Par exemple, la vieille magie cathartique du bouc émissaire était pratiquée en Ionie au VIe siècle, où les premiers colons l'avaient sans doute apportée, puisque les mêmes rituels étaient observés en Attique [88]. Les poètes de l'*Iliade* et de l'*Odyssée* ont dû le voir pratiquer fort souvent. Mais ils l'excluent de leurs poèmes, comme ils excluent bien d'autres choses qui paraissent barbares à leurs yeux et aux yeux de leurs aristocratiques auditeurs. Ce qu'ils nous donnent n'est pas entièrement étranger aux croyances traditionnelles, c'est plutôt une *sélection* de ces croyances — la sélection qui convenait à une culture aristocratique et militaire; de même qu'Hésiode nous donne la sélection propre à une culture paysanne. Si nous ne tenons pas compte de cela, toute comparaison donnera un sentiment excessif de discontinuité historique. Néanmoins, et compte tenu de tout cela, il subsiste un résidu important qui semble représenter, non une différence de choix dans une même culture, mais d'authentiques transformations d'ordre culturel. Nous pouvons suivre le développement de certaines d'entre elles — si maigres qu'en soient les indices — dans les limites de l'époque archaïque elle-même. Même Pfister, par exemple, reconnaît « une croissance certaine de l'anxiété et de la peur dans l'évolution de la religion grecque [89] ». Il est vrai que les notions de pollution, de purification, de *phthonos* divin peuvent bien faire partie de l'héritage primitif indo-européen. Mais ce fut l'époque archaïque qui refondit les contes d'Œdipe et d'Oreste pour en faire des récits d'épouvante dont le thème était la culpabilité héréditaire; qui fit de la purification la principale activité de son plus grand établissement religieux, l'Oracle de Delphes; qui amplifia l'importance du *phthonos* au point qu'il devenait pour Hérodote la structure sous-jacente de toute l'histoire humaine. C'est là le genre de faits qu'il nous faut expliquer.

Autant admettre tout de suite que je n'ai pas d'explication complète à fournir; je ne puis que m'efforcer de donner quelques explications partielles. Sans doute, les conditions sociales générales rendent-elles compte de pas mal de choses [90]. En Grèce continentale (car ce qui nous intéresse ici, c'est bien la tradition continentale), l'époque archaïque fut un temps d'insécurité individuelle extrême. Les minuscules états surpeuplés commençaient seulement à se relever des malheurs et de la misère qu'avaient laissés les invasions doriennes, lorsque de nouveaux troubles surgirent : des classes entières furent ruinées par la grande crise économique du VIIe siècle et celle-ci fut suivie à son tour par les grands conflits politiques du Ve qui transformèrent la crise économique en une sanglante guerre de classes. Il est fort possible que le soulèvement des couches sociales qui en résulta fit remonter à la surface certains éléments submergés d'une population hétérogène et favorisa la réapparition d'anciennes structures culturelles que le commun du peuple n'avait jamais entièrement oubliées [91]. En outre, des conditions de vie incertaines auraient pu d'elles-mêmes favoriser le développement d'une croyance aux *daimones*, fondée sur le sentiment d'une impuissante dépendance de l'homme, soumis à un Pouvoir capricieux; et ce développement, à son tour, aurait pu encourager un recours plus fréquent aux procédés magiques, si du moins Malinowski [92] a raison quand il affirme que la fonction biologique de la magie est de soulager les sentiments réprimés et frustrés qui ne peuvent trouver un exutoire rationnel. De même, il est probable, comme je l'ai suggéré plus haut, que chez des esprits d'un type différent, l'expérience prolongée de l'injustice humaine peut susciter la croyance compensatoire qu'il y a une justice au Ciel; ce n'est sans doute pas par hasard que le premier Grec à prêcher la justice divine ait été Hésiode — « le poète des ilotes », ainsi que l'appela le roi Cléomène [93] et un homme qui avait lui-même souffert vivement de « jugements malhonnêtes ». Et ce n'est guère un hasard si, à cette époque, le jugement qui attend les riches et les puissants est devenu un thème si populaire parmi les poètes [94] — en contraste frappant avec Homère qui, comme l'a remarqué Murray, tend à faire des riches des êtres spécialement vertueux [95].

Avec ces généralités prudentes, des humanistes plus circonspects que moi se tiendraient pour quittes. Dans les limites auxquelles elles prétendent, elles me paraissent justes. Mais en tant qu'explication des développements les plus spécifiques du sentiment religieux archaïque — et surtout du sentiment croissant de culpabilité — je ne parviens pas à me convaincre qu'elles aillent jusqu'au bout. Je me risque donc à proposer qu'elles soient complétées (mais certes pas remplacées) par un autre mode d'examen, qui prendrait son point de départ, non pas dans la société en général, mais dans la famille. La famille était la clé de voûte de la structure sociale archaïque, le premier élément organisé, le premier domaine du Droit. Son organisation était patriarcale, comme dans toutes les sociétés indo-européennes; sa loi était la *patria potestas* [96]. Le chef d'une maison est son roi, *oikoio anax ;* et sa position est encore décrite par Aristote comme analogue à celle d'un roi [97]. Aux premiers temps, son autorité sur ses enfants est illimitée : nouveau-nés, il peut les exposer, et il peut bannir de la communauté un fils dévoyé ou rebelle parvenu à l'âge adulte, tout comme Thésée bannit Hippolyte, comme Œnée bannit Tydée, comme Strophios bannit Pylade et comme Zeus lui-même rejeta Héphaistos de l'Olympe pour avoir pris le parti de sa mère [98]. Vis-à-vis de son père, le fils avait des devoirs; il n'avait aucun droit; tant que son père vivait il restait perpétuel mineur — condition qui persista à Athènes jusqu'au VIe siècle, quand Solon introduisit certaines mesures de sauvegarde [99]. Et même, plus de deux siècles après Solon, la tradition de juridiction familiale demeurait si puissante que Platon lui même — qui n'était assurément pas un admirateur de la famille — fut obligé d'y faire place dans sa législation [100].

Tant que l'ancien sentiment de solidarité familiale restait inébranlé, le système pouvait sans doute fonctionner. Le fils se soumettait au père avec la même obéissance inconditionnelle qui lui serait accordée, le temps venu, par ses propres enfants. Mais avec le relâchement du lien familial, et les prétentions croissantes de l'individu aux droits et aux responsabilités personnels, il faut s'attendre à voir paraître ces tensions internes qui ont si longtemps caractérisé la vie de famille dans les sociétés occidentales. D'après l'intervention législative de Solon, nous pouvons déduire que ces tensions avaient déjà commencé à paraître ouvertement au VIe siècle. Mais il y a aussi un bon nombre d'indices indirects d'une influence cachée. L'horreur particulière avec laquelle les Grecs considéraient les offenses contre un père, et les sanctions religieuses spéciales auxquelles, croyait-on, s'exposait le coupable, semblent être en elles-mêmes des indices de refoulements puissants [101]. De même les nombreuses histoires dans lesquelles la malédiction d'un père provoque des conséquences terribles — les histoires comme celles de Phénix, d'Hippolyte, de Pélops et ses fils, d'Œdipe et ses fils — qui sont toutes, à ce qu'il semble, des produits d'époques relativement tardives [102], quand la position du père n'était plus aussi solide. Le récit barbare de Chronos et d'Ouranos, que la Grèce archaïque a peut-être emprunté à une source hittite, est suggestif à sa façon. C'est assurément la projection dans le mythe des désirs inconscients qui transparaît ici — et c'est peut-être pour l'avoir senti, que Platon déclara que ce récit n'était propre à être transmis qu'à un très petit nombre, au cours de quelque *musterion* exceptionnel, et qu'il ne fallait à aucun prix le révéler aux jeunes [103]. Mais pour le psychologue, les preuves les plus importantes sont celles fournies par certains passages d'auteurs de l'époque classique. L'exemple typique par lequel Aristophane illustre les plaisirs de la vie à Coucouville-les-Nuées, ce pays rêvé du désir réalisé, est que s'il vous prend la fantaisie de donner une raclée à votre père, cet acte vous vaudra l'admiration de chacun : il sera *kalon* au lieu d'être *aischron* [104]. Et quand Platon veut illustrer ce qui se produit quand les contrôles rationnels ne sont pas en train de fonctionner, il choisit, comme exemple typique, le rêve œdipien. Son témoignage est confirmé par Sophocle, qui fait dire à Jocaste que de tels rêves sont fréquents; et par Hérodote, qui en cite un exemple [105]. Il ne semble pas déraisonnable de remonter de symptômes identiques à une similarité quelconque dans la cause, pour conclure que la situation familiale en Grèce antique, tout comme la situation familiale de nos jours, suscitait des conflits infantiles dont les résonnances se prolongeaient dans l'inconscient de l'adulte. Avec la floraison du mouvement sophistique, ce conflit, dans bien des familles, devint parfaitement conscient; des jeunes gens se mirent à prétendre qu'ils avaient le « droit naturel » de désobéir à leur père [106]. Mais on ne risque pas gros à supposer que de tels conflits existaient déjà au niveau inconscient à une date bien antérieure — qu'ils datent en fait des premières palpitations secrètes de l'individualisme dans une société où la solidarité familiale était encore universellement inconstestée.

Peut-être voyez-vous vers quoi tout cela veut tendre. Les psychologues nous ont enseigné quels puissants producteurs de sentiment de culpabilité sont les désirs inavoués — ces désirs qui, exclus de la conscience, sauf quand ils s'expriment par le rêve ou la rêverie, peuvent cependant susciter dans le moi une sensation profonde de malaise moral. De nos jours ce malaise apparaît souvent sous une forme religieuse; et si un sentiment semblable existait en Grèce archaïque, il serait encore naturel qu'il prenne cette forme. Car tout d'abord, le père humain a eu depuis les temps les plus reculés sa contrepartie céleste : Zeus *pater* appartient à l'héritage indoeuropéen, comme l'indiquent ses équivalents latin et sanskrit; et Calhoun a montré à quel point la position et la conduite du Zeus homérique sont modelées sur celles du *paterfamilias* homérique [107], l'*oikoio anax*. Dans le culte aussi, Zeus apparaît comme un chef de famille surnaturel : en tant que *Patroos*, il protège la famille; en tant que *Herkeios*, la demeure, en tant que *Ktesios*, la propriété. Il était naturel de projeter sur le Père céleste ces sentiments étrangement contradictoires concernant le père humain que l'enfant n'osait même pas s'avouer à lui-même. Cela expliquerait de manière fort satisfaisante pourquoi à l'époque archaïque Zeus apparaît tour à tour comme la source insondable des dons tant bons que mauvais; comme le dieu jaloux qui tient rigueur à ses enfants du désir de leur cœur [108]; et enfin, comme le juge terrible, juste mais sévère, qui punit inexorablement le péché capital de l'affirmation de soi, le péché de l'*hubris*. (Ce dernier aspect correspond à la phase du développement des relations familiales où l'autorité du père a besoin d'être étayée d'une sanction morale; phase à laquelle le « Tu le feras parce que je te dis de le faire » cède la place au « Tu le feras parce que c'est bien ».)

En second lieu, l'héritage culturel que la Grèce archaïque partageait avec l'Italie et l'Inde [109], embrassait un ensemble d'idées concernant la souillure rituelle qui expliquait d'une façon naturelle les sentiments de culpabilité suscités par les désirs refoulés. Un Grec de l'époque archaïque souffrant de pareils sentiments pouvait leur donner une expression concrète en se disant qu'il avait sans doute été en contact avec des *miasma*, ou que sa peine était due à la faute religieuse d'un ancêtre. Et surtout, il pouvait les soulager en se soumettant à un rite cathartique. N'aurions-nous pas là un indice possible du rôle joué dans la culture grecque par l'idée de *catharsis*, et du développement progressif, à partir de celle-ci, des notions, d'une part de péché et d'expiation, d'autre part de purgation psychologique aristotélicienne, qui nous délivre des sentiments indésirables par la contemplation de leur projection dans une œuvre d'art [110] ? Je ne poursuivrai pas plus loin ces spéculations. Il est clair qu'on ne peut y apporter de preuve directe. Tout au plus pourront-elles recevoir une confirmation indirecte, si la psychologie sociale parvient à établir que des développements analogues se sont produits dans les civilisations plus accessibles à l'étude directe. Des travaux se font actuellement dans cette ligne-là [111], mais il serait prématuré d'en vouloir généraliser les résultats. En attendant, je ne me plaindrai pas si des humanistes hochent la tête en lisant les remarques qui précèdent. Aussi pour éviter les malentendus, je voudrais en conclusion souligner deux choses. Premièrement, je ne m'attends pas à ce que cette clef-ci, ni aucune autre clef puisse ouvrir toutes les portes. L'évolution d'une culture est une chose trop complexe pour qu'on puisse en rendre compte, sans résidus, dans les termes de quelque simple formule économique ou psychologique, issue de Marx ou de Freud. Il faut résister à la tentation de simplifier ce qui n'est pas simple. En second lieu, rendre compte des origines d'un fait n'équivaut pas à une réduction des valeurs qu'il représente. Il faut nous garder de sous-estimer la portée religieuse des idées dont j'ai parlé précédemment, et cela même si, comme c'est le cas pour la doctrine de la tentation divine, elles répugnent à notre sens moral actuel [112]. Nous ne devons pas non plus oublier que cette culture de culpabilité archaïque a suscité un ensemble de poésie tragique parmi les plus profonds que l'homme ait produits. Sophocle surtout, qui fut le dernier grand représentant de la vision archaïque du monde, exprima la pleine portée tragique des vieux thèmes religieux dans leur aspect inadouci et non moralisé — le sens écrasant de la faiblesse humaine face au mystère divin, et face à l'*atê* qui attend tout succès humain — et fit de ces idées une part de l'héritage culturel de l'Occident. Je voudrais terminer ce chapitre par la citation d'un passage lyrique extrait de l'*Antigone* qui communique, bien mieux que je ne saurais le faire, la terreur et la beauté des vieilles croyances [113].

Béni celui dont la vie n'a pas goûté du mal.

Quand Dieu s'appesantit sur la demeure, les vents de la [folie
Cinglent sa race et c'en est fait :
Ainsi de haute mer la houle
Hersée par les vents durs de Thrace
Râcle en sa course l'obscurité sous l'onde,
Brasse le noir dépôt au fond de mer;
Et les falaises, crêtées de vent, tonnent à son assaut.

Ici, sur la demeure Labdacide, longtemps nous veillâmes [sa venue :
Malheur s'ajoutant au malheur des morts : nulle géné- [ration
Ne libère une autre des coups de Dieu :
La délivrance ne vient pas.
Le rameau, le dernier d'Œdipe,
Monta en sa demeure, une lueur le couvait :
Le fauchent à cette heure, d'une rouge faucille de mort,
La bouche peu sage et le tentateur sis au cerveau.

Quelle arrogance d'homme restreindrait le pouvoir de [Dieu ?
Ni le sommeil qui prend tout en ses rets ne capte cela,
Ni, éternels, les mois du ciel qui point ne flanchent — [sans âge, le Maître
Tient à jamais, chatoyantes, les cours de l'Olympe.
Pour les temps qui approchent, les temps à venir
Et les temps oubliés, unique la loi :
Que la grandeur jamais
N'effleure une vie d'homme sans destruction.

L'espérance s'élance au loin : nombreux sont ceux qu'elle [réconforte
Nombreux aussi pour qui elle n'est qu'un leurre du [vivace désir.
Aveugles, nous allons, et la flamme enlace nos pas de [son piège.
Car l'antique sagesse innommée nous légua ce dicton :
« D'une intelligencc que Dieu mène au désastre
Tel est le signe : au terme
Son bien se fait malice. »
Cet être ne fuira pas longtemps la destruction.

NOTES DU CHAPITRE II

1. Selon la définition habituelle, l'époque archaïque prendrait fin avec les guerres Médiques. Du point de vue de l'histoire politique, c'est assurément la séparation qui s'impose. Mais pour l'histoire de la pensée, le clivage véritable se situe plus tard, au moment de la montée du mouvement sophistique. Et, là même, la ligne de démarcation est imprécise. Sophocle, dans sa pensée, sinon dans sa technique littéraire, appartient encore tout entier (sauf peut-être dans ses dernières pièces) au monde plus ancien; son ami Hérodote aussi, pour l'essentiel (cf. Wilamowitz, *Hermes*, 34 (1899); E. Meyer, *Forschungen z. alt. Gesch.* II.252 seq.; F. Jacoby, P.-W., Supp.-Band II, 479 seq.). Eschyle d'autre part, en s'efforçant d'interpréter et de rationaliser l'héritage de l'époque archaïque est, en bien des sens, prophétique de l'époque nouvelle.

2. Le sentiment d'*amêchania* est bien illustré, par des exemples tirés des premiers poètes lyriques, par Snell, *Die Entdeckung des Geistes*, 68 seq. Au cours des pages suivantes, je suis particulièrement redevable à la monographie brillante de Latte, « Schuld u. Sünde, i. d. gr. Religion », *Arch. f. Rel.* 20 (1920-1921) 254 seq.

3. Tous les sages d'Hérodote le savent : Solon, 1.32; Amasis, 3.40; Artabanus, 7.10 ε. Sur le sens du mot *phthonos*, cf. Snell, *Aischylos u. das Handeln im Drama*, 72, n. 108; Cornford, *From Religion to Philosophy*, 118; et pour son association avec *tarachê* Pind. *Isthm.* 7.39 : ὁ δ' ἀθανάτων μὴ θρασσέτω φθόνος. *Tarassein* est employé régulièrement en parlant d'interventions surnaturelles, par exemple, Esch. *Cho.* 289; Platon, *Lois* 865 E.

4. *Il.* 24.525-533.

5. Simonides d'Amorgos, 1.1. seq. Bergk. Pour le sens d'*ephêmeroi* voir H. Fränkel, *TAPA* 77 (1946) 131 seq.; pour celui de *telos* F. Wehrli, Λάθε βιώσας, 8, n. 4.

6. Théognis, 133-136, 141-142. Pour l'incapacité de l'homme à comprendre sa propre situation voir aussi Héraclite, fragment 78 Diels : ἦθος γὰρ ανθρώπειον μὲν οὐκ ἔχει γνώμας, θεῖον δὲ ἔχει, et pour son incapacité de la contrôler, *H. Appoll.* 192 seq., Simonides, fragments 61, 62 Bergk; pour les deux, Solon, 13.63 seq. C'est aussi l'enseignement de Sophocle, pour qui toutes les générations d'homme sont un néant — ἶσα καὶ τὸ μηδὲν ζώσας, *O.T.* 1186 — quand nous voyons leur vie telle qu'elle est vue par le temps et les dieux; vus sous cet angle, les hommes ne sont que des apparences ou des ombres (*Ajax* 125).

7. *Agam.* 750.

8. La croyance non moralisée est commune parmi les peuplades primitives de nos jours (Lévy-Bruhl, *Le Surnaturel*, 45). Sous sa forme

moralisée, elle apparaît en Chine classique : « Si vous êtes de rang riche et exalté », dit le *Tao Te King* (? IVe siècle av. J.-C.), « vous devenez orgueilleux, vous abandonnant ainsi à une ruine inévitable. Quand tout va bien il est sage de vous mettre en arrière ». Elle a laissé son empreinte sur l'Ancien Testament : par exemple Isaïe 10 : 12 seq. : « Je punirai... la gloire de ses regards hautains. Car il dit, par la force de ma main je l'ai fait, et par ma sagesse... La hache se vantera-t-elle contre celui qui tranche avec elle ? » Pour la notion de *koros*, cf. Proverbes 30 : 8 seq. : « Ne me donne ni pauvreté, ni richesse; nourris-moi de la nourriture qui me convient : de peur que je ne sois rassasié, et te renie, et dise : qui est le Seigneur ? »

9. *Od.* 5.118 seq. Cf. 4.161 seq.; 8.565 seq. = 13.173 seq.; 23.210 seq., tous dans des *discours*. Les cas que certains prétendent trouver dans l'*Iliade* (par exemple, 17.71) sont d'un type différent et ne peuvent guère être considérés comme des cas véritables de *phthonos*.

10. *Pers.* 353 seq., 362. Ceci n'est pas, à strictement parler, un développement nouveau. Nous avons remarqué une « surdétermination » semblable chez Homère (chap. I, pp. 19, 28). Elle est commune parmi les primitifs de nos jours, par exemple, Evans-Pritchard nous dit que parmi les Azande : « La croyance qu'une mort découle de causes naturelles et la croyance qu'elle est provoquée par sorcellerie ne s'excluent pas mutuellement » (*Witchcraft, Oracles and Magic*, 73).

11. Solon, fragment 13 Bergk (cf. Wilamowitz, *Sappho u. Sim.* 257 seq., Werhli, *op. cit. supra*, 11 seq. et R. Lattimore, *AJP* 68 [1947] 161 seq.). Esch. *Agam.* 751 seq., où cela est contrasté avec l'opinion commune; Hdt, 1.34.1.

12. Par exemple, Hdt. 7.10. Sophocle ne semble moraliser cette idée à aucun moment. Elle apparaît dans *El.* 1466, *Phil.* 776, et elle est donnée comme une doctrine générale (si toutefois πάμπολύ γ' est la bonne lecture) dans *Ant.* 613 seq. Et cf. Aristophane, *Plut.* 87-92, où il est soutenu que Zeus doit avoir une dent tout particulièrement contre les *chrêstoi*.

13. Au sujet d'*hubris* en tant que *prôton kakon* voir Théognis, 151 seq.; sur son universalité, *H. Apoll.* 541 : ὕβρις θ' ἣ θέμις ἐστὶ καταθνητῶν ἀνθρώπων et Archiloque, fragment 88 : ὦ Ζεῦ .. σοὶ δὲ θηρίων τε καὶ δίκη μέλει : cf. aussi Héraclite, fragment 43 D : ὕβριν χρὴ σβεννύναι μᾶλλον ἢ πυρκαϊὴν. Au sujet des dangers du bonheur, cf. la remarque de Murray que « dans la poésie grecque, quand un homme est appelé heureux, les choses s'annoncent mal pour lui » (*Aeschylus* 193).

14. *I.A.* 1089-1097.

15. *Il.* 9.456 seq., 571 seq.; cf. *Od.* 2.134 seq., 11.280. Il y a de l'intérêt à noter que trois de ces textes apparaissent dans des narrations qu'on peut supposer empruntées à des poèmes épiques de la Grèce continentale, tandis que le quatrième appartient à la « Télémachie ».

16. *Il.* 16.385 seq. Sur le caractère hésiodique de 387-388, voir Leaf *ad loc.*; mais il n'est pas nécessaire d'appeler ces lignes une « interpolation » (cf. Latte, *Arch. f. Rel.* 20.259).

17. Voir Arthur Platt, « Homer's Similes », *J. Phil.* 24 (1896) 28 seq.

18. Ceux qui soutiennent autre chose me semblent confondre la punition du parjure en tant qu'offense contre le *timê* divin (4.158 seq.) et la punition des offenses contre l'hospitalité qui revient à Zeus Xeinios (13.623 seq.) avec une préoccupation pour la justice en soi.

19. *Od.* 7.164 seq.; 9.270 seq.; 14.283 seq.; cf. par contraste, le sort de Lycaon, *Il.* 21.74 seq.

20. *Od.* 6.207 seq.

21. *Od.* 1.32 seq. Sur le sens de ce passage très discuté voir, parmi les plus récents, K. Deichgräber, *Gött Nachr.* 1940 et W. Nestle *Vom*

Mythos zum Logos, 24. Même si le *kai* dans 1.33 doit être pris dans le sens d' « aussi », je ne puis être d'accord avec Wilamowitz qui dit (*Glaube*, II.118) « der Dichter des α hat nichts neues gesagt ».

22. *Od.* 23.67 : δι' ἀτασθαλίας ἔπαθον κακόν, le même mot employé par Zeus en 1.34. Nous devons certes nous souvenir qu'il y a dans l'*Odyssée*, contrairement à l'*Iliade*, d'importants éléments qui tiennent par leur nature du conte de fée, aussi le héros du conte de fée est-il sûr de l'emporter à la longue. Mais le poète qui a donné à l'histoire sa forme définitive semble avoir profité de l'occasion pour appuyer la leçon de la justice divine.

23. Théognis, 373-380, 733 seq. Cf. Hésiode, *Erga*, 270 seq. Solon 13.25 seq., Pindare, fragment 201 B. (213 S.). L'authenticité du texte de Théognis a été niée, mais sans motif bien valable (cf. W. C. Greene, *Moira*, App. 8 et Pfeiffer, *Philol.* 84 (1929) 149).

24. *Poétique*, 1453ª 34.

25. Solon, 13.31. Théognis, 731-742. Cf. aussi Sophocle, *O.C.* 964 seq. (où Webster, *Introduction to Sophocles*, 31, est sûrement dans l'erreur quand il dit qu'Œdipe *rejette* l'explication par la culpabilité héréditaire). Pour l'attitude d'Eschyle voir plus loin dans le présent chapitre, pp. 49 seq. Pour Hérodote une telle punition différée est spécialement *theion*; il la contraste avec la justice humaine *(to dikaion)* 7.137.2.

26. Voir par exemple, le cas d'Achan, où une maison tout entière, avec son bétail, est détruite à la suite de l'infraction à une règle religieuse mineure (Jos. 7 : 24 seq). Mais de telles exécutions collectives furent interdites plus tard, et la doctrine de la culpabilité héréditaire est explicitement condamnée par Jérémie (31 : 29 seq.) et par Ezéchiel (18 : 20, « Le fils ne portera pas l'iniquité du père », et tout le chapitre). Cela se retrouve néanmoins sous la forme d'une croyance populaire dans Jean 9 : 2, où les disciples demandent : « Qui a péché, cet homme *ou ses parents* pour qu'il soit né aveugle ? »

27. Quelques exemples seront trouvés chez Lévy-Bruhl, *Le Surnaturel* 249 seq.

28. Cf. Kaibel, *Epigr. graec.* 402; Antiphon, *Tetral.* 11.2.10.; Plutarque, *ser. vind.* 16, 559D.

29. Hdt. 1.91; cf. Gernet, *Recherches sur le développement de la pensée juridique et morale en Grèce*, 313, qui crée le mot « chosisme » pour décrire cette conception de *hamartia*.

30. Voir surtout pp. 403 seq., 604 seq.

31. *Théet.* 173D, *Rep.* 364BC. Cf. aussi (Lys.) 6.20; Dem. 57.27; et la critique implicite chez Isocrate, *Busiris*, 25.

32. *Lois* 856C, πατρὸς ὀνείδη καὶ τιμωρίας παίδων μηδενὶ συνέπεσθαι. Il s'y trouve toutefois des exceptions (856 D); et la nature héréditaire de la culpabilité *religieuse* est reconnue lorsqu'il s'agit de désigner des prêtres (759 C), et en matière de sacrilège (854 B, où je suppose que la culpabilité est celle des Titans, cf. *infra*, chap. v, n. 133).

33. Plut. *ser. vind.* 19.561 C seq. Si nous devons croire Diog. Laertius (4.46), Bion avait d'excellents motifs d'être amer au sujet de la doctrine de la culpabilité héréditaire; lui-même et toute sa famille avaient été vendus en esclavage à cause d'une offense commise par son père. Sa *reductio ad absurdum* de la solidarité familiale a des parallèles, dans la pratique actuelle, voir Lévy-Bruhl, *L'Arme primitive*, 96 seq., *Mentalité primitive*, 486.

34. Théognis, 147; Phocyl. 17. Justice est la fille de Zeus (Hésiode, *Erga* 256. Aesch. *Sept.* 662) ou sa *paredros* (Pindare, *Ol.* 8.21; Soph. *O.C.* 1382). Cf. l'interprétation présocratique de la loi naturelle en tant que *dikê* qui a été étudiée par H. Kelsen, *Society and Nature* chap. v, et par G. Vlastos dans une monographie lucide, *CP* 42 (1947

156 seq. Cette insistance sur la justice, humaine, naturelle ou surnaturelle semble être un trait distinctif des civilisations de culpabilité. La nature du lien psychologique fut indiquée par Margaret Mead dans une allocution au Congrès international de la Santé mentale en 1948 : « Le droit pénal qui assigne la punition aux crimes dont la preuve est faite est la contre-partie gouvernementale de ce type d'autorité parentale qui développe le genre d' « image-parent » intériorisée susceptible de produire un sentiment de culpabilité. » Il est probablement significatif que *dikaios* ne paraît que trois fois dans l'*Iliade*, et une fois seulement, semble-t-il, au sens de « juste ».

35. *Il.* 15.12; 16.431 seq.; 19.340 seq.; 17.441 seq.

36. Cf. Rohde, Kl. *Schriften*, II.324; P. J. Koets, Δεισιδαιμονία, 6 seq. *Deisitheos* apparaît en Attique comme nom propre à partir du VIe siècle (Kirchner, *Prosopographia Attica*, s. v.). *Philotheos* n'est attesté qu'à partir du IVe siècle (*Hesperia* 9 (1940) 62).

37. Liddell-Scott (et Campbell Bonner, *Harv. Theol. Rev.* 30 (1937) 122) se trompent quand ils attribuent un sens actif à *theophilôs* dans Isocrate 4. 29. Le contexte révèle que l'allusion est à l'amour de Déméter pour Athènes, πρὸς τοὺς προγόνους ἡμῶν εὐμενῶς διατεθείσης.

38. *M. M.* 1208^{b}30 : ἄτοπον γὰρ ἂν εἴη εἴ τις φαίη φιλεῖν τὸν Δία. La possibilité de *philia* entre l'homme et Dieu était niée également par Aristote, *E.N.* 1159^{a}5 seq. Mais nous ne pouvons guère douter que les Athéniens aimaient leur déesse, cf. Esch. *Eum.* 999 : παρθένου φίλα φίλοι et Solon 4.3 seq. Le même lien de confiance absolue existe dans l'*Odyssée* entre Athéna et Ulysse (voir surtout *Od.* 13.287 seq.). Sans doute cela est-il dérivé en fin de compte de sa fonction primitive de protectrice des rois mycéniens (Nilsson, *Minoan-Mycenaean Religion* [2], 491 seq.).

39. Stengel (*Hermes*, 41.241) et d'autres nient qu'Homère ait eu connaissance de la *katharsis* magique. Pourtant il semble assez clair que les purifications décrites dans l'*Il.* 1.314 et dans l'*Od.* 22.480 seq. sont considérées comme cathartiques au sens magique; dans le premier cas d'après la façon dont on dispose des *lumata*, dans l'autre, du fait que le soufre est décrit comme *kakôn akos*. Cf. Nilsson, *Gesch.* 1.82 seq.

40. *Od.* 15.256 seq.; Antiphon, *De caede Herodis* 82 seq. Pour l'attitude plus ancienne, voir aussi Hésiode, fragment 144.

41. *Od.* 11.275 seq.; *Il.* 23.679 seq. Cf. Aristarque, ΣA sur *Iliade* 13.426 et 16.822; Hésiode, *Erga* 161 seq. Robert. *Œdipus*, I.115.

42. Cf. L. Deubner, « Oedipusprobleme », *Abh. Akad. Berl.* 1942, n° 4.

43. Hésiode, *Erga* 240, est le premier qui ait attesté le caractère infectieux du *miasma*. Les *leges sacrae* de Cyrène (Solmsen, *Inscr. Gr. dial.* [4] N° 39) comprennent des indications détaillées concernant son étendue dans les cas individuels; pour la loi attique cf. *Dem.* 20.158. Que la chose était encore communément reçue à l'époque classique, cela est attesté par des passages comme Esch. *Sept.* 597 seq., Soph. *O. C.* 1482 seq., Eur. I. *T.* 1229, Antiph. *Tetr.* 1.1.3, Lys, 13.79. Euripide s'élève contre elle, *Her.* 1233 seq., *I. T.* 380 seq.; mais Platon voudrait encore exclure de toute activité religieuse ou civique quiconque aurait eu un contact *volontaire*, si minime soit-il, avec une personne souillée, tant qu'il ne se serait pas purifié (*Lois* 881DE).

44. Cette distinction fut énoncée clairement pour la première fois par Rohde, *Psyche*, chap. IX, 5. L'aspect automatique du *miasma* est évident, non seulement dans son caractère infectieux, mais aussi dans les moyens puérils par lesquels il pouvait être évité : cf. Soph. *Ant.* 773 seq., avec la note de Jebb, et la pratique athénienne de mettre à mort les criminels par une dose de ciguë que le condamné *lui-même* devait s'administrer.

45. Comparer : Kardiner, *The Psychological Frontiers of Society*, 439.

46. Voir l'intéressante conférence de F. Zucker, *Syneidesis-Conscientia* (Jenaer Akademische Reden, Heft 6, 1928). Il est, je crois, significatif que, côte à côte avec les anciens mots objectifs qui expriment la culpabilité religieuse *(agos, miasma)*, nous rencontrons pour la première fois dans les dernières années du ve siècle un terme qui exprime la *conscience* d'une telle culpabilité (soit le scrupule d'être sur le point de l'encourir, soit le remords d'une culpabilité déjà acquise). Ce terme est *enthumion* (ou *enthumia*, Thuc. 5. 16.1), un mot employé depuis longtemps pour décrire toute chose « pesant sur l'esprit », mais employé par Hérodote, Thucydide, Antiphon, Sophocle et Euripide, dans des allusions précises au sentiment de culpabilité religieuse (Wilamowitz sur *Heracles*, 722; Hatch., *Harv. Stud. in Class. Phil.* 19.172 seq.). Démocrite emploie *enkardion* dans le même sens (fr. 262). L'emploi spécifique est pratiquement limité à cette époque précise; cela disparut, comme le dit Wilamowitz, avec le déclin des vieilles croyances, dont il était le corrélatif psychologique.

47. Eur. *Or.* 1602-1604, Ar. *Ran*, 355, et la fameuse inscription d'Épidaure (début du IVe siècle ?) citée par Théophraste, *apud* Porph. *abst.* 2.19, où *hagenia* est défini comme *phronein hosia*. Je ne tiens pas compte d'Epicharme, fr. 26, Diels, dont je ne puis reconnaître l'authenticité. Comme l'a fait remarquer Rohde (*Psyche*, IX, n. 80), le déplacement du point de vue est bien illustré par Eur. *Hipp.* 316-318, où Phèdre, en parlant de *miasma phrenos*, signifie des pensées impures, tandis que la nourrice y voit une allusion à une agression magique (les *miasmata* pouvant être imposés par malédiction, voir par exemple Solmsen, *Inscr. Gr. dial.*[4] 6.29). L'antithèse entre la main et le cœur peut avoir impliqué en premier lieu le simple contraste entre un organe externe et interne, mais étant donné que le cœur était aussi un véhicule de la conscience, sa pollution physique devint *également* une pollution morale (Festugière, *La Sainteté*, 19 seq.).

48. Art κάθαρσις, P.-W., Supp.-Band VI (cet article fournit la meilleure analyse à ma connaissance des idées religieuses associées à la pollution). Sur la fusion originelle des aspects « objectifs » et « subjectifs », et sur leur distinction ultérieure, voir aussi Gernet, *Pensée juridique et morale*, 323 seq.

49. Cf. par exemple le sacrifice cathartique à Zeus Meilichios lors des *diasia*, sacrifice qui était offert, nous dit-on μετά τινος στυγνότητος (Σ Lucian, *Icaromen.* 24) — ce qui ne signifie pas précisément « dans un esprit de contrition », mais « dans une atmosphère opprimante » produite par le sentiment de l'hostilité divine.

50. Les sources concernant le tribut locrien, et une liste d'études antérieures du sujet, seront trouvées dans Farnel, *Hero Cults*, 294 seq. Cf. aussi Parke, *Hist. of the Delphic Oracle*, 331 seq. A un même ordre d'idée appartient la coutume de « vouer » *(dekateùein)* un peuple coupable à Apollon, c'est-à-dire le réduire en esclavage et transformer ses terres en pâturages; au VIe siècle Crisa subit ce traitement, les partisans des Perses en furent menacés en 479 et Athènes en 404 (Cf. Parke, *Hermathena*, 72 (1948) 82 seq.).

51. Eur. *Hipp.* 276.

52. *Thumos*, Esch. *Sept.* 686, Soph. *Ant.* 1097; *phrên, phrenes.* Esch. *Supp.* 850, Soph. *Ant.* 623.

53. Esch. *Cho.* 382 seq. (Zeus) : Soph. *Aj.* 363, 976 (la folie envoyée par Athéna est appelée une *atê*).

54. Esch. *Eum.* 372 seq. Cf. Soph. *Ant.* 603, et 'Ερινύες ἠλιθιῶναι (c'est-à-dire ἠλιθίους ποιοῦσαι) dans une *defixio attique* (Wünsch, *Defix Tab. Att.* 108).

55. Ainsi peut-être, Soph. *Trach.* 849 seq. Et cf. la conception

d'Hérodote d'après laquelle les décisions désastreuses sont prédéterminées par le destin des personnes qui les prennent : 9.109.2 : τῇ δὲ κακῶς γὰρ ἔδει πανοικίῃ γενέσθαι, πρὸς ταῦτα εἶπε Ξέρξῃ, κτλ; 1.8.2; 2.161.3, 6.135.3.

56. Panyassis, fr. 13.8 Kinkel.

57. *Erga* 214 seq.

58. Théognis, 205 seq.

59. Esch. *Pers.* 1037, Soph. *Aj.* 307.

60. Théognis, 133. Esch. *Cho.* 825 seq., Soph. *O.C.* 92; Soph. *Ant.* 185 seq. En droit dorien *atê* semble avoir été totalement sécularisé en tant que terme pour toute peine légale : *leg. Gortyn.* 11.34 (*GDI* 4991).

61. Eur. *Tro* 530 (cf. Théognis, 119); Soph. *Ant.* 533. Soph. *O.C.* 532 est un cas différent; là Œdipe appelle ses filles des *atai* en tant qu'elles sont le fruit de sa propre *gamôn ata* (526).

62. Comparer l'extension par laquelle des mots comme *alitêrios, palamnaios, prostropaios,* étaient appliqués, non seulement au coupable, mais aussi à l'être surnaturel qui le punit (cf. W. H. P. Hatch, *Harv. Stud. in Class. Phil.* 19 (1908) 157 seq.) — *menos atês,* Esch. *Cho.* 1076.

63. *In Leocratem* 92. Cf. le *gnômê* également anonyme cité par Sophocle, *Ant.* 620 seq.

64. Théognis, 402 seq.

65. Esch. *Pers.* 354 (cf. 472, 724 seq.); comparer 808, 821 seq. Pour Eschyle le divin *apatê* est ainsi *dikaia* (fr. 301). Platon englobe Eschyle dans sa condamnation de ceux qui font des dieux la cause du mal en alléguant les paroles de Niobé : θεὸς μὲν αἰτίαν φύει βροτοῖς, ὅταν κακῶσαι δῶμα παμπήδην θέλῃ (fr. 162, *apud* Pl. *Rep.* 380 A). Mais il omit la clause commençant par δέ, laquelle contenait — nous le savons à présent grâce au papyrus de la *Niobe,* D. L. Page, *Greek Literary Papyri,* I. 1. p. 8. — un avertissement contre *hubris, mê thrasustomein.* Ici comme ailleurs, Eschyle prend soin de reconnaître la contribution de l'homme à sa propre destinée.

66. Esch. *Agam.* 1486; cf. 160 seq. 1563 seq.

67. *Ibid.* 1188 seq.; 1433, 1497 seq.

68. Hdt. 6.135.3.

69. Glotz, *Solidarité,* 408; K. Deichgräber, *Gött. Nachr.* 1940.

70. Eur. *Med.* 122-130. Phèdre aussi attribue son état à *daimonos atê, Hipp.* 241. Et nous savons, par un traité du corpus hippocratique (*Virg.* I, VIII. 466 L.), que le désordre mental se révélait souvent par des rêves ou des visions de *daimones* furieux.

71. Eschine, *in Ctes.* 117. Eschine savait qu'il vivait à une époque étrange et révolutionnaire, où les vieux centres du pouvoir cédaient aux nouveaux (*ibid.,* 132), et il tendait donc, comme Hérodote, à voir le doigt de Dieu partout. Ainsi, il parle des Thébains comme τήν γε θεοβλάβειαν καὶ τὴν ἀφροσύνην οὐκ ἀνθρωπίνως ἀλλὰ δαιμονίως κτησάμενοι, *ibid.,* 133).

72. Théognis, 637 seq.; Soph. *Ant.* 791 seq. Au sujet d'*Elpis,* voir Wehrli, Λάθε βιώσας, 6 seq.

73. H. et H. A. Frankfort, *The Intellectual Adventure of Ancient Man,* 17.

74. Sem. Amorg. 7.102; Soph. *O.T.* 28. Cf. aussi chap. III n. 14, et sur des croyances semblables chez les hindous Keith, *Rel. and Phil. of Veda and Upanishads,* 240.

75. Pour le point de vue de l'Athénien moderne voir Lawson, *Modern Greek Folklore and Ancient Greek Religion,* 21 seq. Pour la projection en Erinys de la culpabilité du sang versé, cf. Esch. *Cho.* 283 : προσβολὰς Ἐρινύων ἐκ τῶν πατρῴων αἱμάτων τελουμένας, et Verrale *ad loc.*; *ibid.,* 402; Antiphon, *Tetral.* 3.1.4.

76. Soph. *Ant.* 603. Cf. le verbe *daimonan* qui se dit tant des lieux

« hantés » (*Cho.* 566) que des personnes « possédées » (*Sept.* 1001, *Phoen.* 888).

77. Eur. *Or.* 395 seq. Si les lettres VII et VIII sont authentiques, Platon lui-même croyait aux êtres objectifs qui punissaient la culpabilité du sang versé : VII. 336 B : ἤ πού τις δαίμων ἤ τις ἀλιτήριος ἐμπεσών (cf. 326 E); VIII. 357 A : ξενικαὶ ἐρινύες ἐκώλυσαν.

78. Hésiode, *Erga* 314 : δαίμονι δ' οἷος ἔησθα, τὸ ἐργάζεσθαι ἄμεινον, et Phocyclides, fr. 15.

79. Voir chap. I, p. 18. Côte à côte avec le *daimôn* plus personnel, la notion homérique de la *moira* individuelle survécut aussi; elle se rencontre communément dans la tragédie. Cf. Archiloque, fr. 16 : πάντα τύχη καὶ μοῖρα, Περίκλεες, ἀνδρὶ δίδωσιν, Esch. *Agam.* 1025 seq. *Cha.* 103 seq., etc.; Soph. *O.T.* 376, 713, etc. Pind. *Nem.* 5.40 : πότμος δὲ κρίνει συγγενὴς ἔργων περὶ πάντων, et Platon, *Gorg.* 512 E : πιστεύσαντα ταῖς γυναιξὶν ὅτι τὴν εἱμαρμένην οὐδ' ἂν εἷς ἐκφύγοι. La tournure homérique *thanatou (-oio) moira* se retrouve chez Eschyle, *Pers.* 917, *Agam.* 1462. Il arrive parfois que *moira* et *daimôn* soient associés : Ar. *Thesm.* 1047 : μοίρας ἄτεγκτε δαίμων (parodie tragique); *Lys.* 2.78 : ὁ δαίμων ὁ τὴν ἡμετέραν μοῖραν εἰληχώς,

80. *Daimôn* (l'interprétation religieuse) et *tuchê* (la vue profane ou non engagée) ne sont pas trouvés comme s'excluant l'un l'autre, et ils sont en fait souvent associés : Ar. *Av.* 544 : κατὰ δαίμονα καί [τινα] συντυχίαν ἀγαθήν, *Lys* 13.63 τύχη καὶ ὁ δαίμων : [Dem.] 48.24, Eschin. *in Ctes.* 115, Aristote, fr. 44. Euripide, toutefois, les distingue comme des alternatives (fr. 901.2). Dans le concept de *theia tuché* (Soph. *Phil.* 1326, et souvent chez Platon) la chance retrouve la valeur religieuse que la pensée primitive lui attribuait (chap. I, n. 25).

81. Théognis, 161-166.

82. Hdt. 1.8.2. Cf. n. 55 sup.

83. Pindare, *Pyth.* 5.122 seq. Mais il ne moralise pas toujours ainsi la croyance populaire. Cf. Od. 13.105, où la « chance » du *genos* est projetée en *daimôn.*

84. Le *daimôn* stoïcien est encore plus rapproché de la conception freudienne que n'en est le *daimôn* platonicien : il est, comme l'a dit Bonhöffer (*Epiktet,* 84), « la personnalité idéale en tant qu'on l'oppose à la personnalité empirique »; et l'une de ses fonctions principales est de punir le moi pour ses péchés charnels (cf. Heinze, *Xenokrates,* 130 seq.; Norden, *Virgil's Aeneid VI,* pp. 32 seq.). Apuleius, *d. Socr.* 16, fait résider le *daimôn* « in ipsis penitissimis mentibus *vice conscientiae* ».

85. *Phédon* 107D; *Rép.* 617DE, 620DE (où Platon évite le fatalisme de la conception populaire en supposant que l'âme choisit son propre guide) ; *Tim.* 90 A-C (discuté plus bas, chap. VII, pp. 206 seq.).

86. Cf. M. Ant. 2.13. avec la note de Farquharson; Plut. *gen. Socr.* 592 BC; Plot. 2.4.; Rohde, *Psyche,* XIV, n. 44; J. Kroll. *Lehren des Hermes Trismegistos,* 82 seq. Norden, *loc. cit.,* montre comment l'idée fut adoptée par les auteurs chrétiens.

87. Fr. Pfister, P.-W., Supp.-Band VI, 159 seq. Cf. son *Religion d. Griechen u. Römer* (Bursian's Jahresbericht, 229 [1930]), 219.

88. Les témoignages concernant les *pharmakoi* se trouvent commodément réunis dans Murray, *Rise of the Greek Epic.* App. A. En considérant le rite surtout cathartique, je ne fais que suivre Deubner, *Attische Feste.* 193 seq., et les Grecs eux-mêmes. Pour un résumé d'autres opinions, voir Nilsson, *Gesch.* I. 98 seq.

89. P.-W., Supp.-Band VI, 162.

90. Cf. Nilsson, *Gesch.* I. 750 seq., et Diels, « Epimenides von Kreta », *Berl. Sitzb.* 1891, 387 seq.

91. Certains savants attribueraient les particularités de la religion

archaïque, en comparaison avec l'homérique, à une remontée d'idées « minoennes » préhelléniques. Il se peut que cela se vérifie dans certains cas. Mais la plupart des traits que j'ai soulignés dans ce chapitre semblent avoir des racines indo-européennes, et nous devrions donc hésiter, je crois, à invoquer la « religion minoenne » dans ce contexte.

92. Ainsi que l'a dit Malinowski, quand un homme se sent impuissant dans une situation pratique, « qu'il soit sauvage ou civilisé, qu'il possède un art magique ou qu'il en ignore totalement l'existence, l'inactivité passive, qui est la seule chose que lui dicte la raison, est aussi la dernière chose à laquelle il puisse donner son assentiment. Son système nerveux et tout son organisme le poussent à quelque activité de remplacement... L'action de remplacement dans laquelle la passion trouve une issue, et qui est suscitée par l'impuissance, possède subjectivement toutes les vertus d'une action réelle à laquelle l'émotion, s'il n'y avait eu empêchement, aurait tout naturellement conduit » *(Magic, Science and Religion)*. Il se trouve certains indices que le même principe est vrai quand il s'agit de sociétés : par exemple Linton (*in* A. Kardiner, *The Individual and His Society*, 287 seq.) rapporte que parmi les effets produits par une grave crise économique chez certaines tribus Tanala de Madagascar, il y eut une augmentation de craintes superstitieuses et l'apparition d'une croyance aux esprits mauvais, croyance qui jusqu'alors n'avait pas existé.

93. Plut. *Apophth. Lac.* 223 A.

94. Par exemple, Hésiode, *Erga* 5 seq.; Archiloque, fragment 56; Solon, fragment 8, 13.75; Esch. *Sept.* 769 seq.; *Agam.* 462 seq., etc.

95. Murray, *Rise of the Greek Epic* [4], 90; cf. *Il.* 5.9, 6.14, 13.664, et *Od.* 18.126 seq. C'est l'attitude à laquelle il faut s'attendre dans une civilisation de honte; la fortune apporte la *timê* (*Od.* 1.392, 14.205 seq.). Il en était encore ainsi au temps d'Hésiode et (quoiqu'il fût conscient des dangers qui l'accompagnaient) il s'en servit pour renforcer son évangile du travail, *Erga* 313 : πλούτῳ δ' ἀρετὴ καὶ κῦδος ὀπηδεῖ.

96. Pour les preuves, voir Glotz, *Solidarité*, 31 seq.

97. Arist. *Pol.* 1.2, 1252^b 20 : πᾶσα γὰρ οἰκία βασιλεύεται ὑπὸ τοῦ πρεσβυτάτου. Cf. *E.N.* 1161^a 18 : φύσει ἀρχικὸν πατὴρ υἱῶν... καὶ βασιλεὺς βασιλευομένων. Platon se sert d'un langage plus fort; il parle de la condition convenant aux jeunes comme étant πατρὸς καὶ μητρὸς καὶ πρεσβυτέρων δουλείαν (*Lois* 701 B).

98. Eur. *Hipp.* 971 seq. 1042 seq. (Hippolyte s'attend à la mort plutôt qu'à l'exil); *Alcmeon*, fr. 4 Kinkel (apud [Apollod.] Bibl. 1.8.5.); Eur. *Or.* 765 seq.; *Il.* 1590 seq. Les mythes suggèrent qu'aux premiers temps le bannissement était la conséquence nécessaire d'*apokêruxis*, une règle que Platon proposa de rétablir (*Lois* 928 E).

99. Cf. Glotz, *op. cit.*, 350 seq.

100. Platon, *Lois* 878 DE, 929 A-C.

101. L'honneur rendu aux parents vient tout de suite après la crainte des dieux dans l'échelle des devoirs : Pind. *Pyth.* 6.23 seq. et Σ *ad loc.*; Eur. fr. 853; Isocr. 1.16; Xen. *Mem.* 4.4.19 seq., etc. Pour les sanctions surnaturelles spéciales attachées aux offenses contre les parents, voir *Il.* 9.456 seq.; Esch. *Eum.* 269 seq.; Eur. frs. 82, 852; Xen. *Mem.* 4.4.21; Platon, *Euthyphron* 15 D; *Phédon* 114 A; *Rep.* 615 C; *Lois* 872 E et surtout 880 E seq.; aussi Paus. 10.28.4; Orph. fr. 337 Kern. Sur les sentiments du parricide involontaire, voir l'histoire d'Althaimenes, Diod. 5.59 (mais il est à noter qu'à la fin, comme Œdipe, il est « héroïsé »).

102. L'histoire de Phoenix, ainsi que le reste de son discours dans *Il.* 9 (432-605), semblent refléter des conditions plutôt tardives en Grèce continentale, cf. chap. 1, p. 18. Les autres histoires sont post-homériques (la malédiction d'Œdipe pour la première fois dans la

Thébaïde, frs. 2 et 3 K.; cf. Robert, *Oidipus*, I. 169 seq.). Platon professe encore de croire à l'efficacité de la malédiction d'un parent, *Lois* 931 C, E.

103. Platon, *Rep.* 377 E-378 B. Le mythe de Kronos a, comme il faut s'y attendre, des espèces de parallèles dans de nombreuses civilisations; mais dans le cas du mythe hourrite-hittite de Koumarbi, le parallèle est si proche et si détaillé que de fortes présomptions existent en faveur de l'hypothèse d'un emprunt (E. Forrer, *Mél. Cumont*, 690 seq.; R. D. Barnett, *JHS* 65 (1945) 100 seq.; H. G. Güterbock, *Kumarbi* (Zurich, 1946), 100 seq.). Ceci ne rend pas moins significatif le mythe de Kronos, car dans ce cas nous devons encore nous demander quels sentiments poussèrent les Grecs à donner à ce monstrueux phantasme oriental une place si centrale dans leur mythologie divine. Il est souvent supposé — et peut-être avec raison — que la séparation d'Ouranos et de Gaia mythologise la séparation physique présumée du ciel et de la terre qui n'auraient originellement faits qu'un (cf. Nilsson, *Hist. of Greek Religion*, 73). Mais le thème de la castration du père ne semblerait pas être un aspect naturel, et n'est assurément pas un élément nécessaire d'un tel mythe. Il me semble difficile d'expliquer sa présence dans les théogonies hittites et grecques autrement que par un reflet des désirs humains inconscients. On peut voir une confirmation de cette thèse dans le fait qu'Aphrodite naît du membre sectionné du vieux dieu (Hésiode, *Theog.* 188 seq.) ce qui peut s'interpréter comme le symbole de l'accession du fils à la maturité sexuelle par l'élimination du rival paternel. Il est certain qu'à l'époque classique des appels fréquents furent faits à l'histoire de Kronos, du fait qu'il établissait un précédent pour des comportements par ailleurs peu compatibles avec une attitude filiale, cf. Esch. *Eum.* 640 seq.); Ar. *Nub.* 904 seq., *Av.* 755 seq.; Platon, *Euthyphron* 5 E-6 A.

104. Le personnage du *patraloias* (homme qui fait violence à son père) semble avoir fasciné l'imagination de l'époque classique : Aristophane le produit sur la scène, *Av.* 1337 seq., et le montre plaidant sa cause, *Nub.* 1399 seq.; pour Platon il est l'exemple type de toute iniquité (*Gorg.* 456 D. *Phd.* 113 E fin., etc.) On serait tenté de voir là-dedans plus (et autre chose) que le simple reflet, soit des controverses sophistiques, soit de quelque « conflit entre les générations » qui serait propre à la fin du ve siècle ; compte tenu du fait que ces facteurs ont sans doute contribué à attirer l'attention sur le *patraloias*.

105. Platon, *Rép.* 571 C; Soph. *O. T.* 981 seq.; Hdt 6.107.1. Que des rêves œdipiens manifestes étaient également fréquents vers la fin de l'Antiquité, et que leur signification était fort discutée chez les *oneirokritikoi*, cela est apparent dans la discussion déplaisamment circonstanciée qui en est faite chez Artemidore, 1.79. On pourrait croire que cela implique une répression des désirs incestueux moins profonde et rigoureuse que celle qui est habituelle dans notre société actuelle. Platon, toutefois, rend expressément témoignage, non seulement que l'inceste était universellement considéré comme *aischrôn aischiston*, mais en outre que la plupart des gens n'avaient absolument pas conscience d'éprouver la moindre tentation de cet ordre (*Lois*, 838 B). Il semblerait plus juste de dire que le déguisement nécessaire des désirs interdits était effectué, non pas dans le rêve lui-même, mais par un processus ultérieur d'interprétation qui lui attribuait un sens symbolique anodin. Il arrive toutefois que les auteurs anciens mentionnent aussi des rêves œdipiens déguisés, par exemple, rêver que l'on plonge dans l'eau (Hipp. περὶ διαίτης 4.90, VI. 658 Littré).

106. Cf. S. Luria, « Väter und Söhne in den neuen literarischen Papyri », *Aegyptus*, 7 (1926) 243 seq., un article qui contient une collection intéressante de documents concernant les rapports familiaux à

l'époque classique, mais qui paraît exagérer l'importance des influences intellectuelles, et en particulier celle du sophiste Antiphon.

107. G. M. Calhoun, « Zeus the Father in Homer », *TAPA* 66 (1935) 1 seq. Inversement, les Grecs d'une époque moins ancienne trouvaient juste qu'on traite son parent « comme un dieu » : θεὸς μέγιστος τοῖς φρονοῦσιν οἱ γονεῖς (Dikaeogénès, fragment 5 Nauck); νόμος γονεῦσιν ἰσοθέους τιμὰς νέμειν (Ménandre, fragment 805 K.).

108. La doctrine du *phthonos* divin a souvent été considérée comme une simple projection du ressentiment qu'éprouvent ceux qui ne réussissent pas à l'égard de ceux qui ont atteint quelque éminence (voir l'ouvrage détaillé mais monomane de Ranulf). Il y a sans doute du vrai dans cette théorie. Le *phthonos* divin et humain ont assurément beaucoup de ressemblance, par exemple, tous les deux opèrent par le mauvais œil. Mais des passages comme Hdt. 7.46.4 : ὁ δὲ θεὸς γλυκὺν γεύσας τόν αἰῶνα φθονερὸς ἐν αὐτῷ εὑρίσκεται ἐων donnent à mon sens des indices différents. Ils rappellent plutôt la remarque de Piaget : « Les enfants en arrivent souvent à penser le contraire de ce qu'ils désirent, *comme si la réalité s'appliquait à déjouer intentionnellement les désirs.* » (*La Représentation du Monde chez l'Enfant*, p. 128, cité par A. R. Burn, *The World of Hesiod*, 93, qui trouve la chose confirmée dans son expérience personnelle). Un tel état d'esprit est un sous-produit typique d'une civilisation de culpabilité dans laquelle la discipline domestique est sévère et répressive. Il peut facilement persister chez l'adulte et trouver une expression en un langage quasi religieux.

109. Rohde a attiré l'attention sur la ressemblance entre les notions grecques de pollution, et celles de l'Inde primitive (*Psyche*, chap. IX, n. 78). Cf. Keith, *Religion and Philosophy of Veda and Upanishads*, 382 seq., 419 seq.; et pour l'Italie, H. J. Rose, *Primitive Culture in Italy*, 96 seq. 111 seq., et H. Wagenvoort, *Roman Dynamism* (Trad. angl., 1947), chap. V (original en néerlandais sous le titre *Imperium*).

110. Je serais tenté aussi de suggérer que la préférence montrée par Aristote, dans le choix des sujets tragiques, pour les faits horribles perpétrés « *en tais philiais* » (*Poet.* $1453^{b}19$) et parmi ceux-ci pour les histoires dans lesquelles l'acte criminel est empêché au dernier instant par une *anagnôrisis* ($1454^{a}4$), est inconsciemment déterminée par la plus grande efficacité avec laquelle ils abréagissent les sentiments de culpabilité — d'autant plus que la deuxième de ces préférences est en contradiction flagrante avec la conception générale de la tragédie qui est la sienne. Sur le rôle abréacteur de la catharsis, voir plus bas, chap. III, pp. 82, 84.

111. Voir surtout les ouvrages de Kardiner, *The Individual and His Society* et *The Psychological Frontiers of Society*; aussi Clyde Kluckhohn, « Myths and Rituals : A General Theory », *Harv. Theol. Rev.* 35 (1942) 74 seq., et S. de Grazia, *The Political Community* (Chicago, 1948).

112. Voir les excellentes observations de Latte, *Arch. f. Rel.* 20.275 seq. Comme il le fait remarquer, la conscience religieuse est non seulement tolérante des paradoxes moraux, mais elle perçoit souvent dans ces paradoxes la plus profonde des révélations concernant le sens tragique de la vie. Et il y a lieu de se rappeler que ce paradoxe précis a joué un rôle important dans le christianisme : Paul croyait qu' « Il endurcit qui Il veut » (Rom. 9, 18), et il y a dans l'oraison dominicale la demande « Ne nous induis pas en tentation » (μὴ εἰσενέγκῃς ἡμᾶς εἰς πειρασμόν). Voir la remarque du Rudolph Otto : « Pour les hommes religieux de l'ancienne Alliance, la colère de Dieu, loin de diminuer sa divinité, paraît être une expression naturelle de celle-ci, un aspect de la « sainteté » même, et un aspect qui lui est tout à fait indispensable » (*The Idea of the Holy*, 18). Je crois que cela est égale-

ment vrai d'un homme comme Sophocle. La même redoutable sainteté est apparente chez les dieux représentés dans l'art à l'époque archaïque et au début de l'époque classique. Comme l'a dit le professeur C. M. Robertson dans sa récente conférence d'inauguration (Londres, 1949), « on les conçoit certes sous forme humaine, mais le divin en eux est de l'humain terriblement altéré. Pour ces immortels sans âge les humains ordinaires sont — ' *as fies to wanton boys* ', — ce que sont les mouches aux jeux d'enfants oisifs, et cette qualité est exprimée dans leurs statues, jusque très avant dans le ve siècle au moins ».

113. Soph. *Ant.* 583 seq. La version qui suit s'efforce de reproduire la manière significative de placer le mot clef *atê* dans ses retours successifs, et aussi certains des effets prosodiques mais elle ne peut reproduire la sombre magnificence de l'original. Pour plusieurs tours de phrase, je suis redevable à une élève douée, Mlle R. Collingwood.

III

LES BIENFAITS DE LA FOLIE

> *In the creative state a man is taken out of himself. He lets down as it were a bucket into his subconscious, and draws up something which is normally beyond his reach.*
>
> E. M. Forster.

« Les plus grands bienfaits », dit Socrate dans le *Phèdre*, « nous viennent de la folie [1] ». C'est là, évidemment, un paradoxe voulu. Il n'était sans doute guère moins saisissant pour le lecteur athénien du IVe siècle qu'il ne l'est pour nous; car plus bas, dans le même dialogue, il apparaît implicitement qu'à l'époque de Platon la plupart des gens considéraient la folie comme une chose peu estimable, *oneidos* [2]. Mais Platon n'attribue pas au père du rationalisme occidental la prémisse générale qu'il est meilleur d'être fou que sain d'esprit, malade que bien portant. En effet, il qualifie son paradoxe par les mots suivants : « A condition que cette folie nous soit donnée par don divin. » Et il poursuit en distinguant quatre espèces de « démence divine », qui proviennent, dit-il, « d'un changement divinement opéré dans nos normes sociales habituelles [3] ». Ces quatre espèces sont :

1) la démence prophétique, dont le patron divin est Apollon;

2) la démence télestique ou rituelle, dont le patron est Dionysos;

3) la démence poétique, inspirée par les muses;

4) la démence érotique, inspirée par Aphrodite et Eros [4].

1. Notes du chap. III, pp. 91-105.

J'aurai à parler de ce dernier type dans un autre chapitre [5]; je n'en parlerai donc pas ici. Mais peut-être n'est-il pas inutile que nous jetions un regard neuf sur les trois premiers, sans nous efforcer à un examen complet des données, mais en cherchant seulement ce qui pourrait nous aider à répondre à deux questions précises. La première question est historique : comment les Grecs ont-ils acquis les croyances qui servent de base à la classification de Platon, et jusqu'à quel point les ont-ils modifiées sous l'influence du rationalisme montant ? L'autre est psychologique : jusqu'à quel point les états mentaux visés par les termes platoniciens de démence « rituelle » et « prophétique » peuvent-ils être considérés comme identiques à des états connus de la psychologie et l'anthropologie modernes ? Ce ne sont pas des questions faciles, et sur bien des points il faudra peut-être nous contenter d'une réponse incertaine. Mais je crois qu'elles valent la peine d'être posées. En essayant de traiter ce sujet, je m'appuierai évidemment, comme nous le faisons tous, sur l'œuvre de Rohde qui, dans son grand ouvrage *Psyche*, a très complètement exploré la majeure partie de ce terrain. Puisque cet ouvrage se trouve facilement tant en allemand qu'en français, je ne récapitulerai pas ses arguments; j'indiquerai néanmoins un ou deux points sur lesquels je suis en désaccord.

Avant d'aborder les quatre types « divins » de Platon, je dois d'abord dire quelques mots de la distinction générale qu'il fait entre la folie « divine » et la folie ordinaire causée par la maladie. Naturellement, cette distinction est plus ancienne que Platon. Hérodote nous apprend que la folie de Cléomène (aux yeux de la plupart des gens, une punition divine du sacrilège) était imputée par ses compatriotes à ses excès de boisson [6]. Et quoique Hérodote ne veuille pas admettre cette explication prosaïque dans le cas de Cléomène, il tend à expliquer la folie de Cambyse en l'attribuant à une épilepsie congénitale, et il ajoute cette remarque fort sensée, que lorsque le corps est affligé d'un trouble sérieux, il n'est pas étonnant que l'esprit soit également affecté [7]. Par conséquent, il reconnaît au moins deux types de folie, l'une surnaturelle par son origine (quoiqu'elle ne soit pas bénéfique) et l'autre qui est due à des causes naturelles. Empédocle et son école auraient aussi distingué la folie suscitée *ex purgamento animae* de celle due à des désordres physiques [8].

Toutefois, c'est là une tournure de pensée relativement évoluée. Nous sommes en droit de douter qu'une telle distinction ait été faite à une époque plus ancienne. Les peuples primitifs partout dans le monde partagent la croyance que *tous* les types de désordre mental sont causés par une intervention surnaturelle. L'universalité de cette croyance n'est d'ailleurs pas très surprenante. Je suppose qu'elle doit son origine aux déclarations des malades eux-mêmes et qu'elle est entretenue par ceux-ci. La conviction du patient qu'il est en rapport, ou même qu'il est identifié avec des êtres ou des forces surnaturelles, est l'un des symptômes les plus communs de la folie hallucinatoire de nos jours, et nous pouvons supposer qu'il n'en était pas autrement dans l'Antiquité; d'ailleurs, un cas de ce genre a été rapporté de façon assez détaillée — celui du médecin Ménécrate, au IVe siècle, qui se prenait pour Zeus; Otto Weinrich en a fait une étude brillante [9]. Les épileptiques, d'autre part, ont souvent la sensation d'être battus à coups de trique par un être invisible; et les phénomènes impressionnants de la crise épileptique, la chute subite, les contorsions musculaires, le grincement des dents, et la langue tirée, ont certainement contribué à former la conception populaire de la possession [10]. Il n'est pas surprenant que pour les Grecs l'épilepsie ait été *le* « mal sacré » par excellence, et qu'ils l'aient nommé *epilêpsis*, ce qui — comme notre mot « attaque » (ou comme ses synonymes anglais « attack », « stroke », « seizure ») suggère l'intervention d'un *daimôn* [11]. Il me semblerait toutefois que l'idée de véritable possession, en tant que distincte de la simple intervention psychique, provient en fin de compte de cas de personnalités secondaires ou alternantes, comme celui de la célèbre Miss Beauchamp étudiée par Morton Prince [12]. Car ici, une personnalité nouvelle, différant d'ordinaire considérablement de l'ancienne par le caractère, par l'étendue de ses connaissances, et même par la voix et l'expression du visage, paraît subitement prendre possession de l'organisme, parlant de soi à la première personne et de l'ancienne personnalité à la troisième. Des cas de ce genre, qui sont assez peu fréquents en Europe moderne et en Amérique, semblent se produire plus souvent parmi les peuples moins évolués [13], et il est fort possible qu'ils aient été plus fréquents dans l'Antiquité que de nos jours; j'y reviendrai plus loin. L'idée de possession s'étendrait facilement de ces cas-là aux épileptiques et aux paranoïaques; et à la longue, toute espèce de dérangement mental et même des faits comme le somnambulisme et le délire fiévreux [14], seraient attribués à une action démonique. La croyance une fois acceptée susciterait tout naturellement de nouvelles preuves à son appui par l'effet de l'autosuggestion [15].

On a depuis longtemps observé que l'idée de possession ne se trouve pas chez Homère, et parfois on en conclut qu'elle était étrangère à la culture grecque la plus ancienne. On peut cependant trouver dans l'*Odyssée* des vestiges d'une croyance plus vague à l'origine surnaturelle de la maladie mentale. Le poète lui-même n'y fait pas allusion, mais une ou deux fois, il prête à ses personnages un langage qui en trahit l'existence. Quand Mélantho se moque d'Ulysse dans son déguisement et l'appelle *ekpepatagmenos* [16], « étourdi » (c'est-à-dire fou), elle emploie une tournure qui à l'origine impliquait sans doute une intervention démonique, quoique dans le cas présent elle n'implique peut-être pas plus que ce que nous entendons à notre époque, quand nous disons qu'une personne est « un peu toquée ». Un peu plus loin, l'un des prétendants raille Ulysse en l'appelant *épimaston alêtên*. Le mot *Epimastos* (dérivé d'*épimaiomai*) ne se trouve pas ailleurs et sa signification est controversée; mais le sens de « toqué », c'est-à-dire fou, donné par certains anciens humanistes, est le plus naturel et celui qui convient le mieux au contexte [17]. Ici encore, me semble-t-il, c'est un être surnaturel qui, implicitement, « touche », « toque ». Et enfin, lorsque Polyphème se mettant à rugir, les autres cyclopes, venus lui demander ce qui se passe, l'entendent dire que « Personne (ne) veut me tuer », ils remarquent entre eux que « la maladie envoyée par le grand Zeus ne peut être prévenue », et recommandent dévotement la prière [18]. C'est, me semble-t-il, qu'ils l'estiment fou : et c'est pourquoi ils l'abandonnent à son sort. A la lumière de ces textes, il ne semble guère risqué d'affirmer que l'origine surnaturelle de la maladie mentale était un lieu commun de la pensée populaire à l'époque d'Homère, et sans doute bien avant cela, quoique les poètes épiques n'y aient pas attaché un intérêt particulier et n'aient pas choisi d'être les garants de sa véracité. L'on peut ajouter qu'elle est demeurée un lieu commun de la pensée populaire en Grèce jusqu'à nos jours [19]. A l'époque classique, sans doute les intellectuels restreignaient-ils l'étendue de la « folie sacrée » à certains types précis. Quelques auteurs, tel, à la fin du ve siècle, celui du traité *De morbo sacro*, pouvaient aller jusqu'à nier qu'aucune maladie fût plus « sacrée » qu'une autre, en soutenant que toute maladie était « divine » du fait de son appartenance à l'ordre divin, mais que toute maladie avait aussi des causes naturelles que la raison humaine pouvait découvrir « tout est divin et tout est humain » *panta theia kai panta anthrôpina* [20]. Mais il est peu probable que les croyances populaires aient été affectées par tout cela, en dehors, tout au moins, de quelques grands centres culturels [21]. Même à Athènes, les malades mentaux étaient encore évités par un grand nombre de personnes qui les considéraient comme des êtres soumis à une malédiction divine dont le contact était dangereux : on leur lançait des pierres pour qu'ils gardent leurs distances; et à défaut de cela, on prenait au moins la simple précaution de cracher [22].

Et pourtant, si l'on évitait les fous, on les considérait aussi (comme on continue d'ailleurs à les considérer de nos jours en Grèce [23]) avec un respect approchant de la terreur; en effet n'étaient-ils pas en rapport avec le monde surnaturel, et ne pouvaient-ils pas parfois faire preuve d'une puissance qui était refusée au commun des mortels. Ajax, en sa folie, parle un langage sinistre « qu'aucun mortel ne lui enseigna, mais un *daimôn* [24] »; Œdipe, dans un état délirant, est conduit par un *daimôn* au lieu où le cadavre de Jocaste l'attend [25]. Nous voyons pourquoi Platon dans le *Timée* cite la maladie parmi les causes qui favorisent l'apparition de pouvoirs surnaturels [26]. La limite entre la folie ordinaire et la démence prophétique est donc difficile à fixer. A présent, parlons de celle-ci.

Selon Platon (et selon la tradition grecque d'une façon générale), Apollon est son patron; et deux des trois exemples que cite Platon sont d'inspiration apollinienne : la Pythie et la Sibylle [27], le troisième étant les prêtresses de Zeus à Dodone. Mais s'il faut accepter l'opinion de Rohde [28] en cette matière — et beaucoup le font encore [29] — Platon se trompait entièrement : la démence prophétique aurait été inconnue en Grèce avant l'arrivée de Dionysos, qui imposa la Pythie à Delphes; jusqu'à cette date, selon Rohde, la religion apollinienne serait demeurée « hostile à tout ce qui était d'ordre extatique ». Rohde avait deux motifs pour rejeter ainsi la tradition grecque — d'une part, l'absence de toute allusion chez Homère à la prophétie inspirée ; et, d'autre part, l'antithèse impressionnante formulée par son ami Nietzsche entre la religion « rationnelle » d'Apollon et la religion « irrationnelle » de Dionysos. Mais je crois que Rohde s'est trompé.

En premier lieu, il confondait deux choses que Platon avait soin de distinguer : la médiumnité apollinienne d'une part, qui veut connaître soit l'avenir soit le présent caché, et l'expérience dionysiaque de l'autre, qui est recherchée soit pour elle-même, soit comme moyen de guérison mentale, l'élément mantique ou médiumnique faisant défaut ou étant tout à fait subordonné [30]. La médiumnité est un don rare, propre à quelques individus choisis ; l'expérience dionysiaque est essentiellement collective, l'expérience d'une assemblée — *thiaseuetai psuchan* — et elle est si loin d'être un don rare qu'elle est en vérité hautement contagieuse. Leur méthode diffère autant que leur but : les deux grandes techniques dionysiaques — l'usage du vin et celui de la danse religieuse — ne jouent absolument aucun rôle dans la production de l'extase apollinienne. Les deux choses sont tellement distinctes qu'il n'est guère probable que l'une soit dérivée de l'autre.

En outre, nous savons que le prophétisme extatique se pratiquait depuis des temps reculés au Moyen-Orient. Cela se produisait en Phénicie, comme l'atteste un document égyptien du XIe siècle ; et trois siècles avant, nous voyons le roi hittite Mursili II prier pour que lui soit envoyé un « homme divin » qui pourrait faire la chose qu'on demandait si souvent à Delphes : révéler pour quel péché le peuple était affligé de la peste [31]. Ce dernier exemple serait particulièrement significatif si nous pouvions accepter (comme Nilsson tend à le faire) l'hypothèse de Hrozny pour qui Apollon, maître et médecin de la peste, ne serait autre que le dieu hittite Apulunas [32]. Quoi qu'il en soit, il me semble à peu près certain, d'après les preuves fournies par l'*Iliade*, qu'Apollon était, d'une façon ou d'une autre, originaire d'Asie [33]. Et en Asie, tout comme en Grèce continentale, nous trouvons le prophétisme extatique associé à son culte. Ses oracles à Claros près de Colophon et à Branchidée aux environs de Milet sont réputés avoir existé avant la colonisation de l'Ionie [34], et aux deux endroits le prophétisme extatique semble avoir été pratiqué [35]. Il est vrai que nos témoignages sur ce dernier point nous viennent d'auteurs tardifs; mais à Patara en Lycie — de l'avis de certains, la première patrie d'Apollon et certainement un centre ancien de son culte — à Patara, nous le savons par Hérodote, la prophétesse était enfermée dans le temple pendant la nuit en vue d'une union mystique avec le dieu. Apparemment, on la considérait à la fois comme l'intermédiaire et l'épouse du dieu, comme Cassandre l'aurait été, et comme, suivant l'hypothèse de Cook et Latte, la Pythie l'aurait été à l'origine [36]. Tout ceci laisse croire que le prophétisme extatique se pratiquait à Patara, et l'influence de Delphes n'est guère vraisemblable dans ce cas.

Je conclus que la démence prophétique est au moins aussi ancienne en Grèce que la religion d'Apollon. Et elle pourrait très bien être plus ancienne encore. Si les Grecs avaient raison de rapporter *mantis* à *mainomai* — et la plupart des philologues leur donnent raison [37] — l'association entre la prophétie et la démence appartiendrait à un fond d'idées indo-européennes. Le silence d'Homère ne fournit aucun argument solide à l'opinion contraire; nous avons déjà vu qu'Homère savait se taire quand il le voulait. On peut voir en outre que, sur ce point comme sur d'autres, l'*Odyssée* est un peu moins exigeante que l'*Iliade* en matière de bienséance et de dignité épique. L'*Iliade* n'admet que la divination inductive par présages, mais le poète de l'*Odyssée* ne résiste pas à la tentation d'introduire quelque chose de plus sensationnel — un exemple de ce qu'on appelle la « seconde vue [38] ». La vision symbolique du voyant héréditaire apollinien Théoclymène au livre XX appartient à la même catégorie psychologique que les visions symboliques de Cassandre dans l'*Agamemnon*, et la vision de la prophétesse argienne d'Apollon qui, comme le rapporte Plutarque, se précipita un jour dans la rue en clamant qu'elle voyait la ville remplie de cadavres et de sang [39]. C'est là une des formes anciennes de la démence prophétique. Mais ce n'est pas la forme oraculaire habituelle, car son apparition est spontanée et imprévisible [40].

À Delphes et, semble-t-il, à la plupart de ses oracles, Apollon produisait non pas des visions comme celles de Théoclymène, mais « l'enthousiasme » au sens premier et littéral. La Pythie devenait *entheos*, pleine du Dieu [41] :

le dieu entrait en elle et se servait de ses organes vocaux comme s'ils étaient les siens, exactement comme le fait le « contrôle » chez les médiums spirites modernes; c'est pourquoi les discours delphiques d'Apollon sont toujours mis à la première personne, jamais à la troisième. Il s'en est trouvé certes, à une époque plus tardive, pour soutenir qu'il était indigne d'un être divin d'entrer dans un corps mortel; ceux-ci préféraient croire — comme de nos jours de nombreux chercheurs de la méta-psychologie — que toute démence prophétique était due à une certaine faculté innée de l'âme elle-même, que celle-ci pouvait exercer sous certaines conditions, quand elle était libérée (par le sommeil, la transe, ou le rituel religieux) tant des interférences corporelles que du contrôle rationnel. Cette opinion se trouve chez Aristote, chez Cicéron et chez Plutarque [42]; et nous verrons au chapitre suivant qu'on s'en servait au ve siècle pour rendre compte des rêves prophétiques. A cette conception comme à la précédente, on trouve de nombreuses contreparties chez les Primitifs; nous pouvons l'appeler la conception « chamaniste » en tant qu'elle s'oppose à la doctrine de la possession [43]. Mais en tant qu'explication des pouvoirs de la Pythie elle n'apparaît que comme une théorie savante, le résultat d'une réflexion philosophique ou théologique; il n'y a pas grand doute que les dons de la Pythie à l'origine étaient attribués à la possession, et ceci resta la vue habituelle à travers l'Antiquité — même les Pères de l'Eglise n'ont pas eu l'idée d'en douter [44].

La possession prophétique n'était d'ailleurs pas restreinte aux oracles officiels. Non seulement on croyait que des figures légendaires comme Cassandre, Bakis et la Sibylle avaient prophétisé dans un état de possession [45], mais Platon fait de fréquentes allusions à des prophètes inspirés comme à des types contemporains familiers [46]. Notamment une espèce de médiumnité privée était exercée à l'époque classique par des personnes appelées d'abord *engastrimuthoi* « parleurs du ventre », et plus tard « pythons [47] ». J'aimerais en savoir plus long sur ces « parleurs du ventre » dont l'un, un certain Eurycles, était assez célèbre pour être mentionné tant par Aristophane que par Platon [48]. Mais nos renseignements directs se réduisent à ceci : qu'ils avaient une seconde voix en eux qui dialoguait avec eux [49], prédisait l'avenir, et appartenait, croyait-on, à un *daimôn*. Ce n'étaient certainement pas des ventriloques au sens moderne du mot, comme on le présume souvent [50]. Une allusion chez Plutarque semble impliquer que la voix du *daimôn* — sans doute une « voix du ventre » rauque — se faisait entendre par leur bouche; d'autre part un scholiaste de Platon s'exprime comme si la voix était simplement une monition intérieure [51]. Cependant, les savants ont négligé un témoignage qui non seulement exclut le ventriloquisme mais qui suggère fortement la transe : un vieil ouvrage clinique hippocratique l'*Epidemiae*, compare la respiration bruyante d'un malade du cœur à celle « des femmes appelées *engastrimuthoi* ». Les ventriloques n'ont pas la respiration bruyante; par contre, cela se présente souvent chez les « médiums spirites » modernes [52].

Même en ce qui concerne l'état psychologique de la Pythie, nos renseignements sont plutôt maigres. On aimerait savoir comment, au départ, elle était choisie, et comment elle était préparée à ses hautes fonctions; mais à peu de choses près, tout ce que nous savons avec certitude, c'est que la Pythie du temps de Plutarque était la fille d'un pauvre paysan, une personne honnêtement élevée et de mœurs respectables, mais ayant peu d'instruction ou d'expérience de la vie [53]. De nouveau, on aimerait savoir si, en sortant de la transe, elle se souvenait de ce qu'elle avait dit, autrement dit, si sa « possession » avait un caractère somnambulique ou lucide [54]. Des prêtresses de Zeus à Dodone, on rapporte catégoriquement qu'elles ne se souvenaient de rien; mais concernant la Pythie, nous n'avons aucune affirmation précise [55]. Nous savons toutefois, grâce à Plutarque, qu'elle n'était pas toujours affectée de la même façon [56], qu'à l'occasion, les choses tournaient vraiment mal, tout comme elles peuvent le faire dans les séances modernes. Il rapporte le cas d'une Pythie qui était entrée en transe à contrecœur et dans un état dépressif, les augures étant défavorables. Dès le départ, elle parla d'une voix rauque, comme si elle se sentait opprimée, et parut saisie par un « esprit muet et malin [57] »; enfin, elle se précipita vers la porte en hurlant et tomba par terre, sur quoi tous les assistants, et même le *prophetes*, prirent la fuite, terrifiés. Quand ils revinrent pour la recueillir, ils trouvèrent qu'elle avait repris ses sens [58]; mais après quelques jours, elle mourut. Nous n'avons pas de motif pour mettre en doute la véracité foncière de ce récit, auquel on trouvera des parallèles dans d'autres cultures [59]. Plutarque le tenait probablement de première main de son propre ami le *prophetes* Nicander, qui avait lui-même assisté à cette scène affreuse. Le récit a de l'importance, car il montre à la fois que la transe était encore authentique à l'époque de Plutarque, et aussi que non seulement le *prophetes* et quelques-uns des *hosioi*, mais les demandeurs aussi pouvaient en être témoins [60]. Disons en passant que le changement de voix est mentionné ailleurs par Plutarque comme un des traits habituels de « l'enthousiasme ». Il n'est pas moins commun dans les relations plus tardives de possession, tout comme chez les médiums spirites modernes [61].

Il me paraît à peu près certain que la transe de la Pythie était déterminée par autosuggestion, comme dans la transe médiumnique de nos jours. Elle était précédée d'une série d'actes rituels : elle se baignait, probablement dans la fontaine de Castalie, et buvait peut-être à une source sacrée; elle se mettait en contact avec le dieu par son arbre sacré, le laurier, soit en tenant une branche de laurier à la main, comme le fait sa devancière Thémis sur un vase peint du ve siècle, soit en prenant des fumigations de feuilles de laurier brûlées, selon Plutarque, ou bien peut-être en mâchant les feuilles, selon l'affirmation de Lucien; en dernier lieu, elle s'asseyait sur le trépied, établissant ainsi un nouveau contact avec le dieu en occupant son siège rituel [62]. Ce sont toutes là des procédures magiques familières et qui peuvent très bien fournir une aide à l'autosuggestion; mais aucune ne pouvait avoir d'effet physiologique — le professeur Œsterreich, dans l'intérêt de la science, mastiqua un jour une grande quantité de feuilles de laurier : il fut déçu de ne pas se trouver plus inspiré qu'à l'ordinaire [63]. Il en va de même pour ce que nous savons des procédures des autres oracles apolliniens — boire à une source sacrée comme à Claros et peut-être à Branchidée, ou boire le sang de la victime comme à Argos [64]. Quant aux fameuses « émanations », auxquelles on attribuait jadis avec confiance l'inspiration de la Pythie, c'est là une invention hellénistique; Wilamowitz a été, je crois, le premier à le faire remarquer [65]. Plutarque, qui connaissait les faits, avait vu les difficultés de la théorie des « émanations », et il semble l'avoir, en fin de compte, rejetée entièrement; mais tout comme les philosophes stoïciens, les savants du XIXe siècle s'emparèrent avec soulagement d'une bonne explication matérialiste. On entend moins parler de cette théorie depuis que les fouilles françaises ont révélé qu'il n'y a pas d'émanations aujourd'hui, ni de « faille » par laquelle, autrefois, les émanations auraient pu s'échapper [66]. Des explications de cette espèce sont vraiment tout à fait inutiles; si un ou deux savants contemporains s'y accrochent [67], c'est qu'ils méconnaissent le témoignage de l'anthropologie et de la psychopathologie.

Les humanistes qui attribuaient les transes de la Pythie à l'inhalation de gaz méphitiques concluaient tout naturellement que ses « divagations » avaient fort peu de rapport avec la réponse qui était présentée, par la suite, au consultant; les réponses devaient donc, selon ce point de vue, être le résultat d'une supercherie consciente et délibérée, et la réputation de l'Oracle devait être le résultat, d'une part, d'un excellent réseau d'information, d'autre part, de la fabrication massive d'oracles *post eventum*. Il y a un indice, toutefois, qui donnerait à croire qu'aux premiers temps les réponses étaient réellement fondées sur les paroles de la Pythie : quand Cléomène suborna l'Oracle pour lui faire donner la réponse qu'il désirait, la personne qui fut approchée par son agent était, s'il faut en croire Hérodote, non le *prophetes* ni l'un des *hosioi*, mais la Pythie elle-même ; et le résultat désiré fut obtenu [68]. Et si, plus tard, comme le laisse entendre Plutarque, les demandeurs pouvaient en certaines occasions du moins, entendre les paroles mêmes de la Pythie en transe, il n'est guère vraisemblable que ses propos aient été foncièrement altérés ensuite par le *prophetes*. Néanmoins, il faut bien reconnaître avec le professeur Parke qu' « il y a dans l'histoire de Delphes assez de traces d'une politique suivie pour nous convaincre qu'une intelligence humaine pouvait, à un moment donné, jouer un rôle décisif dans le processus [69] ». Et il est clair que la nécessité de mettre en ordre les mots de la Pythie, de les rapporter à la demande, de les mettre — quelquefois, mais pas toujours [70] — en vers, offrait des possibilités considérables à l'intervention de l'intelligence humaine. Nous ne pouvons pas pénétrer dans le cerveau des prêtres de Delphes, mais je suis porté à croire que ce serait une simplification excessive d'attribuer de telles manipulations, de façon générale, à une imposture consciente et cynique.

Quiconque s'est familiarisé avec l'histoire du spiritisme moderne saura quelle proportion étonnante de truquage virtuel peut être perpétrée avec une parfaite bonne foi par des croyants convaincus.

Quoi qu'il en soit, il est très frappant de constater combien est rare le scepticisme ouvert au sujet de Delphes avant la période romaine [71]. Le prestige de l'Oracle devait être solidement enraciné pour qu'il ait pu survivre à sa conduite scandaleuse au cours des guerres Médiques. Au cours de cette crise, Apollon ne fit preuve ni de prescience ni de patriotisme, et pourtant son peuple ne se détourna pas de lui avec dégoût; au contraire, les tentatives maladroites qu'il fit pour se couvrir et pour rattraper ses paroles semblent avoir été acceptées sans difficulté [72]. Cela s'explique, à mon avis, par les conditions sociales et religieuses décrites au chapitre précédent. Dans une « culture du culpabilité », le besoin d'une sanction, d'un appui surnaturel, d'une autorité qui transcende celle de l'homme, semble être d'une force insurmontable. Mais la Grèce n'avait ni Bible, ni Eglise [73]; et c'est pourquoi Apollon vicaire du Père céleste en ce monde [74] est venu combler ce vide. Si Delphes n'avait pas existé, la société grecque n'aurait guère pu endurer les tensions à laquelle elle fut soumise durant l'époque archaïque. Le sentiment écrasant de l'ignorance et de l'insécurité humaines, la terreur du *phthonos* divin, la terreur des *miamata* — la charge cumulée de tout cela enfin, aurait été insupportable sans l'assurance que pouvait donner un conseiller divin et omniscient de cette espèce — l'assurance que sous le chaos apparent il y avait une science et une intention. « Je connais le compte de tous les grains de sable et les mesures de la mer »; ou comme le dit un autre dieu, en parlant à un autre peuple « les cheveux même de vos têtes sont comptés ». Grâce à sa science divine, Apollon vous disait ce qu'il fallait faire quand vous étiez anxieux ou terrifié; il connaissait les règles du jeu complexe que les dieux jouent avec l'humanité; il était le suprême *alexikakos*, « Celui qui détourne le mal ». Les Grecs croyaient à leur Oracle, non pas parce qu'ils étaient des imbéciles superstitieux, mais parce qu'ils ne pouvaient se passer d'y croire. Et quand Delphes connut un déclin, comme cela se vit à l'époque hellénistique, la raison principale, à mon avis, n'en fut pas un accroissement du scepticisme (comme le croyait Cicéron [75]), mais plutôt que d'autres formules pour apaiser l'inquiétude religieuse étaient apparues.

Voilà donc pour ce qui est de la démence prophétique. Je parlerai plus brièvement des autres types mentionnés par Platon. Dans deux articles importants [76] le professeur Linforth a récemment jeté beaucoup de lumière sur ce que Platon nommait la démence « télestique » ou rituelle; il est inutile que je répète des choses qu'il a déjà dites mieux que ne je saurais le faire. Je ne répéterai pas non plus ici ce que j'ai déjà publié ailleurs[77] sur l'*oreibasia*, la danse de montagne dionysiaque, qui me paraît être le prototype de la démence rituelle. J'aimerais toutefois faire quelques remarques d'ordre général.

Si j'ai bien compris, la fonction sociale du rituel dionysiaque était, à ses débuts, essentiellement cathartique [78] au sens psychologique : il purgeait l'individu des pulsions irrationnelles contagieuses qui, quand elles sont contenues, donnent lieu, comme elles l'on fait dans d'autres cultures, à des irruptions de danses et autres manifestations d'hystérie collective; il les soulageait en leur offrant une issue rituelle. S'il en est ainsi, Dionysos, à l'époque archaïque, répondait tout autant qu'Apollon, à un besoin de la société; chacun à sa manière répondait aux anxiétés caractéristiques d'une « culture de culpabilité ». Apollon promettait la sécurité : « Comprends ta condition d'homme, fais ce qu'ordonne le Père, et demain sera assuré. » Dionysos promettait la liberté : « Oublie la différence et tu trouveras l'identité; entre dans le *thiasos* et tu seras heureux aujourd'hui. » Il était essentiellement un dieu de joie, *polugêthês*, selon le mot d'Hésiode; *charma brotoisin*, comme disait Homère [79]. Et ses joies étaient accessibles à tous même aux esclaves, et à tous ceux qui étaient exclus des anciens cultes des grandes familles [80]. Apollon se réservait toujours à la bonne société, tant à l'époque où il fut le protecteur d'Hector qu'au temps où il canonisait d'aristocratiques athlètes; mais Dionysos a été de tous temps *dêmotikos*, un dieu du peuple.

Les joies dionysiennes avaient un très large registre, depuis les plaisirs simples du rustique, dansant une gigue sur des outres graissées, jusqu'à l'*ômophagos charis*, la bacchanale extatique. Aux deux niveaux, et à tous les niveaux intermédiaires, il était Lusios, le « Libérateur » — le dieu qui, par les moyens très simples, ou par d'autres moyens qui l'étaient moins, vous permettait pour un peu de temps de *cesser* d'être vous-même, et qui ainsi vous libérait. C'était là, je crois, le principal secret de son succès à l'époque archaïque; non seulement parce que la vie à cette époque était une chose dont il était bon de s'échapper, mais plus précisément parce que l'individu, tel que nous le connaissons, commençait alors à émerger de la vieille solidarité familiale [81], et que le fardeau peu familier de la responsabilité individuelle lui paraissait pénible à supporter. Dionysos pouvait l'en soulager, car Dyonisos était le Maître des illusions magiques, celui qui pouvait faire germer la vigne sur une planche de navire et, de façon générale, qui permettait à ses spectateurs de voir le monde autrement qu'il n'est [82]. Comme l'exprimaient les Scythes d'Hérodote, « Dionysos amène les gens à se conduire comme des fous » — ce qui pouvait tout aussi bien signifier « se laisser aller » que « devenir possédé [83] ». Le but de son culte était l'*ekstasis* — ce qui, de nouveau, pouvait aussi bien signifier soit une évasion passagère, soit une profonde altération de la personnalité [84]. Et sa fonction psychologique était de satisfaire, de soulager le désir de rejeter la responsabilité, un désir qui se retrouve en chacun et qui, sous certaines conditions sociales, peut devenir un besoin irrésistible. Nous pouvons prendre comme prototype mythique de cette cure homéopathique, l'histoire de Mélampos qui guérit la démence dionysiaque des femmes d'Argos « à l'aide de cris rituels et d'une espèce de danse possédée [85] ».

Avec l'incorporation du culte dionysiaque à la religion civique, cette fonction fut peu à peu recouverte par d'autres [86]. La tradition cathartique semble avoir persisté jusqu'à un certain point dans des associations dionysiaques privées [87]. Mais en grande partie, la guérison des souffrants était, à l'époque classique, passée à d'autres cultes. Nous avons deux listes de Puissances que la pensée populaire au ve siècle associait aux troubles mentaux ou psycho-physiques, et il est significatif que Dionysos n'apparaisse sur aucune des deux. L'une se trouve dans l'*Hippolyte*, l'autre dans le *De morbo sacro* [88]. Les deux listes mentionnent Hécate et la « Mère des Dieux » ou « Mère de la Montagne » (Cybèle); Euripide ajoute Pan [89] et les Corybantes; Hippocrate ajoute Poseidon, Apollon, Nomios et Arès, ainsi que les « héros » qui, en l'occurrence, ne sont que les morts inquiets associés à Hécate. Tous ceux-ci sont mentionnés comme des déités qui *causent* le désordre mental. Sans doute pouvaient-ils tous guérir ce qu'ils avaient causé, si leur colère était apaisée de façon convenable. Mais, dès le ve siècle, les Corybantes en tout cas avaient élaboré un rituel spécial pour le traitement de la folie. La Mère, semble-t-il, en avait fait autant (si toutefois son culte à cette époque était distinct de celui des Corybantes [90]); et il est possible qu'Hécate aussi l'ai fait [91]. Mais sur celles-ci, nous n'avons pas de renseignements détaillés. Nous savons quelque chose du traitement corybantique, et l'examen patient que Linforth en a fait a dissipé beaucoup d'obscurités qui entouraient le sujet. Je me contenterai de souligner quelques points qui ont un rapport avec les questions précises qui me préoccupent.

1) Nous pouvons noter tout d'abord la similarité essentielle de la cure corybantique et de l'ancienne cure dionysiaque : les deux prétendaient effectuer une catharsis au moyen d'une danse « orgiaque » contagieuse accompagnée d'une même sorte de musique « orgiaque » — des airs dans le mode phrygien joués sur la flûte et les timbales [92].

Il ne semble pas imprudent d'en déduire que les deux cultes avaient du succès auprès des mêmes types psychologiques et produisaient les mêmes réactions psychologiques. De ces réactions, nous n'avons malheureusement aucune description précise, mais elles étaient certainement frappantes. Platon rapporte, parmi les symptômes physiques des *korubantiôntes*, des crises de larmes et des battements violents du cœur [93], le tout accompagné d'un dérèglement mental; les danseurs étaient « hors d'eux », comme les danseurs de Dionysos, et tombaient apparemment dans une espèce de transe [94]. A ce sujet, il faut se souvenir de la remarque de Théophraste, que l'ouïe est le plus émotif *(pathêtikotatên)* de tous les sens, et de l'effet moral singulier attribué à la musique par Platon [95].

2) Le mal dont les Corybantes prétendaient provoquer la guérison comportait selon Platon des « phobies ou sentiments d'angoisse *(deimata)* résultant d'une condition mentale morbide [96] ». La description est assez vague et Linforth a sans doute raison de dire que l'Antiquité ne connaissait aucune maladie spécifique du « Corybantisme [97] ». Si nous pouvons faire confiance à Aristides Quintilianus, ou à sa source péripatéticienne,

les symptômes qui se trouvaient soulagés dans le rituel dionysiaque étaient à peu près du même ordre [98], Il est vrai que certaines personnes s'étaient efforcées de faire une distinction entre différentes espèces de « possession » suivant leurs manifestations externes; cela est apparent dans le passage déjà cité du *De morbo sacro* [99]. Mais il semble que l'épreuve véritable était la réaction du patient à tel ou tel rituel : si les rites d'un dieu *X* le stimulaient et produisaient une catharsis, cela montrait que son trouble provenait de *X* [100]; s'il ne réagissait pas, la cause devait se trouver ailleurs. Comme le vieux monsieur dans la parodie d'Aristophane, si les Corybantes ne produisaient pas de résultat, il pouvait alors s'adresser à Hécate ou à la médecine générale d'Asclépios [101]. Platon dans l'*Ion*, nous dit que *hoi korubantiôntes* « n'ont d'oreille que pour un air seulement, celui qui appartient au dieu par lequel ils sont possédés, et à cet air-là, ils répondent librement par le geste et la parole, tandis qu'ils ignorent tous les autres ». Je ne puis m'assurer si *hoi korubantiôntes* est employé ici au sens large pour désigner « des personnes angoissées », qui vont d'un rituel à l'autre, ou bien si cela désigne « ceux qui participent au rituel corybantique »; dans la deuxième hypothèse, le rituel corybantique comprenait différents types de musique religieuse, introduits dans un but diagnostique [102]. En tous cas, le passage révèle que le diagnostic se faisait d'après la réaction du patient à la musique. Et le diagnostic était le problème essentiel, comme dans tous les cas de possession : une fois que le patient savait quel dieu causait son mal, il pouvait l'apaiser par les sacrifices appropriés [103].

3) Toute la procédure est extrêmement primitive, ainsi que les postulats sur lesquels elle est fondée. Mais nous ne pouvons l'écarter — et c'est là, en dernier lieu, ce que je veux souligner — ni comme un échantillon d'atavisme de bas-fonds, ni comme les divagations morbides de quelques êtres névrosés. Une phrase de Platon [104] laisserait entendre en passant que Socrate avait lui-même pris part aux rites corybantiques; en tout cas cela prouve certainement, comme Linforth l'a fait remarquer, que des jeunes gens intelligents et de bonne famille pouvaient y participer. Que Platon lui-même ait accepté toutes les implications religieuses d'un tel rituel reste une question ouverte qu'il faudra examiner plus tard [105]; mais Platon, comme Aristote d'ailleurs, l'a considéré au

moins comme un organe utile d'hygiène sociale — ils croient du moins que c'est efficace, d'une efficacité qui opère pour le bien des participants [106]. En fait, des méthodes analogues semblent avoir été employées également par des laïcs aux époques hellénistique et romaine pour le traitement de certains troubles mentaux. Une forme quelconque de catharsis musicale était pratiquée par les pythagoriciens au IVe siècle et peut-être avant [107]; mais l'école péripatéticienne semble avoir été la première à l'étudier à la lumière de la physiologie et de la psychologie des émotions [108]. Théophraste, comme Platon, croyait que la musique était un remède pour les angoissés [109]. Au Ier siècle avant J.-C., nous trouvons Asclépiades, un médecin à la mode à Rome, traitant les malades mentaux au moyen d'une « symphonia »; et à l'époque antonine, Soranus cite la musique de flûte dans une énumération des méthodes employées de son temps pour le traitement de la dépression et de ce que nous appellerions l'hystérie [110]. Ainsi, la vieille catharsis magico-religieuse s'est à la longue détachée de son contexte religieux pour être appliquée dans le domaine de la psychiatrie laïque et pour suppléer au traitement purement physique employé par les médecins hippocratiques.

Reste le troisième type de démence « divine » dont parle Platon, celui qu'il définit comme « une possession *(katokôchè)* des Muses » et qu'il déclare indispensable à la production de la meilleure poésie. Quelle est l'ancienneté de cette notion, et quel était le rapport premier entre les poètes et les Muses ?

Un rapport d'un certain ordre se trouve, nous le savons, dans la tradition épique. Ce fut une Muse qui prit à Démodocos sa vision corporelle et lui donna quelque chose de meilleur, le don du chant, parce qu'elle l'aimait [111]. Par la grâce des Muses, dit Hésiode, certains hommes sont poètes comme d'autres sont rois par la grâce de Zeus [112]. Nous pouvons supposer sans trop de risque que ce n'est pas encore là le vain langage du compliment formel qu'il allait plus tard devenir; cela avait un sens religieux. Et jusqu'à un certain point, le sens en est assez évident; comme toutes les réalisations qui ne dépendent pas entièrement de la volonté humaine, la création poétique contient un élément qui n'est pas « choisi » mais « donné [113] »; et pour l'antique piété grecque « donné » signifie « divinement donné [114] ». Ce qui est moins évident, c'est la définition de cet élément « donné »; mais si nous considérons les circonstances dans lesquelles le poète de l'*Iliade* lui-même fait appel aux Muses, nous verrons que cet élément relève plutôt du contenu que de la forme. Il demande toujours aux Muses ce qu'il doit dire; jamais comment il doit le dire; et le contenu qu'il demande se rapporte toujours aux faits. A plusieurs reprises, il demande des renseignements concernant des batailles importantes [115]; une fois, dans son invocation la plus complexe, il demande qu'on lui inspire la liste des effectifs d'une armée — « car vous, déesses, voyez toutes choses, connaissez toutes choses, tandis que nous n'avons que l'ouï-dire et non la connaissance [116] ». Le ton de vague regret de ces paroles sonne vrai; l'homme qui s'en servit le premier connaissait la faillibilité de la tradition et en était troublé; il voulait un témoignage de première main. Mais à une époque qui ne possédait aucun document écrit, où pouvait-il trouver de telles preuves ? La connaissance de l'avenir ne pouvait être acquise que si un homme était en rapport avec une science plus vaste que la sienne; de même fallait-il des conditions analogues pour que soit conservée une connaissance vraie du passé. Ses dépositaires humains, les poètes, avaient (comme les voyants) leurs ressources techniques, leur formation professionnelle; mais la vision du passé, comme la connaissance de l'avenir, demeurait une faculté mystérieuse, qui ne pouvait être que partiellement contrôlée par celui qui la possédait, et qui dépendait en dernier ressort de la grâce divine. Par cette grâce, le poète, tout comme le voyant, jouissait d'une connaissance [117] que ne pouvait posséder le reste des hommes. Chez Homère, les deux professions sont tout à fait distinctes; mais nous avons de bonnes raisons de croire qu'à une époque donnée elles ne faisaient qu'une [118] et que l'analogie entre elles demeurait encore sensible.

Ainsi, le don des Muses, ou l'un d'entre leurs dons, est le discours véridique. Et c'est précisément ce qu'elles dirent à Hésiode quand il entendit leur voix sur l'Hélicon, tout en admettant qu'elles pouvaient aussi, à l'occasion, raconter de purs mensonges qui contrefaisaient la vérité [119]. Nous ne savons pas à quels mensonges au juste elles faisaient allusion; elles voulaient peut-être laisser entendre simplement que l'authentique inspiration épique se perdait et devenait simple invention, dans le genre qui se remarque dans les parties les plus récentes de l'*Odyssée*. On pensera de cela ce qu'on voudra; Hésiode toutefois, de son côté, leur demandait des détails circonstanciés, des faits, mais des faits d'une nouvelle espèce, qui lui permettraient d'unifier les traditions concernant les dieux et d'en compléter l'histoire avec tous leurs noms et leur parenté. Hésiode avait la passion des noms, et quand un nom nouveau lui venait à l'esprit, il ne le considérait pas comme une chose de son invention; cela frappait son oreille, je crois, comme quelque chose dont la Muse lui avait fait don, et il savait, ou espérait tout au moins, que c'était « vrai ». En fait, il interprétait en termes d'une structure de croyances traditionnelles un sentiment qu'ont éprouvé bien des écrivains depuis son temps [120] — le sentiment que la pensée dans son aspect de création n'est pas le fait du moi.

C'était la vérité aussi que Pindare demandait à sa Muse. « Donne-moi un oracle, dit-il, et je serai ton porte-parole *(prophateusô* [121]*)*. » Les mots dont il se sert sont les termes techniques de Delphes; l'antique analogie entre la poésie et la divination est implicite en elles. Mais remarquez que c'est la Muse, et non le poète, qui joue le rôle de la Pythie; le poète ne demande pas à être lui-même « possédé » mais seulement à servir d'interprète à la Muse transportée [122]. Et il semble bien que ce soit la relation originelle. Dans la tradition épique, on nous représente le poète recevant des Muses une connaissance supranormale; mais il ne tombe pas en extase; il n'est pas possédé par elles.

La notion de « fureur » poétique — du poète composant dans un état d'extase, ne serait apparue, semble-t-il, qu'au cours du ve siècle. Il est évidemment possible qu'elle soit plus ancienne; Platon l'appelle une histoire ancienne *palaios muthos* [123]. Je hasarderais pour ma part qu'elle est un sous-produit du mouvement dionysiaque, avec son insistance sur la valeur des états mentaux anormaux, non seulement comme moyens de connaissance, mais en eux-mêmes, intrinsèquement [124]. A notre connaissance toutefois, le premier écrivain à parler d'extase poétique est Démocrite, qui soutient que les meilleurs poèmes sont composés « avec inspiration et un souffle saint » et nie qu'un homme puisse être un grand poète *sine furore* [125]. Comme l'ont souligné des écrivains récents [126], c'est à Démocrite plutôt qu'à Platon que revient l'honneur contestable d'avoir introduit dans la théorie littéraire cette idée que le poète est un homme séparé du commun des mortels [127] par une expérience intérieure anormale, et que la poésie est une révélation à côté et au-dessus de la raison. L'attitude de Platon à l'égard de ces prétentions est d'ailleurs nettement critique — mais c'est là matière à un autre chapitre.

NOTES DU CHAPITRE III

1. Platon, *Phèdre* 244 A.

2. *Ibid.* 244 B : τῶν παλαιῶν οἱ τὰ ὀνόματα τιθέμενοι οὐκ αἰσχρὸν ἡγοῦντο οὐδὲ ὄνειδος μανίαν, ce qui donne à entendre qu'à présent au contraire les gens considèrent la folie comme *aischron.* Hippocrate, *morb. sacr.* 12, parle de l'*aischunê* éprouvée par les épileptiques.

3. *Ibid.* 265 A.

4. *Ibid.* 265 B. Cf. la description plus complète des trois premiers types 244 A-245 A.

5. Voir plus bas, chap. VII, p. 216.

6. Hdt. 6.84 (cf. 6.75.3).

7. Hdt. 3.33. Cf. aussi Xen. *Mem.* 3.12.6.

8. Ceilius Aurelianus, *De morbis chronicis,* 1.5 = Diels, *Vorsokr.* 31 A 98. Cf. A. Delatte, *Les Conceptions de l'enthousiasme chez les philosophes présocratiques,* 21 seq. Mais il est impossible de savoir avec certitude si la doctrine remonte à Empédocle lui-même.

9. O. Weinreich, *Menekrates Zeus und Salmoneus* (Tübinger Beiträge zur Altertumswissenschaft, 18).

10. En ce qui concerne la confusion entre l'épilepsie et la possession dans la pensée populaire à diverses époques, voir la monographie historique compréhensive de O. Temkin, *The Falling Sickness* (Baltimore, 1945), 15 seq., 84 seq., 138 seq. Un grand nombre de descriptions de « démoniaques » qui nous sont parvenues du Moyen Age ou de la Renaissance, descriptions d'ailleurs hautes en couleur, font mention de symptômes caractéristiques de l'épilepsie; par exemple, la langue saillante « comme une trompe d'éléphant », « prodigieusement large, longue, et traînant hors de sa bouche »; le corps « tendu et entièrement rigide avec les pieds touchant la tête », « plié en arrière comme un arc »; et la décharge involontaire d'urine à la fin de la crise (T. K. Oesterreich, *Possession, Demoniacal and Other,* trad. angl., 1930; pp. 18, 22, 179, 181, 183). Tous ces traits étaient connus des médecins grecs rationalistes pour des symptômes de l'épilepsie : voir Aretaeus, *de causis et signis auctorum morborum,* p. 1 seq. Kühn (qui fait aussi mention de la sensation d'être battu).

11. Cf. Hdt. 4.79.4 : ἡμέας ὁ θεὸς λαμβάνει, et les adjectifs *numpholêptos, theolêptos,* etc.; Cumont, *L'Égypte des astrologues,* 169, n. 2. Mais *epilêptos* est déjà employé dans le *de morbo sacro* sans connotation religieuse. Aretaeus, *op. cit.,* 73 K, donne quatre raisons pour lesquelles l'épilepsie était appelée ἱερὰ νόσος : *(a)* δοκέει γὰρ τοῖσι ἐς τὴν σελήνην ἀλιτροῖσι ἀφικνεῖσθαι ἡ νοῦσος (une théorie hellénistique, cf. Temkin, *op. cit.,* 9 seq., 90 seq.); *(b)* ἢ μέγεθος τοῦ κακοῦ ἱερὸν γὰρ τὸ μέγα ; *(c)* ἢ ἤσιος οὐκ ἀνθρωπίνης ἀλλα θείης : (cf. *marb. sacr.* I. VI.352.8

Littré); *(d)* ἢ δαίμονος δόξης ἐς τὸν ἄνθρωπον ἐσόδου. La dernière était probablement la raison primitive; mais la pensée populaire a toujours été vague et confuse en ces matières. Platon, qui ne croyait pas au caractère surnaturel de l'épilepsie, défendait néanmoins l'emploi du terme *hiera nosos*, pour le motif que la maladie affecte la tête qui est la partie « sainte » de l'homme (*Tim.* 85 AB). Cela s'appelle encore « heiliges Weh » en Alsace.

12. Morton Prince, *The Dissociation of a Personality*. Cf. aussi P. Janet, *L'Automatisme psychologique*; A. Binet, *Les Altérations de la personnalité*; Sidid and Goodhart, *Multiple Personality*; F. W. H. Myers, *Human Personality*, chap. II. L'importance de ces cas pour la compréhension des idées anciennes de possession a été soulignée par E. Bevan, *Sibyls and Seers*, 135 seq., et était déjà reconnue par Rohde (*Psyche*, App. VIII).

13. Cf. Seligman, *JRAI* 54 (1924) 261 : « Chez les peuples de caractère plus primitif dont j'ai une connaissance directe... j'ai remarqué une tendance plus ou moins répandue à une dissociation spontanée de la personnalité. »

14. Il est question du somnambulisme dans le *de morbo sacro* (c. I, VI.354.7 Littré), qui serait causé, suivant l'opinion des guérisseurs magiques, par Hécate et les morts (*ibid.*, 362.2); les esprits des morts prennent possession du corps vivant laissé inoccupé pendant le sommeil. Cf. *trag. adesp.* 375 : ἔνυπνον φάντασμα φοβῇ χθονίας θ' Ἑκάτης κῶμον ἐδέξω. Quand à l'origine surnaturelle de la fièvre, cf. les *daimones* de la fièvre *Epialês*, *Tiphus*, *Euopas* (Didymus *apud* Σ Ar. *Vesp.* 1037); le temple de Febris à Rome, Cic. *N.D.* 3.63, Pline, *N.H.* 2.15; et *supra*, chap. II, n. 74.

15. Cf. Oesterreich, *op. cit.*, 124 seq.

16. *Od.* 18.327. Dans *l'Iliade*, d'autre part, des expressions telles que ἐκ δέ οἱ ἡνίοχος πλήγη φρένας (13.394) n'impliquent rien de surnaturel : la condition momentanée de terreur stupéfiée chez le conducteur a une cause humaine normale. Dans *Il.* 6.200 seq., il se peut que l'on considère Bellerophon comme affligé d'un désordre mental par les dieux, mais le langage en est très vague.

17. *Od.* 20.337. Selon Apoll. Soph. *Lex. Hom.* 73.30, Bekker ἐπίμαστος serait ἐπίπληκτος, selon Hesychius ἐπίληπτος. Cf. W. Havers, *Indogerm. Forschungen*, 25 (1909) 337 seq.

18. *Od.* 9.410 seq. Cf. 5.396 : στυγερὸς δέ οἱ ἔχραε δαίμων (dans une comparaison); là, toutefois, la maladie semble être physique.

19. Voir B. Schmidt, *Volksleben der Neugriechen*, 97 seq.

20. Hipp. *morb. sacr.* 18 (VI.394.9 seq. Littré). Cf. *aer, aq. loc.* 22 (II.76.16 seq. L.) qui est peut-être l'œuvre du même auteur (Wilamowitz, *Berl. Sitzb.* 1901, I.16); et *flat.* 14 (VI.110 L.). Mais même l'opinion médicale n'était pas unanime à ce sujet. L'auteur du *Prognostikon* hippocratique semble croire que certaines maladies ont « quelque chose de divin » (c. I, II.112.5 L.). Malgré Nestle, *Studien*, 522 seq., ceci semble être une vue différente de celle de *morb. sacr.* : les maladies « divines » sont d'un ordre spécial qu'il importe au médecin de reconnaître (parce qu'elles sont incurables par des moyens humains). Le traitement magique de l'épilepsie ne cessa jamais entièrement : par exemple [Dem.] 25.80 y fait allusion; et dans l'Antiquité tardive Alexandre de Tralles dit que des amulettes et des recettes magiques sont employées par « certains » dans le traitement de cette maladie, non sans succès (I.557 Puschmann).

21. La question posée par l'esclave, Ar. *Vesp.* 8 : ἀλλ' ἦ παραφρονεῖς ἐτεὸν ἢ κορυβαντιᾷς; implique peut-être une distinction entre une démence « naturelle » et une autre « divine ». Mais le distinction entre *paraphronein* et *korubantian* n'est peut-être qu'une affaire de degrés, les

troubles mentaux plus bénins étant attribués aux Corybantes (*supra*, pp. 87 seq.).

22. Ar. *Aves* 524 seq. (cf. Plaute, *Poenulus* 527); Theophr. *Char.* 16. (28 J.) 14; Pline, *N.H.* 28.4.35, « despuimus comitiales morbos, hoc est, contagia regerimus »; et Plaute, *Captivi* 550 seq.

23. « Le trouble mental, qui me paraît d'une extrême fréquence chez les paysans grecs, met le malade non seulement à l'écart de ses semblables, mais en un sens au-dessus d'eux. Ses déclarations sont accueillies avec une certaine révérence et, pour autant qu'elles soient intelligibles, elles sont considérées comme prophétiques » (Lawson, *Mod. Greek Folklore and Anc. Greek Religion*, 299). Au sujet des dons de prophétie attribués aux épileptiques, voir Temkin, *op. cit.*, 149 seq.

24. Soph. *Ajax* 243 seq. C'est une croyance très répandue chez les Primitifs que des personnes dans des états mentaux anormaux parlent une langue « divine » spéciale; voir par exemple, Oesterreich, *op. cit.*, 232, 272; N.K. Chadwick, *Poetry and Prophecy*, 18 seq., 37 seq. A comparer aussi aux pseudo-langages parlés par certains automatistes et illuminés religieux, qui sont souvent réputés, comme Ajax, les avoir appris des « esprits » (E. Lombard, *De la glossolalie chez les premiers chrétiens et les phénomènes similaires*, 25 seq.).

25. Soph. *O.T.* 1258 : λυσσῶντι δ' αὐτῷ δαιμόνων δείκνυσι τις. Le messager poursuit en disant qu'Œdipe fut « mené » au bon endroit (1260 ὡς ὑφηγητοῦ τινος; autrement dit, on lui attribue une clairvoyance momentanée d'origine surnaturelle).

26. Platon, *Tim.* 71 E. Cf. Aristote, *div. p. somn.* 464ª 24 : ἐνίους τῶν ἐκστατικῶν προορᾶν.

27. Héraclite, fragment 92 D. : Σίβυλλα δὲ μαινομένῳ στόματι ἀγέλαστα καὶ ἀκαλλώπιστα καὶ ἀμύριστα φθεγγομένη χιλίων ἐτῶν ἐξικνεῖται τῇ φωνῇ διὰ τὸν θεόν. Le contexte dans lequel le fragment se trouve chez Plutarque (*Pyth. or.* 6. 397 A) nous donne la quasi-certitude que les mots *dia ton theon* font partie de la citation, et que le dieu en question est Apollon (cf. Delatte, *Conceptions de l'enthousiasme*, 6, n. 1).

28. *Psyche*, chap. VIII, 2, IX, 3.

29. La thèse de Rohde est encore admise sans question par Hopfner, par exemple dans P.-W., s.v. μαντική; E. Fascher, προφήτης, 66; W. Nestle, *Vom Mythos zum Logos*, 60; Osterreich, *Possession*, 311. La rejettent : Farnell, *Cults*, IV.190 seq.;Wilamowitz, *Glaube der Hellenen*, II.30; Nilsson, *Geschichte*, I.515 seq.; Latte, « The Coming of Pythia », *Harv. Theol. Rev.* 33 (1940) 9 seq. Le prof. Parke, *Hist. of the Delphic Oracle*, 14, tend à favoriser l'opinion selon laquelle Apollon hérita la Pythie du primitif oracle tellurique à Delphes. Ceci, estime-t-il, rendrait compte du sexe de la Pythie (on s'attendrait à ce qu'Apollon ait un prêtre du sexe masculin); mais cet argument trouve, à mon avis, une réponse adéquate chez Latte.

30. Le Tirésias d'Euripide prétend que Dionysos est, entre autre, un dieu de la prophétie extatique (*Ba.* 298 seq.); et il apparaît chez Hdt. 7.111 que la médiumnité féminine était réellement pratiquée à son oracle en Thrace au pays des Satrae (cf. Eur. *Hec.* 1267, où il est appelé ὁ Θρῃξὶ μάντις). Mais en Grèce il trouva un dieu mantique déjà installé, et il semble avoir par conséquent renoncé à cette fonction, ou supporté du moins qu'elle devienne secondaire. A l'époque romaine il avait un oracle de type delphique (avec un prêtre *masculin*) à Amphikleia en Phocidie (Paus. 10.33.11, *IG* IX.1.218); mais cela n'est pas attesté antérieurement, et le culte révèle des traits orientalisants (Latte, *loc. cit.*, 11).

31. Phoenicie : Gressmann, *Altorientalische Texte u. Bilder zum A. T.* I.225 seq. Hittites : A Götze, *Kleinasiatische Forschungen*, I.219; O. R. Gurney, « Hittite Prayers of Musili II », *Liverpool Annals*, XXVII

Cf. C. J. Gadd, *Ideas of Divine Rule in the Ancient East* (Schweich Lectures, 1945, 20 seq. Nous possédons également une série d'oracles assyriens, datant du règne d'Essarhaddon, dans lesquels la déesse Ishtar est censée parler par la bouche d'une prêtresse (entransée ?) dont le nom est donné : voir A. Guillaume, *Prophecy and Divination among the Hebrews and Other Semites*, 42 seq. Comme les *theomanteis* chez Platon, *Apol.* 22 C, de tels prophètes sont réputés « produire ce qu'ils ne connaissent pas » (A. Haldar, *Associations of Cult Prophets among the Ancient Semites*, 25). Gadd estime que la prophétie extatique en général est plus ancienne que la divination par art (« les oracles et la prophétie ont tendance à se durcir dans des pratiques de divination formelle »); Halliday est du même avis (*Greek Divination*, 55 seq.).

32. Nilsson, *Greek Popular Religion*, 79, suit les indications de B. Hrozny, *Arch. Or.* 8 (1936), 171 seq. Malheureusement, la lecture « Apulunas » que Hrozny prétend avoir déchiffrée dans une inscription hiéroglyphique hittite, est contestée par d'autres spécialistes compétents : voir R. D. Barnett, *JHS.* 70 (1950) 104.

33. Cf. Wilamowitz, « Apollon », *Hermes*, 38 (1903) 575 seq.; *Glaube*, I.324 seq.; et (pour ceux qui ne lisent pas l'allemand) sa conférence d'Oxford sur Apollon (1908) traduit par Murray.

34. Claros, *Paus.* 7.3.1 ; Branchidae (Didyma), *ibid.* 7.2.4. Cf. C. Picard, *Ephèse et Claros*, 109 seq.

35. Cf. l'examen de la question par Farnell, *Cults*, IV.224. Les témoignages anciens sont réunis *ibid.*, 403 seq.

36. Hdt. I.182. Cf. A. B. Cook, *Zeus*, II.207 seq., et Latte, *loc. cit.*

37. Ainsi Curtius, Meillet, Boisacq, Hofmann. Cf. Platon, *Phèdre* 244 C, et Eur. *Ba.* 299.

38. *Od.* 20.351 seq. Je ne puis accorder à Nilsson, *Gesch.* I.154, que cette scène est « dichterisches Schauen, nicht das sogennante zweite Gesicht ». Le parallèle avec le symbolisme des visions celtiques, remarqué par Monro *ad loc.*, semble trop exact pour être attribuable au hasard. Cf. aussi Esch. *Eum.* 378 seq. : τοῖον ἐπὶ κνέφας ἀνδρὶ μύσους πεπόταται, καὶ δνοφεράν τιν' ἀχλὺν κατὰ δώματος αὐδᾶται πολύστονος φάτις, et pour la vision symbolique du sang, Hdt. 7.140.3 et le passage de Plutarque cité dans la note suivante, ainsi que *Njals Saga*, c. 126.

39. Plut. *Pyrrh.* 31 : ἐν τῇ πόλει τῶν 'Αργείων ἡ τοῦ Λυκείου προφῆτις 'Απόλλωνος ἐξέδραμε βοῶσα νεκρῶν ὁρᾶν καὶ φόνου κατάπλεω τὴν πόλιν.

40. Elle ne pouvait être provoquée à des heures ou des saisons précises que par l'emploi d'un dispositif analogue à la « boule de cristal » médiévale. Cela se faisait peut-être à l'oracle mineur d'Apollon à Kuneai en Lycie, où, selon Pausanias, il était possible ἔσω ἐνιδόντα τινὰ ἐς τὴν πηγὴν ὁμοίως πάντα ὁπόσα θέλει θεάσασθαι (7.21.13).

41. *Entheos* ne signifie jamais que l'âme a quitté le corps et est « en Dieu » comme Rohde semble laisser entendre par endroits; cela signifie toujours que le corps a un dieu en lui, tout comme *empsuchos* signifie qu'il est habité de la *psyche* (voir Pfister dans *Pisciculi F. J. Doelger dargeboten* [Münster, 1939], 183). Je ne puis non plus recevoir l'opinion selon laquelle la Pythie devenait *entheos* seulement en ce sens qu'elle « était en un état de grâce résultant de l'accomplissement des rites » et que son « extase inspirée » est une invention de Platon, comme l'a récemment soutenu P. Amandry dans une étude soignée et érudite, qui a malheureusement été publiée trop tard pour que je puisse m'en servir dans la préparation de ce chapitre, *La Mantique apollinienne à Delphes* (Paris, 1950), 234 seq. Il rejette avec raison la Pythie « frénétique » de Lucain et de la tradition vulgaire, mais son argument est vicié par la supposition, encore répandue parmi ceux qui n'ont jamais vu de « médium » en transe, que la « possession » est nécessairement un état de surexcitation hystérique. De même il semble mal com-

prendre le passage du *Phèdre* 244 B, qui ne peut pas raisonnablement signifier que la Pythie, en plus de ses déclarations en état de transe, donnait aussi des oracles (mais de qualité inférieure) quand elle se trouvait dans son état normal; cela signifie simplement qu'en dehors de sa médiumnité la Pythie n'avait pas de dons particuliers (voir note 53 plus bas).

42. Ar. *apud* Sext. Emp. *adv. dogm.* 3.20 seq. = fragment 10 Rose (cf. Jaeger, *Aristotle*, trad. angl., 160 seq.); Probl. 30, 954ᵃ, 34 seq.; R. Walzer, « Un frammento nuovo di Aristotele », *Stud. ital. di Fil. Class.* N.S. 14 (1937) 125 seq.; Cic. *de divin.* 1.18, 64, 70, 113; Plut. *def. orac.* 39 seq., 431 E seq. Cf. Rohde, *psyche*, chap. IX, n. 54.

43. Certains auteurs (par exemple, Farnell, *Greece and Babylon*, 303) emploient les termes « chamanisme » et « possession » comme s'ils étaient synonymes. Mais le trait caractéristique du chamanisme n'est pas la pénétration du chaman par un esprit étranger; c'est la libération de l'esprit du chaman, qui quitte son corps pour un voyage mantique ou « excursion psychique ». Des êtres surnaturels peuvent l'assister, mais sa propre personnalité est le facteur déterminant. Cf. Oesterreich, *op. cit.*, 305 seq., et Meuli, *Hermes*, 70 (1935) 144. Une étude critique des prophètes grecs de type chamanique se trouvera plus bas au chap. V.

44. Cf. Minuc. Felix, *Oct.* 26 seq., et les passages réunis par Tambornino, *De antiquorum daemonismo* (*RGVV* VII, 3).

45. « Deus inclusus corpore humano iam, non Cassandra, loquitur », dit Cicéron (*De divin.* 1.67) par allusion à une vieille tragédie latine, sans doute l'*Alexandre* d'Ennius. Eschyle représente Cassandre comme étant une clairvoyante plutôt qu'un médium; mais nous frisons l'idée de possession dans *Agam.* 1269 seq., lorsqu'elle voit soudain, dans le geste par lequel elle se dépouille des symboles de la voyance (1266 seq.) une action du dieu, d'Apollon lui-même. Pour la possession de la Sibylle par Apollon et de Bakis par les Nymphes, voir Rohde, *Psyche*, IX, n. 63. (Je doute que Rohde ait eu raison de supposer que Bakis était originellement un titre descriptif générique, comme *sibulla*, [*ibid.*, n. 58]. Lorsque Aristote parle de *Sibullai kai Bakides kai hoi entheoi pantes* [Probl. 954ᵃ 36]; et Plutarque de *Sibullai hautai kai Bakides* [*Pyth. or.* 10, 399 A], il est probable qu'ils entendent « des gens comme la Sibylle et Bakis. » Le terme *Eurukleis* avait un emploi semblable. [Plut. *def. orac.* 9. 414 E; Σ Platon *Soph.* 252 C]; mais Eurycles était certainement un personnage historique. Et lorsque Philetas, *apud* Σ Ar. *Pax* 1071, distingue trois Bakides différents, il ne fait qu'employer un expédient d'usage fréquent chez les savants alexandrins en vue de concilier des déclarations incompatibles concernant une même personne. Partout ailleurs Bakis figure comme un prophète individuel.)

46. Platon les appelle *theomanteis* et *chrêsmôidoi* (*Apol.* 22 C, *Ménon* 99 C), ou *chrêsmoidoi* et *manteis theioi* (*Ion* 534 C). Ils tombent en *enthousiasmos* et énoncent (en état de transe ?) des vérités dont ils ne savent rien, et se distinguent ainsi nettement tant de ceux d'entre les *manteis* qui « se fient aux oiseaux » (*Phil.* 67 B) que de ces *chrêsmologoi* qui ne font que citer ou exposer d'anciens oracles. Il n'y a rien chez Platon qui donne à penser qu'ils auraient eu une qualité officielle. Voir Fascher, προφήτης, 66 seq.

47. Plut. *def. orac.* 9. 414 E. τοὺς ἐγγαστριμύθους, Εὐρυκλέας πάλαι, νυνὶ Πύθωνας προσαγορευομένους : Hesych., s.v. ἐγγαστρίμυθος· τοῦτόν τινες ἐγγαστρίμαντιν, οἱ δὲ στερνόμαντιν λέγουσι... τοῦτον ἡμεῖς Πύθωνα νῦν καλοῦμεν. Le terme *sternomantis*, qui a plus de dignité, vient des *Aichmalôtides* de Sophocle, fragment 59 P. Pour la médiumnité privée dans l'Antiquité tardive, voir App. II, pp. 282 seq.

48. Ar. *Vesp.* 1019, et schol.; Platon, *Soph.* 252 C et schol.

49. ἐντὸς ὑποφθεγγόμενον, Platon, *loc. cit.* Lidell-Scott suppose que

hupophthengomenon signifie « parler à demi-voix », mais l'autre sens, adopté par Cornford, convient beaucoup plus au contexte.

50. Comme le fait remarquer Starkie *ad. loc.*, Ar. *Vesp.* 1019 n'implique pas nécessairement le ventriloquisme au sens où nous l'entendons, tandis que certaines des autres notices l'excluent absolument. Cf. Pearson sur Soph. fragment 59.

51. Plut. *def. orac.*, *loc. cit.*, où leur état de possession est comparé à celui communément attribué à la Pythie; mais on ne voit pas très bien jusqu'où s'étend la comparaison. Schol. Platon, *loc. cit.* δαίμονα... τὸν ἐγκελευόμενον αὐτῷ περὶ τῶν μελλόντων λέγειν. On ne peut pas se fier à l'affirmation de Suidas, selon laquelle ils évoquaient les âmes des morts : cette idée lui vient de I Sam. 28 (la sorcière d'Endor) et non, comme l'affirme Halliday, de Philochorus.

52. Hipp. *Epid.* 5.63 (= 7.28), ἀνέπνεεν ὡς ἐκ τοῦ βεβαπτίσθαι ἀναπνέουσι, καὶ ἐκ τοῦ στήθεος ὑπεψόφεεν, ὥσπερ αἱ ἐγγαστρίμυθοι λεγόμεναι. Selon le compte rendu d'un témoin critique, le célèbre « médium » Mrs. Piper avait en pleine transe la respiration « deux fois plus lente qu'à l'ordinaire, et très stertoreuse »; ce compte rendu suggère en outre que « cette profonde altération de la respiration, ainsi que l'oxygénation réduite du sang... sont probablement les facteurs par lesquels la conscience normale est éteinte » (Amy Tanner, *Studies in Spiritualism*, 14, 18).

53. Plut. *Pyth. orac.* 22. 405 C. Aelius Aristides, *Orat.* 45.11 Dind., dit que les Pythies à l'état normal n'avaient guère de connaissances particulières, et qu'en état de transe elles ne se servaient pas des connaissances qu'elles possédaient. Tacite affirme que le prophète inspiré de Claros était *ignarus plerumque litterarum et carminum* (*Annales*, 2.54).

54. Les deux formes se présentent dans la possession théurgique (voir App. II, p. 284). Les deux étaient connues de Jean Cassien au IVe siècle ap. J.-C. : « Certains démoniaques, dit-il, sont tellement surexcités qu'ils ne tiennent aucun compte de ce qu'ils font ou de ce qu'ils disent; mais d'autres en sont conscients et s'en souviennent après » (*Collationes patrum*, 7.12). Enfin les deux se trouvent dans la possession sauvage et dans la médiumnité spirite.

55. Au sujet des prêtresses à Dodone le témoignage d'Aelius Aristides est clair et sans ambiguïté : ὕστερον οὐδὲν ὧν εἶπον ἴσασιν (*orat.* 45.11). Ce qu'il dit des Pythies est moins explicite : il demande à leur sujet τίνα ἐπίστανται δή που τέχνην τότε (sc. ἐπειδὰν ἐκστῶσιν ἑαυτῶν), αἵ γε οὐχ οἷαι τέ εἰσι φυλάττειν οὐδὲ μεμνῆσθαι; (45.10). Strictement parlant ceci n'implique pas nécessairement plus que ce qui suit : elles ne se souviennent plus *pourquoi* elles ont ainsi parlé. Le langage des autres auteurs qui parlent des Pythies est trop vague pour permettre aucune déduction certaine.

56. Plut. *def. orac.* 51, 438 C : οὔτε γὰρ πάντας οὔτε τοὺς αὐτοὺς ἀεὶ διατίθησιν ὡσαύτως ἡ τοῦ πνεύματος δύναμις (l'affirmation est générale, mais se rapporte entre autres à la Pythie, comme le révèle le contexte).

57. *Ibid.*, 438 B : ἀλάλου καὶ κακοῦ πνεύματος οὖσα πλήρης. Les esprits « muets » sont ceux qui refusent de dire leur nom (Lagrange sur Marc 9.17; Campbell Bonner, « The Technique of Exorcism », *Harv. Theol. Rev.* 36 (1943) 43 seq. « Une exhalaison muette » (Flacelière) n'a guère de sens.

58. ἀνείλοντο ...ἔμφρονα. C'est la leçon de tous les manuscrits qui nous sont parvenus, et le sens en est tolérable. En citant le passage jadis (*Greek Poetry and Life : Essays Presented to Gilbert Murray*, 377) je fus assez inattentif pour accepter ἔκφροτα qui est la lecture de Wyttenbach.

59. J'ai moi-même vu un médium amateur s'effondrer au cours d'une transe d'une façon semblable, mais sans conséquences fatales. Pour les cas de possession conduisant à la mort, voir Oesterreich, *op. cit.*, 118 seq., 222 seq., 238. Il est tout à fait superflu de supposer, comme le fait Flacelière, que la mort de la Pythie devait être une conséquence d'inhalation de « vapeurs » méphitiques (lesquelles, si elles devaient provoquer la mort, l'auraient sans doute fait sur l'heure; sans compter que les autres personnes présentes auraient dû être affectées). La représentation imaginaire chez Lucian de la mort d'une Pythie d'époque antérieure (*Phars.* 5,161 seq.) fut peut-être inspirée de l'incident enregistré par Plutarque, et qui peut être rapporté aux années 57-62 après J.-C. (J. Bayet, *Mélanges Grat.*, I.53 seq.).

60. Si l'on s'en tient au sens strict du texte, on peut dire qu'il prouve seulement que les prêtres et les demandeurs étaient à portée de voix (R. Flacelière, « Le Fonctionnement de l'Oracle de Delphes au temps de Plutarque », *Annales de l'Ecole des Hautes Etudes à Gand* [*Etudes d'archéologie grecque*], 2 (1938) 69 seq.). Mais cela ne donne aucun support positif à l'opinion de Flacelière pour qui la Pythie aurait été séparée d'eux par une porte ou un rideau. Et la tournure δίκην νεὼς ἐπειγομένης évoque plutôt une impression visuelle : elle frémit comme un navire dans une tempête. En ce qui concerne la procédure à Delphes au cours des périodes antérieures, je ne puis parvenir à aucune conclusion certaine : les documents littéraires sont ou bien d'une imprécision exaspérante, ou bien incompatibles avec les découvertes archéologiques. Tacite donnerait à entendre (*Ann.* 2.54), et Jamblique déclare explicitement (*De myst.* 3.11), qu'à Claros, le prophète inspiré n'était pas visible. Mais à l'oracle d'Apollon à Ptoa en Boétie, les demandeurs eux-mêmes entendent parler le *promantis* inspiré, et notent ses paroles (Hdt. 8.135).

61. Plut. *Q. Conv.* I.5.2. 623 B : μάλιστα δὲ ὁ ἐνθουσιασμὸς ἐξίστησι καὶ παρατρέπει τό τε σῶμα καὶ τὴν φωνὴν τοῦ συνήθους καὶ καθεστηκότος. Le registre des voix dans lequel parlait le « possédé » était un des symptômes par lesquels les *karthartai* parvenaient à des inférences au sujet de l'esprit possesseur (Hipp., *morb. sacr.* I, VI.360.15 L.). Dans toutes les parties du monde les « possédés » sont réputés parler d'une voix altérée : voir Oesterreich. *op. cit.* 10, 19-21, 133, 137, 208, 247 seq., 252, 254, 277. De même la célèbre Mrs. Piper, quand elle était « possédée » par un « contrôle » masculin, parlait « d'une voix typiquement masculine, mais un peu rauque » (*Proc. Society for Psychical Research* 8.127).

62. Cf. Parke, *Hist. of the Delphic Oracle*, 24 seq., et Amandry, *op. cit.*, chap. XI-XIII, où l'on trouvera une étude critique des sources anciennes relatives à ces questions. Le contact de l'arbre sacré du dieu, comme moyen de provoquer son épiphanie, peut remonter à l'époque minoenne (B. A1, *Mnemosyne*, Ser. III, 12 (1944) 215). Sur les techniques employées pour produire un état de transe vers la fin de l'Antiquité, voir App. II. pp. 283 seq.

63. Oesterreich, *op. cit.*, 319, n. 3.

64. Au sujet de Claros voir Maximus Tyrius, 8.1 C, Tac. *Ann.* 2.54, Pline, *N.H.* 2.232. La remarque de Pline selon laquelle le buveur de cette eau aurait une vie plus courte n'est sans doute qu'une rationalisation de la croyance très répandue selon laquelle les personnes en rapport avec le surnaturel meurent jeunes. La manière de procéder à Branchidée est incertaine, mais l'existence d'une source ayant des propriétés prophétiques est maintenant confirmée par une inscription (Wiegand, *Abh. Berl. Akad.* 1924, Heft 1, p. 22). En ce qui concerne d'autres sources ayant la réputation de provoquer la démence, voir Halliday, *Greek Divination*, 124 seq. Au sujet de la procédure haute-

ment primitive qui avait cours à Argos, voir Paus. 2.24.1; on trouve des procédures fort semblables chez des peuplades sauvages (Oesterreich, *op. cit.*, 137, 143 seq.; Frazer, *Magic Art*, I.383).

65. Wilamowitz, *Hermes*, 38 (1904) 579; A. P. Oppé, « The Chasm at Delphi », *JHS* 24 (1904) 214 seq.

66. Oppé, *loc. cit.*, Courby, *Fouilles de Delphes*, II.59 seq. Mais je soupçonne que la croyance en l'existence d'un gouffre quelconque sous le temple est beaucoup plus ancienne que la théorie des « vapeurs » et qu'elle suggéra probablement cette dernière aux rationalistes en mal d'explication. Dans *Cho.* 953, le chœur d'Eschyle appelle Apollon μέγαν ἔχων μυχὸν χθονός, et la tournure correspondante, au v. 807, ὦ μέγα ναίων στόμιον, doit aussi, à mon sens, être une allusion à Apollon. Cela semblerait une tournure artificielle si le poète voulait parler du défilé du Pleistos; le temple n'est pas situé dans le défilé, mais au-dessus. Cela a plutôt l'apparence d'une tournure traditionnelle remontant aux jours de l'oracle tellurique : pour ses implications voir Hes. *Theog.* 119 : Τάρταρα τ' ἠερόεντα μυχῷ χθονός : Esch. *P.V.* 433 : Ἄιδος ...μυχὸς γᾶς Pind. *Pyth.* 444 : χθόνιον Ἅιδα στόμα. Le *stomion*, il me semble, qui fut plus tard interprété comme étant un conduit par où sortaient les vapeurs (Strabon, 9.3.5., p. 419 : ὑπερκεῖσθαι δε τοῦ στομίου τρίποδα ὑψηλόν, ἐφ' ὅν τήν Πυθίαν ἀναβαίνουσαν δεχομένην τὸ πνεῦμα ἀποθεσπίζειν) avait primitivement été conçu comme une voie d'accès pour les rêves.

67. Par exemple, Leicester B. Holland, « The Mantic Mechanism of Delphi », *AJA* 1933, 201 seq.; R. Flacelière, *Annales de l'École des Hautes Études à Gand*, 2 (1938) 105 seq. Pour la thèse adverse voir E. Will, *Bull. Corr. Hell.* 66-67 (1942-1943) 161 seq., et maintenant, Amandry, *op. cit.*, chap. XIX.

68. Hdt. 6.66; cf. Paus. 3.4.3. De même, plus tard, c'est d'avoir soudoyé la Pythie que Pleistoanax fut accusé (Thuc. 5.16.2). Thucydide n'a peut-être pas mesuré ses mots, mais on ne peut pas supposer qu'il en fut de même pour Hérodote, puisqu'il donne le nom de la Pythie. Libre aux sceptiques toutefois de dire qu'il rapporte la version delphique « officielle » de ce qui s'est passé. (Amandry ne tient pas compte de ces passages, et tend à faire de la Pythie une simple complice, *op. cit.*, 120 seq.)

69. Parke, *op. cit.*, 37. Fascher, en opposant le prophétisme grec et juif, doute qu'une « prophétie véritable ait pu exister dans le cadre d'une institution » (*op. cit.*, 59); et à l'égard des réponses données en des matières d'intérêt publique le doute semble justifié. Les réponses aux questions posées par des personnes privées — qui ont dû constituer la majorité à toutes les époques, bien que très peu d'exemples authentiques nous soient parvenus — n'ont peut-être pas été influencées au même point par une politique instituée.

70. La réponse versifiée qui n'était plus en usage à l'époque de Plutarque était presque certainement la forme la plus ancienne; certains auteurs soutenaient même que l'hexamètre fut inventé à Delphes (Plut. *Pyth. Orac.* 17, 402 D; Pline, *N.H.* 7.205, etc.). Strabon affirme que la Pythie elle-même s'exprimait parfois en *emmetra* (9.3.5, p. 419), et Tacite dit la même chose du prophète inspiré de Claros (*Ann.* 2.54). Ces affirmations de Strabon et de Tacite ont été mises en doute (tout récemment par Amandry, *op. cit.*, 168), mais elles n'ont rien d'incroyable. Lawson connaissait un prophète grec contemporain, « indubitablement fou », qui possédait « une extraordinaire faculté de soutenir sa partie de la conversation sous une forme versifiée qui, sans être hautement poétique, avait du moins un caractère métrique » (*op. cit.*, 300). Et le missionnaire américain Nevius entendit en Chine une femme « possédée » improviser des vers pendant des heures entières :

« Tout ce qu'elle disait était dit en vers mesurés, et psalmodié sur un air invariable... Le débit rapide, parfaitement uniforme et prolongé, nous parut tel qu'il ne pouvait d'aucune manière être simulé ni prémédité » (J. L. Nevius, *Demon Possession and Allied Themes*, 37 seq.). Parmi les anciens peuples sémitiques « la récitation de vers et de ' scies ' était la marque de celui qui avait eu commerce avec les esprits » (A. Guillaume, *Prophecy and Divination among the Hebrews and Other Semites*, 245). En fait le discours automatique ou inspiré tend partout à prendre une tournure métrique (E. Lombard, *De la glossolalie*, 207 seq.). Mais habituellement sans doute, les déclarations de la Pythie devaient être versifiées par d'autres; Strabon, *loc. cit.*, parle de poètes engagés à ce titre, et Plutarque, *Pyth. orac.* 25, 407 B, fait allusion au soupçon que jadis il leur serait arrivé de faire plus que leur devoir. A Branchidée l'existence, au IIe siècle av. J.-C., d'un *chrêsmographion* (bureau de rédaction, ou d'enregistrement, des réponses ?) est attesté par une inscription (*Rev. de Phil.* 44 (1920) 249, 251); et à Claros les fonctions de *prophêtês* (medium ?) et de *thespiôdôn* (versificateur ?) étaient distinctes — à l'époque romaine du moins (Dittenberger, *OGI* II, no 530). Pour une discussion intéressante de tout ce problème, voir l'article d'Edwyn Bevan dans le *Dublin Review*, 1931.

71. Les Grecs n'ignoraient pas du tout les possibilités de supercherie dans les cas particuliers; les instruments du dieu étaient faillibles. Mais cela n'ébranlait pas leur foi en l'existence d'une inspiration divine. Héraclite lui-même l'acceptait (fr. 93), tout dédaigneux qu'il fût des éléments superstitieux dans la religion contemporaine; et Socrate nous est représenté comme un croyant d'une sincérité profonde. Sur l'attitude de Platon, voir plus bas, chap. VII, pp. 210 seq., 214 seq., Aristote et son école, tout en rejetant la divination inductive, soutenait l'*enthousiasmos*, et les stoïciens firent de même; la théorie selon laquelle c'était *emphutos*, ou provoqué par des émanations, n'infirmait pas son caractère divin.

72. Il en fut ainsi dès le début; il fut promis à Delphes une part des amendes qui devaient être payées par les collaborateurs (Hdt. 7.132.2), et l'oracle reçut aussi une dîme du butin après Platée (*ibid.*, 9.81.1); les foyers pollués par la présence de l'envahisseur furent rallumés, suivant l'ordre de l'oracle, par le feu d'Apollon lui-même (Plut. *Aristides* 20).

73. Ce qui approchait le plus d'une organisation ecclésiastique transcendant l'Etat-cité individuel, ce fut le système d'*exêgêtai puthochrêstoi* qui interprétaient la loi sacrale apollinienne à Athènes, et ailleurs aussi sans doute (cf. Nilsson, *Gesch.* I.603 seq.).

74. Esch. *Eum.* 616 seq. : οὐπώποτ' εἶπον μαντικοῖσιν ἐν θρόνοις... ὃ μὴ κελεύσαι Ζεὺς 'Ολυμπίων πατήρ.

75. Cic. *de divin.* 2.117 : « Quando ista vis autem evanuit ? an postquam homines minus creduli esse coeperunt ? » Au sujet des bases sociales de la transformation des croyances religieuses, voir Kardiner, *Psychological Frontiers of Society*, 426 seq. Il est significatif que les tensions sociales croissantes et l'augmentations des angoisses névrotiques à l'époque du bas-empire furent accompagnées d'un accroissement d'intérêt pour les oracles : voir Eitrem, *Orakel und Mysterien am Ausgang der Antike*.

76. Ivan M. Linforth. « The Corybantic Rites in Plato », *Univ. of Calif. Publ. in Class. Philology*, vol. 13 (1946), no 5; « Telestic Madness in Plato, Phaedrus 244 DE », *ibid.*, no 6.

77. « Maenadism in the Bacchae », *Harv. Theol. Rev.* 33 (1940) 155 seq., voir l'appendice I du présent ouvrage.

78. Cf. Eur. *Ba.* 77, et Varron *apud* Serv. ad Virg. *Georg.* 1.166 : « Liberi patris sacra ad purgationem animae pertinebant. » Nous

devrions peut-être rattacher cela au culte de *Dionysos iatros* qui aurait été recommandé aux Athéniens par l'oracle de Delphes (*Athen.* 22 E, cf. 36 B).

79. Hésiode, *Erga* 614, *Theog.* 941; Hom. *Il.* 14.325. Cf. aussi Pindare, fr. 9.4. Bowra (29 S). τὰν Διωνύσου πολυγαθέα τιμάν et la définition des fonctions de Dionysos dans Eur. *Ba.* 379 seq., θιασεύειν τε χοροῖς μετά τ' αὐλοῦ γελάσαι ἀποπαῦσαι τε μερίμνας, κτλ.

80. Cf. Eur. *Ba.* 421 seq., et mon commentaire *ad loc.* D'où l'appui que le culte dionysiaque trouve auprès de Périandre et des Pisistratides; d'où peut-être également, le peu d'intérêt qu'Homère lui accorde (bien qu'il ait eu connaissance des ménades, *Il.* 22.460), et le mépris avec lequel Héraclite le considérait (le fr. 14 rend son attitude assez claire, quel que puisse être le sens du fr. 15).

81. Voir chap. II, p. 56; et pour *Lusios*, App. I, p. 259. Le rapport entre l'hystérie collective « dionysiaque » et les conditions sociales intolérables est illustré avec justesse dans l'article de E. H. Norman, « Mass Hysteria in Japan », *Far Eastern Survey* 14 (1945) 65 seq.

82. Cf. *Hymnes homériques* 7.34 seq. Ce fut, je suppose, en sa qualité de Maître des Illusions que Dionysos devint le patron d'un art nouveau, le théâtre. C'est en mettant un masque qu'on cesse le plus facilement d'être soi-même (cf. Lévy-Bruhl, *Le Surnaturel*, 124 seq.). L'usage du masque au théâtre fut sans doute dérivé de son emploi magique : Dionysos devint le dieu du théâtre au VIe siècle parce qu'il avait longtemps été le dieu de la mascarade.

83. Hérodote, 4.79.3. Pour la signification de *mainesthai*, cf. Linforth, « Corybantic Rites », 127 seq.

84. Pfister a produit des preuves qui permettent de penser qu'*ekstasis, existasthai*, n'impliquaient pas à l'origine (comme le suppose Rohde) l'idée que l'âme quitte le corps; ils sont employés tout à fait communément par les auteurs classiques en parlant de tout changement abrupt d'avis ou d'humeur (« Ekstasis », *Pisciculi F. J. Doelger dargeboten*, 178 seq.). ὁ αὐτός εἰμι καὶ οὐκ ἐξίσταμαι dit Périclès aux Athéniens (Thuc. 2.61.2); τὰ μηδὲ προσδοκώμεν' ἔκστασιν φέρει dit Méandre (fr. 149); et au temps de Plutarque, on pouvait se dire *ekstatikôs echôn*, simplement pour signifier qu'on se trouvait « mal dans sa peau », ou « pas soi-même » (Plut. *gen. Socr.* 588 A). Cf. aussi Jeanne Croissant, *Aristote et les mystères*, 41 seq.

85. [Apollod.] *Bibl.* 2.2.2. Cf. Rohde, *Psyche*, IX.2; Boyancé, *Le Culte des Muses chez les Philosophes grecs*, 64 seq. Ç'a été l'opinion commune des savants depuis Rohde que dans Phèdre 244 DE Platon fait allusion à l'histoire des Mélampos; mais pour l'opinion contraire, voir Linforth, « Telestic Madness », 169.

86. Boyancé, *op. cit.*, 66 seq., s'efforce de trouver des survivances de l'originelle fonction cathartique du dieu (dont il souligne à juste titre l'importance) même dans ses fêtes attiques. Mais ses arguments ont un caractère hautement conjectural.

87. Ceci est apparent d'après Platon, *Lois* 815 CD. Dans ce passage, il décrit, et rejette comme « non civilisées » *(ou politikon)*, certaines danses « bacchiques » mimétiques, imitant nymphes, pans, silènes et satyres, qui étaient exécutées περὶ καθαρμούς τε καὶ τελετάς τινας. Cf. aussi Aristides Quintilianus, *De Musica* 3.25, p. 93 : Jahn : τὰς Βακχικὰς τελετὰς καὶ ὅσαι ταύταις παραπλήσιοι λόγου τινὸς ἔχεσθαί φασιν ὅπως ἂν ἡ τῶν ἀμαθεστέρων πτοίησις διὰ βίον ἢ τύχην ὑπὸ τῶν ἐν ταύταις μελῳδιῶν τε καὶ ὀρχήσεων ἅμα παιδιαῖς ἐκκαθαίρηται (cité par Jeanne Croissant, *Aristote et les mystères*, 121). Dans d'autres passages qui sont parfois cités sous ce rapport, le *terme baccheia* peut s'employer métaphoriquement pour tout état de sur-excitation : par exemple, Platon, *Lois* 790 E (voir Linforth, « Corybantic Rites », 132); Esch. *Cho.* 698,

que je suppose être une allusion au *kômos* des Erinyes (*Agam.* 1186 seq.; cf. *Eum.* 500).

88. Eur. *Hipp.* 141 seq.; Hipp. *morb. sacr.* 1, VI.360.13 seq. L.

89. Pan avait la réputation de causer non seulement la panique (*Panikon deima*), mais aussi l'évanouissement et la prostration (Eur. *Med.* 1172 et Σ). On peut vraisemblablement supposer que les bergers arcadiens attribuèrent originellement les effets du coup de soleil à la colère du dieu berger; et qu'on lui attribua à l'origine le pouvoir de causer la panique en raison de la terreur subite qui s'empare parfois d'un troupeau de bêtes (Tambornino, *op. cit.*, 66 seq.). Cf. Suidas qui définit la panique en disant qu'elle se produit ἡνίκα αἰφνίδιον οἵ τε ἵπποι καὶ οἱ ἄνθρωποι ἐπταραχθῶσι, et la remarque de Philodemus, π. Θεῶν col. 13 (Scott, *Fragm. Herc.* nº 26), selon qui les bêtes seraient sujettes à des *tarachai* plus graves que celles des hommes. L'association entre Apollon *Nomios* et la démence (*mania*) peut avoir une origine semblable.

90. Eur. *Hipp.* 143 seq. parle comme si les deux étaient distinctes, et Dion. Hal. *Demosth.* 22 fait de même. Mais les Corybantes étaient originellement les suivants de Cybèle; elle avait, comme eux, une fonction de guérison (Pind. *Pyth.* 3.137 seq.; Diog. trag. 1.5, p. 776 N²; Diodorus 3.58.2); et cette fonction comprenait la guérison de la folie (Dionysos lui-même est « purgé » de sa folie par Rhéa-Cibèle [Apollod.] *Bibl.* 3.5.1). Et je crois qu'il est raisonnable de supposer qu' « au temps de Pindare les rites étaient semblables, sinon identiques, puisque Pindare écrivit *enthronismoi* (Suidas, s. v. Πίνδαρος), qu'il est naturel de rapporter, d'une part au rite corybantique de *thronôsis* ou *thronismos* décrit par Platon, *Euthyd.* 277 D, et Dion Chrys. *Or.* 12.33, 387 R., et, d'autre part, au culte de la Mère établi par Pindare lui-même (Σ Pind. *Pyth.* 3.137; *Paus.* 9.25.3). S'il en est ainsi nous pouvons supposer que le rite corybantique est un rejeton du culte de Cybèle; rejeton qui, ayant assumé le rôle guérisseur de la déesse, parvint peu à peu à avoir une existence indépendante (cf. Linforth, « Corybantic Rites », 157).

91. La *teletê* annuelle d'Hécate à Egine, quoique attestée pour nous seulement par des auteurs tardifs (textes dans Farnell, *Cults*, II.597, n. 7) est sans doute ancienne : elle prétend avoir été fondée par Orphée (Paus. 2.30.2). Ses fonctions étaient probablement cathartiques et apotropaïques (Dion Chrys. *Or.* 4.90). Mais la thèse selon laquelle elles viseraient spécifiquement la guérison de la folie semble ne reposer que sur l'interprétation de Ar. *Vesp.* 122 διέπλευσεν εἰς Αἴγιναν proposée par Lobeck : une allusion, selon lui, à cette *teletê* (*Aglaophamus*, 242), ce qui n'est guère plus qu'une supposition vraisemblable.

92. Ar. *Vesp.* 119; Plut. *Amat.* 16, 758 F; Longinus, *Subl.* 39.2. Cf. Croissant, *op. cit.*, 59 seq.; Linforth, « Corybantic Rites », 125 seq.; et plus bas. App. I. L'essentielle ressemblance des deux rites nous permet de comprendre comment Platon peut employer de façon synonymique les termes *sunkorubantian* et *sumbaccheuein* (*Banquet*, 228 B, 234 D), et peut parler de αἱ τῶν ἐκφρόνων βακχειῶν ἰάσεις dans une allusion à ce qu'il vient d'appeler τὰ τῶν κορυβάντων ἰάματα (*Lois* 790 DE).

93. Platon, *Banquet*, 215 E : πολύ μοι μᾶλλον ἢ τῶν κορυβαντιώντων ἥ τε καρδία πηδᾷ καὶ δάκρυα ἐκχεῖται. Je crois comme Linforth qu'il s'agit de l'effet des rites, quoique des effets semblables puissent ici paraître dans la possession spontanée (cf. Ménandre, *Theophoroumene* 16-28 K).

94. Platon, *Ion* 553 E : οἱ κορυβαντιῶντες οὐκ ἔμφρονες ὄντες ὀρχοῦνται, Pline, *N.H.* 11.147 : « Quin et patentibus dormiunt (oculis) lepores multique hominum, quos κορυβαντιᾶν Graeci dicunt. » Ce dernier texte ne peut guère être une allusion au sommeil ordinaire, comme le suppose Linforth (« Corybantic Rites », 128 seq.), car *a*) la déclaration

eût été fausse, Pline ne devait pas l'ignorer, *b*) on ne voit pas pourquoi l'habitude de dormir les yeux ouverts devrait être considérée comme un symptôme de la possession. Je pense plutôt comme Rohde (*Psyche*, IX, n. 18) que Pline entend « un état proche de l'hypnose »; la danse rituelle extatique que pouvait fort bien susciter un tel état chez des personnes suggestibles. Lucien, *Jup. Trag.* 30, mentionne *kinêma korubantôdes* parmi les symptômes de la transe mantique naissante. Sur les effets du rituel dionysiaque parallèle, voir Plut. *Mul. Virt.* 13, 249 E (App. I, p. 258).

95. Théophraste, fragment 91 W; Platon, *Rep.* 398 C-401 A. Cf. Croissant, *op. cit.*, chap. III; Boyancé, *op. cit.*, I, chap. VI. La valeur émotionnelle du son de la flûte est bizarrement illustrée par deux cas pathologiques curieux dont la description nous est parvenue. Dans l'un d'eux, rapporté par Galien (VI.60 seq. Kühn), un patient, sain d'esprit par ailleurs, était hanté par des joueurs de flûte hallucinatoires, qu'il voyait et entendait de jour et de nuit (cf. Aetius, Ἰατρικά 6.8, et Platon, *Criton* 54 D). Dans l'autre, le patient était pris de panique chaque fois qu'il entendait jouer de la flûte à une réception (Hipp. *Epid.* 5,81, V.250 L).

96. *Lois* 790 E : δείματα δι' ἕξιν φαύλην τῆς ψυχῆς τινα. *Cf. H. Orph.* 39.1 seq., où le *daimôn* corybantique est appelé φόβων ἀποπαύστορα δεινῶν.

97. « Corybantic Rites », 148 seq.

98. Voir nº 87 ci-dessus. Ailleurs Aristides nous dit que les *enthousiasmoi* tendent, de façon générale, s'ils ne reçoivent pas le traitement qui leur convient, à produire δεισιδαιμονίας τε καὶ ἀλόγους φόβους (*De musica*, p. 42 Jahn). Mlle Croissant a montré des motifs pour croire que ces affirmations viennent d'une bonne source péripatéticienne, probablement Théophraste (*op. cit.*, 117 seq.). On peut noter que l'« anxiété » *(phrontis)* est reconnue comme une forme spéciale d'état pathologique dans le traité hippocratique *De morbis* (2.72, VII.108 seq. L.); et que les anxiétés religieuses, et surtout la crainte des *daimones*, figurent dans des descriptions cliniques, par exemple, Hipp. *Virg.* 1 (VIII.466 L) et (Galien) XIX.702. Des fantaisies de responsabilités exagérées étaient également connues, par exemple Galien (VIII.190) cite des mélancoliques qui s'identifiaient à Atlas, et Alexandre de Tralles décrit l'une de ses propres patientes qui craignait que le monde ne s'effondre si elle pliait son doigt médian (I.605 Puschmann). Il y a là un champ d'étude intéressant pour un psychologue ou psychothérapeute ayant une connaissance du monde ancien et une compréhension des implications sociales du sujet.

99. *Loc. cit. supra*, n. 88.

100. Comme le fait remarquer Linforth (*op. cit.*, 151), il n'est nulle part explicitement déclaré que les Corybantes fussent cause du mal dont elles guérissaient. Mais c'est un principe général de la thérapie magique, en Grèce comme ailleurs, que celui-là seul qui a causé une maladie en sait le remède (ὁ τρώσας καὶ ἰάσεται); d'où l'importance attachée à la découverte de l'identité de la Puissance obsédante. Sur l'effet cathartique, voir le rapport intéressant d'Aretaeus au sujet d'une *entheos mania (morb. chron.* 1.6 *fin.)* dans laquelle les personnes souffrantes se tailladent les membres θεοῖς ἰδίοις ὡς ἀπαιτοῦσι χαριζόμενοι εὐσεβεῖ φαντασίῃ. Après quoi ils sont εὔθυμοι, ἀκηδέες, ὡς τελεσθέντες τῷ θεῷ.

101. Ar. *Vesp.* 118 seq. Voir plus haut, n. 91.

102. Platon, *Ion* 536 C. Des deux vues données dans le texte, la première correspond *grosso modo* à celle de Linforth (*op. cit.*, 139 seq.), quoiqu'il puisse ne pas accepter le terme « anxiety-state » (sentiment d'angoisse) dont je me suis servi, tandis que le second remonte à Jahn

(*NJbb* Supp.-Band X (1844) 231). Il est, comme le dit Linforth, « difficile d'admettre l'idée d'une allégeance double au cours d'une seule cérémonie religieuse ». Mais la théorie de Jahn trouve un appui non seulement dans l'emploi de *korubantian* ailleurs chez Platon, mais aussi, me semble-t-il, dans *Lois* 791 A où, dans une allusion apparente à τὰ τῶν Κορυβάντων ἰάματα (790 D) Platon parle des patients guéris comme ὀρχουμένους τε καὶ αὐλουμένους μετὰ θεῶν οἷς ἂν καλλιεροῦντες ἕκαστοι θύωσι. Linforth voudrait qu'il y ait ici transition « du particulier à l'universel, partant des rites corybantiques pour embrasser tout l'ensemble des rites qui se rapportent à la démence » (*op. cit.*, 133). Mais l'interprétation la plus naturelle des deux passages pris ensemble est que le rite corybantique comprenait : 1) un diagnostic musical; 2) un sacrifice offert par chaque patient au dieu à la musique duquel il avait eu une réaction, et une observation des présages; 3) une danse à laquelle participaient ceux dont le sacrifice avait été agréé, et à laquelle les déités apaisées (figurées peut-être par des prêtres ?) étaient censées prendre part. Une telle interprétation donnerait aussi un sens plus précis à la phrase curieuse du *Banquet* 215 C qui nous apprend que les airs attribués à Olympos ou Marsyas « ont le pouvoir de causer d'eux-mêmes [c'est-à-dire sans l'accompagnement d'une danse, cf. Linforth, *op. cit.*, 142] la possession et de révéler ceux qui ont besoin des dieux et des rites » (τοὺς τῶν θεῶν τε καὶ τελετῶν δεομένους, apparemment les mêmes personnes qui sont appelées *tôn Korubantiôntôn* en 215 E). Selon cette thèse, ce serait ce genre de personnes qui sont appelées *hoi korubantiôntes* dans le *Ion* 536 C, et l'allusion aux deux endroits serait à la phase première ou diagnostique du rite corybantique.

103. Aux temps hellénistiques et chrétiens, le diagnostic (consistant à forcer l'esprit intrus à révéler son identité) étaient de même une condition préalable pour le succès de l'exorcisme : voir Bonner, *Harv. Theol. Rev.* 36 (1943) 44 seq. En ce qui concerne les sacrifices comme remède à la folie, cf. Plaut. *Men.* 288 seq. et Varron, *R.R.* 2.4.16.

104. Platon, *Euthyd.* 277 D : καὶ γὰρ ἐκεῖ χορεία τίς ἐστι καὶ παιδιά, εἰ ἄρα καὶ τετέλεσαι (discuté par Linforth, *op. cit.*, 124 seq.). Il me semble qu'un appel à l'expérience du *tetelesmenos* n'est guère normal s'il ne vient de la bouche de quelqu'un qui est *tetelesmenos* lui-même.

105. Voir chap. VII, p. 210.

106. Platon, *Lois* 791 A; Arist. *Pol.* 1342ª 7 seq. Cf. Croissant, *op. cit.*, 106 seq.; Linforth, *op. cit.*, 162.

107. Aristoxène, fr. 26 Wehrli; cf. Boyancé, *op. cit.*, 103 seq.

108. Théophraste, fr. 88 Wimmer (= Aristoxène, fr. 6) paraît décrire une cure musicale effectuée (au moyen de la flûte) par Aristoxène, bien que le sens en soit obscurci par la corruption du texte. Cf. aussi Aristoxène, fr. 117, et Martianus Capella, 9, p. 493 Dick : « Ad affectiones animi tibias Theophratus adhibebat... Xenocrates organicis modulis lymphaticos liberabat. »

109. Théophraste, *loc. cit.* Il prétendait aussi, si du moins il est correctement cité, que la musique est indiquée en cas d'évanouissements, de pertes prolongées de la raison, de sciatique (!) et d'épilepsie.

110. Censorinus, *De die natali* 12 (cf. Celsus, III.18); Caelius Aurelianus (c'est-à-dire Soranus), *De morbis chronicis*, 1.5. Les théories médicales anciennes concernant la maladie mentale et son traitement sont utilement résumées dans Heiberg, *Geisteskrankheiten im klass. Altertum.*

111. *Od.* 8.63 seq. Les Muses incapacitèrent aussi Thamyris, *Il.* 2.594 seq. Le danger de rencontres avec elles se comprend si les érudits ont raison d'établir un rapport entre *mousa* et *mons*, et de les considérer

comme étant originellement des nymphes de montagne, puisqu'il a toujours été estimé dangereux de rencontrer une nymphe.

112. Hésiode, *Theog.* 94 seq.

113. *Il.* 3.65 seq. : οὔ τοι ἀπόβλητ' ἐστὶ θεῶν ἐρικυδέα δῶρα ὅσσα κεν αὐτοὶ δῶσιν· ἑκὼν δ' οὐκ ἄν τις ἕλοιτο,

114. Cf. W. Marg, *Der Character in der Sprache der frühgriechischen Dichtung*, 60 seq.

115. *Il.* 11.218, 16.112, 14.508. Le dernier de ces passages a été considéré comme une addition tardive, tant par les critiques alexandrins que par les modernes; et ils emploient tous une formule conventionnelle. Mais même si l'invocation en soi est conventionnelle, le moment de son apparition demeure un indice significatif du sens original de l' « inspiration ». De même Phemios affirmait avoir reçu des dieux non seulement son talent de poète, mais ses récits aussi (*Od.* 22.347 seq., cf. chap. I, p. 22). Comme l'a dit Marg, avec raison (*op. cit.*, 63), « die Gabe der Gottheit bleibt noch auf das Geleistete, das dinghafte ἔργον ausgerichtet ». Cela correspond à ce que Bernard Berenson a appelé « the planchette element in the pen », — « le côté ' planchette ' de la plume qui en sait souvent plus que la personne qui la manie ».

116. Il. 2.484 seq. Les Muses étaient les filles de Mémoire, et étaient elles-mêmes parfois appelées *Mneiai* (Plut. Q. Conv. 743 D). Mais je suppose que ce que le poète demande ici n'est pas seulement la précision de la mémoire — car ceci, tout en étant fort nécessaire, ne serait encore que le souvenir d'inexactes rumeurs *(kleos)* — mais proprement une vision du passé qui suppléerait au *kleos*. De telles visions, qui sourdent des profondeurs inconnues de l'esprit, ont dû être ressenties comme une « donnée » immédiate et, parce que donnée, plus digne de foi que la tradition orale. Ainsi, lorsque Ulysse remarque que Démodocus chante la guerre de Troie « comme s'il y avait été, ou l'avait entendu décrire par un témoin oculaire », il en conclut qu'une Muse ou Apollon a dû lui « enseigner » à le faire. (*Od.* 8.487 seq.). Il existait aussi un *kleos* à ce sujet (8.74), mais qui, de toute évidence, ne suffisait pas à rendre compte de la maîtrise exacte du détail possédée par Démodocus. Cf. Latte, « Hesiods Dichterweihe », *Antike u. Abendland*, II (1946) 159; et au sujet des faits communiqués aux poètes par inspirations dans d'autres cultures. N. K. Chadwick, *Poetry and Prophecy*, 41 seq.

117. Les connaissances spéciales pas moins que l'habileté technique sont chez Homère la marque du poète : il est un homme « qui chante par la grâce des dieux, sachant des récits épiques enchanteurs » (*Od.* 17.518 seq.). Voir la description du poète par Solon, fr. 13.51 seq. B., ἱμερτῆς σοφίης μέτρον ἐπιστάμενος.

118. Plusieurs langues indo-européennes ont un terme commun pour « poète » et « voyant » (Latin *vates*, irlandais *fili*, islandais *thulr*). « Il est apparent que dans les langues anciennes de l'Europe du Nord, les idées de poésie, d'éloquence, d'information (de savoir ancien surtout) et de prophétie son intimement reliées » (H. M. et N. K. Chadwick, *The Growth of Literature*, I.637). Hésiode paraît conserver quelques traces de cette unité originelle lorsqu'il attribue *aux Muses* (*Theog.* 38) et revendique pour lui-même (*ibid.*, 32) cette même connaissance des « choses présentes, futures et passées » attribuée par Homère à Calchas (*Il.* 1.70); la formule est sans doute, comme le disent les Chadwick (*ibid.*, 625), « une description statique d'un voyant ».

119. Hésiode, *Theog.* 22 seq. Cf. chap. IV, p. 117, et la monographie intéressante de Latte citée plus haut (n. 116).

120. « Ce sont les chants qui me firent, non moi qui les fis », dit Gœthe. « Ce n'est pas moi qui pense, dit Lamartine, ce sont mes idées

qui pensent pour moi. » « L'esprit, quand il crée, dit Shelley, est une braise pâlie qui, par l'effet de quelque influence invisible (telle une brise inconstante) est destinée à luire d'une brillance éphémère. »

121. Pindare, fr. 150 S. (137 B.) : μαντεύεο, Μοίσα, προφατεύσω δ' ἐγώ. Cf. *Paean* 6.6 (fr. 40 B), où il se dit ἀοίδιμον Πιερίδων προφάταν et Fascher Προφήτης, 12. Sur la manière dont Pindare respecte la vérité, voir Norwood, *Pindar*, 166. Une conception semblable de la Muse comme révélatrice de vérités cachées est implicite dans la prière d'Empédocle qu'elle veuille lui faire connaître ὧν θέμις ἐστὶν ἐφημερίοισιν ἀκούειν (fr. 4; cf. Pindare, *Paean* 6.51 seq.). Virgile est fidèle à cette tradition quand il prie les Muses de lui révéler les secrets de la nature, *Geo.* 2.475 seq.

122. Le même genre de relation est impliqué dans *Pyth.* 4.279 : αὔξεται καὶ Μοῖσα δι' ἀγγελίας ὀρθᾶς : le poète est le « messager » des Muses (cf. Theognis, 769). Nous ne devons pas confondre cela avec la conception platonicienne des poètes ἐνθουσιάζοντες ὥσπερ οἱ θεομάντεις καὶ οἱ χρησμῳδοί (Apol. 22 C). Pour Platon, la Muse est réellement *dans* le poète : *Crat.* 428 C : ἄλλη τις Μοῦσα πάλαι σε ἐνοῦσα ἐλελήθει.

123. *Lois* 719 C.

124. La théorie sur le caractère inspiré de la poésie est directement reliée à Dionysos par la notion traditionnelle que les meilleurs poètes ont cherché, et trouvé, l'inspiration dans la boisson. Son expression classique se trouve dans les lignes attribuées à Cratinus : οἶνος τοι χαρίεντι πέλει ταχὺς ἵππος ἀοιδῷ, ὕδωρ δὲ πίνων οὐδὲν ἂν τέκοι σοφόν (f. 199 K.). Par cette voie elle se fit connaître à Horace (*Epist.* 1.19 seq.), qui en a fait un lieu commun de la tradition littéraire.

125. Démocrite, frs. 17, 18. Il paraît avoir cité Homère en exemple (fr. 21).

126. Voir l'étude attentive de Delatte, *Les Conceptions de l'enthousiasme*, 28 seq., qui fait une ingénieuse tentative pour rapporter les idées de Démocrite sur l'inspiration au reste de sa psychologie; aussi F. Wehrli, « Der erhabene und der schlichte Stil in der poetischrhetorischen Theorie der Antike », *Phyllobolia für Peter von der Mühll*, 9 seq.

127. Au sujet des airs que se donnaient les poètes, grâce à cette théorie, voir Horace, *Ars poetica*, 295 seq. L'idée que l'excentricité personnelle est une qualification plus importante que la compétence technique est assurément une déformation de la théorie de Démocrite (cf. Wehrli, *op. cit.*, 23); mais c'est une déformation qui est fatale de par sa facilité.

IV

STRUCTURE ONIRIQUE ET STRUCTURE CULTURELLE

S'il était donné à nos yeux de chair de voir dans la conscience d'autrui, on jugerait bien plus sûrement un homme d'après ce qu'il rêve que d'après ce qu'il pense.

VICTOR HUGO.

L'homme partage avec un certain nombre d'autres mammifères le curieux privilège d'appartenir à deux mondes. Dans une alternance quotidienne il jouit de deux espèces d'expérience distinctes — *hupar* et *onar*, comme disaient les Grecs — dont chacune a sa logique et ses limitations; et à première vue il n'a pas de raison pour croire que l'une est plus significative que l'autre. Si le monde diurne présente certains avantages comme la solidité et la continuité, ses possibilités mondaines, si j'ose dire, sont péniblement restreintes. Nous n'y rencontrerons, en règle générale, que nos voisins, tandis que le monde des rêves nous offre l'occasion, si fugitive soit-elle de converser avec nos amis lointains, nos morts, et nos dieux. Pour les hommes normaux, c'est l'unique expérience par laquelle ils puissent échapper à la servitude opprimante et incompréhensible du temps et de l'espace. Il n'est donc pas surprenant que l'homme ait mis du temps à restreindre les attributs de la réalité à l'un de ces deux mondes, et à rejeter l'autre dans le domaine de l'illusion pure. Ce niveau ne fut atteint, dans l'Antiquité, que par un petit nombre d'intellectuels; et il se trouve encore de nos jours de nombreuses peuplades primitives qui attribuent à l'expérience onirique une validité égale à celle de la vie diurne, quoique d'un caractère différent [1]. Une telle naïveté provoquait, chez les missionnaires du XIXe siècle, un sourire condescendant; mais notre siècle a découvert que, dans le principe, les Primitifs se rapprochaient plus de la vérité que les missionnaires. Les rêves, comme il apparaît maintenant, sont, après tout, hautement significatifs; l'art fort ancien de l'*oneirocritike* offre de nouveau un lucratif gagne-pain à des hommes habiles et les plus instruits de nos contemporains s'empressent de communiquer leurs rêves au spécialiste, avec une anxiété tout aussi grave que celle du « superstitieux » de Théophraste [2].

A partir de cet arrière-fond historique, il semble utile de jeter un regard neuf sur l'attitude des Grecs à l'égard de leurs expériences oniriques. Aussi, je me propose de consacrer le présent chapitre à ce sujet. Il y a deux façons de voir l'expérience onirique de civilisations révolues dont nous conservons une relation écrite : nous pouvons tenter de la voir par les yeux des rêveurs eux-mêmes, et ainsi reconstruire autant que possible ce que cela pouvait signifier à leur conscience diurne; ou encore, nous pouvons tenter, en appliquant les principes dérivés de la science contemporaine de l'analyse des rêves, de pénétrer jusqu'au contenu latent à travers le contenu manifeste. Cette dernière manière de faire est, de toute évidence, aventureuse : elle repose sur l'hypothèse non prouvée, que les symboles oniriques ont une valeur universelle, même si nous ne pouvons pas les contrôler en obtenant les associations du rêveur. Je veux bien croire que la méthode puisse donner des résultats intéressants entre des mains prudentes et habiles; mais je ne dois pas me laisser tenter. Mon principal souci ne sera pas l'expérience onirique des Grecs, mais l'attitude prise par les Grecs face à cette expérience. En définissant notre sujet de la sorte, nous ne devons pas perdre de vue qu'une différence d'attitude face au rêve peut chez le Grec et chez l'homme moderne refléter non seulement une manière différente d'interpréter le même genre d'expérience, mais aussi des différences dans la nature même de l'expérience. Car de récentes enquêtes concernant le rêve chez les Primitifs de notre époque laisseraient supposer qu'à côté des rêves d'anxiété ou de réalisation de désirs qui sont communs à l'humanité entière, il en est d'autres dont au

1. Notes du chap. IV, pp. 127-137.

moins le contenu manifeste est déterminé par une structure culturelle locale [3]. Et cela ne veut pas simplement dire que là un Américain moderne par exemple, rêverait d'un voyage en avion, un Primitif rêverait qu'il est transporté au Ciel à dos d'aigle; cela veut dire que dans bien des sociétés primitives il y a des types de structure onirique qui dépendent d'un schéma de croyances transmises à l'intérieur de la société elle-même [4], et qu'ils cessent de se produire quand la croyance cesse d'être entretenue. Non seulement le choix de tel ou tel symbole, mais le caractère du rêve lui-même semble se soumettre à une structure traditionnelle rigide. Il est évident que de tels rêves sont proches parents du mythe, qui est, comme on l'a fort justement remarqué, le « penser onirique » d'un peuple, tout comme le rêve est le mythe de l'invidu [5].

Sans oublier cette remarque, considérons les rêves décrits par Homère, et la manière dont le poète les présente. Le professeur H. J. Rose, dans son excellent petit ouvrage *Primitive Culture in Greece*, distingue trois conceptions préscientifiques du rêve, à savoir : 1) « l'on considère la vison onirique comme un fait objectif »; 2) « l'on suppose qu'il est... quelque chose vu par l'âme, ou par l'une des âmes, sortie momentanément du corps, un événement dont le lieu est le monde des esprits, ou quelque chose de ce genre »; 3) « on l'interprète par un symbolisme plus ou moins compliqué [6] ». Le professeur Rose estime que ce sont là trois « phases de progrès » successives, et sans doute qu'elles le sont logiquement. Mais en de telles matières, le développement réel de nos notions suit rarement la voie logique. Si nous examinons Homère, nous verrons que la première et la troisième des « phases » de Rose, coexistent dans les deux poèmes, sans qu'il ne se manifeste aucune conscience d'un désaccord, tandis que la deuxième « phase » fait entièrement défaut (et continue à faire défaut dans la littérature grecque telle que nous la connaissons, jusqu'au ve siècle, faisant, à cette date, une entrée sensationnelle dans un fragment célèbre de Pindare [7]).

Dans la plupart de leurs descriptions de rêves, les poètes homériques parlent de ce qui a été vu comme s'il s'agissait de « faits objectifs [8] ». Le rêve prend d'ordinaire la forme d'une visite rendue au dormeur par un personnage onirique solitaire (le mot même *oneiros* chez Homère signifie presque toujours un personnage onirique plutôt qu'une expérience onirique [9]). Ce personnage onirique peut être un dieu, ou un fantôme, ou un messager onirique préexistant, ou une « image » *(eidolôn)* spécialement créée pour la circonstance [10]; mais quel qu'il soit, il existe objectivement dans l'espace, et il est indépendant du rêveur. Il fait son entrée par la serrure (les chambres à coucher chez Homère n'ont ni fenêtre, ni cheminée); il s'installe à la tête du lit pour faire sa commission; et ceci fait, il se retire par la même voie [11]. Pendant ce temps, le rêveur est presque entièrement passif; il voit un personnage, il entend une voix et c'est à peu près tout. Parfois, il est vrai, il répondra dans son sommeil; une fois, il lui arrive d'étendre les bras pour embrasser le personnage onirique [12]. Mais ce sont là des actes physiques objectifs, tels qu'on en voit faire à des hommes endormis. Le rêveur ne se croit pas ailleurs que dans son lit, et il sait très bien qu'il est endormi, puisque le personnage onirique se donne la peine de le lui faire remarquer : « Tu es endormi, fils d'Atrée », dit le mauvais rêve au chant II de l'*Iliade ;* « Tu es endormi, Achille », dit le fantôme de Patrocle; « Tu es endormie, Pénélope » dit « l'image obscure » dans l'*Odyssée* [13].

Tout ceci ne ressemble guère à nos propres expériences oniriques et les humanistes ont été tentés de n'y voir, comme tant d'autres choses chez Homère, que « convention poétique », « mécanique divine du style épique [14] ». Cela est, de toute façon, fort stylisé, comme le montre la répétition des formules. Je reviendrai là-dessus tout à l'heure. Entre-temps, nous pouvons remarquer que le langage dont se servent les Grecs à toutes les époques pour décrire n'importe quelle sorte de rêve, semble être suggéré par un type de rêve dans lequel le rêveur reçoit passivement une vision objective. Les Grecs ne disaient jamais, comme nous le faisons, qu'ils avaient *eu* un rêve, mais qu'ils avaient *vu* un rêve — *onar idein*, *enupnion idein*. La tournure ne convient qu'aux rêves du genre passif, mais nous la trouvons employée même quand le rêveur est lui-même le personnage central de l'action rêvée [15]. De nouveau, on ne dit pas seulement que le rêve « visite » le rêveur (*phoitan*, *episkopein*, *proselthein*), etc. [16], mais aussi qu'il se « tient au-dessus » de lui, *(epistênai)*. Ce dernier emploi est particulièrement fréquent chez Hérodote, et l'on a cru que c'était une réminiscence du *stê d'ar' huper kephalês* homérique « il se tenait à sa tête [17] »;

mais le fait qu'on le trouve dans les inscriptions des temples d'Epidaure et de Lindos, et chez d'innombrables auteurs ultérieurs, l'Isocrate aux Actes des Apôtres [18], ne peut guère s'expliquer de cette façon. Il semblerait que le rêve objectif et visionnaire s'était fait de profondes racines, non seulement dans la tradition littéraire, mais dans l'imagination populaire. Et cette conclusion semble jusqu'à un certain point confirmée par le fait que dans le mythe et la légende pieuse, des rêves se produisent qui *prouvent* leur objectivité en laissant derrière eux un signe matériel, ce que nos spirites aiment à appeler un « apport »; l'exemple le plus connu est le rêve incubatoire de Bellerophon chez Pindare, dans lequel l'apport est une bride en or [19].

Mais revenons à Homère. Les rêves stylisés et objectifs que je viens de décrire ne sont pas les seuls connus des poètes épiques. Une comparaison célèbre nous apprend que le rêve d'anxiété ordinaire était aussi familier à l'auteur de l'*Iliade* qu'à nous-mêmes : « De même que dans un rêve l'un fuit et l'autre ne peut pas le poursuivre, l'un ne peut pas remuer pour s'échapper ni l'autre pour le poursuivre, ainsi Achille ne pouvait pas rattraper Hector dans sa course, ni Hector lui échapper [20]. » Le poète n'attribue pas de tels cauchemars à ses héros, mais ils lui sont familiers et il fait un emploi brillant de cette expérience pour exprimer la frustration. Dans le rêve de Pénélope au sujet de l'aigle et des oies au chant XIX de l'*Odyssée*, nous voyons un simple rêve de réalisation de désir à caractère symbolique et exhibant ces particularités que Freud appelle la « condensation » et le « déplacement » : Pénélope pleure le massacre de ses magnifiques oies [21], lorsque l'aigle parle soudain d'une voix humaine, lui disant qu'il est Odysseus. C'est le seul rêve qui soit interprété symboliquement chez Homère. Devons-nous dire que c'est l'œuvre d'un poète tardif qui a fait le saut intellectuel de l'attitude primitive du premier stade décrit par Rose à la sophistication du troisième ? J'en doute. Aucune des théories raisonnables concernant la composition chronologique de l'*Odyssée* ne permet de supposer que le chant XIX serait beaucoup plus tardif que le chant IV, dans lequel nous trouvons un rêve du type objectif « primitif ». De plus, la pratique de l'interprétation symbolique des rêves était connue de l'auteur du chant V de l'*Iliade*, qui est généralement considéré comme l'une des parties les plus anciennes du poème : nous y lisons qu'un *oneiropolos* ne réussit pas l'interprétation des rêves de ses fils quand ils partirent pour la guerre de Troie [22].

Je crois que l'explication véritable se trouve, non dans la juxtaposition d'attitudes « anciennes » et « tardives » se rapportant à l'expérience onirique en elle-même, mais plutôt dans une distinction entre différents types d'expérience onirique. Pour les Grecs, comme pour d'autres peuples anciens [23], la distinction fondamentale était entre les rêves qui sont significatifs et ceux qui ne le sont pas; ceci est apparent chez Homère dans le passage qui parle des portes d'ivoire et de corne, et cela demeure vrai pendant toute l'Antiquité [24]. Dans la catégorie des rêves significatifs, toutefois, plusieurs types distincts étaient reconnus. Une classification transmise par Artémidore, Macrobe, et d'autres écrivains tardifs, mais dont l'origine peut remonter beaucoup plus loin, distingue trois de ces types [25]. L'un est le rêve symbolique « qui habille de métaphores, comme une espèce d'énigme, une signification qui ne peut être comprise sans interprétation. » Un autre est le *horama* ou « vision » qui préfigure en clair un événement futur, tels ces rêves décrits dans l'ouvrage de l'ingénieux J. W. Dunne. Le troisième s'appelle un *chrematismos* ou « oracle » et doit se reconnaître « quand, au cours du sommeil, l'un des parents du rêveur, ou quelque autre personnage vénéré ou impressionnant, un prêtre peut-être, ou même un dieu, révèle sans symboles ce qui doit ou ne doit pas advenir, ou ce qui doit ou ne doit pas être fait ».

Ce dernier type n'est pas du tout commun, je crois, dans nos expériences oniriques. Mais nous possédons de bonnes preuves qu'il était fréquent dans l'Antiquité. Il figure dans d'autres classifications antiques. Chalcidius, qui suit un système différent des autres systématisateurs [26], appelle ce genre de rêve une « admonitio » (« quand nous sommes commandés ou avertis par les conseils de la bonté angélique ») et il cite en exemple les rêves de Socrate dans le *Criton* et le *Phédon* [27]. De nouveau, l'ancien écrivain médical Hierophile (début IIIe siècle avant Jésus-Christ) avait sans doute ce genre en vue quand il distinguait les rêves « envoyés des dieux » de ceux qui doivent leur origine soit à la clairvoyance « naturelle » de l'intelligence même, soit au hasard, soit enfin à une réalisation de désir [28]. La littérature ancienne est pleine de ces rêves « envoyés des dieux », dans lesquels, comme chez Homère, un seul personnage onirique se présente au rêveur et lui fait part d'une prophétie, d'un conseil ou d'un avertissement. C'est ainsi qu'un *oneiros* se « tint au-dessus » de Croesus et le prévint de désastres à venir; Hipparque vit « un homme grand et beau » qui lui donna un oracle en vers, tout comme fit la « belle et noble femme » qui prévint Socrate du jour de sa mort en citant Homère; Alexandre vit « un homme très chenu et d'aspect vénérable » qui cita également Homère et qui, de l'avis d'Alexandre, était réellement Homère en personne [29].

Mais nous ne dépendons pas uniquement de ce genre de preuves littéraires, dont l'uniformité frappante peut être attribuée tout naturellement au conservatisme de la tradition littéraire grecque. Un type fréquent de rêve « envoyé de dieu », en Grèce comme ailleurs, est le rêve qui ordonne une dédicace ou quelque autre acte religieux [30]; ce genre a laissé des traces concrètes sous la forme d'inscriptions nombreuses déclarant que leur auteur faisait une dédicace « conformément à un rêve » ou « ayant vu un rêve [31] ». Des détails sont rarement donnés; mais nous possédons une inscription qui raconte comment un prêtre, en rêve, reçoit l'ordre de Sarapis de lui construire une maison qui lui appartienne, le dieu étant las de vivre en garni; et une autre donne en détail les règles d'une maison de prière, règles que Zeus aurait communiquées dans un rêve [32]. Presque toutes les inscriptions datent de l'époque hellénistique ou romaine; mais c'est probablement un hasard, car Platon dans les *Lois*, parle de dédicaces faites sur la foi de rêves ou de visions éveillées, « surtout par toutes sortes de femmes, et par les hommes qui sont malades ou en danger, ou en difficulté, ou qui ont eu une chance exceptionnelle », et nous lisons encore dans l'*Epinomis* que « nombre de cultes de dieux ont été, et continueront à être fondés par suite de rencontres en rêve d'êtres surnaturels, de présages, d'oracles, et par suite de visions au moment de la mort [33] ». Le témoignage de Platon sur la fréquence de tels événements a d'autant plus de valeur que lui-même avait peu de foi en leur caractère surnaturel.

A la lumière de ces preuves nous devons, je crois, reconnaître que la stylisation du *chrematismos*, ou « rêve d'origine divine », n'est pas purement littéraire; c'est un rêve qui se conforme à la « structure culturelle » au sens donné au début de ce chapitre et il appartient à l'expérience religieuse du peuple, quoique les poètes, depuis Homère, l'aient adapté à leurs fins en l'employant comme motif littéraire. De tels rêves jouaient un rôle important dans la vie d'autres peuples anciens, comme ils le font chez de nombreuses peuplades actuelles. La plupart des rêves enregistrés par la littérature assyrienne, hittite, et d'Egypte ancienne, sont des « rêves divins » dans lesquels un dieu apparaît et fait une simple commission au dormeur, parfois pour prédire l'avenir, parfois pour exiger un culte [34]. Comme il faut s'y attendre dans les sociétés monarchiques, les rêveurs privilégiés sont d'ordinaire des rois (une idée qui se retrouve aussi dans l'*Iliade* [35]); les roturiers devaient se contenter du rêve symbolique ordinaire, qu'ils interprétaient à l'aide d'une « Clef des Songes [36] ». Un type qui correspond au *chrematismos* grec apparaît aussi parmi les rêves de Primitifs contemporains, qui y attachent d'ordinaire une importance particulière. Que le personnage onirique soit identifié à un dieu ou à un ancêtre dépend naturellement de la structure culturelle locale. Parfois, ce n'est qu'une voix, comme le Seigneur parlant à Samuel; parfois c'est un « homme de grande taille » anonyme, tel qu'on en rencontre dans les rêves grecs [37]. Dans certaines sociétés, il est communément identifié au défunt père du rêveur [38]; en d'autres cas, le psychologue sera disposé à y voir une image paternelle qui s'acquitte des paternelles fonctions d'admonition et de conseil [39]. Si cette vue est juste, nous pouvons peut-être trouver une signification particulière dans la phrase de Macrobe : « L'un des *parents* ou quelque autre personnage vénéré ou impressionnant. » Et nous pouvons en outre supposer qu'aussi longtemps que subsistait l'ancienne solidarité familiale, cette manière de rester en rapport avec l'image paternelle par les rêves avait une signification émotive plus profonde, et une autorité plus indubitable, qu'elle ne l'a dans notre société plus individualisée.

Toutefois, le caractère « divin » du rêve grec ne semble pas dépendre entièrement de l'identité apparente du personnage onirique. La clarté *(enargeia)* de son message avait aussi de l'importance. Dans plusieurs des rêves homériques de dieu ou *eidolon* apparaît au rêveur sous la forme d'un ami vivant [40], et il est possible que dans la vie réelle les rêves concernant des connaissances aient souvent été interprétés de cette façon. Quand Aelius Aristide cherchait la guérison au temple d'Esculape à Pergame, son valet eut un rêve au sujet d'un autre patient, le consul Salvius, qui dans le rêve parlait au valet des œuvres littéraires de son maître. Cela suffit à Aristide; il ne doutait pas que le personnage onirique fût le dieu lui-même « sous l'apparence de Salvius [41] ». Il n'est certes pas sans importance que ce rêve ait été « sollicité », même si celui qui fit le rêve n'était pas celui qui le sollicitait : toute expérience onirique dans le temple d'Esculape était présumée venir du dieu.

Des techniques pour provoquer un rêve « divin » intensément désiré, ont été, et continuent à être employées dans de nombreuses sociétés. Elles comprennent l'isolement, la prière, le jeûne, l'automutilation, le sommeil sur la peau d'un animal sacrifié, ou en contact avec quelque autre objet sacré, et enfin, l'incubation, c'est-à-dire le sommeil dans le lieu saint, ou quelque combinaison de tout cela. Le monde antique se fiait surtout à l'incubation, comme le font encore aujourd'hui les paysans grecs; mais les traces de quelques autres pratiques ne manquent pas. Ainsi le jeûne était requis par certains oracles oniriques, telle la « Grotte de Charon » en Asie Mineure, ou le sanctuaire du héros Amphiaraus à Oropus [42]; en ce dernier lieu, on dormait aussi sur la peau d'un bélier sacrifié [43]. La retraite dans une grotte sacrée en quête de sagesse provenant d'une vision figure dans les légendes d'Epiménide et de Pythagore [44]. Et même la pratique, qu'on trouve chez l'indien d'Amérique, de se couper une phalange du doigt afin d'obtenir un rêve, a un parallèle partiel étrange dont je parlerai dans un moment [45]. Plus tard dans l'Antiquité, on trouve aussi des procédés moins douloureux pour obtenir un rêve oraculaire : les « Clefs des Songes » conseillent de dormir avec une branche de laurier sous l'oreiller; les papyrus magiques sont pleins de sorts et de rites privés à cette intention; et l'on trouvait des Juifs à Rome qui vendaient n'importe quel rêve désiré pour quelques sous [46].

Aucune de ces techniques n'est mentionnée chez Homère, pas plus que l'incubation elle-même [47]. Mais comme nous l'avons vu, les arguments fondés sur le silence sont, dans son cas, particulièrement risqués. L'incubation se pratiquait en Egypte depuis le XVe siècle avant Jésus-Christ au moins, et je doute que les Minoens l'aient ignorée [48]. Quand nous la trouvons pour la première fois en Grèce, elle est associée d'ordinaire aux cultes de la Terre et des morts qui sembleraient être préhelléniques. La tradition rapportait — et sans doute disait-elle vrai — que l'oracle tellurique primitif de Delphes était un oracle onirique [49]; aux époques historiques, l'incubation se pratiquait près des tombes des héros — que ce fussent des hommes morts ou des démons chthoniques — et près de certains gouffres censés être l'entrée du monde des morts *(necyomanteia)*. Les Olympiens n'accordaient pas leur patronage à ces pratiques (ce qui suffit peut-être à expliquer le silence d'Homère); Athéna dans l'histoire de Bellerophon est une exception[50], mais dans son cas, c'est peut-être un vestige de son passé préolympien.

Quoi qu'il en soit d'une pratique plus étendue de l'incubation en Grèce à une époque antérieure, nous la trouvons surtout employée, aux temps historiques, à deux fins spécialisées — soit pour obtenir des rêves mantiques, soit encore à des fins médicales. L'exemple le mieux connu de la première forme est la consultation par Périandre de sa femme défunte, Mélissa, près d'un *necyomanteion*, au sujet d'une question d'affaires; une « image » de la défunte apparut au médiateur de Périandre, prouva son identité, prescrivit un culte, et insista pour qu'on satisfît à cette demande avant qu'une réponse ne soit donnée à la question [51]. Il n'y a rien de vraiment incroyable en cette histoire; vraie ou fausse, elle semble en tous cas refléter une vieille structure culturelle, à partir de laquelle, dans certaines sociétés, une espèce de spiritisme s'est développée. Mais en Grèce, la croyance en l'Hadès homérique, en même temps que le scepticisme de l'époque classique semble avoir contribué à empêcher un tel développement; et en vérité les rêves mantiques provenant des morts semblent n'avoir joué qu'un très petit rôle à l'époque classique [52]. Ils ont peut-être acquis plus d'importance dans certains milieux hellénistiques, une fois que les pythagoriciens et les stoïciens eurent rapproché les morts des vivants, en transportant l'Hadès dans les airs. En tout cas, nous lisons chez Alexandre Polyhistor que « toute l'atmosphère est pleine d'âmes, qui sont adorées comme *daimones* et comme héros, et ce sont eux qui envoient à l'humanité les rêves et les présages »; et nous trouvons une théorie semblable attribuée à Posidonius [53]. Mais ceux qui soutenaient cette opinion n'avaient pas de motif pour rechercher les rêves à des endroits précis, puisque les morts étaient partout; la *necyomanteia* n'avait pas d'avenir dans le monde antique.

L'incubation médicale, d'autre part, jouit d'un renouveau brillant lorsqu'à la fin du ve siècle, le culte d'Esculape prit soudain une importance panhellénique, position qu'il conserva jusqu'aux temps païens les plus tardifs. J'aurai à parler des plus larges implications de ce fait dans un autre chapitre [54]. Pour l'instant nous nous intéresserons seulement aux rêves que le dieu envoyait à ses patients. Depuis la publication des inscriptions du temple d'Epidaure en 1883 [55], ceux-ci ont été très discutés; et la modification progressive de notre attitude générale envers les facteurs irrationnels de l'expérience humaine s'est trouvée reflétée dans l'opinion des humanistes. Les premiers commentateurs se contentaient de rejeter les inscriptions, n'y voyant qu'une falsification délibérée de la part des prêtres, ou bien ils suggéraient de façon peu convaincante que les patients étaient ou drogués, ou hypnotisés, ou qu'ils avaient, pour une raison ou pour une autre, cru dormir alors qu'ils étaient éveillés, et pris un prêtre en travesti pour le Guérisseur divin [56]. Il en est peu, sans doute, à présent, qui se contenteraient de ces explications grossières; aussi dans les trois principales contributions apportées au débat dans la génération présente, par Weinrich, Herzog et Edelstein [57], on peut remarquer une insistance croissante sur le caractère authentiquement religieux de l'expérience. Cela me paraît entièrement justifié. Mais l'accord n'est pas encore fait sur l'origine des inscriptions. Herzog croit qu'elles sont fondées en partie sur des tablettes votives authentiques offertes individuellement par des patients — lesquelles, toutefois, auraient pu être élaborées et développées au moment de leur incorporation — et aussi, en partie, sur une tradition du temple à laquelle s'étaient agglutinés des récits miraculeux venus de sources diverses. Edelstein, de son côté, suppose que les inscriptions sont en un certain sens une relation fidèle de l'expérience du patient.

La certitude en cette matière ne peut guère être atteinte. Mais le concept de rêve type ou de vision type propre à une structure culturelle donnée facilitera peut-être la compréhension de la genèse de documents comme le Registre d'Epidaure. Les expériences de ce genre reflètent un ensemble de croyances qui est accepté, non seulement par le rêveur lui-même, mais aussi, normalement, par tous ceux de son entourage; leur forme est déterminée par la croyance, et à son tour elle confirme la croyance; ainsi deviennent-elles de plus en plus stylisées. Comme Tylor l'a fait remarquer, il y a déjà longtemps, « c'est un cercle vicieux : ce que le rêveur croit, il le voit et ce qu'il voit, il le croit [58] ». Mais qu'arrive-t-il si, malgré tout, il ne voit rien ? Cela a dû se produire souvent à Epidaure : comme l'a dit Diogène en parlant des tablettes votives d'une autre divinité, « il y en aurait eu bien plus, si elles avaient été offertes par ceux qui n'ont *pas* été sauvés [59] ». Mais les échecs étaient sans importance, sinon pour l'individu; car la volonté d'un dieu est insondable. « Il fait miséricorde à qui Il veut. » « Je suis résolu à quitter le Temple de ce pas », dit le proxénète malade dans Plaute; « car je vois bien quelle est la décision d'Esculape, il n'a pas cure de moi et ne veut pas me sauver [60]. » Plus d'un malade a dû parler ainsi. Mais le véritable croyant était sans doute infiniment patient : nous savons avec quelle patience les Primitifs attendent la vision significative [61], et comment certaines personnes retournent indéfiniment à Lourdes. Souvent, en pratique, le malade devait se contenter d'une révélation pour le moins indirecte : nous avons vu comment le rêve d'un autre à propos d'un consul avait pu servir, faute de mieux. Mais Aristide avait lui aussi, dit-il, fait l'expérience de la présence personnelle du dieu, et il l'a décrite en termes qui valent la peine d'être cités [62]. « C'était », dit-il, « comme si on le touchait, une espèce de conscience qu'il était là en personne; vous étiez entre la veille et le sommeil, vous vouliez ouvrir les yeux, et cependant vous craigniez qu'il ne se retire trop vite; vous écoutiez et vous entendiez des choses tantôt comme en rêve, tantôt comme dans la vie éveillée; les cheveux se dressaient sur votre tête; vous pleuriez de bonheur; votre cœur se gonflait, mais pas de vaine gloire [63]. Quel être humain pourrait mettre une telle expérience dans les mots ? Mais quiconque l'a éprouvée, participera à ma connaissance et reconnaîtra cet état d'âme ». Ce qu'il décrit, ici, est l'état de transe produit par autosuggestion : dans cet état, le patient a un fort sentiment intérieur de la présence divine, et il entend éventuellement la voix divine, à peine extériorisée. Il se peut que dans le cas des ordonnances plus détaillées prescrites par le dieu, un bon nombre ait été reçu par des patients dans ce genre d'état plutôt que dans des rêves véritables.

L'expérience d'Aristide est manifestement subjective; mais parfois, un facteur objectif a pu jouer un rôle. Le Registre d'Epidaure nous parle d'un homme qui s'endormit pendant le jour à l'extérieur du temple; l'un des serpents apprivoisés du dieu vint lui lécher l'orteil endolori, et il s'éveilla « guéri », disant qu'il avait rêvé qu'un beau jeune homme lui avait appliqué un pansement. Cela évoque la scène du *Plutus* d'Aristophane dans laquelle ce sont les serpents qui administrent le traitement après que les patients ont eu une vision du dieu. On lit aussi des récits de cures effectuées par les chiens du temple, qui viennent lécher la partie affectée pendant que le patient est tout à fait éveillé [64]. Cela n'a rien d'incroyable si nous ne tenons pas à ce que ces « guérisons » soient définitives; on connaît les habitudes des chiens, et aussi les vertus thérapeutiques de la salive. D'ailleurs, les chiens, comme les serpents, étaient tout à fait réels. Une inscription athénienne du IVe siècle prescrit une offrande de gâteaux aux chiens sacrés, et nous connaissons l'histoire du chien du temple que raconte Plutarque : cet animal malin qui surprit un voleur dérobant les offrandes votives et en fut récompensé en recevant ses repas aux frais de la ville pour le reste de ses jours [65]. Le serpent du temple figure dans le mime d'Hérodas : les dames visiteuses n'oublient pas de jeter « respectueusement » un peu de gruau dans son trou [66].

Au matin ceux qui avaient été favorisés de la visitation nocturne du dieu racontaient leurs expériences. Et ici, nous devons faire une part généreuse à ce que Freud appelle « l'élaboration secondaire » dont l'effet, dit-il, est « que le rêve perd son semblant d'absurdité et d'incohérence, et se rapproche par la structure d'une expérience intelligible [67] ». Dans le cas présent, l'élaboration secondaire aura agi, sans déception consciente, en sorte que le rêve ou la vision se conforme un peu plus à la structure culturelle traditionnelle. Par exemple, dans le rêve de l'homme à l'orteil endolori, la beauté quasi divine du personnage est le genre de trait traditionnel [68] qui viendrait facilement s'ajouter à cette étape. Et outre cela, je crois que nous devons supposer dans bien des cas une élaboration « tertiaire [69] » qui serait une contribution des prêtres, ou peut-être, et plus souvent encore, des autres patients. Toute rumeur de guérison apportant, comme elle le faisait, un renouveau d'espoir aux désespérés, aura été saisie et amplifiée par cette communauté souffrante et expectante que reliait, comme nous le dit Aristide, un sentiment de solidarité plus puissant que celui qu'on trouve chez des camarades d'une même école ou parmi l'équipage d'un navire [70]. Aristophane en trouve le ton et la psychologie quand il décrit les autres patients serrés autour de Plutus pour le féliciter d'avoir recouvré la vue; beaucoup d'entre eux sont trop émus ensuite pour se rendormir [71]. C'est à ce genre de milieu que nous devons sans doute rapporter certains éléments de conte populaire qu'on trouve dans le Registre, et aussi les invraisemblables récits d'opérations chirurgicales effectuées par le dieu sur des patients assoupis. Il est significatif qu'Aristide ne soit au courant d'aucune guérison chirurgicale contemporaine, tout en croyant qu'elles étaient fréquentes « du temps du grand-père du prêtre actuel [72] ». Même à Epidaure ou à Pergame, il fallait donner un peu de temps aux récits pour qu'ils prennent de l'ampleur.

Un mot enfin, sur l'aspect médical de la chose. Dans le Registre, les guérisons sont rapportées, pour la plupart, comme ayant été instantanées [73], et il se peut que quelques-unes l'aient été. Il ne s'agit pas de savoir combien de temps durait l'amélioration : il suffit que le patient « s'en soit allé guéri » *(hugiês apêlthe)*. De telles guérisons n'ont guère besoin d'être nombreuses : comme nous le voyons dans le cas de Lourdes, un sanctuaire miraculeux peut maintenir une réputation avec un pourcentage très réduit de guérisons, à la condition que quelques-unes soient sensationnelles. Quant aux ordonnances données en rêve, elles variaient fort naturellement en qualité selon les connaissances médicales du rêveur, et selon son attitude inconsciente à l'égard de sa maladie [74]. Dans quelques cas, elles sont parfaitement rationnelles, sans être tout à fait originales, comme lorsque la Sagesse divine prescrit un gargarisme pour le mal de gorge, ou des légumes pour la constipation. « Plein de reconnaissance », déclare celui qui reçut cette révélation, « je m'en allai guéri [75] ». Plus souvent, la pharmacopée du dieu est purement magique; il fait avaler à ses patients du venin de serpent, ou des cendres de l'autel, ou enduire leurs yeux du sang d'un coq blanc [76]. Edelstein fait remarquer, à juste titre, que dans la médecine profane également ce genre de remède jouait encore un assez grand rôle [77]; mais une différence importante demeure : dans les écoles médicales, ces choses étaient, en principe au moins, sujettes à une critique rationnelle, tandis qu'en rêve, comme l'a dit Aristote, l'élément de jugement *(to epikrinon)* fait défaut [78].

L'influence de l'attitude inconsciente du rêveur se voit dans les ordonnances reçues en rêve par Aristide et dont il rapporte un bon nombre. Comme il le dit lui-même « elles sont tout le contraire de ce qu'on aurait cru et, à vrai dire, elles sont précisément ce que spontanément on aurait évité avec le plus grand soin ». Elles ont en commun leur caractère pénible : émétiques, bain de rivière en plein hiver, course pieds nus dans le givre, et cela va jusqu'au naufrage volontaire et à la demande du sacrifice d'un doigt [79], un symbole dont la signification a été expliquée par Freud. Ces rêves paraissent l'expression d'un besoin profond d'autopunition. Aristide s'y soumit toujours (quoique, sur le chapitre du doigt, son Inconscient se laissât suffisamment fléchir pour lui permettre la dédicace d'une bague à la place). Néanmoins, il put, d'une manière ou d'une autre, survivre aux effets de ses propres ordonnances; comme l'a remarqué le professeur Campbell Bonner, il devait avoir la santé de fer du malade chronique [80]. D'ailleurs, l'obéissance à de tels rêves peut fort bien avoir procuré une rémission momentanée des symptômes névrotiques. Mais dans l'ensemble, il est manifestement difficile de justifier un système qui soumettait le patient aux caprices de son propre inconscient travestis en conseils divins. Et nous pouvons bien adopter le jugement dégagé de Cicéron, selon lequel « peu de patients doivent leur vie à Esculape plutôt qu'à Hippocrate [81] ». Il ne faut pas que la réaction moderne contre le rationalisme nous fasse oublier la dette très réelle que l'humanité doit à ces premiers médecins grecs, qui fondèrent les principes d'une thérapeutique rationnelle au défi de superstitions vieilles comme le monde, dans le genre de celle que nous venons de considérer.

Puisque j'ai fait mention, en parlant du culte d'Esculape, des visions produites par l'autosuggestion, ajoutons quelques remarques d'ordre général sur les visions éveillées ou hallucinations. Il est vraisemblable que celles-ci étaient plus fréquentes aux premiers temps qu'elles ne le sont aujourd'hui, puisqu'elles paraissent être encore assez fréquentes chez les Primitifs; et même chez nous, elles sont moins rares qu'on ne le suppose souvent [82]. Elles ont, de façon générale, la même origine et la même structure psychologique que les rêves, et tout comme les rêves, elles tendent à refléter les structures culturelles traditionnelles. Parmi les Grecs, le type de loin le plus fréquent est l'apparition d'un dieu ou l'audition d'une voix divine qui commande ou interdit l'accomplissement de certains actes. Dans la classification des rêves et des visions que fait Chalcidius, ce type figure sous le nom de « spectaculum »; il cite comme exemple le *daemonion* de Socrate [83]. Tout compte tenu de l'influence de la tradition littéraire dans la création de formes stéréotypées, il nous faut probablement conclure, néanmoins, que les expériences de cette espèce avaient été assez fréquentes à un moment donné, et qu'elles se produisaient encore à l'occasion dans les temps historiques [84].

J'estime, comme le professeur Latte [85], que lorsque Hésiode nous dit que les Muses lui parlèrent sur l'Hélicon [86], ce n'est pas une allégorie, ni une tournure poétique, mais bien un effort pour exprimer une expérience authentique sous une forme littéraire. En outre, nous pouvons raisonnablement accepter comme historiques la vision de Pan qu'eut Philippide avant la bataille de Marathon, vision dont le résultat fut l'établissement d'un culte de Pan à Athènes [87], et peut-être la vision qu'eut Pindare de la Mère des Dieux sous l'apparence d'une statue de pierre et qui aurait également amené la fondation d'un culte, bien que dans ce dernier cas, notre source ne soit pas contemporaine [88]. Ces trois expériences ont un point commun intéressant : toutes trois se produisirent dans des lieux écartés et montagneux, l'expérience d'Hésiode sur l'Hélicon, celle de Philippide au col sauvage du mont Parthénion, celle de Pindare pendant un orage dans les montagnes. Il se peut que ce ne soit pas un hasard. Aujourd'hui même, les explorateurs, les montagnards et les aviateurs ont parfois des expériences bizarres. Un exemple célèbre est la présence qui hanta Shackleton et ses compagnons dans l'Antarctique [89]. D'ailleurs l'un des médecins de l'antiquité grecque fait la description d'un état pathologique auquel un homme peut succomber « si, voyageant par un chemin solitaire, la terreur s'empare de lui à la suite d'une apparition [90] ». Il ne faut pas oublier, sous ce rapport, que la plus grande partie de la Grèce était, et reste encore, un pays de petits villages isolés, séparés par de vastes étendues de montagne solitaire, qui réduisent à l'insignifiance les rares fermes, les *erga anthrôpôn* qu'on peut y rencontrer. L'influence psychologique de cette solitude ne doit pas être sous-estimée.

Reste à tracer brièvement les étapes par lesquelles une poignée d'intellectuels grecs parvint à une attitude plus rationnelle envers l'expérience onirique. Pour autant qu'on puisse se fier à nos connaissances fragmentaires, le premier homme à mettre le rêve explicitement à sa place fut Héraclite, qui remarqua que chacun de nous, dans le sommeil, se retire dans un monde à lui [91]. Cela exclut non seulement le rêve « objectif », mais implicitement, cela paraîtrait nier la validité de l'expérience onirique dans son ensemble, puisque la règle d'Héraclite est de « s'attacher à ce qui nous est commun [92] ». Il semblerait que Xénophane aussi aurait nié la validité du rêve, puisqu'on rapporte qu'il avait rejeté toutes les formes de divination, ce qui devrait englober le rêve véridique [93]. Mais ces premiers sceptiques, pour autant que nous le sachions, ne cherchaient pas à expliquer pourquoi ni comment les rêves se produisaient, et il fallut du temps avant que leurs vues ne soient acceptées. Deux exemples suffiront à montrer que d'anciennes façons de penser, ou du moins d'anciennes tournures de langage avaient persisté jusqu'à la fin du ve siècle. Hérodote nous montre le sceptique Artabanus exposant à Xerxès que la plupart de nos rêves nous sont suggérés par nos préoccupations diurnes; néanmoins, Artabanus se sert encore de la vieille tournure « objective » qui les dépeint « errants parmi les hommes [94] ». Et manifestement, la théorie atomiste des rêves que propose Démocrite, selon laquelle des *eidola* émanent continuellement des objets et des personnes, et affectent la conscience du rêveur en pénétrant par les pores de sa peau, reste une tentative pour donner une explication mécaniste au rêve objectif; elle conserve même le terme homérique pour l'image onirique objective [95]. Cette théorie fait une place explicite au rêve télépathique, en affirmant que les *eidola* contiennent des représentations *(emphaseis)* de l'activité mentale des êtres dont elles proviennent [96].

Le type traditionnel du « rêve divin » n'étant plus soutenu par une foi vivante aux dieux traditionnels [97], nous devrions nous attendre à ce qu'il ait, vers la fin du Ve siècle, diminué en fréquence et en importance — le culte d'Esculape, fort populaire, étant, pour cause, une exception. Et nous avons en fait des indices que d'autres conceptions du rêve devenaient en vogue vers cette époque. Les esprits religieux tendaient maintenant à voir dans le rêve significatif une preuve des pouvoirs innés de l'âme elle-même, pouvoirs dont elle pouvait user quand le sommeil la libérait des importunités grossières du corps. Ce développement fait partie d'un contexte d'idées, communément appelées « orphiques », que j'examinerai au chapitre suivant [98]. En même temps, il existe des preuves d'un intérêt fort vif pour l'*oneirocritice*, l'art d'interpréter le rêve symbolique privé. Un esclave, chez Aristophane, parle d'engager un praticien de cet art pour quelques oboles; un petit-fils d'Aristide le Juste est réputé avoir gagné sa vie grâce à elle, et à l'aide d'un *pinakion*, ou table de correspondances [99]. C'est à partir de ces *pinakia* que se développèrent les premières « Clefs des Songes » helléniques, dont la première en date pourrait être de la fin du Ve siècle [100].

Le traité hippocratique *Du régime (peri diaitês)*, que Jaeger rapporte au milieu du IVe siècle [101], fait un effort intéressant pour rationaliser l'*oneirocritice*, en rattachant de nombreuses catégories de rêves à l'état physiologique du rêveur, et en les traitant comme des symptômes qui ont de l'importance pour le médecin [102]. Cet auteur admet aussi les rêves « divins » précognitifs, et il reconnaît également que bien des rêves sont d'évidentes réalisations de désir [103]. Mais les rêves qui l'intéressent en tant que médecin sont ceux qui expriment, sous forme symbolique, des états physiologiques morbides. Il attribue ces rêves à la clairvoyance médicale qu'exerce l'âme quand, dans le sommeil, elle devient « maîtresse d'elle-même » et peut faire le tour de sa demeure corporelle sans distractions [104] (l'influence des vues « orphiques » est évidente ici). A partir de là il cherche à justifier de nombreuses interprétations traditionnelles par une série d'analogies plus ou moins fantaisistes entre le monde extérieur et le corps humain, le macrocosme et le microcosme. Ainsi la terre représente la chair du rêveur; un fleuve, son sang; un arbre, son système génital; rêver d'un tremblement de terre est un symptôme de changement physiologique, tandis qu'un rêve au sujet des morts se rapporte à la nourriture qu'on a mangée, « car des morts vient la nourriture, et la croissance, et la semence [105] ». Il anticipe ainsi le principe de Freud selon lequel le rêve est toujours égocentrique [106], même s'il l'applique de façon trop étroitement physiologique. Il ne prétend pas que ses interprétations soient originales, et on sait que certaines d'entre elles étaient plus anciennes [107]; mais il dit que les interprètes précédents n'avaient pas de fondement rationnel pour leurs vues, et ne prescrivent pas d'autre traitement que la prière, ce qui, à son avis, ne suffit pas [108].

Platon, dans le *Timée*, propose une explication curieuse des rêves mantiques : ils auraient leur origine dans une intuition de l'âme rationnelle, mais ils seraient perçus par l'âme irrationnelle comme des images reflétées sur la surface lisse du foie; d'où leur caractère symbolique obscur, qui rend l'interprétation nécessaire [109]. Il concède ainsi à l'expérience onirique une relation indirecte avec le réel, mais ne paraît pas la placer très haut. Une contribution beaucoup plus importante a été apportée par Aristote dans ses deux petits essais. *Des Rêves* et *De la Divination dans le Sommeil.* Il aborde la question d'une façon rationnelle et détachée, sans être superficielle, et il fait preuve à l'occasion d'intuition brillante, comme dans sa reconnaissance d'une origine commune aux rêves, aux hallucinations des malades, et aux illusions des sains d'esprits (par exemple, quand nous prenons un étranger pour la personne que nous désirons voir [110]). Il nie qu'il y ait des rêves envoyés des dieux *(theopempta) :* si les dieux voulaient communiquer une connaissance aux hommes, ils le feraient en plein jour, et ils choisiraient plus judicieusement leur interlocuteur [111]. Cependant les rêves, s'ils ne sont pas divins, peuvent être appelés démoniques, « car la nature est démonique »; une remarque qui, comme l'a dit Freud, contient un sens profond si elle est bien interprétée [112]. Sur le sujet des rêves véridiques, Aristote, comme Freud, montre une prudente réserve. Il ne fait plus mention des puissances innées de divination de l'âme, comme il l'avait fait aux temps fougueux de sa jeunesse [113]; et il rejette la théorie démocritienne des *eidola* atomiques [114]. A son avis, il est concevable qu'il y ait précognition dans deux types de rêve : ceux qui communiquent une connaissance anticipée de l'état de santé du rêveur, lesquels s'expliquent raisonnablement par l'affleurement à la conscience de symptômes qui passent inaperçus aux heures de veille; et ceux qui provoquent leur propre accomplissement en suggérant au rêveur une voie à prendre [115]. Lorsque des rêves en dehors de ces catégories se montrent véridiques, il croit que c'est probablement une coïncidence *(sumptôma)*; en guise d'alternative, il propose une théorie de stimulus transmis par ondes, suivant l'analogie des perturbations propagées par l'eau ou par l'air [116]. Sa manière d'aborder le problème est entièrement scientifique et non religieuse; et l'on peut d'ailleurs se demander si, en cette matière, la science moderne l'a beaucoup dépassé.

Assurément l'Antiquité plus tardive ne le fit pas. La théorie religieuse des rêves fut ressuscitée par les stoïciens, et par la suite elle fut même acceptée par les péripatéticiens comme Cratippe, l'ami de Cicéron [117]. Cicéron, pour sa part, était fermement convaincu que les philosophes, par leur « patronage » des rêves, avaient beaucoup contribué au maintien d'une superstition dont le seul effet était d'augmenter le fardeau des craintes et des anxiétés humaines [118]. Mais ses protestations ne furent pas écoutées : les « Clefs des Songes » continuèrent à proliférer; l'empereur Marc Aurèle rendit grâce aux dieux pour un conseil thérapeutique qui lui fut accordé en rêve; Plutarque se garda de manger des œufs à cause de certains rêves; ce fut par un rêve que Dion Cassius fut inspiré d'écrire l'histoire; et même un chirurgien éclairé comme Galien était disposé à entreprendre une intervention chirurgicale quand un rêve le commandait [119]. Soit parce qu'elle se doutait intuitivement que les rêves avaient après tout un rapport avec la vie la plus intime de l'homme, soit encore pour les motifs plus simples proposés au début de ce chapitre, l'Antiquité, jusqu'au bout, ne voulut pas se contenter de la Porte d'Ivoire; elle persista dans la conviction qu'il y a aussi, quelquefois, et de quelque façon, une Porte de Corne.

NOTES DU CHAPITRE IV

1. Sur l'attitude des Primitifs à l'égard de l'expérience onirique, voir L. Lévy-Bruhl, *La Mentalité primitive*, chap. III, et *L'Expérience mystique*, chap. III.

2. Théophraste, *Char.* 16 (28 J.).

3. Voir Malinowski, *Sex and Repression in Savage Society*, 92 seq., et surtout J. S. Lincoln, *The Dream in Primitive Cultures* (London, 1935). Cf. aussi Georgia Kelchner, *Dreams in Old Norse Literature and Their Affinities in Folklore* (Cambridge, 1935) 75 seq. Mais mon affirmation a peut-être besoin d'être qualifiée. Comme me l'a fait remarquer Geoffrey Gorer, les gens tendent à se souvenir seulement des éléments d'un rêve qui leur paraissent significatifs et à oublier le reste. Il est par conséquent *possible* que ce ne soit pas tellement le rêve lui-même qui est culturellement déterminé, mais le processus secondaire de sélection par lequel la mémoire choisit de retenir certains rêves ou certains éléments d'un rêve. Cette supposition suffit-elle à rendre compte de toutes les particularités des rêves grecs qui nous sont rapportés ? D'autres que moi devront le dire.

4. C. G. Jung considérait de tels rêves comme fondés sur des « images archétypales » transmises par une présumée mémoire raciale. Mais comme le fait remarquer Lincoln (*op. cit.*, 24), leur disparition lors de l'effondrement d'une culture indique que les images sont culturellement transmises. Jung lui-même (*Psychology and Religion*, 20) rapporte l'aveu significatif d'un « homme-médecine » qui « m'avoua qu'il n'avait plus de rêves, car ils avaient maintenant le ' District Commissioner ' qui le remplaçait, ' Depuis que les Anglais sont dans le pays, nous n'avons plus de rêves, dit-il. Le D. C. sait tout de la guerre et de la maladie, et des lieux où nous devons vivre '. »

5. Jane Harrison, *Epilegomena to the Study of Greek Religion*, 32. Sur le rapport entre rêve et mythe, voir aussi W. H. R. Rivers, « Dreams and Primitive Culture », *Bull. of John Rylands Library*, 1918. 26; Lévy-Bruhl, *L'Exp. mystique*, 105 seq.; Clyde Kluckhohn, « Myths and Rituals : A general Theory », *Harv. Theol. Rev.* 35 (1942) 45 seq.

6. *Primitive Culture in Greece*, 151.

7. Pindare, fr. 116 B. (131 S.). Cf. plus bas, chap. V, p. 135.

8. L'étude la plus récente et la plus poussée du rêve chez Homère est celle de Joachim Hundt, *Der Traumglaube bei Homer* (Greifswald, 1935), qui m'a appris beaucoup de choses. D'après sa terminologie, les rêves « objectifs » sont des « Aussenträume », par contraste avec les « Innenträume », considérés comme des expériences purement mentales, même s'ils peuvent être provoqués par une cause extérieure.

9. « *Oneiros* » pour expérience onirique ne semble figurer chez

Homère que dans la tournure ἐν ὀνείρῳ (*Il.* 22.199, *Od.* 19.541 = 21.79).

10. Fantôme, *Il.* 23.65 seq.; dieu, *Od.* 6.20 seq.; messager onirique, *Il.* 2.5 seq., où Zeus expédie l'*oneiros* à sa tâche exactement comme ailleurs il expédie Iris; *eidôlon* créé *ad hoc*, *Od.* 4.795 seq. Dans *Iliade* 2 et dans les deux rêves de l'*Odyssée*, le personnage onirique est *déguisé* pour ressembler à une personne vivante (cf. *infra*, p. 112); mais je ne vois aucune raison de supposer, comme le fait Hundt, que c'est en fait la « Bildseele » ou âme-ombre de la personne en question rendant visite à la « Bildseele » du rêveur (cf. la critique de Böhme, *Gnomon*, 11 (1935).

11. Entrées et sorties par la serrure, *Od.* 4.802, 838; στῆ δ' ἄρ' ὑπὲρ κεφαλῆς, *Il.* 2.20, 23.68, *Od.* 4.803, 6.21; cf. aussi *Il.* 10.496 (où il s'agit assurément d'un rêve véritable).

12. *Il.* 23.99.

13. *Il.* 2.23, 23.69; *Od.* 4.804. Cf. Pindare, *Od.* 13.67 : εὕδεις, Αἰολίδα βασιλεῦ; Esch. *Eum.* 94 : εὕδοιτ' ἄν.

14. Cf. Hundt, *op. cit.*, 42 seq., et G. Björck, ὄναρ ἰδεῖν : De la perception du rêve chez les Anciens, *Eranos*, 44 (1946) 309.

15. Cf. Hdt. 6.107.1, et d'autres exemples cités par Björck, *loc. cit.*, 311.

16. φοιτᾶν, Sappho, *P. Oxy.* 1787; Esch. *P. V.* 657 (?); Eur. *Alc.* 355; Hdt. 7.16 β; Platon, *Phédon* 60 E; Parrhasios *apud* Athen. 543 F. ἐπισκοπεῖν,, Esch. *Agam.* 13; πωλεῖσθαι Esch. *P. V.* 645; προσελθεῖν, Platon, *Criton* 44 A.

17. Hdt. 1.34.1; 2.139.1, 141.3; 5.56; 7.12 : cf. Hundt, *op. cit.*, 42 seq.

18. ἰάματα, nos. 4, 7, etc. (voir n. 55); *Lindian Chronicle*, ed. Blinkenberg, D 14, 68, 98; Isocrate, 10.65; Actes 23 : 11. De nombreux autres exemples de cet usage ont été réunis par L. Deubner, *de incubatione*, pp. 11 et 71.

19. Pindare, *Ol.* 13.65 seq. Cf. aussi Paus. 10.38.13, où l'image onirique d'Asclépios laisse une lettre derrière elle. Les vieux rêves incubatoires nordiques prouvent leur objectivité de façon semblable; voir par exemple Kelchner, *op. cit.*, 138. Les rêves épidauriens d'interventions chirurgicales (n. 72 *infra*) sont une variation du même thème. Au sujet d' « apports » en théurgie, voir App. II, n. 126.

20. *Il.* 22.199 seq. Aristarque paraît avoir rejeté ces lignes; mais les motifs donnés dans la scholie — qu'elles sont « trop faciles de style et de pensée » et « détruisent l'impression de la rapidité d'Achille » — sont une sottise, et les objections de certains contemporains n'ont pas beaucoup plus de force. Leaf, qui trouve que le v. 200 est « tautologique et gauche », n'a pas remarqué la valeur expressive des mots répétés qui rendent le sentiment de frustration. Cf. H. Fränkel, *Die homerischen Gleichnisse*, 78, et Hundt, *op. cit.*, 81 seq. Wilamowitz trouvait la comparaison admirable, mais « unerträglich » dans son contexte actuel (*Die Ilias u. Homer*, 100); son analyse me paraît d'une sévérité excessive.

21. *Od.* 19.541 seq. Des érudits ont estimé que c'était une faute que Pénélope dans ce rêve soit attristée au sujet de ses oies, tandis qu'en réalité, elle n'éprouve pas de peine pour les prétendants qu'elles symbolisent. Mais de tels « renversements d'affect » sont communs dans les rêves véritables (Freud, *Die Traumdeutung*, Gesammelte Werke vol. ii, 474 seq.).

22. *Il.* 5.148 seq. L'*oneiropolos* ne peut être ici qu'un interprète *(ekrinat' oneirous)*. Mais dans le seul autre passage homérique où ce mot apparaît, *Il.* 1.63, il *pourrait* signifier un *rêveur* spécialement favorisé (cf. Hundt, *op. cit.*, 102 seq.), ce qui attesterait l'antiquité, en Grèce, de la pratique de « rechercher » un rêve.

23. Cf. Sirach 31 (34) : 1 seq.; *Laxdaela Saga*, 31.15, etc. Comme le fait remarquer Björck, *loc. cit.*, 307, sans la distinction entre rêves significatifs et non significatifs, l'art de l'*oneirokritikê* n'aurait jamais pu se maintenir. S'il y eut jamais une époque, avant Freud, à laquelle les hommes considéraient que *tous* les rêves étaient significatifs, elle doit être des plus reculées. « Les primitifs n'accordent pas créance à tous les rêves indistinctement. Certains songes sont véridiques et d'autres non. » (Lévy-Bruhl, *La Mentalité primitive*, 15e éd., 99.)

24. *Od.* 19.560 seq., cf. Hdt. 7. 16; Galien, περὶ τῆς ἐξ ἐνυπνίων διαγνώσεως (VI.832 seq. R.), etc. La distinction est implicite dans Esch. *Cho.* 534, où nous devons suivre, me semble-t-il, la ponctuation de Verrall, οὔτοι μάταιον ἀνδρὸς ὄψανον πέλει : « Ce n'est pas un simple cauchemar : c'est une vision *symbolique* d'un homme. » Artémidore et Macrobe reconnaissent l'*enupnion asêmanton* et aussi un autre type de rêve non significatif appelé *phantasma*, qui comprend, selon Macrobe. *(a)* le cauchemar *(ephiâltês)*, et *(b)* les visions hypnopompes qui se produisent chez certaines personnes entre la veille et le sommeil et qui furent décrites pour la première fois par Aristote (*Insomn.* 462a 11).

25. Artemid. 1.2, p. 5 Hercher; Macrobe. in *Somn. Scip.* 1.3.2; (Aug.) *de spiritu et anima*, 25 (*P. L.* XL. 798); Joann. Saresb. *Polycrat.* 2.15 (*P. L.*, CXCIX. 429 A); Nicephoros Gregoras, *in Synesium de insomn.* (*P. G.* CXLIX. 608 A). Les textes ont été réunis et les rapports entre eux discutés par Deubner, *de incubatione*, 1 seq. Les définitions citées dans le texte sont de Macrobe.

26. Ceci a été démontré par J. H. Waszink, *Mnemosyne*, 9 (1941) 65 seq. La classification de Chalcidius combine des idées platoniciennes et juives; selon la conjecture de Waszink, il aurait pu la dériver de Numénius par l'intermédiaire de Porphyre. L'entretien direct avec un dieu apparaît aussi dans la classification de Posidonius, Cic. *div.* 1.64.

27. Chalcidius, *in Tim.* 256, citant *Criton* 44 B et *Phédon* 60 E.

28. Aetius, *Placita* 5.2.3 : 'Ηρόφιλος τῶν ὀνείρων τοὺς μὲν θεοπέμπτους κατ' ἀνάγκην γίνεσθαι· τοὺς δὲ φυσικοὺς ἀνειδωλοποιουμένμης ψυχῆς τὸ συμφέρον αὐτῇ καὶ τὸ πάντως ἐσόμενον· τοὺς δὲ συγκραματικοὺς ἐκ τοῦ αὐτομάτου κατ' εἰδώλων πρόσπτωσιν. ὅταν ἃ βουλόμεθα βλέπωμεν, ὡς ἐπὶ τῶν τὰς ἐρωμένας ὁρώντων ἐν ὕπνῳ γίνεται. La dernière partie de ce texte a suscité de nombreuses difficultés (voir Diels *ad loc.*, Dox Gr. 416). Je crois que les rêves « mixtes » *(sunkramatikous)* sont des rêves de monstres *(phantasmata)* lesquels, selon la théorie de Démocrite, sont le produit de conjonctions fortuites d'*eidôla*, ubi equi atque hominis casu convenit imago (Lucr. 5.741). Mais un rêve où il s'agit d'êtres bien-aimés n'est pas un rêve « mixte » ni en ce sens, ni en aucun autre. Galien écrit *sunkrimatikous*, ce que Welmann résout dans le sens d'« organique » (*Arch. f. Gesch. d. Med.* 16 (1925) 70 seq.). Mais cela ne cadre pas avec κατ' εἰδώλων πρόσπτωσιν. Je propose que ὅταν ἃ βουλόμεθα, κτλ. illustre un quatrième type : le rêve suscité par *psychês epithumia* (cf. Hippocrate, περὶ διαίτης 4.93), dont la mention aurait été perdue.

29. Hdt. 1.34.1, 5.56; Platon *Criton* 44 A; Plutarque, *Alex.* 26 (d'après Héraclides). L'uniformité de la tradition littéraire a été observée par Deubner (*de incubatione* 13); il cite de nombreux autres exemples. Le type est aussi répandu dans la littérature chrétienne des débuts que dans la païenne (Festugière, *L'Astrologie et les Sciences occultes*, 51).

30. Par ex., Paus. 3.14.4, la femme d'un des premiers rois de Sparte bâtit un temple de Thétis *kata opsin oneiratos*. Rêves au sujet de statues culturelles, *ibid.*, 3.16.1, 7.20.4, 8.42.7; Parrhasios *apud* Athen. 543 F. Sophocle dédie un sanctuaire à la suite d'un rêve qu'il fit, *Vit. Soph.* 12, Cic. *div.* 1.54.

31. Dittenberger, *Sylloge* [3], cite les exemples suivants : κατ' ὄναρ 1147. 1148, 1149; κατὰ ὄνειρον, 1150; καθ' ὕπνους, 1152; ὄψιν ἰδοῦσα ἀρετὴν τῆς θεοῦ (Athene), 1151. Il est probable que 1128 καθ' ὅραμα et 1153 κατ' ἐπιταγήν se rapportent aussi aux rêves; 557, une *épiphanie* d'Artemis, pourrait être une vision éveillée. Cf. aussi Edelstein, *Asclepius*, I, test. 432, 439-442, et en ce qui concerne les cultes qui doivent leur origine à des visions éveillés, *infra*, p. 117, et *Chron. Lind.* A 3 : τὸ ἱερὸ]ν τᾶς 'Αθάνας τᾶς Λινδίας .. πολλοῖς κ[αὶ καλοῖς ἀναθέμασι ἐξ ἀρχαιοτ]άτων χρόνων κεκόσμηται διὰ τὰν τὰς θεοῦ ἐπιφάνειαν.

32. *Syll.* [3] 663; 985. Cf. aussi P. Cair Zenon 1.59034, les rêves de Zoilus (qui semble avoir été un entrepreneur en construction, ce qui lui donnait d'excellents motifs de rêver que Sarapis demandait un nouveau temple). De nombreux rêves d'Aristide prescrivent des sacrifices ou d'autres actes de culte.

33. Platon, *Lois* 909 E-910 A, *Epin.* 985 C. Les inscriptions tendent à confirmer le jugement porté par Platon sur le type de personne qui fait une dédicace sur la foi d'un rêve; la plupart sont ou bien des dédicaces à des divinités guérisseuses (Asclepios, Hygieia, Sarapis), ou bien des dédicaces faites par des femmes.

34. Gadd, *Ideas of Divine Rule*, 24 seq. Voir notamment A. Leo Oppenheim, *The Interpretation of Dreams in the Ancient Near East* (Transactions Amer. Phil. Soc. N. S. 46) 1956.

35. *Il.* 2.80 seq. semble impliquer que l'expérience onirique d'un grand roi est plus digne de foi que celle d'un homme ordinaire (cf. Hundt, *op. cit.*, 55 seq.). Une notion grecque plus tardive était que le *spoudaios* avait le privilège de ne recevoir que des rêves significatifs (Artemidore 4 *praef.*; cf. Plutarque, *gen. Socr.* 20, 589 B). Cela correspond au rang spécial en tant que rêveur accordé par les Primitifs à l'homme-médecine, et pourrait être fondé sur des idées pythagoriciennes (cf. Cic. *div.* 2.119).

36. Gadd, *op. cit.*, 73 seq.

37. Voir, par ex., Lincoln, *op. cit.*, 198, cf. I Samuel 3 : 4 seq.; homme de grande taille, par ex., Lincoln, *op. cit.*, 24, cf. Deubner, *op. cit.*, 12. Certains patients de Jung rapportent aussi des rêves dans lesquels une voix oraculaire se fait entendre; cette voix peut être désincarnée ou elle peut provenir « d'un personnage revêtu d'autorité »; il l'appelle « un phénomène religieux fondamental » (*Psychology and Religion*, 45 seq.).

38. Cf. Seligman, *JRAI* 54 (1924) 35 seq.; Lincoln, *op. cit.*, 94.

39. Lincoln, *op. cit.*, 96 seq.

40. *Il.* 2.20 seq. (Nestor, le substitut paternel idéal!); *Od.* 4.796 seq., 6.22 seq. ne seraient guère des substituts maternels, étant *omêlikes* avec le rêveur.

41. Aristide, *orat.* 48.9 (II. 396.24 Keil); cf. Deubner, *op. cit.*, 9, et des exemples chrétiens, *ibid.*, 73, 84. Certains primitifs ne sont pas si facilement satisfaits : voir par ex., Lincoln, *op. cit.*, 255 seq., 271 seq.

42. Strabon, 14.1.44; Philostrate, *vit. Apoll.* 2.37. Autres exemples dans Deubner, *op. cit.*, 14 seq.

43. Paus. 1.34.5. Autres exemples dans Deubner, *op. cit.*, 27 seq. Cf. aussi Halliday, *Greek Divination*, 131 seq., qui cite le curieux rite incubatoire gaelique du « Taghairm », au cours duquel le demandeur était enveloppé dans la peau d'un taureau.

44. Voir chap. V, pp. 142, 144.

45. Voir n. 79.

46. Branche de laurier, Fulgentius, *Mythologiae*, 1.14 (sur l'autorité d'Antiphon et d'autres). Charmes, Artemidorus, 4.2, pp. 205 seq. H. Vente de rêves, Juv. 6.546 seq. Sur les *oneiraitêta* dans les papyrus, voir Deubner, *op. cit.*, 30 seq.

47. On a pu croire que les Σελλοὶ ἀνιπτόποδες χαμαιεῦναι à Dodone (*Il.* 16.233 seq.) pratiquaient l'incubation; mais à supposer que ce soit vrai, Homère le savait-il ?

48. Cf. Gadd, *op. cit.*, 26 (Amenophis II et Thothmes IV ont recours à l'incubation dans un temple pour obtenir que le dieu approuve leur accession au trône). Nous ne possédons pas de témoignage direct en en ce qui concerne les Minoens; mais les terres cuites découvertes à Petsofa en Crète (*BSA* 9.356 seq.), représentant des membres humains percés de trous qui permettaient de les suspendre, ont certainement l'apparence d'être des offrandes votives dédiées à un sanctuaire médical. — Pour un cas probable d'incubation en Mésopotamie primitive, voir *Ztschr. f. Assyr.* 29 (1915) 158 seq. et 30 (1916) 101 seq.

49. Eur. *I. T.* 1259 seq. (cf. *Hec.* 70 seq. : ὦ πότνια χθών, μελανοπτερύγων μῆτερ ὀνείρων). L'autorité de cette tradition a été mise en doute; mais existe-t-il aucune autre méthode oraculaire qui soit aussi vraisemblable ? Ni la prophétie inspirée, ni la divination par sorts ne conviennent, selon nos connaissances actuelles, à un oracle tellurique; tandis que l'auteur de *Od.* 24.12 semble déjà considérer que les rêves sont chtoniques (cf. Hundt, *op. cit.*, 74 seq.).

50. Pindare, *Ol.* 13.75 seq. Cf. une inscription de l'Acropole d'Athènes, *Syll.*[3] 1151 : ' Αθηνάᾳ... ὄψιν ἰδοῦσα ἀρετὴν τῆς θεοῦ (pas nécessairement un rêve sollicité, mais significatif néanmoins de l'attitude de la déesse); et l'épiphanie (probablement fictive) d'Athéna dans un songe, Blinkenberg, *Lindische Tempelchronik*, 34 seq.

51. Hdt. 5.92 η. Melissa était une *biaiothanatos* et par conséquent son *eidôlon* était peut-être plus facile à évoquer pour une consultation. Sa plainte au sujet du froid peut se comparer à l'histoire nordique d'un homme qui apparut en rêve pour dire qu'il avait froid aux pieds, les doigts de pieds de son cadavre ayant été laissés découverts (Kelchner, *op. cit.*, 70).

52. Le rêve de Pelias (rêve non sollicité) dans lequel l'âme de Phrixos demande à être ramenée chez lui (Pindare, *Pyth*, 4.159 seq.) reflète probablement l'anxiété ressentie, durant l'époque archaïque tardive, à propos de la translation des reliques. Il peut donc être classé parmi les rêves suscités par les « structures culturelles ». D'autres rêves dans lesquels les morts apparaissent, illustrent principalement les cas spéciaux des morts vengeurs (par ex., le rêve des Erinyes, Esch. *Eum.* 94 seq., ou le rêve sollicité de Pausanias, Plutarque, *Cimon* 6, Paus. 3.17.8 seq.), ou encore des morts reconnaissants (par ex., le rêve de Simonides, Cic. *div.* 1.56). Le fait que des morts récents apparaissent en rêve à leur parenté survivante est parfois cité dans leur épitaphe comme preuve qu'ils n'ont pas cessé d'exister (voir Rohde, *Psyche*, chap. XIV, II, n. 154; Cumont, *After Life in Roman Paganism*, 61 seq.). Assurément, de tels rêves sont naturels à toutes les sociétés; mais les cas de ce type qui nous sont parvenus (hormis le rêve d'Achille chez Homère) sont, je crois, surtout postclassiques.

53. Alexandre Pohyhistor *apud* Diog. Laert. 8.32 (= Diels, *Vorsokr.*[5], 58 B Ia); Posidonius *apud* Cic. *div.* 1.64 Wellmann (*Hermes*, 54 (1919) 225 seq.) estimait que le récit d'Alexandre provenait d'une source du IVe siècle reflétant d'anciennes vues pythagoriciennes; mais voir Festugière, *REG.* 58 (1945) 1 seq., qui donne des motifs pour reporter la (ou les) sources au IIIe siècle, et établit un rapport entre le document et les vues de l'ancienne académie et de Dioclès de Carystos.

54. Voir chap. VI, p. 188.

55. ἰάματα τοῦ 'Απόλλωνος καὶ τοῦ 'Ασκλαπιοῦ, *IG* IV[2], I, 121-124. Il existe une édition séparée de R. Herzog, *Die Wunderheilungen von Epidaurus* (*Philol.* Suppl. III. 3); et les parties les moins mutilées sont reproduites et traduites dans Edelstein, *Asclepius*, I, test. 423.

56. La scène dans le *Plutus* d'Aristophane a été citée à l'appui de cette dernière thèse. Mais je doute que le poète ait voulu laisser entendre que le prêtre de la ligne 676 était identique au « dieu » qui apparaît plus tard. La narration de Cario semblerait représenter non l'idée que se faisait Aristophane de ce qui se passait réellement, mais plutôt la manière dont un patient moyen se représente ce qui se passe pendant son sommeil.

57. O. Weinreich, *Antike Heilungswunder* (*RGVV* VIII. 1), 1909; R. Herzog, *op. cit.*, 1931; E. J. et L. Edelstein, *Asclepius : A Collection and Interpretation of the Testimonies* (2 vol. 1945). Mary Hamilton, *Incubation* (1906), offre un exposé général de lecture facile pour le non-spécialiste.

58. E. B. Tylor, *Primitive Culture*, II, 49. Cf. G. W. Morgan, « Navaho Dreams », *American Anthropologist*, 34 (1932) 400 : « Les mythes influencent les rêves, et ces rêves à leur tour contribuent à sauvegarder l'efficacité des cérémonies. »

59. Diog. Laert. 6.59.

60. Plaute, *Curc.* 216 seq. (= test. 430 Edelstein). La piété des temps ultérieurs représente l'échec comme un signe de la réprobation du dieu, comme dans le cas d'Alexandre Sévère (Dion Cass. 78.15.6 seq. = test 395) et le jeune homme ivre de Philostrate (*vit. Apoll.* 1.9 = test. 397). Mais il existait aussi des légendes de temple pour encourager ceux dont les espérances avaient été déçues (ἰάματα 25). Edelstein pense que ceux-ci devaient être une minorité (*op. cit.*, II. 163); mais l'histoire de Lourdes et d'autres sanctuaires miraculeux porte à croire qu'une telle supposition n'est pas nécessaire. « Si rien ne se passe, dit Lawson, en parlant de l'incubation dans les églises grecques de nos jours, ils rentrent chez eux, l'espérance diminuée, mais la foi inébranlée » (*Modern Greek Folklore and Ancient Greek Religion*, 302).

61. Cf., par ex., Lincoln, *op. cit.*, 271 seq.; et sur les délais à Epidaure, Herzog, *op. cit.*, 67. Dans certaines relations d'incubations médiévales, le patient peut attendre jusqu'à un an (Deubner, *op. cit.*, 84), et Lawson parle de paysans de nos jours qui attendent des semaines ou des mois.

62. Aristide, *orat.* 48.31 seq. (= test. 417). Maxime de Tyre prétend avoir eu une vision éveillée d'Esculape (9.7. : εἶδον τὸν Ἀσκληπιόν, ἀλλ' οὐχὶ ὄναρ). Et Jamblique (*myst.* 3.2., p. 104 P.) considère l'état entre le sommeil et la veille comme particulièrement favorable à la réception de visions divines.

63. γνώμης ὄγκος ἀνεπαχθής. ὄγκος était normalement un signe d'orgueil et donc offensant (ἐπαχθής) aux dieux.

64. ἰάματα 17; Ar. *Plut.* 733 seq.; ἰάματα 20, 26. Sur les vertus des léchages de chien, voir H. Scholz, *Der Hund in der gr.-röm. Magie u. Religion*, 13. Un relief du IVe siècle au musée national à Athènes, nº 3369, a été interprété par Herzog (*op. cit.*, 88 seq.) comme un parallèle à ἰάματα 17. Dédié par un ' incubant ' reconnaissant au héros-guérisseur Amphiaraus, il représente côte à côte *a*) la guérison d'une épaule blessée, guérison effectuée par Amphiaraus lui-même (le rêve ?), *b*) un serpent léchant cette même épaule (l'événement objectif ?).

65. *IG* II². 4962 (= test. 515); Plutarque, *soll. anim.* 13, 969 E; Elien, *N. A.* 7.13 (= test 731a, 731). Sur les offrandes « aux chiens et à leurs gardiens *(kunêgetais)* » voir Farnell, *Hero Cults*, 261 seq.; Scholz, *op. cit.*, 49; Edelstein, *op. cit.*, II.186, n. 9. Plato comicus adapte la tournure à un double sens indécent (fr. 174.16 K.), qui pourrait indiquer que certains Athéniens trouvaient ces offrandes aussi plaisantes que nous-mêmes. Les « gardiens » ou « meneurs des chiens » sont-ils des esprits qui guident le chien vers le patient favorisé ? Je ne pense de toute façon pas qu'ils soient des « chasseurs » humains ou

divins : Xen. *Cyneg.* 1.2 n'est pas une preuve qu'Esculape ait jamais chassé.

66. Herodas, 4.90 seq. (= test. 482). Il ne peut s'agir que d'un serpent vivant et non de bronze. Les serpents de bronze en effet ne vivent pas dans des trous et *trôglê* ne signifie pas « bouche » (comme le voudrait Edelstein, *loc. cit.* et II.188, reproduisant une erreur de Knox), et il ne semble guère probable qu'un tronc pour les offrandes puisse être appelé une *trôglê* (comme le voudrait Herzog, *Arch. f. Rel.* 10 (1907) 205 seq.). L'interprétation naturelle est confirmée par Paus. 2.11.8 (= test. 700[a]).

67. *Die Traumdeutung* (Gesammelte Werke, vol. II) 494.

68. 21. Cf. ἰάματα 31, et les nombreux exemples chez Deubner, *op. cit.*, 12.

69. ἰάματα I est un exemple évident, comme l'a fait remarquer Herzog. Cf. aussi G. Vlastos, « Religion and Medicine in the Cult of Asclepius », *Review of Religion*, 1949, 278 seq.

70. Aristide, *orat.* 23-16 (I = *test.* 402) : οὔτε χοροῦ σύλλογος πρᾶγμα τοσοῦτον οὔτε πλοῦ κοινωνία οὔτε διδασκάλων τῶν αὐτῶν τυχεῖν, ὅσον χρῆμα καὶ κέρδος εἰς 'Ασκληπιοῦ τε συμφοιτῆσαι καὶ τελεσθῆναι τὰ πρῶτα τῶν ἱερῶν.

71. Ar. *Plut.* 742 seq.

72. Aristide, *orat.* 50.64 (= test. 412). Des opérations chirurgicales effectuées sur des patients endormis paraissent encore dans le fragment d'une inscription provenant de l'Asclepieum à Lebena en Crète (*Inscr. Cret.* I. XVII. 9 = test 426), et sont attribuées aux saints Côme et Damien (Deubner, *op. cit.*, 74). Pour un vieux rêve norois d'intervention chirurgicale, voir Kelchner, *op. cit.*, 110.

73. Des guérisons instantanées apparaissent aussi dans l'incubation chrétienne (Deubner, *op. cit.*, 72, 82) et sont caractéristiques de la médecine sauvage de façon générale (Lévy-Bruhl, *La Mentalité primitive*, 488, seq.).

74. Edelstein insiste avec raison sur le premier de ces points (*op. cit.*, II. 167, « dans les rêves des hommes, les dieux se fiaient à tous les remèdes auxquels les hommes eux-mêmes faisaient confiance »); il ne tient pas compte du second. Le point de vue plus ancien qui attribuait les guérisons aux connaissances médicales des prêtres et tentait de rationaliser les Asclepiea en sanatoriums (cf. Farnell, *Hero Cults*, 273 sq., Herzog, *op. cit.*, 154 seq.) est à juste titre abandonné par Edelstein. Comme il l'a fait remarquer, on ne trouve vraiment pas de preuves sérieuses que des médecins, ou des prêtres formés à la médecine, aient, à Epidaure ou ailleurs, joué quelque rôle dans les guérisons obtenues dans les temples (op. *cit.*, II.158). On a voulu que l'Asclepieum à Cos fût une exception; mais il se peut fort bien que les instruments de médecine trouvés là fussent des offrandes votives offertes par des médecins. (Voir toutefois, Aristide, *orat.* 49.21 seq., où Aristide rêve d'un onguent, et le *neôkoros* le lui fournit; et une inscription rapportée dans *JHS* 15 (1895) 121, où le patient remercie son médecin en même temps que le dieu).

75. *IG* IV [2] I.126 (= test. 432). Cf. Aristote, *orat.* 49.30 (= test. 410) : τὰ μὲν (τῶν φαρμάκων) αὐτὸς συντιθείς, τὰ δὲ τῶν ἐν μέσῳ καὶ κοινῶν ἐδίδου (ὁ θεός) et l'étude par Zingerle des ordonnances données à Granius Rufus, *Comment. Vind.* 3 (1937) 85 seq.

76. Venin de serpent, Galien, *Subfig. Emp.* 10, p. 78 Deichegräber (= test. 436). Cendres, *Inscr. Crot.* I.XVII.17 (= test. 439); coq, *IG* XIV. 966 (= test 438) Cf. Deubner, *op. cit.*, 44 seq.

77. Cf. Edelstein, *op. cit.*, II.171 seq.; et, *contra*, Vlastos, *loc. cit.* (n. 69 *supra*), 282 seq. Dans leur admiration pour les *principes* rationnels de la médecine grecque, philosophes et historiens ont été portés

à ignorer ou ne pas tenir compte du caractère irrationnel de nombre de remèdes employés par les médecins anciens (et à vrai dire par tous les médecins jusqu'à une époque assez récente). Sur les difficultés qu'il y avait à expérimenter les qualités d'une drogue avant l'apparition de l'analyse chimique, voir Temkin, *The Falling Sickness*, 23 seq. Ceci dit, il faut reconnaître avec Vlastos que « la médecine hippocratique et les guérisons d'Esculape sont, *en leur principe*, à des pôles opposés ».

78. Aristote, *Insomn.* 461 b 6.

79. Aristide, *Orat.* 36.124; 47.46.50, 65; 48.18 seq., 27, 74 seq. Le sens de culpabilité obsessionnel chez Aristide se trahit aussi dans deux passages curieux (*Orat.* 48.44 et 51.25) où il interprète la mort d'un ami comme une substitution pour la sienne; de telles pensées sont moins symptomatiques d'égocentrisme endurci qu'elles ne sont l'indice d'un état névrotique profond. Pour le rêve du sacrifice d'un doigt (*Orat.* 48.27 = test 504), cf. Artémidore, 1.42. Le sacrifice du doigt est pratiqué en fait par les Primitifs pour des motifs divers (Frazer sur Paus. 8.34.2). Un de ces motifs est le désir d'obtenir une vision ou un rêve significatifs : voir Lincoln, *op. cit.*, 147, 256, où la pratique est expliquée comme un effort fait pour apaiser l'image paternelle dont l'apparition est souhaitée, par une action symbolique d'autocastration.

80. Campbell Bonner, « Some Phases of Religious Feeling in Later Paganism », *Harv. Theol. Rev.* 30 (1937) 126.

81. Cic. *N.D.* 3.91 (= test 416a). Cf. Cic. *div.* 2.123 (= test 416). Pour le mal occasionné par la confiance faite aux rêves « médicaux », cf. l'exigence de Soranus qu'une infirmière ne soit pas superstitieuse, « de peur que des rêves, ou des présages, ou la foi en des rites traditionnels ne l'amènent à négliger le traitement qui convient » (1.2.4.4, *Corp. Med. Graec.* IV.5.28).

82. Un « recensement d'hallucinations » mené par la Society for Psychical Research d'Angleterre (*Proc. S.P.R.* 10 (1894) 25 seq.) semble indiquer qu'environ une personne sur dix fait à un moment ou l'autre de sa vie l'expérience d'une hallucination qui n'est pas attribuable à la maladie physique ou mentale. Une enquête récente faite par cette même société (*Journ. S.P.R.* 34 (1948), 187 seq.) confirme cette conclusion.

83. Chalcidius, *In Tim.* 256 : « Spectaculum, ut cum vigilantibus offert se videndam caelestis potestas clare iubens aliquid aut prohibens forma et voce mirabili. » La question de savoir si de telles épiphanies se produisirent réellement fut un sujet de controverse active à l'époque hellénistique (Dion. Hal. *Ant. Rom.* 2.68). Pour le compte rendu détaillé d'une expérience dans laquelle la même figure divine fut simultanément perçue par une personne en rêve et par une autre dans une vision éveillée, voir *P. Oxy*, XI.1381.91 seq.

84. Cf. Wilamowitz, *Glaube*, 1.23; Pfister dans P.-W., Sup. IV, s.v. « Epiphanie », 3.41. Comme le dit Pfister, nous ne pouvons douter que la masse des anciens récits d'épiphanies correspond à quelque chose dans l'expérience religieuse antique, même si nous ne pouvons que rarement (ou jamais) avoir la certitude que telle ou telle histoire possède un fondement historique quelconque.

85. K. Latte, « Hesiods Dichterweihe », *Antike u. Abendland*, II (1946) 154 seq.

86. Hésiode, *Theog.* 22 seq. (cf. chap. III, p. 88). Hésiode ne prétend pas qu'il a vu les Muses, mais seulement qu'il a entendu leur voix; elles étaient sans doute κεκαλυμμέναι ἠέρι πολλῇ (Theog. 9). Certains manuscrits et citations, donnant *drepsasai* à la ligne 31, font cueillir aux Muses une branche de laurier qu'elles lui donnent, ce

qui mettrait la vision dans la classe des histoires à « apport » (n. 19 plus haut). Mais nous devons peut-être préférer la lecture moins évidente *drepsasthai* « elles m'accordèrent de cueillir pour moi-même » une branche de l'arbre sacré — l'action symbolique exprime son acceptation de sa « vocation ».

87. Hdt. 6.105. Ici aussi l'expérience peut avoir été purement auditive quoique *phanenai* soit employé à son sujet en c. 106.

88. Aristodemus, *apud* Schol. Pind. *Pyth.* 3.79 (137); cf. Paus. 9. 25.3, et chap. III, n. 90. La rencontre mystérieuse de Pindare avec Alcmaeon sur la route de Delphes (Pyth. 8.59) pourrait avoir été une expérience de même type.

89. Sir Ernest Shackleton, *South*, 209.

90. Hippocrates, *Int.* 48 (VII.286 L.) : αὕτη ἡ νοῦσος προσπίπτει μάλιστα ἐν ἀλλοδημίῃ, καὶ ἥν κου ἐρήμην ὁδὸν βαδίζῃ καὶ ὁ φόβος αὐτὸν λάβῃ ἐκ φάσματος· λαμβάνει δὲ καὶ ἄλλως. L'influence exercée par le paysage sauvage sur les idées religieuses grecques a été éloquemment relevée par Wilamowitz (*Glaube*, 1.155, 177 seq., et ailleurs), mais ce texte ne semble pas avoir été remarqué.

91. Héraclite, fr. 89 D.; cf. fr. 73 et Sext. Emp. *adv. dogm.* 1.129 seq. (= Héraclite, A 16). Fr. 26 paraît également être une allusion à l'expérience onirique, mais il est trop corrompu et obscur pour qu'on en puisse tirer quelque chose (cf. O. Gigon, *Untersuchungen zu Heraklit*, 95 seq.). Je ne puis non plus trop me fier aux affirmations de Chalcidius sur les opinions d'« Héraclite et des stoïciens » concernant la prophétie (*in Tim.* 251 = Héraclite, A 20).

92. Fr. 2.

93. Cic. *div.* 1.5; Aetius, 5.1.1 (= Xénophane, A 52).

94. Hdt. 7.16 β, ἐνύπνια τὰ ἐς ἀνθρώπους πεπλανημένα. Cf. Lucr. 5.724, « rerum simulacra vagari » (D'après Démocrite ?). Pour les rêves reflétant les pensées diurnes, cf. aussi Empédocle, fr. 108.

95. La chose a été notée par Björk, qui voit dans la théorie de Démocrite un exemple de la systématisation d'idées populaires par des intellectuels (*Eranos*, 44 (1946) 313). Mais c'est également une tentative de naturaliser le rêve « surnaturel » en lui donnant une explication mécaniste (Vlastos, *loc, cit.*, 284).

96. Fr. 166, et Plut. Q. Conv. 8.10.2, 734 F (= Démocrite, A 77). Cf. Delatte, *Enthousiasme*, 46 seq., et mon essai publié dans *Greek Poetry and Life : Essays Presented to Gilbert Murray*, 369 seq.

97. Dans l'usage populaire, des termes comme *theopemptos* (envoyé-de-Dieu) finissaient par être vidés presque entièrement de leur contenu religieux : Artémidore dit que, en son temps, on disait familièrement de tout événement inattendu qu'il était *theopempton* (1.6).

98. Voir chap. v, p. 135.

99. Ar. *Vesp.* 52 seq.; Demetrius de Phalère *apud* Plut. *Aristides* 27. Cf. aussi *Xen. Anab.* 7.8.1., *où la lecture* τὰ ἐνύπνια ἐν Λυκείῳ γεγραφότος est probablement correcte (Wilamowitz, *Hermes*, 54 (1919) 65 seq.). L'ancien poète comique Magnes (fr. 4 K.) a fait allusion aux *oneiromanteis*, et ils paraissent avoir été satirisés dans les *Telmessiens* d'Aristophane. S. Luria, « Studien zur Geschichte der antiken Traumdeutung », *Bull. Acad. des Sciences de l'U.R.S.S.* 1927, 1041 seq., a peut-être raison de distinguer deux écoles d'interprétation des rêves à l'époque classique, l'une conservatrice et religieuse, l'autre pseudo-scientifique, mais je ne puis le suivre dans le détail de ses conclusions. La croyance en cet art n'était pas limitée aux masses : tant Sophocle qu'Eschyle reconnaissaient que l'interprétation des rêves était une branche importante de la *mantikê* (*P. V.* 485 seq.; *El.* 497 seq.).

100. Antiphon *ho teratoskopos*, auteur présumé de la clé des songes citée par Cicéron et Artemidore (Cf. Hermogenes, *de ideis*, 2.11.7 =

Vorsokr. 87 A 2, ὁ και τερατοσκόπος καὶ ὀνειροκρίτης λεγόμενος γενέσθαι) était un contemporain de Socrate (Diog. Laert. 2.46 = Aristote, fr. 75 R. = Vorsokr. 87 A 5). Il est souvent identifié, sur l'autorité d'Hermogène, *loc. cit.*, et Suidas, au sophiste Antiphon; mais la chose n'est pas très recevable. *a*) Il est difficile d'attribuer un respect profond pour les rêves et les présages à l'auteur du *peri alêtheias*, qui « refusait de croire en la providence » (*Vorsokr.* 87 B 12; cf. Nestle, *Vom Mythos zum Logos*, 389); *b*) Artemidore et Suidas appellent l'auteur de la clé des songes un Athénien (*Vorsokr.* 80 B 78, A 1), tandis que l'emploi de *par' hêmin* par Socrate dans Xen. *Mem.* 1.6.13 me paraît signifier que le sophiste était un étranger (ce qui interdirait aussi d'identifier le sophiste à l'orateur).

101. Jaeger, *Paideia*, III.33 seq. Les érudits avant lui reportaient généralement le *peri diaitês* à la dernière partie du ve siècle.

102. Il est reconnu ailleurs dans le corpus hippocratique que les rêves peuvent être des symptômes significatifs dans la maladie (*Epidem.* 1.10., II.670 L.; *Hum.* 4, V.480; *Hebd.* 45, IX.460). Notamment les rêves d'angoisse qui sont reconnus pour des symptômes importants du désordre mental, *Morb.* 2.72, VII.110; *Int.* 48, VII.286. Aristote dit que les médecins les plus doués croient qu'il faut tenir un compte sérieux des rêves, *div. p. somn.* 463 [a]4. Mais l'auteur du *peri diaitês* pousse ce principe, qui en soi est juste, à des extrémités fantastiques.

103. περὶ διαίτης 4.87 (VI.640 L.) : ὁκόσα μὲν οὖν τῶν ἐνυπνίων θεῖα ἐστι καὶ προσημαίνει τινὰ συμβησόμενα... εἰσὶν οἳ κρίνουσι περὶ τῶν τοιούτων ἀκριβῆ τέχνην ἔχοντες, et *ibid.*, 93 : ὁκόσα δὲ δοκέει ὁ ἄνθρωπος θεωρέειν τῶν συνήθων, ψυχῆς ἐπιθυμίην σημαίνει.

104. *Ibid.*, 86 : ὁκόταν δὲ τὸ σῶμα ἡσυχάζῃ, ἡ ψυχὴ κινευμένη καὶ ἐπεξέρπουσα τὰ μέρη τοῦ σώματος διοικέει τὸν ἑωυτῆς οἶκον, κτλ. Cf. chap. v, p. 135, et la remarque de Galien que « dans le sommeil, l'âme paraît s'enfoncer dans les profondeurs du corps, se retirant des objet sensibles extérieurs, et prenant ainsi conscience de l'état du corps » (περὶ τῆς ἐξ ἐνυπνίων διαγνώσεως, VI.834 Kühn). L'influence des idées « orphiques » dans le *peri diaitês* 4.86 a été signalée par A. Palm, *Studiem zur Hippokratischen Schrift* π. διαίτης, 62 seq.

105. *Ibid.*, 90, 92. Pour les correspondances détaillées entre macrocosme et microcosme, cf. *Hebd.* 6 (IX.436 L.).

106. Freud, *op. cit.*, 327 : « Tout rêve traite de la personne du rêveur. »

107. Sur l'arbre en tant que symbole de reproduction, cf. Hdt. 1.108 et Soph. *El.* 419 seq.; un symbolisme semblable se trouve dans certains vieux rêves norois (Kelchner, *op. cit.*, 56). Des ressemblances d'interprétation entre le *p. diaitês* et d'anciennes clés des songes indiennes ont amené à suggérer que l'auteur médical grec ou la clé des songes dont il se servit avaient subi une influence orientale (Palm, *Studien zur Hipp. Schrift* π. διαίτης 83 seq. suivi par Jaeger, *Paideia*, III.39). D'autres pour des motifs semblables ont postulé une ancienne clé des songes grecque qui eût été la source commune d'Artemidore et du *p. Diaitês* (C. Fredrich, *Hippokratische Untersuchungen*, 213 seq.). Mais de telles conclusions sont fragiles. L'art de l'*oneirokritikê* fut (et demeure) l'art de voir des analogies (Arist. *div. p. somn.* 464 [b]5), et les analogies les plus flagrantes ne risquent guère de passer inaperçues. Le professeur Rose a fait remarquer des apparentements détaillés entre le système d'Artemidore et celui présentement en vogue en Afrique centrale (*Man*, 26 (1926) 211 seq.). Cf. aussi Latte, *Gnomon*, 5.159.

108. *Ibid.*, 87; cf. Palm, *op. cit.*, 75 seq. Le superstitieux de Théophrase demande aux *oneirokritikai* chaque fois qu'il fait un rêve : τίνι θεῷ ἢ θεᾷ προσεύχεσθαι δεῖ (*Char.* 16).

109. Platon, *Tim*, 71 A-E.

110. *Insomn.* 458^{a} 25 seq.; 460^{b} 3 seq.

111. *Div. p. somn.* 463^{b} 15 seq., 464^{a} 20 seq.

112. *Ibid.*, 463^{b} 14; cf. Freud, *Traumdeutung*, première édition, chap. 1. Je ne puis accorder à Boyancé (*Culte des Muses*, 192) que lorsque Aristote appelle les rêves *daimonia* il songe à la doctrine pythagoricienne (? postaristotélicienne) selon laquelle ils sont causés par les *daimones* dans l'atmosphère (voir n. 53). Et Boyancé se trompe certainement en voulant qu'Aristote soit un croyant inconditionnel au rêve mantique.

113. περὶ φιλοσοφίας. fr. 10. Cf. Jaeger, *Aristotle*, 162 seq., 333 seq. (Ed. angl.).

114. *Div. p. somn.* 464^{a} 5.

115. *Ibid.*, 463^{a} 4 seq., 27 seq.

116. *Ibid.*, 464^{a} 6 seq., Aristote suggère en outre que l'esprit répond le mieux à ce genre de stimulus infime quand il est vide et passif, comme dans certaines formes de folie (464^{a} 22 seq.); et qu'un facteur de discrimination doit jouer, puisque les rêves véridiques concernent ordinairement des amis, non des inconnus (464^{a} 27 seq.).

117. Cf. Cic. *div.* 1.70 seq. Cicéron attribue le point de vue religieux même au disciple d'Aristote Dicaearchus (*ibid.*, 1.113, 2.100), mais il n'est pas facile de concilier cela avec les autres opinions de Dicaearchus qui nous sont parvenues, et il faut peut-être l'attribuer à une méprise (F. Wehrli, *Dikaiarchos*, 46).

118. Cic. *div.* 2.150. Le rationalisme civilisé de ce passage terminal du *de divinatione*, livre 2, n'a guère été suffisamment apprécié.

119. Voir chez Bouché-Leclercq, *Hist. de la Divination*, 1.277, la liste impressionnante d'autorités sur l'*oneirokritikê* dont les ouvrages sont aujourd'hui perdus. Les clés des songes sont encore très étudiées en Grèce(Lawson, *op. cit.*, 300 seq.). L'énumération par Marc Aurèle de ses dettes personnelles envers la Providence comprend τὸ δι' ὀνειράτων βοηθήματα δοθῆναι ἄλλα τε καὶ ὡς μὴ πτύειν αἷμα καὶ μὴ ἰλιγγιᾶν (1, 17. 9). Pour le crédit que Plutarque accordait aux conseils reçus en rêve. voir *Q. conv.* 2.3.1. 635 E; et pour Galien, voir son commentaire sur Hipp. περὶ χυμῶν 2.2. (XVI. 219 seq. K.). Le *daimonion* de Dion Cassius lui commande en rêve d'écrire l'histoire, 72, 23.

V

LES CHAMANS GRECS ET LES ORIGINES DU PURITANISME

That man should be a thing for immortal souls to sieve through!
HERMAN MELVILLE.

Au chapitre précédent, nous avons vu que, côte à côte avec les vieilles croyances dans les messagers divins « objectifs » qui parlent à l'homme dans les rêves et les visions, apparaît chez certains écrivains de l'époque classique une croyance nouvelle, qui rapporte ces expériences à une puissance occulte immanente à l'homme lui-même. « Le corps de chaque homme, dit Pindare, subit l'appel de la mort qui a toute maîtrise; mais une image de la vie *(aiônos eidôlon)* subsiste encore, vivante, car cela seul vient des dieux. Elle sommeille quand les membres sont actifs; mais quand l'homme dort, elle montre souvent, dans des rêves, quelque décision de joie ou d'adversité à venir [1]. » Xénophon énonce cette doctrine en simple prose et il fournit le lien logique que la poésie a le droit d'omettre. « C'est dans le sommeil, dit Xénophon, que l'âme *(psychê)* montre le mieux sa nature divine; dans le sommeil, elle jouit d'une certaine prescience intuitive; et cela, semble-t-il, parce que dans le sommeil, elle est plus libre. » Il soutient ensuite que dans la mort, il faut s'attendre à ce que la *psychê* soit encore plus libre; car le sommeil est, dans l'expérience des vivants, ce qui se rapproche le plus de la mort [2]. Des affirmations semblables se trouvent chez Platon, et chez Aristote dans un fragment d'une œuvre de jeunesse [3].

On a depuis longtemps reconnu, dans des opinions de

I. Notes du ch. v, pp. 161-178.

ce genre, les éléments d'une nouvelle structure culturelle, l'expression d'un point de vue nouveau sur la nature de l'homme et sa destinée; point de vue qui est étranger aux auteurs grecs antérieurs. Une étude de l'origine et de l'histoire de cette structure, et de son influence sur la culture antique, pourrait facilement à elle seule être le sujet d'un ouvrage entier ou d'une série de conférences. Nous ne pouvons ici faire plus que jeter un coup d'œil rapide sur certains de ses aspects qui eurent une influence cruciale sur l'interprétation, chez les Grecs, des facteurs non rationnels de l'expérience humaine. Mais même si nous ne faisons que cela, il me faudra traverser un terrain transformé en bourbier profond et glissant par les grosses bottes des savants en discorde; un terrain, aussi, où les gens pressés risquent de s'empêtrer dans les dépouilles, pas entièrement décomposées, de certaines théories défuntes auxquelles on n'a pas encore pu faire des obsèques convenables. Il serait donc prudent d'avancer avec lenteur et de poser attentivement nos pieds dans les détritus.

Commençons donc par nous demander ce qu'il y avait de spécifiquement neuf dans la nouvelle structure de croyances. Certes, ce n'était pas l'idée de survie. En Grèce, comme dans presque toutes les parties du monde [4], cette idée était réellement très ancienne. S'il faut en juger d'après l'ameublement des tombes, les habitants de la région égéenne ont eu depuis les temps néolithiques le sentiment que les besoins humains de manger, de boire, de se vêtir, et le désir d'être servi et diverti, ne prennent pas fin avec la vie [5]. C'est à bon escient que je dis « sentiment » et non « croyance »; car des actes tels que donner à manger aux morts sembleraient répondre à une pulsion émotive qui ne requiert la médiation d'aucune théorie. Je suppose que l'homme nourrit ses morts pour le même genre de raison que la petite fille nourrit sa poupée; et tout comme la petite fille, il se garde de détruire son phantasme en y appliquant les critères du réel. Quand un Grec de l'époque archaïque versait des liquides dans un tube entre les dents d'un cadavre en décomposition, nous ne pouvons que dire qu'il se gardait bien, et pour cause, de savoir ce qu'il faisait; ou encore, pour l'exprimer plus abstraitement, qu'il ignorait la distinction entre le cadavre et l'âme — qu'il agissait comme s'ils étaient « consubstantiels [6] ».

D'avoir formulé cette distinction avec clarté et précision, d'avoir démêlé l'âme d'avec le cadavre, est assurément une réalisation des poètes homériques. Il y a des passages dans les deux poèmes qui donnent à croire qu'ils étaient fiers de leur réalisation, et pleinement conscients de sa nouveauté et de son importance [7]. Ils avaient certainement le droit d'en être fiers; car il n'est aucun domaine où la lucidité de la pensée ne trouve des résistances inconscientes aussi puissantes que dans nos efforts pour penser à la mort. Mais il ne faut pas supposer que la distinction, une fois ainsi exprimée, ait été universellement, ni même généralement reçue. Comme le montrent les preuves archéologiques, la pratique de nourrir les morts (et donc l'identification qu'elle impliquait entre le cadavre et l'âme) se poursuivit bien tranquillement, du moins en Grèce continentale; elle persista pendant, et certains diraient malgré, la vogue passagère de la crémation [8], et en Attique, elle devint d'une extravagance si ruineuse que des lois durent être introduites par Solon, et plus tard par Démétrius de Phalère [9] pour la contrôler.

Il n'était donc pas question d' « introduire » l'idée de survie; elle était déjà présente : implicitement dans la coutume antique, dans les rites dont on entourait cette chose au tombeau, qui est à la fois âme et cadavre; explicitement chez Homère en ce qui concerne l'ombre aux Enfers, qui est âme seulement. En second lieu, l'idée de récompense et de punition après la mort n'était pas nouvelle non plus. A mon avis, on trouve des allusions dans l'*Iliade* [10] à la punition, après la mort, de certaines offenses contre les dieux, et elle est incontestablement décrite dans l'*Odyssée;* par ailleurs Eleusis promettait déjà à ses initiés un traitement de faveur dans la « vie future », et cela, si loin que nous trouvions trace de son enseignement, c'est-à-dire probablement au VIIe siècle [11]. Je ne crois pas qu'il y ait quelqu'un pour croire à présent que la mention des « grands pécheurs » dans l'*Odyssée* soit une « interpolation orphique [12] », ni que les promesses d'Eleusis soient le résultat d'une « réforme orphique ». Chez Eschyle, la punition de certains crimes dans l'après-vie est si intimement liée aux « lois non écrites » de la tradition, et aux fonctions traditionnelles d'Erinys et d'Alastor, que j'hésiterais beaucoup à démanteler l'édifice pour attribuer à l'un de ses éléments l'étiquette « orphique [13] ». Ce sont des cas particuliers, mais l'idée était là, et on dirait que le nouveau mouvement n'a fait que lui donner une portée générale. Aussi, dans la formulation nouvelle pouvons-nous parfois retrouver l'écho de choses très anciennes. Par exemple, lorsque Pindare, pour consoler un client affligé, fait une description d'une vie future bienheureuse, il affirme qu'il y aura des chevaux et des damiers au Ciel [14]. La promesse n'est pas neuve : il y avait des chevaux sur le bûcher funèbre de Patrocle, et des damiers dans les tombes des rois de Mycènes. Le mobilier du Ciel ne s'est guère modifié à travers les siècles; il reste une reproduction idéalisée du seul monde que nous connaissions.

Enfin, la contribution originale du nouveau mouvement n'a pas été non plus de mettre en équation la *psychê* ou l' « âme » avec la personnalité de l'homme vivant. Cela avait déjà été fait, pour la première fois, selon les apparences, en Ionie. Homère, il est vrai, n'attribue à la *psychê* aucune fonction dans l'homme vivant, sinon celle de le quitter; son « *esse* » semble être un « *superesse* » et rien de plus; mais Anacréon peut dire à son bien-aimé : « tu es le maître de ma *psychê* »; Simonides peut parler de « donner du bon temps à sa *psychê* »; une épitaphe du VIe siècle en Erythrée peut se plaindre que la vocation de marin « donne peu de satisfactions à la *psychê* [15] ». En l'occurrence la *psychê* est le soi vivant, et de façon plus précise, le soi appétitif; il a assumé les fonctions du *thumos*, non celles du *noos* homérique. Entre *psychê* pris en ce sens et *sôma* (corps), il n'y a aucun antagonisme foncier; *psychê* n'est que le corrélatif mental de *sôma*. En grec attique, les deux termes peuvent signifier « vie » : les Athéniens disaient indistinctement *agônizesthai peri tês psychês* ou *peri toû sômatou*. Et quand le contexte s'y prête, l'un et l'autre peut signifier « personne [16] » : ainsi, chez Sophocle, Œdipe peut parler de lui-même, une fois en disant « ma *psychê* », une autre fois « mon *sôma* »; aux deux endroits, il aurait pu dire « je [17] ». Même la distinction homérique entre le cadavre et l'ombre est estompée : non seulement une ancienne inscription attique parle de la mort de la *psychê*, mais Pindare (et cela est plus surprenant) décrit Hadès, sa baguette à la main, conduisant vers la « cité creuse » les *somata* de ceux qui sont morts — le cadavre et l'ombre ont ici retrouvé leur vieille consubstantialité [18]. Il faut sans doute convenir que l'homme moyen au Ve siècle (et la chose est vraie à toutes les époques) possédait un vocabulaire psychologique fort embrouillé.

Mais de cette confusion un fait ressort qui a de l'importance pour notre enquête. Burnet en fit la démonstration dans sa célèbre conférence sur la doctrine socratique de l'âme [19]; il ne sera donc pas nécessaire de nous y attarder longuement. Au ve siècle, chez les écrivains attiques, tout comme chez leurs prédécesseurs ioniens, le « soi » que dénote le mot *psychê* est normalement le soi émotif plutôt que le soi rationnel. On parle de la *psychê* comme étant le siège du courage, de la passion, de la pitié, de l'appétit animal, mais avant Platon il est rarement, pour ne pas dire jamais, le siège de la raison; son registre est, en gros, celui du *thumos* homérique. Lorsque Sophocle parle d'éprouver *psychên te kai phronêma kai gnômên* [20], il dispose les éléments du caractère selon une échelle allant de l'émotif *(psychê)* à l'intellectuel *(gnômê)* en passant par un terme intermédiaire, *phronêma*, qui d'après l'usage englobe quelque chose des deux. Burnet soutient en outre que la *psychê* « reste quelque chose de mystérieux, d'étrange, tout à fait à part de notre conscience normale » ce qui, en tant que généralisation, est beaucoup plus sujet à critique. Nous pouvons remarquer, toutefois, que la *psychê* apparaît parfois comme organe de la conscience morale, et qu'on lui attribue une sorte d'intuition non rationnelle [21]. Un enfant peut saisir quelque chose dans sa *psychê* sans la connaître intellectuellement [22]. Hélénus a une « *psychê* divine » non seulement parce qu'il est plus habile et plus vertueux que les autres hommes, mais parce qu'il est un voyant [23]. On se représente la *psychê* comme habitant quelque part dans les profondeurs de l'organisme [24], et des profondeurs, elle peut s'adresser à son possesseur avec une voix qui lui est propre [25]. Sous la plupart de ces rapports, elle est encore une fois le successeur du *thumos* homérique.

Qu'il soit vrai ou non que dans la bouche de l'Athénien moyen du ve siècle, le mot *psychê* ait eu, ou ait pu avoir, quelque vague relent de l'insondable et de l'inquiétant, ce qui est certain, c'est qu'il n'avait assurément pas le moindre relent de puritanisme, ni le moindre soupçon d'acception métaphysique [26]. L'âme n'était pas du tout la prisonnière récalcitrante du corps; c'était la vie ou l'esprit du corps [27], et elle s'y trouvait parfaitement à l'aise. C'est ici que la nouvelle structure religieuse apporta sa contribution décisive : en attribuant à l'homme un soi occulte d'origine divine, et en opposant ainsi le corps et l'âme, elle introduisit dans la culture européenne une nouvelle interprétation de l'existence humaine, l'interprétation qu'on appelle puritaine. D'où est venue cette notion ? Depuis le jour où Rohde l'a appelée « une goutte de sang étranger courant dans les veines des Grecs [28] », les érudits scrutent l'horizon dans l'espoir de découvrir la source de cette goutte. La plupart se sont tournés vers l'est, vers l'Asie Mineure et au-delà [29]. Quant à moi, je serais tenté de chercher dans une autre direction.

Les textes de Pindare et de Xénophon cités au début de ce chapitre, laisseraient entendre que l'une des sources de l'antithèse puritaine pourrait être dans l'observation du fait que l'activité « psychique » et l'activité corporelle varient en raison inverse : la *psychê* est plus active quand le corps est endormi, ou bien, comme l'ajoute Aristote, quand il est à l'article de la mort. C'est ce que j'entends quand je l'appelle un soi « occulte ». Or, une croyance de ce genre est un facteur essentiel de la culture chamanique qui subsiste encore en Sibérie de nos jours et qui a laissé des traces de son existence passée sur un vaste territoire qui part, en arc de cercle, de la Scandinavie, passe par la masse continentale eurasienne, et se poursuit jusqu'en Indonésie [30]; son énorme diffusion est une preuve de sa haute antiquité. Un chaman, peut-on dire, est une personne psychiquement instable qui a reçu une vocation à la vie religieuse. En conséquence de sa vocation, il subit une période de formation rigoureuse, qui comprend habituellement la solitude et le jeûne, et qui peut comprendre un changement psychologique de sexe. Il sortira de cette « retraite » religieuse, doué du pouvoir, réel ou présumé [31], de passer à volonté dans un état de dissociation mentale. Dans cet état, il n'est pas — comme la Pythie ou comme un médium moderne — possédé par un esprit étranger; mais sa propre âme est présumée quitter son corps et voyager vers des terres lointaines, le plus souvent vers le monde des esprits. Un chaman peut donc être vu simultanément à des endroits différents; il a le pouvoir de bilocation. De ces expériences, qu'il raconte dans des chants improvisés, lui viennent l'habileté dans la divination, la poésie religieuse et la médecine magique qui lui donnent son importance sociale. Il devient le dépositaire d'une sagesse supranormale.

Or, en Scythie, et peut-être aussi en Thrace, les Grecs étaient entrés en rapport avec des peuplades qui, comme l'a démontré le savant suisse Meuli, étaient influencées par cette culture chamanique. Sur ce point, il suffira de se rapporter à son important article dans *Hermès*, 1935. Meuli a en outre suggéré qu'il faut voir des fruits de ce contact dans l'apparition, tard dans l'époque archaïque, d'une série d'*iatromanteis*, de voyants, de guérisseurs magiques, et maîtres religieux, dont certains, d'après la tradition grecque, sont reliés au Nord, et qui exhibent tous des traits chamaniques [32]. Du Nord vint Abaris, monté, disait-on, sur [33] une flèche, comme aujourd'hui encore, paraît-il, les âmes en Sibérie [34]. Il était si avancé dans la science du jeûne, qu'il avait appris à se passer entièrement de nourriture humaine [35]. Il bannit les épidémies, prédit les tremblements de terre, composa des poèmes religieux, et enseigna le culte de son dieu du Nord, que les Grecs appelaient l'Apollon Hyperboréen [36]. A l'appel de ce même Apollon, Aristéas, un Grec de la mer de Marmara, alla vers le Nord et en revint pour rapporter ses expériences étranges dans un poème façonné, peut-être, sur les excursions psychiques des chamans du Nord. Le voyage d'Aristéas a-t-il été fait dans la chair ou dans l'esprit ? Voilà qui n'est pas tout à fait clair. Du moins, comme Alföldi l'a démontré, ses Arismaspiens à l'œil unique et ses griffons gardiens de trésors, sont des créatures authentiques du folklore d'Asie Centrale [37]. La tradition lui attribuait, en outre, les pouvoirs chamaniques de transe et de bilocation. Son âme pouvait, sous la forme d'un oiseau [38], quitter son corps à volonté; il mourut, ou tomba en transe chez lui, et cependant on le vit à Cyzicus; plusieurs années plus tard, il apparut encore à Metaponte loin dans l'Ouest. Un autre Grec d'Asie possédait le même don : Hermotime de Clazomènes, dont l'âme voyagea de tous côtés, observant des événements éloignés, tandis que son corps gisait inanimé chez lui. Ces récits de chamans qui disparaissent et reparaissent étaient suffisamment connus à Athènes pour que Sophocle puisse y faire allusion dans l'*Electre* sans avoir besoin de citer des noms [39].

De ces hommes il ne reste virtuellement rien que la légende, quoique la structure de la légende puisse être significative. Cette structure se retrouve dans certains des récits concernant Epiménide, le voyant crétois, qui purifia Athènes de la dangereuse souillure causée par une violation du droit d'asile. Mais depuis que Diels l'a pourvu d'une date précise [40] et de cinq pages de fragments, Epiménide commence à avoir tout l'air d'une personne réelle — et cela bien que tous ses fragments aient été composés, de l'avis de Diels, par d'autres auteurs, y compris le fragment cité dans l'Epître à Tite. Épiménide était originaire de Cnossos, et peut-être devait-il à cela une partie de son grand prestige : un homme qui avait grandi à l'ombre du palais de Minos pouvait fort bien prétendre à une sagesse plus antique, surtout après avoir dormi pendant cinquante-sept ans dans la grotte du dieu des mystères crétois [41]. Néanmoins, la tradition l'assimile au type du chaman du Nord. Lui aussi était un grand expert de l'excursion psychique; et comme Abaris, il était un grand jeûneur, vivant uniquement d'une préparation végétale dont le secret lui avait été enseigné par les nymphes et qu'il avait coutume de conserver, pour des motifs qu'il était sans doute mieux placé que nous pour connaître, dans un sabot de bœuf [42]. Un autre trait singulier de sa légende est qu'on remarqua après sa mort que son corps était couvert de tatouages [43]. Trait singulier, parce que les Grecs ne se servaient de tatouages que pour estamper les esclaves. Cela pouvait être un signe de sa consécration de *servus dei ;* mais en tout cas, pour un Grec archaïque, cela aurait probablement évoqué la Thrace où les plus hauts personnages étaient tatoués, et notamment les chamans [44]. Quant au Long Sommeil, c'est là évidemment un conte populaire très répandu [45]. (Rip Van Winkle, le personnage fantaisiste de Washington Irving, n'avait rien d'un chaman.) Mais sa place au début de la saga épiménidienne laisse supposer que les Grecs avaient entendu parler de la longue « retraite » qu'est le noviciat du chaman et qu'il passe souvent en bonne partie dans un état de sommeil ou de transe [46].

De ces données, il semble raisonnable de conclure que l'ouverture de la mer Noire au commerce et à la colonisation grecque au VIIe siècle, en introduisant les Grecs pour la première fois [47] à une culture fondée sur le chamanisme eut en tout cas pour effet d'enrichir de quelques nouveaux traits remarquables la représentation grecque traditionnelle de l'Homme de Dieu, *theios anêr*. Ces nouveaux éléments étaient, je crois, acceptables à l'esprit grec parce qu'ils répondaient aux besoins de l'époque, comme l'avait fait plus tôt la religion dionysiaque. L'expérience religieuse du type chamanique n'est pas collective, elle est individuelle; aussi paraissait-elle séduisante à l'invidualisme croissant d'une époque pour laquelle les extases collectives de Dionysos n'étaient plus entièrement suffisantes. Et il est raisonnable de supposer en outre que ces nouveaux traits eurent quelque influence sur la conception nouvelle et révolutionnaire des rapports entre l'âme et le corps qui apparut à la fin de l'époque archaïque [48]. On se souvient que dans le dialogue de Cléarque, *Du Sommeil*, ce qui convainc Aristote que « l'âme peut se détacher du corps » est précisément une expérience d'excursion psychique [49]. C'était là toutefois une œuvre de fiction et, en outre, relativement tardive. Nous sommes en droit de douter que l'un ou l'autre des Hommes de Dieu dont j'ai fait mention jusqu'ici soit parvenu à de telles conclusions générales et théoriques en partant de ses expériences personnelles. Certes, selon Aristote, il y avait lieu de croire qu'Hermotimos avait devancé son plus illustre concitoyen Anaxagore, dans sa doctrine du *noûs :* mais cela pourrait seulement signifier, comme l'a proposé Diels, que pour prouver la séparabilité du *noûs* Anaxagore fit appel aux expériences du vieux chaman local [50]. Par ailleurs, on rapporte qu'Epiménide aurait prétendu être une réincarnation d'Eaque et avoir vécu de nombreuses fois sur terre [51] (ce qui expliquerait la parole d'Aristote que sa divination ne concernait pas l'avenir mais le passé inconnu [52]). Diels pensait que cette tradition devait venir d'une source orphique; il l'attribuait à un poème orphique fabriqué au nom d'Epiménide par Onomacritos ou l'un de ses amis [53]. Pour une raison qui deviendra apparente tout à l'heure, je suis moins certain de cela que Diels ne l'était; mais quelles que soient les vues adoptées, il ne serait guère sage de vouloir fonder grand-chose dessus.

Il y a toutefois un autre et plus grand chaman grec qui, sans aucun doute, tira des conséquences théoriques et, sans aucun doute aussi, croyait à la réincarnation : je veux dire Pythagore. Nous n'avons pas besoin de croire qu'il prétendait précisément à cette série d'incarnations antérieures qui lui fut attribuée par Héraclide du Pont [54]; mais nous n'avons pas de raison valable pour mettre en doute les déclarations de nos sources d'après lesquelles Pythagore est l'homme auquel Empédocle attribuait une sagesse accumulée au cours de dix ou vingt vies humaines, et qu'il est aussi l'homme dont se moqua Xénophane pour avoir cru qu'une âme humaine pouvait vivre dans un chien [55]. D'où Pythagore tenait-il ces opinions ? La réponse habituelle est « de l'enseignement orphique » ce qui, (à supposer que ce soit vrai), ne fait que renvoyer la question d'un pas en arrière. Mais il est possible je crois, qu'il n'ait été directement dépendant d'aucune source « orphique » sur ce point capital; et que Pythagore, tout comme Epiménide avant lui, ait entendu parler de ce que croyaient les gens du Nord, que « l'âme » ou « l'esprit gardien » d'un ancien chaman pouvait entrer dans un chaman vivant pour renforcer son pouvoir et sa science [56]. Cela n'implique pas nécessairement une doctrine *générale* de la transmigration, et il convient de noter qu'on n'attribue aucune doctrine générale de ce genre à Epiménide; il prétendait seulement que lui-même avait déjà vécu avant, et qu'il était identique à Aeacus, un ancien Homme de Dieu [57]. Ainsi on raconte que Pythagore prétendait à l'identité avec l'ancien chaman Hermotime [58]; mais il semble que Pythagore ait étendu la doctrine bien au-delà de ces premières limites étroites. Peut-être était-ce sa contribution personnelle; étant donné son prestige énorme, ne devons-nous pas lui attribuer quelque aptitude à une pensée créatrice ?

Nous savons en tout cas que Pythagore fonda une espèce d'ordre religieux, une communauté d'hommes et de femmes [59] dont la règle était déterminée par l'attente de vies futures. Il se peut qu'il y ait eu des précédents même pour cela : rappelons-nous le Thrace Zalmoxis chez Hérodote, qui rassembla « les meilleurs des citoyens » et leur fit savoir *non pas* que l'âme humaine est immortelle, mais qu'*eux-mêmes et leur descendance* vivraient à jamais — ils étaient apparemment des individus choisis, une sorte d'élite spirituelle [60]. Les colons grecs en Thrace, de qui Hérodote tenait l'histoire, ont dû être frappés par le fait qu'il y avait quelque analogie entre Zalmoxis et Pythagore; car ils avaient fait de Zalmoxis l'esclave de Pythagore. C'était absurde, comme Hérodote l'a bien vu : le véritable Zalmoxis était un *daimôn*, ou peut-être un chaman du passé lointain dont on avait fait un héros [61]. Mais l'analogie en soi n'était pas si absurde : Pythagore n'avait-il pas promis à ses disciples qu'ils revivraient, et qu'ils deviendraient à la fin des démons ou même des dieux [62] ? Des traditions plus tardives mettent Pythagore en rapport avec cet autre homme du Nord, Abaris, lui attribuant les chamaniques ordinaires de prophétie, de bilocat guérison magique; et rapportant son initiation sa visite au monde des esprits, et son identité my avec « l'Apollon Hyperboréen [63] ». Il peut y avoir des éléments tardifs dans tout cela, mais les débuts de la légende de Pythagore remontent au ve siècle au moins [64], et je veux bien croire que Pythagore y mit du sien pour la propager.

Je suis d'autant plus prêt à le croire puisque dans le cas d'Empédocle c'est cela même que nous voyons se produire, sa légende étant surtout composée de broderies sur les affirmations qu'il fait lui-même dans ses poèmes. Guère plus d'un siècle après sa mort, des récits circulaient déjà, qui rapportaient comment il avait abattu les vents par sa magie, rendu la vie à une femme qui ne respirait plus, et comment il était enfin disparu corporellement de ce monde mortel pour devenir un dieu [65]. Par bonheur nous connaissons la source originelle de ces histoires : nous avons les propres écrits d'Empédocle, dans lesquels il affirme qu'il peut apprendre à ses disciples comment faire cesser les vents, comment ressusciter les morts, et prétend qu'il est lui-même (ou qu'il est censé être) un dieu fait chair [66]. Empédocle est ainsi en un sens le créateur de sa propre légende, et si nous devons en croire ses descriptions des foules venues à lui à la recherche de science occulte ou de guérison magique, les débuts de cette légende datent de son vivant [67]. En face de cela, il me paraît téméraire de supposer que les légendes de Pythagore et d'Epiménide n'aient aucun fondement dans la tradition authentique, qu'elles ont été inventées de toutes pièces et de propos délibéré par les faiseurs de romances d'une époque plus récente.

Quoi qu'il en soit, les fragments d'Empédocle sont l'unique document de première main qui nous permette jusqu'à présent d'imaginer à quoi un chaman agrec pouvait ressembler; il est le dernier exemple attardé d'une espèce qui disparut du monde grec à sa mort, quoiqu'elle continuât à prospérer ailleurs. Les érudits se sont étonnés qu'un homme capable de l'observation aiguë et de la pensée constructive qui est apparente dans le poème d'Empédocle *De la Nature*, ait également écrit les *Purifications* et se soit donné pour un magicien divin. Certains d'entre eux ont cherché à expliquer la chose en disant que les deux poèmes appartiennent sans doute à des périodes différentes de la vie d'Empédocle : soit qu'il ait fait ses débuts en magicien, après quoi, l'audace lui faisant défaut, il se serait mis aux sciences naturelles : soit, comme le voudraient d'autres, qu'il ait fait ses débuts en homme de science, se convertissant ensuite à « l'Orphisme » ou au Pythagorisme, et se consolant enfin, dans l'exil solitaire du déclin de la vie, par des illusions de grandeur, en se disant qu'il était un dieu et qu'il retournerait un jour non pas à Acragas mais au Ciel [68]. L'inconvénient de ces explications, c'est qu'elles ne se tiennent pas vraiment. Le fragment dans lequel Empédocle s'attribue le pouvoir de calmer les vents, de causer ou d'empêcher la pluie, de ressusciter les morts, semble appartenir non pas aux *Purifications*, mais au poème *De la Nature*. Il en est de même du fragment 23, dans lequel le poète invite son élève à écouter « la parole d'un dieu » (il me paraît difficile de croire qu'il s'agit là d'une allusion à l'inspiration conventionnelle de la Muse [69]). Il en est de même aussi du fragment 15, qui semble vouloir établir un contraste entre « ce que les gens appellent la vie » et une existence plus vraie avant la naissance et après la mort [70]. Tout cela décourage les tentatives d'expliquer les inconséquences d'Empédocle selon une formule « génétique ». Il n'est guère plus aisé de souscrire à la description récente qu'en fait Jaeger : « un nouveau type synthétisant de personnalité philosophique [71] », car c'est précisément toute tentative de synthèse entre ses vues religieuses et scientifiques qui paraît faire défaut chez lui. Si je ne me trompe, Empédocle ne représente pas un type nouveau de personnalité mais un type, très ancien, le chaman, qui détient tout ensemble les fonctions encore indifférenciées de magicien et de naturaliste, de poète et de philosophe, de prédicateur, de guérisseur et de conseiller public [72]. Après lui, ces fonctions se séparent; les philosophes désormais ne sont ni poètes ni magiciens; d'ailleurs, un tel homme était déjà un anachronisme au ve siècle. Mais des êtres comme Epiménide et Pythagore [73] ont très bien pu exercer toutes les fonctions que j'ai nommées. Il ne s'agissait pas de « synthétiser » ces vastes domaines des connaissances pratiques et théoriques; en leur qualité d'Hommes de Dieu, ils exerçaient avec assurance dans tous les domaines; la « synthèse » était personnelle plutôt que logique.

Ce que j'ai suggéré jusqu'ici est une ligne hypothétique de descendance spirituelle qui part de la Scythie, traverse l'Hellespont, pour passer en Asie Mineure, se trouve peut-être alliée à certains résidus de la tradition minoenne qui survit en Crète, émigre à l'Ouest avec Pythagore, et trouve son dernier représentant de marque dans la personne du sicilien Empédocle. Ces hommes diffusèrent la croyance en une âme, ou Soi, séparable, qui par une technique appropriée pouvait être tirée du corps durant la vie même, un Soi plus ancien que le corps et qui lui survivra. Mais c'est ici qu'une question inévitable se pose : comment ce développement se rapporte-t-il au personnage mythologique appelé Orphée et à la théologie dite « orphique » ? Je dois tenter de donner une brève réponse.

Au sujet d'Orphée lui-même, je peux hasarder une hypothèse, au risque de me faire traiter de panchamaniste. La patrie d'Orphée est la Thrace, et en Thrace il est ou l'adorateur, ou le compagnon, d'un dieu que les Grecs identifièrent à Apollon [74]. Il exerce conjointement les professions de poète, de magicien, de maître religieux, et de diseur d'oracles. Comme certains chamans légendaires de Sibérie [75], il peut, par sa musique, convoquer les bêtes et les oiseaux pour se faire entendre. Comme les chamans partout, il visite les Enfers, et le motif de sa visite est un but fort commun chez les chamans [76] — le recouvrement d'une âme volée. Enfin, sa personnalité magique survit dans une tête chantante qui continue à donner des oracles bien des années après sa mort [77]. Cela aussi suggère le Nord : ces têtes mantiques apparaissent dans la mythologie nordique et dans la tradition irlandaise [78]. Je conclus qu'Orphée est un personnage thrace dans le genre de Zalmoxis — un chaman mythique ou un prototype de chaman.

Mais Orphée et orphisme sont deux choses fort différentes. Et il faut avouer que je sais très peu de chose de l'orphisme à ses débuts, et que plus je lis sur ce sujet, plus ma connaissance diminue. Il y a vingt ans, j'aurais pu en parler assez longuement (nous le pouvions tous à cette époque). Depuis lors, j'ai perdu beaucoup de science. Je suis redevable de cette perte à Wilamowitz, à Festugière, à Thomas, et surtout à un membre distingué de l'université de Californie, le professeur Linforth [79]. Qu'on me permette d'illustrer mon ignorance actuelle en énumérant quelques-unes des choses que je savais autrefois.

Il y eut un temps où je savais :

Qu'il existait une secte ou communauté orphique à l'époque classique [80];

Qu'une « Théogonie » orphique était connue d'Empédocle [81] et d'Euripide [82], et qu'elle fut parodiée par Aristophane dans *Les Oiseaux* [83];

Que le poème, dont des fragments sont gravés sur les tablettes d'or trouvées à Thurii et ailleurs, est une apocalypse orphique [84];

Que Platon emprunta les détails de ses mythes de l'Autre Monde à une apocalypse orphique de ce genre [85];

Que l'Hippolyte d'Euripide est un personnage orphique [86];

Que *sôma sêma* (« corps égale tombeau ») est une doctrine orphique [87].

Quand je dis que je ne possède plus ces éléments d'information, je ne veux pas affirmer qu'ils sont tous faux. Il me paraît presque certain que les deux derniers sont faux : il faut vraiment s'abstenir de faire d'un chasseur taché de sang un personnage orphique et d'appeler « orphique » une doctrine dont l'orphisme est manifestement nié par Platon. Mais il en est d'autres qui pourraient très bien être vrais. Je dis seulement que je ne puis m'en convaincre pour le moment, et jusqu'au jour où je pourrai le faire, l'édifice dressé sur ces fondations par une érudition ingénieuse ne sera pour moi qu'une maison de rêve; je suis tenté de l'appeler une projection inconsciente, sur l'écran de l'Antiquité, de certaines aspirations religieuses inassouvies, typiques de la fin du XIXe et du début du XXe siècle [88].

Si donc, je me décide provisoirement à me passer de ces pierres angulaires, et de suivre plutôt les règles prudentes d'architecture énoncées par Festugière et Linforth [89], que reste-t-il de l'édifice ? Pas grand-chose, je le crains, à moins que je ne veuille le rapiécer avec des matériaux tirés des théogonies fantastiques que Proclus et Damascius connurent alors que Pythagore était déjà sous terre depuis près de mille ans. Et cela, je n'ose le faire, sauf dans les cas très rares où l'ancienneté du texte et son origine orphique reçoivent des garanties indépendantes [90]. Je citerai plus tard ce qui me paraît être un cas de ce genre, bien que la question soit controversée. Mais qu'on me permette d'abord de rassembler les quelques connaissances incontestées que je possède encore sur l'orphisme et voyons ce qu'on y trouve qui puisse se rapporter au sujet de ce chapitre. Je sais donc encore, qu'au Ve et au IVe siècle, il circulait un certain nombre de poèmes religieux pseudonymes, conventionnellement attribués à l'Orphée mythique, mais que les personnes douées d'un esprit plus critique savaient, ou estimaient être d'origine beaucoup plus récente [91]. Leur origine peut bien avoir été fort diverse, et je n'ai aucune raison de croire qu'ils prêchaient quelque doctrine uniforme ou systématique; Platon en les appelant *biblôn homadon* « un tumulte de livres [92] », laisserait plutôt entendre le contraire. Je sais très peu de chose en ce qui concerne leur contenu. Mais je sais de bonne source que trois choses étaient enseignées dans certains d'entre eux, à savoir : que le corps est la prison de l'âme; que le végétarisme est une règle de vie essentielle; et que les conséquences désagréables du péché, tant dans ce monde que dans l'autre, peuvent être évitées par des moyens rituels [93]. Qu'ils aient enseigné la plus célèbre des doctrines dites « orphiques », la transmigration des âmes, personne, en fait, à l'époque classique, ne l'affirme directement; mais cela peut être déduit, je crois, sans témérité excessive, de la conception du corps en tant que prison où l'âme subit la punition de ses péchés antérieurs [94]. Mais même si l'on en tient compte, cela fait, au total, peu de chose et ne me donne aucune base qui permette de distinguer une psychologie « orphique » d'une psychologie « pythagoricienne ». Car les pythagoriciens aussi se seraient gardés de manger de la viande, auraient pratiqué la catharsis, et auraient considéré le corps comme une prison [95], et Pythagore lui-même, comme on l'a vu, avait fait l'expérience de la transmigration. En vérité il n'a pas dû exister une distinction très nette entre l'enseignement orphique, du moins sous certaines de ses formes, et le pythagorisme; car Ion de Chios, une bonne source du Ve siècle, croyait que Pythagore avait composé des poèmes sous le nom d'Orphée, et Epigène, qui était un spécialiste du sujet, attribue quatre poèmes « orphiques » à des pythagoriciens qu'il cite par leurs noms [96]. Que des poèmes orphiques aient existé avant le temps de Pythagore, et qu'ils aient enseigné la transmigration, cela reste tout à fait incertain. Je me servirai par conséquent du terme « psychologie puritaine » pour englober tant les premières croyances orphiques que les premières croyances pythagoriciennes sur l'âme.

Nous avons vu — du moins, je souhaite qu'on ait vu —

comment le contact avec les croyances et les pratiques chamaniques pouvait, à un peuple réfléchi comme les Grecs, suggérer les éléments d'une telle psychologie : la notion de l'excursion psychique pendant le sommeil ou pendant la transe pouvait renforcer l'antithèse âme-corps; la « retraite » chamanique pouvait servir de modèle à une *askêsis* systématique, une formation consciente des puissances psychiques par l'abstinence, et par des exercices spirituels; les récits de chamans qui disparaissent et reparaissent pouvaient encourager la croyance en un soi indestructible, magique ou démonique; et le transfert des pouvoirs ou de l'esprit des chamans morts aux vivants pouvait se généraliser en une doctrine de la réincarnation [97]. Mais si, chaque fois, je dis « pouvait » c'est qu'il ne s'agit — et j'insiste là-dessus — que de possibilités logiques ou psychologiques. Si ces possibilités ont été actualisées par certains Grecs, cela doit être, comme le dit Rohde, « parce qu'elles paraissaient répondre aux besoins spirituels des Grecs [98] ». Et si nous considérons la situation qui existait à la fin de l'époque archaïque, et que j'ai décrite au chapitre II, je crois que nous verrons qu'elles répondaient en effet à certains besoins logiques, moraux et psychologiques.

Le professeur Nilsson estime que la doctrine de la réincarnation est un produit de « logique pure », et que les Grecs l'inventèrent parce qu'ils sont « logiciens-nés [99] ». Et nous pouvons certes lui accorder qu'une fois admise la notion que l'homme a une « âme » distincte de son corps, il est naturel de demander d'où vient cette « âme » et naturel aussi de répondre qu'elle vient du grand réservoir d'âmes, chez Hadès. Il y a d'ailleurs des indices d'une telle ligne de raisonnement dans le *Phédon* [100], et même, antérieurement à cela, chez Héraclite : je doute toutefois, que des croyances religieuses soient souvent adoptées, même par des philosophes, pour des motifs de pure logique, la logique est tout au plus *ancilla fidei*, et cette doctrine précise a obtenu la faveur d'un grand nombre de peuples qui ne sont rien moins que des logiciens-nés [101]. Je tendrais plutôt à accorder de l'importance à des considérations d'un autre genre.

Au problème archaïque tardif de la justice divine, la réincarnation offrait en effet une solution moralement plus satisfaisante que la culpabilité héréditaire ou la punition dans un monde d'outre-tombe. Avec l'émancipation croissante de l'invidu des liens de la solidarité familiale et l'augmentation de ses droits en tant que « personne » légale, la notion qu'un homme puisse payer les fautes d'un autre devenait inacceptable. Une fois admis par la loi humaine qu'un homme n'est responsable que de ses propres fautes, il faut que, tôt ou tard, la loi divine l'admette aussi. Quant à la punition après la mort, cela expliquait certes assez bien pourquoi les dieux paraissaient tolérer le succès des méchants ici-bas; d'ailleurs la nouvelle doctrine exploitait la chose à fond, en se servant de la technique du « voyage aux enfers » pour évoquer, sous un aspect vrai et cru, les horreurs de la damnation [102]. Mais la punition dans la vie future n'expliquait toujours pas pourquoi les dieux toléraient tant de souffrance humaine, et surtout celle, imméritée, des innocents. La réincarnation, au contraire, en rendait compte. Selon cette doctrine, aucune âme humaine n'est innocente [103] : tous s'acquittent plus ou moins de crimes diversement atroces commis au cours de leurs vies antérieures. Et toute cette masse sordide de souffrance, tant dans ce monde que dans l'autre, n'était qu'un aspect de la longue éducation de l'âme — une éducation qui aboutirait à sa libération du cycle des naissances et à son retour à sa source divine. C'est ainsi seulement, sur cette échelle du temps cosmique, que la justice — en son plein sens archaïque, cette justice dont la norme est que « le malfaiteur portera sa peine » — pouvait être entièrement rendue à chaque âme.

Platon connaissait cette interprétation éthique de la doctrine de la réincarnation sous forme de « mythe, doctrine, ou ce qu'il vous plaira », enseignée par « des prêtres de l'ancien temps [104] ».

Il est certain que l'interprétation est ancienne, mais je ne crois pas qu'elle soit la plus ancienne. Pour le chaman sibérien, l'expérience de vies antérieures n'était pas une source de culpabilité, mais un accroissement de puissance, et c'est là, à mon avis, le point de vue grec originel; c'est un accroissement de puissance de ce genre qu'Empédocle perçut chez Pythagore et auquel, semble-t-il, Epiménide aurait prétendu avant lui. La renaissance cessa d'être un privilège et devint un fardeau seulement quand elle fut accordée à toutes les âmes humaines, servant alors à expliquer les inégalités de notre condition terrestre et à montrer, selon les paroles d'un poète pythagoricien, que les souffrances de l'homme lui sont attirées par lui-même (*authaireta* [105]).

On peut croire qu'il y avait, derrière cette recherche d'une solution à ce que nous appelons le « problème du mal », un besoin psychologique plus profond — celui de rationaliser les sentiments de culpabilité inexpliqués qui, nous l'avons déjà vu, prévalaient à l'époque archaïque [106]. Les gens avaient, je suppose, l'intuition obscure — et, selon l'idée de Freud, juste — que de tels sentiments provenaient d'une expérience passée, submergée, et depuis longtemps oubliée. Quoi de plus naturel que d'expliquer cette intuition (qui serait en réalité, selon Freud, une vague « recollection » de traumatismes infantiles) en la représentant comme la vague « recollection » de péchés commis au cours d'une vie antérieure ? Et ici nous sommes peut-être tombés sur l'origine psychologique de l'importance toute particulière attachée par l'école pythagoricienne à la « recollection » — non pas au sens platonicien, qui consiste à se souvenir des formes incorporelles jadis perçues par une âme incorporelle, mais dans un sens plus primitif, qui est de former la mémoire à se souvenir des actions et des souffrances d'une vie antérieure sur cette terre [107].

Mais cela reste de la conjecture. Ce qui demeure certain, c'est que ces croyances incitaient à une répugnance pour le corps et à un dégoût pour la vie des sens, qui sont entièrement nouveaux en Grèce. Je présume que toute « civilisation de culpabilité » présente un sol favorable au puritanisme, puisqu'elle crée un besoin inconscient d'autopunition que le puritanisme peut satisfaire. Mais en Grèce, ce fut apparemment le choc des croyances chamaniques qui mit en branle le processus. Des esprits grecs donnèrent une interprétation nouvelle et morale à ces croyances; et cela étant fait, le monde sensible devint inévitablement un lieu d'obscurité et de pénitence, la chair, un « revêtement étranger ». « Le plaisir, en toutes circonstances, est mauvais, dit le vieux catéchisme pythagoricien, car nous sommes ici pour être punis et il convient que nous le soyons [108]. » Selon cette doctrine, sous la forme attribuée à l'école orphique par Platon, le corps est la prison de l'âme, prison dans laquelle elle est tenue enfermée par les dieux jusqu'à ce qu'elle ait purgé sa peine. Sous l'autre forme mentionnée par Platon, le puritanisme trouve une expression encore plus violente : le corps est comparé au tombeau dans lequel gît la *psychê* morte, dans l'attente de sa résurrection à la vraie vie, qui est une vie sans le corps. Cette forme semblerait même remonter jusqu'à Héraclite, qui s'en servit peut-être pour illustrer son cycle éternel des contraires, la « route qui monte et la route qui descend [109] ».

Pour des gens qui entendaient par *psychê* la personnalité empirique, ce qui au ve siècle était généralement le cas, une telle affirmation n'avait absolument aucun sens; c'était un paradoxe fantastique, dont les implications comiques n'échappèrent pas à l'esprit d'Aristophane [110]. La formule n'a pas beaucoup plus de sens si nous égalons « âme » à raison. Pour ceux qui prenaient la chose au sérieux, je suppose que ce qui se trouvait « mort » dans le corps n'était ni la raison, ni l'homme empirique, mais un soi « occulte », « l'image de la vie » de Pindare, qui est indestructible, mais qui ne peut fonctionner que dans les conditions exceptionnelles du sommeil ou de la transe. Que l'homme ait deux « âmes », l'une d'origine divine, l'autre terrestre, cela était déjà enseigné (s'il faut en croire nos sources tardives) par Phérécyde de Syros. Et il est significatif qu'Empédocle, à qui nous devons l'essentiel de nos connaissances sur le puritanisme grec primitif, se garde d'appliquer le terme *psychê* au soi indestructible [111]. Pour lui, semble-t-il, la *psychê* est la valeur vitale qui se résorbe, à la mort, dans l'élément ardent d'où elle est sortie (cette conception est assez répandue au ve siècle [112]). Quant au soi occulte qui persiste à travers les incarnations successives, il l'appelle non pas « *psychê* » mais « *daimôn* ». Ce *daimôn*, n'a apparemment aucun rapport avec la perception ou la pensée, lesquelles étaient d'ailleurs, de l'avis d'Emphédocle, mécaniquement déterminées; la fonction du *daimôn* est d'être chargé de la divinité en puissance de l'individu [113] et de sa culpabilité actuelle. En un sens, il se rapproche plus de l'esprit qu'un chaman hérite de ses prédécesseurs, que de l'« âme » rationnelle à laquelle croyait Socrate; mais il a acquis un caractère moral en prenant la forme d'un porteur de culpabilité, et le monde des sens est devenu l'Hadès dans lequel il souffre ses tourments [114]. Ces tourments, Empédocle nous les a décrits dans quelques-uns des vers religieux les plus étranges et les plus émouvants qui nous soient parvenus de l'Antiquité [115].

L'aspect compensatoire de la doctrine est son enseignement au sujet de la catharsis — les moyens qui permettent au soi occulte de progresser dans l'échelle des êtres, et de hâter son ultime libération. A en juger par son titre, c'était là le thème central du poème d'Empédocle, mais les parties qui en traitent sont pour la plupart perdues. L'idée de catharsis n'était pas nouvelle comme nous l'avons vu plus haut [116], c'était une des principales préoccupations des esprits religieux pendant toute l'époque archaïque. Mais dans la nouvelle structure de croyance, cette idée acquit un contenu nouveau et une nouvelle urgence : l'homme devait être lavé non seulement de telle ou telle pollution, mais, autant qu'il est possible, de toute souillure propre à l'état charnel — c'était la condition même de son salut. « Je viens du milieu des purs, Reine pure de ceux d'en bas » — c'est ainsi que l'âme s'adresse à Perséphone dans le poème des feuilles d'or [117]. La pureté, non la justice, est devenue le principal moyen de salut. Et puisque c'est un soi magique plutôt que rationnel qui doit être purifié, les techniques de la catharsis ne sont pas rationnelles mais magiques. Elles peuvent n'être que rituelles, comme dans les livres orphiques dénoncés par Platon pour leur influence démoralisante [118]. Elles peuvent se servir du pouvoir incantatoire de la musique, comme dans la catharsis attribuée aux pythagoriciens qui semble tirer ses origines des « sorts » *(epôdai)* primitifs [119]. Elles peuvent aussi comprendre une *askesis*, la pratique d'un mode de vie particulier.

Nous avons vu que le besoin d'une *askesis*, sous une forme ou sous une autre, était implicite dans la tradition chamanique dès le départ. Mais la « civilisation de culpabilité » archaïque lui donna une orientation particulière. Le végétarisme, qui est l'aspect central de l'*askesis* orphique et de certaines formes d'*askesis* pythagoriciennes est considéré d'ordinaire comme un simple corollaire de la transmigration : l'animal que vous tuez pour le manger est peut-être l'habitation d'un soi, d'une âme humaine. C'est ainsi que l'explique Empédocle. Mais il n'est pas tout à fait logique avec lui-même, car il devrait avoir autant horreur de manger des légumes, puisqu'il croyait que son propre soi occulte avait une fois séjourné dans un buisson [120]. Sous cette rationalisation imparfaite, il y a, je crois, quelque chose de plus ancien — l'antique horreur du sang versé. Pour des esprits scrupuleux, la crainte de cette pollution peut fort bien avoir pris une telle extension, comme il arrive aux craintes de ce genre, qu'elle en vint à comprendre tout versement de sang, tant animal qu'humain. Comme nous le dit Aristophane, la règle d'Orphée était *phonôn apechesthai*, « ne verse pas le sang »; et on dit que Pythagore évitait le contact des bouchers et des chasseurs — sans doute parce qu'ils étaient non seulement des hommes iniques, mais aussi des êtres dangereusement impurs, les porteurs d'une pollution contagieuse [121]. Outre les tabous alimentaires, la société pythagoricienne paraît avoir imposé d'autres austérités à ses membres, par exemple une règle de silence pour les novices, et certaines restrictions sexuelles [122]. Mais peut-être Empédocle fut-il le seul à aller jusqu'à la dernière limite logique du manichéen; je ne vois aucun motif pour discréditer la tradition selon laquelle il aurait dénoncé le mariage et tous les rapports sexuels [123], bien que les vers dans lesquels il l'aurait fait soient perdus. Si la tradition est exacte sur ce point, il en découle, non seulement que le puritanisme serait originaire de la Grèce, mais que ce serait l'esprit grec qui l'aurait porté à son extrême limite théorique.

Reste une question. D'où vient toute cette iniquité ? Comment se fait-il que le soi divin fasse le mal et souffre dans des corps mortels ? Selon l'expression d'un poète pythagoricien : « D'où est venue l'humanité, et d'où vient sa méchanceté [124] ? » A cette question inévitable, la poésie orphique, dans sa forme évoluée tout au moins, fournit une réponse mythique. Cela vient des mauvais Titans, qui s'emparèrent de Dionysos nouveau-né, le déchirèrent, le bouillirent, le rôtirent, le mangèrent, et furent eux-mêmes immédiatement consumés par la foudre de Zeus; de leurs restes fumants jaillit la race humaine, qui hérite ainsi des tendances horribles des Titans, tempérées par une infime portion de la substance de l'âme divine, la substance de Dionysos, qui œuvre encore en eux comme un soi occulte. Pausanias rapporte que cette histoire — ou plutôt, la partie qui concerne les Titans — fut inventée par Onomacritus au VIe siècle (cela implique que le déchirement de Dionysos est plus ancien [125]). Et tout le monde le crut jusqu'au jour où Wilamowitz, ne trouvant aucune allusion claire et certaine au mythe des Titans chez un auteur antérieur au IIIe siècle, en inféra que c'était une invention hellénistique [126]. Cette inférence a été acceptée par un ou deux spécialistes dont je respecte le jugement [127], et c'est avec beaucoup d'hésitation que j'exprime un avis différent du leur et de celui de Wilamowitz. Il existe certainement des motifs pour ne pas trop tenir compte des affirmations de Pausanias au sujet d'Onomacritus [128]; toutefois, plusieurs considérations s'allient pour me persuader que le mythe est malgré tout ancien. En premier lieu, son caractère archaïque : il est fondé sur l'antique rituel dionysiaque du *Sparagmos* et de l'*Omophagia* [129], et il implique l'archaïque croyance en la culpabilité héréditaire qui, à l'époque hellénistique, commençait à être une superstition discréditée [130]. En second lieu, il y a la citation de Pindare dans le *Ménon* de Platon, où « le prix d'un grief ancien » s'explique le plus naturellement comme une allusion à la responsabilité des hommes dans la mort de Dionysos [131]. Troisièmement, dans un passage des *Lois*, Platon fait allusion aux gens qui « font étalage de la vieille nature des Titans [132] », et dans un autre, aux impulsions sacrilèges qui ne sont « ni de l'homme ni de dieu », mais proviennent « d'anciens méfaits que l'homme ne peut purger [133] ». Et quatrièmement, nous apprenons que Xénocrate, le disciple de Platon, rapportait d'une manière ou d'une autre, la notion de « corps égale prison » à Dionysos et aux Titans [134]. Prises séparément, ces apparentes allusions au mythe peuvent à la rigueur, s'expliquer, se réduire; mais en les prenant toutes ensemble, il m'est difficile de ne pas conclure que l'histoire dans son ensemble était connue de Platon et de son public [135].

S'il en est ainsi, le puritanisme ancien, tout comme sa contrepartie moderne, avait sa doctrine du péché originel qui rendait compte de l'universalité des sentiments de culpabilité. Certes, la transmission physique de la culpabilité par une succession corporelle était rigoureusement inconciliable avec l'idée que le soi occulte et perdurable en était le porteur. Mais cela ne doit pas beaucoup nous surprendre. Les Upanishads de l'Inde aussi parvenaient à concilier l'ancienne croyance à la pollution héréditaire avec la doctrine plus récente de la réincarnation [136]; et la théologie chrétienne trouve le moyen de concilier la culpabilité héréditaire d'Adam et la responsabilité morale individuelle. Le mythe des Titans expliquait au puritain grec pourquoi il se sentait à la fois un dieu et un criminel; le sentiment « apollinien » de l'éloignement du divin et le sentiment « dionysiaque » d'identité étaient tous les deux expliqués et tous les deux justifiés. C'était là quelque chose de plus profond que toute logique.

NOTES DU CHAPITRE V

1. Pindare, fr. 116 B (131 S.) Rohde soulignait à juste titre l'importance de ce fragment (*Psyche*, chap. XII.2) quoiqu'il eût tort de faire remonter jusqu'à Homère certaines des idées qui y sont exprimées (*ibid.*, chap. I.2); cf. Jaeger, *Theology of the Early Greek Philosophers*, 75 seq. — La notion selon laquelle le sujet qui rêve est un soi plus « profond » et immuable vient tout naturellement à l'esprit si l'on considère la manière dont un passé mort et même oublié peut être ramené par le sommeil. Comme l'a dit un auteur moderne : « En rêve non seulement nous sommes libérés des servitudes habituelles du temps et de l'espace, non seulement nous retournons vers notre passé et nous nous élançons (probablement) vers notre avenir, mais le soi qui fait apparemment l'expérience de ces étranges aventures est un *soi plus essentiel, sans âge déterminé* » (J. B. Priestley, *Johnson over Jordan*).

2. Xen. *Cyrop*. 8.7.21.

3. Platon, *Rep*. 571 D seq. : lorsque dans le sommeil *to logistikon*, la raison, est αὐτὸ καθ' αὑτὸ μόνον καθαρόν (ce qui n'est pas toujours le cas), elle peut percevoir quelque chose qu'elle ignorait jusqu'alors, que ce soit du passé, du présent ou de l'avenir, et τῆς ἀληθείας ἐν τῷ τοιούτῳ μάλιστα ἅπτεται Aristote, fr. 10 = Sext. Emp. *adv. Phys.* I.21 : ὅταν γὰρ ἐν τῷ ὑπνοῦν καθ' αὑτὴν γένηται ἡ ψυχή, τότε τὴν ἴδιον ἀπολαβοῦσα φύσιν προμαντεύεταί τε καὶ προαγορεύει τὰ μέλλοντα. τοιαύτη δέ ἐστι καὶ ἐν τῷ κατὰ τὸν θάνατον χωρίζεσθαι τῶν σωμάτων, cf. Jaeger, *Aristotle*, 162 seq. Voir aussi Hipp. περὶ διαίτης 4.86, cité plus haut, chap IV, n. 104; et Esch. *Eum*. 104 seq., où le poète a fondu le vieux rêve « objectif » avec l'idée que l'intellect même est doué de prescience dans le sommeil, ce qui paraît dérivé d'une autre structure de croyances. Pour l'importance attachée aux rêves par les pythagoriciens, cf. Cic. *div*. 1.62; Plut. *gen. Socr*. 585 E; Diog. L. 8.24.

4. « A la question de savoir si notre personnalité consciente survit à la mort, presque toutes les races humaines ont donné une réponse affirmative. Les peuples sceptiques ou agnostiques en cette matière sont quasiment, sinon totalement inconnus », Frazer, *The Belief in Immortality*, I, 33.

5. Les témoignages de l'archéologie ont été commodément réunis et soumis à une comparaison critique par Joseph Wiesner, *Grab und Jenseits* (1938), quoique l'on puisse éprouver des doutes sur la validité de certaines inférences qu'il en tire.

6. Voir Lévy-Bruhl, *L'Ame primitive*, 251 seq., 301 seq., et l'*Exp. mystique*, 151 seq. Beaucoup d'anthropologistes sont maintenant

d'avis que la croyance en la survie résulte non pas de quelque démarche logique de la pensée (comme l'avaient supposé Tylor et Frazer), mais plutôt d'un refus de pensée, l'inconscient regardant d'un œil aveugle l'évidence malvenue : cf. par exemple, Elliot Smith, *The Evolution of the Dragon*, 145 seq.; Malinowski, *Magic, Science and Religion*, 32 seq.; K. Meuli, « Griech. Opferbräche », in *Phyllobolia für Peter von der Mühll* (1946); Nilsson in *Harv. Theol. Rev.* 42 (1949) 85 seq.

7. *Il.* 23.103 seq.; *Od.* 11.216.224. L'importance de ces passages, qui impliquent l'apport d'une nouveauté, a été marquée à juste titre par Zielinski (« La Guerre à l'outre-tombe », dans *Mélanges Bidez*, II.1021 seq., 1934), quoiqu'il se soit aventuré un peu trop loin en voulant voir dans les poètes homériques des réformateurs religieux aussi sérieux que les prophètes d'Israël.

8. On trouve non seulement des offrandes d'objets, mais d'authentiques canules même dans les tombes où le mort est incinéré (Nock, *Harv. Theol. Rev.* 25 (1932) 332). A Olynthe, où l'on a examiné plus de 600 inhumations datant du VIe; au IVe siècle avant J. C., les offrandes d'objets sont, en fait, plus fréquentes dans les tombes où les restes sont incinérés (D. M. Robinson. *Excavations at Olynthus*, XI. 176). Cela doit signifier de deux choses l'une : soit que l'incinération n'était après tout pas destinée, comme le pensait Rohde, à démêler l'âme du corps par la destruction de ce dernier; soit que les anciennes habitudes irraisonnées du soin des morts étaient trop profondément enracinées pour qu'elles puissent être troublées par une mesure de ce genre. Meuli, *loc. cit.*, fait remarquer qu'à l'époque de Tertullien, les gens continuaient à nourrir les morts incinérés (*Carn. ressur.*, 1, (vulgus) defunclos atrocissime exurit, quos post modum gulosissime nutrit); et que malgré la désapprobation première de l'Eglise l'emploi des canules à subsisté dans les Balkans presque jusqu'à nos jours. Cf. aussi Lawson, *Mod. Gr. Folklore*, 528 seq., et sur le sujet tout entier, Cumont, *Lux Perpetua*, 387 seq.

9. Plut. *Solon* 21; Cic. *De leg.* 2.64.66. Cf. aussi la protestation de Platon contre les dépenses funéraires ruineuses, *Lois* 959 C, et la loi des Labyadae, qui interdit entre autres l'habillement du cadavre dans des vêtements funèbres trop luxueux (Dittenberger, *Syll.* [2] II. 438.134). Mais le « phantasme » de l'âme-cadavre, évidemment, n'est qu'un des sentiments qui trouvent satisfaction dans des funérailles coûteuses (cf. Nock, *JRS* 38 (1948) 155).

10. *Il.* 3.278 seq., 19.259 seq. Il est très peu sage de vouloir imposer une cohérence eschatologique à Homère (ou qui que ce soit d'autre) au prix d'émendations ou d'excisions ou par la distorsion du sens évident des mots, Ces formules de serments de l'*Iliade* préservent une croyance qui était plus ancienne que l'Hadès neutre homérique (car de telles formules archaïsent, elles n'innovent pas) et qui possédait une vitalité bien plus grande.

11. *H. Dem.* 480 seq. Sur la date probable de l'Hymne (qui exclut toute vraisemblance d'influence « orphique »), voir Allen et Halliday, *The Homeric Hymns* [2], 111 seq.

12. Wilamowitz soutint la chose dans son imprudente jeunesse (*Hom. Untersuchugen*, 199 seq.); mais il se rétracta ensuite (*Glaube*, II. 200).

13. Esch. *Eum.* 267 seq.; 339 seq.; *Suppl.* 414 seq. Cf. Wehrli, Λάθε βιώσας 90. Le fait qu'à l'époque classique la crainte de la punition après la mort n'était pas restreinte aux milieux « orphiques » ou pythagoriciens, mais pouvait hanter toute conscience coupable, semble être impliqué par Démocrite frs. 199 et 297, et Platon, *Rep.* 330 D.

14. Pindare, fr. 114 B (130 S.). Pour les chevaux. cf. *Il.* 23.171 et

Wiesner, *op.* cit., 136², 152¹¹, 160, etc.; pour les damiers (*pessoi*) Wiesner. 146.

15. Anacréon, fr. 4; Simonides d'Amorgos, fr. 29.14 D. (= Simonides de Ceos, fr. 85 B.); *IG* XII.9.287 (Friedländer, *Epigrammata*, 79). Hipponax fait un emploi semblable de *psychê*, fr. 42 D. (43 B.).

16. G. R. Hirzel, « Die Person », *Münch. Sitzb.* 1914, Abh. 10.

17. Soph. *O. T.* 64 seq., 643. Mais quoique chacune de ces tournures puisse être remplacée par le pronom personnel, elles ne sont pas (comme l'a suggéré Hirzel) interchangeables; *soma* n'aurait pas pu servir à la ligne 64, ni *psychê* à la ligne 643.

18. *IG* I².920 (= Friedländer. *Epigrammata*, 59) ψυχ[ὴ] ὄλετ' ἐ[νδαῖ] (ca. 500 B. C.); cf. Eur. *Hel.* 52 seq., ψυχαὶ δὲ πολλαὶ δι' ἐμέ... ἔθανον, et *Tro.* 1214 seq., ψυχὴν σέθεν ἔκτεινε. Pindare, *Ol.* 9.33 seq. : οὐδ' 'Αΐδας ἀκινήταν ἔχε ῥάβδον, βρότεα σώμαθ' ᾇ κατάγει κοίλαν πρὸς ἄγυιαν θνασκόντων (cf. Virg. *Geo.* 4.475 = *Aen.* 6.306).

19. « The Socratic Doctrine of the Soul », The Herts Lecture, 1916, *Proc. Brit. Acad.* VII. Liddell-Scott, s.v. ψυχή n'a pas su profiter des recherches de Burnet. Pour la tragédie, le matériel lexicographique a été rassemblé par Martha Assman, *Mens et Animus*, I (Amsterdam, 1917).

20. Soph. *Ant.* 176. Cf. 707 seq., où *psychê* est contrasté avec *phronein*, et Eur. *Alc.* 108.

21. Par ex., Antiphon, 5.93; Soph. *El.* 902 seq.

22. Je suis tenté de croire avec Burnet que ce doit être là le sens d'Eur. *Tro.* 1171 seq.; il ne serait guère naturel de comprendre σῇ ψυχῇ autrement qu'en rapport avec γνούς.

23. Eur. *Hec.* 87.

24. Cf. des tournures comme διὰ μυχῶν βλέπουσα ψυχή. Soph. *Phil.* 1013, et πρὸς ἄκρον μυελὸν ψυχῆς, Eur. *Hipp.* 255.

25. Soph. *Ant.* 227.

26. Que le mot *psychê* ne comportait pas d'associations puritaines, cela est évident dans des tournures comme ψυχῇ τῶν ἀγαθῶν χαριζόμενος (Sem. Amorg. 29. 14), ψυχῇ διδόντες ἡδονὴν καθ' ἡμέραν (Esch. *Pers.* 811), βορᾶς ψυχὴν ἐπλήρουν (Eur. *Ion.* 1169). Et qu'il fût loin, dans le parler commun, d'avoir des implications religieuses ou métaphysiques est plaisamment démontré dans un passage du dévôt Xénophon (si toutefois il est vraiment de lui) : quand il se met en devoir de fournir aux personnes dépourvues d'imagination une liste de noms convenant à des chiens, le tout premier nom qui lui vient sous la plume est précisément *Psychê* (*Cyneg.* 7.5).

27. Comme le *thumos* chez H. Apoll. 361 seq., la *psychê* est parfois censée résider dans le sang : Soph. *El.* 785 τὸ οὑμὸν ἐκπίνουσ' ἀεὶ ψυχῆς ἄκρατον αἷμα et Ar. *Nub.* 712 τὴν ψυχὴν ἐκπίνουσιν (οἱ κόρεις). C'est là l'usage du peuple, non de la spéculation philosophique comme chez Empédocle, fr. 105. Mais les auteurs médicaux tendent aussi, comme nous devons naturellement nous y attendre, à marquer l'interdépendance étroite du mental et du corporel, et l'importance des facteurs affectifs dans la vie de l'un et de l'autre. Voir W. Muri. « Bemerkungen zur hippokratischen Psychologie », *Festschrift Tieche* (Bern, 1947).

28. E. Rohde, « Die Religion der Griechen », 27 (*Kl. Schriften*, II. 338).

29. La thèse de Gruppe sur l'origine de l'Orphisme en Asie Mineure a récemment été réaffirmée par Ziegler, P.-W., s. v. « Orphische Dichtung », 1385. Mais le point faible reste que les personnages divins de l'Orphisme tardif dont l'origine asiatique est certaine — Erikpaios, Misa, Hipta, la figure polymorphe de Chronos ailé — n'existent pas de façon démontrable dans la première littérature orphique, et peuvent

fort bien être des importations d'une époque ultérieure. Hérodote eût voulu que la théorie de la réincarnation fût dérivée de l'Egypte; mais la chose est impossible pour la bonne raison que les Egyptiens n'avaient aucune théorie semblable (voir Mercer, *Religion of Ancient Egypt*, 323, et les autorités citées par Rathmann, *Quaest. Pyth.* 48). Une provenance indienne est dénuée de preuves et paraît intrinsèquement improbable (Keith, *Rel. and Phil. of Veda and Upanishads*, 601 seq.). Il serait toutefois possible en remontant assez loin de trouver une source commune aux croyances indienne et grecque; voir plus bas, n. 97.

30. Sur le caractère et la diffusion de la culture chamanique voir K. Meuli, « Scythica », *Hermes*, 70 (1935) 137 seq, une étude brillante à laquelle je dois l'idée de ce chapitre; G. Nioradze, *Der Schamanismus bei den Sibirischen Völkern* (Stuttgart, 1925); et l'ouvrage intéressant quoique conjectural de Mrs Chadwick, *Poetry and Prophecy* (Cambridge, 1942). Pour des descriptions détaillées de chamans, voir W. Radhoff, *Aus Sibirien* (1885); V. M. Mikhailovski, *JRAI* 24 (1895) 62 seq.; W. Sieroszewski, *Rev. de l'hist. des rel.* 46 (1902) 204 seq., 299 seq.; M. A. Czaplicka, *Aboriginal Siberia* (1914), qui donne une ample bibliographie; I. M. Kasanovicz, *Smithsonian Inst. Annual Report*, 1924; U. Holmberg, *Finno-Ugric and Siberian Mythology* (1927). Le rapport entre les idées religieuses scythes et ouralo-altaïques a été remarqué par le savant hongrois Nagy et reçoit l'assentiment de Minns (*Scythians and Greeks*, 85). Voir maintenant l'ouvrage important de Mircea Eliade, *Le Chamanisme et les Techniques archaïques de l'Extase*, 1951.

31. Il semblerait que dans certaines formes de chamanisme, la dissociation ne soit qu'une fiction; dans d'autres, selon les indices, elle serait tout à fait réelle (cf. Nioradze, *op. cit.*, 91 seq., 100 seq; Chadwick, *op. cit.*, 18 seq.). Ce dernier type est sans doute le plus ancien, le premier n'étant que son imitation conventionnelle. A. Olhmarks, *Arch. f. Rel.* 36 (1939) 171 seq., affirme que la transe chamanique authentique est restreinte à la région arctique et qu'elle est attribuable à l'« hystérie arctique », mais voir les critiques de M. Eliade, *Rev. de l'hist. des rel.* 131 (1946) 5 seq. L'âme peut aussi quitter le corps dans la maladie (Nioradze, *op. cit.*, 95; Mikhailovski, *loc cit.*, 128) et dans le sommeil ordinaire (Nioradze, *op. cit.*, 21 seq.; Czaplicka, *op. cit.*, 287; Holmberg, *op. cit.*, 472 seq.).

32. Sur ces « chamans grecs » voir aussi Rohde, *Psychê*, chap. IX.7, où la plupart des documents les concernant sont assemblés et examinés; H. Diels, *Parmenides' Lehrgedicht*, 14 seq; et Nilsson, *Gesch.* I.582 seq., qui accepte le point de vue de Meuli. On peut soutenir que le comportement chamanique est enraciné dans la composition psycho-physique de l'homme, et que quelque chose de ce genre a donc pu voir le jour en Grèce indépendamment d'une influence étrangère. Mais à cela, trois choses peuvent être opposées : 1) un tel comportement commence à être attesté parmi les Grecs aussitôt que la mer Noire est ouverte à la colonisation grecque, et pas avant; 2) parmi les premiers « chamans » attestés l'un est un Scythe (Abaris), un autre est un Grec qui avait visité la Scythie (Aristeas); 3) on trouve une concordance suffisante dans le détail concret entre le chamanisme gréco-scythe ancien et le sibérien moderne pour qu'une hypothèse de simple « convergence » paraisse assez improbable : parmi les exemples, il y a le changement de sexe du chaman en Scythie et en Sibérie (Meuli, *loc. cit.*, 127 seq.) l'importance religieuse de la flèche (n. 34 *infra*), la retraite religieuse (n. 46), la condition des femmes (n. 59), le pouvoir sur les bêtes et les oiseaux (n. 75), le voyage au monde souterrain pour y recouvrer une âme (n. 76), les deux âmes (n. 111), et la ressemblance des méthodes

cathartiques (nn. 118, 119). Il est fort possible que certaines de ces choses soient des coïncidences : prises séparément, aucune d'entre elles n'est décisive; mais leur poids collectif me paraît considérable.

33. Cette tradition, bien qu'elle ne soit conservée que par des auteurs tardifs, paraît plus vieille que la version rationalisante d'Hérodote (4.36) dans laquelle Abaris *porte* la flèche (la raison pour laquelle il le fait n'est pas donnée). Cf. Corssen, *Rh. Mus.* 67 (1912) 40, et Meuli, *loc. cit.*, 159 seq.

34. Ceci me paraît implicite dans l'emploi de la flèche par le chaman Buryat pour rappeler l'âme des malades, et aussi aux enterrements (Mikhailovski, *loc.*, *cit.*, 128, 135). Les chamans tirent aussi des présages d'un vol d'une flèche (*ibid.*, 69, 99); et on dit que l'« âme externe » du chaman Tatar est parfois logée dans une flèche (N. K. Chadwick, *JRAI* 66 (1936) 311). D'autres chamans peuvent traverser l'air, montés sur un « cheval-bâton » comme les sorcières sur un balai (G. Sandschejew, *Anthropos*, 23 (1928) 980).

35. Hdt. 4.36.

36. Concernant l'« Apollon Hyperboréen », cf. Alcée, fr. 72 Lobel (2 B.); Pindare, *Pyth.* 10.28 seq.; Bacchyl. 3.58. seq; Soph. fr. 870 N.; A. B. Cook, *Zeus*, II.459 seq. A. H. Krappe, *CPh* 37 (1942) 353 seq., a montré avec beaucoup de probabilité que les origines de ce dieu doivent être recherchées en Europe du Nord : il est associé à un produit septentrional, l'ambre, et à un oiseau du Nord, le cygne chanteur; de plus son « ancien jardin » est situé au-delà du vent du Nord (car il est probable après tout que l'étymologie la plus évidente d'« hyperboréen » soit la bonne). Il semblerait que les Grecs, en entendant parler de lui par les missionnaires comme Abaris, l'aient identifié avec leur propre Apollon (peut-être à cause d'une ressemblance dans les noms, si Krampe a raison de supposer qu'il fut le dieu d'Abalus « l'île aux pommes », l'Avalon médiéval), et qu'ils aient prouvé cette identité en lui donnant une place dans la légende du temple de Délos (Hdt. 4.32 seq).

37. Aristeas, frs. 4 et 7 Kinkel; Alföldi, *Gnomon*, 9 (1933) 567 seq. J'ajouterai que les vierges aveugles d'Eschyle « au corps de cygne » qui jamais ne voient le soleil (*P. V.* 794 seq., peut-être d'après Aristeas) ont aussi de bons parallèles dans les « vierges-cygnes » d'Asie centrale, qui vivent dans l'obscurité et ont des yeux de plomb (N. K. Chadwick, *JRAI* 66 (1936) 313, 316. Quant au voyage d'Aristeas, le récit d'Hérodote (4.13 seq.) est ambigu et représente peut-être une tentative de rationaliser l'histoire (Meuli, *loc. cit.*, 157 seq.). Chez Maxime de Tyre 38.3 c'est nettement l'âme d'Aristeas qui visite les hyperboréens à la manière chamanique. Les détails donnés chez Hérodote 4.16 suggèrent toutefois un voyage véritable. [Depuis la rédaction de ce qui précède, j'ai pu lire la fascinante monographie de J. D. P. Bolton, *Aristeas of Proconnesus*, qui m'a enfin convaincu que l'Aristeas historique, fût-il chaman ou non, fit son voyage au pays des chamans dans la chair.]

38. Hdt. 4,15.2; Pline, *N. H.* 7.174. Comparer les oiseaux-âmes des tribus yakoutes et toungouses (Holmberg, *op. cit.*, 473, 481); aussi les costumes en forme d'oiseau portés par les chamans sibérien lorsqu'ils chamanisent (Chadwick, *Poetry and Prophecy*, 58 et pl. 2); et la croyance que les premiers chamans étaient des oiseaux (Nioradze, *op. cit.*, 2). Les oiseaux-âmes sont très répandus, mais il n'est pas sûr qu'ils aient été connus en Grèce archaïque (Nilsson, *Gesch.* 1.182 seq.).

39. Soph *El.* 62 seq. Le ton est rationaliste et suggérait l'influence de son ami Hérodote; il songe sans doute aux histoires comme celle qu'Hérodote rapporte de Zalmoxis (4.95), et qui rationalisent le chamanisme thrace. Les Lapons croyaient autrefois que leurs chamans

« revenaient » après la mort (Mikhailovski, *loc., cit.*, 150 seq.); et en 1556 le voyageur anglais Richard Johnson vit un chaman samoyède « mourir » et ensuite reparaître vivant (Hakluyt, 1.317 seq.).

40. H. Diels, « Ueber Epimenides von Kreta », *Brl. Sitzb.* 1891, I.387 seq. Les fragments sont maintenant Vorsokr. 3 B (antérieurement 68 B). Cf. aussi H. Demoulin, *Epiménide de Crète* (Bibl. de la Fac. de Phil. et Lettres Liège, fasc. 12). Le septicisme de Wilamowitz (*Hippolytos*, 224, 243 seq.) me paraît excessif, bien qu'on ne puisse douter que certains des oracles d'E. soient des faux.

41. Le prestige de *kathartai* crétois à l'époque archaïque est attesté par la légende qui veut qu'Apollon, après avoir tué Python, ait été purifié par Karmanor le Crétois (Paus. 2.30.3, etc.); cf. aussi le Crétois Thaletas qui chassa la peste de Sparte au VIIe siècle (Pratinas, fr. 8 B.). Sur le culte des grottes en Crète voir Nilsson, *Minoan-Myc, Religion*², 458 seq. Epiménide était nommé νέος κούρης (Plut. *Sol.* 12, Diog. L. 1.115).

42. La tradition de l'excursion psychique fut peut-être transmise à Epiménide par Aristeas; Suidas attribue ce pouvoir à l'un et à l'autre dans des termes à peu près semblables. De même l'apparition d'Epiménide après sa mort (Proclus, *in Remp.* II. 113 Kr.) pouvait être imitée d'Aristeas. Mais la tradition de la nourriture des fées paraît plus ancienne, ne fût-ce que pour le sabot de bœuf inexpliqué. On en trouve des traces jusque chez Hérodote (fr. 1 J.), que Jacoby place environ en 400 avant J.-C., et une mention apparente chez Platon, *Lois* 677 E. Il est tentant de rapprocher, cette tradition *(a)* de celle de la vie miraculeurement longue d'Epiménide, et *(b)* de la « recette » thrace « pour échapper à la mort » (n. 60 *infra*).

43. τὸ δέρμα εὑρῆσθαι γράμμασι κατάστικτον. Suid. s. v. (= Epimenides A 2). La source de ceci pourrait être l'historien spartiate Sosibius, environ 300 avant J.-C. (cf. Diog. Laert, 1.115). Suidas ajoute que la « peau d'Epiménide » (τὸ 'Επιμενίδειον δέρμα) était une tournure proverbiale pour désigner n'importe quoi de caché (ἐπὶ τῶν ἀποθέτων). Mais je ne puis recevoir la curieuse théorie de Diels (*op. cit.*, 399) et Demouli (*op. cit.*, 69) selon laquelle cette tournure aurait été à l'origine une allusion à un manuscrit sur vélin des œuvres d'E.; plus tard, par suite d'une erreur d'interprétation on aurait supposé qu'elle se rapportait à sa peau tatouée. Comparer peut-être, Σ Lucien, p. 124 Rabe, ἐλέγετο γὰρ ὁ Πυθαγόρας ἐντετυπῶσθαι τῷ δεξίῳ αὐτοῦ μηρῷ τὸν Φοῖβον. Est-ce là une rationalisation de la mystérieuse « cuisse d'or » ? Ou bien, le noyau historique de ce conte aurait-il été un tatouage sacral ou une tache de naissance naturelle ?

44. *Hdt.* 5.6.2. : τὸ μὲν ἐστίχθαι εὐγενὲς κέκριται, τὸ δὲ ἄστικτον ἀγεννές. Le chaman thrace Zalmoxis avait sur le front une marque tatouée que les auteurs grecs, ignorant sa signification religieuse, expliquaient en disant qu'il avait été capturé par des pirates, qui l'avaient estampé pour le marché des esclaves (Dionysophanes *apud* Porph. *Vit. Pyth.* 15, où Delatte, *Politique pyth.*, 228, a sûrement tort d'identifier les pirates fictifs à des opposants locaux antipythagoriciens). Les peintres de vases grecs savaient que les Thraces pratiquaient le tatouage sacral : des Ménades thraces tatouées d'un faon apparaissent sur plusieurs vases (*JHS* 9 (1888) pl. VI; P. Wolters, *Hermes*, 38 (1903) 268; Furtwängler-Reichhold, III, Tafel 178, où certaines sont aussi tatouées d'un serpent). Sur le tatouage en tant que marque de consécration à un dieu, cf. aussi Hdt 2.113 (Egypte), et les exemples de provenances diverses examinés par Dölger, *Sphragis*, 41 seq. Le tatouage était également pratiqué par les Sarmates et les Daces (Pline, *N. H.* 22.2), les Illyriens (Strabon 7.3.4). les « picti Agathyrsi »

en Transylvanie représentés par Virgile comme adorant l'Apollon (Hyperboréen) (*Aen.* 4.146), et d'autres peuples balkaniques et danubiens (Cook, *Zeus*, II.123). Mais les Grecs l'estimaient *aischron kai atimon*, laid et déshonorant (Sextus Empiricus, *Pyrrh. Hyp.* 3.202; cf. Diels, *Vorsokr.*[5] 90 (83) 2.13).

45. Frazer, *Pausanias*, II, 121 seq.

46. Cf. Rohde, *Psyche*, chap. IX, n. 117; Halliday, *Greek Divination*, 91, n. 5; et pour le long sommeil des chamans, Czaplicka, *op. cit.*, 179. Holmberg, *op. cit.*, 496, cite le cas d'un chaman qui demeura « immobile et inconscient » plus de deux mois, au moment de sa « vocation ». Comparer à la longue retraite sous terre de Zalmoxis (n. 60 *infra*). Diels pensait (*loc. cit.*, 402) que le Long Sommeil fut inventé pour réparer les écarts chronologiques dans les divers récits concernant Epiménide. Mais si c'était là l'unique motif, les Longs Sommeils devraient être très fréquents dans les débuts de l'histoire grecque.

47. Je ne tiens pas compte ici des conjectures hasardeuses de Meuli concernant les éléments chamaniques dans la poésie épique grecque (*loc. cit.*, 164 seq.). Sur la date tardive de la pénétration grecque dans la mer Noire, et les raisons de ce retard, voir Rhys Carpenter, *AJA* 52 (1948) 1 seq.

48. Ceci fut déjà clairement reconnu par Rohde, *Psyche*, chap. IX, 7.

49. Proclus, *in Remp.* II.122.22 seq. Kr. (= Clearchus, fr. 7 Wehrli). Le récit ne peut malheureusement pas être considéré comme historique (cf. Wilamowitz, *Glaube*, II.256, et H. Lewy, *Harv. Theol. Rev.* 31 (1938) 205 seq.).

50. Ar. *Met.* 984[b] 19; cf. Diels sur Anaxagore A 58. Zeller-Nestle, I.1269, n. 1, tendrait à écarter la déclaration d'Aristote comme dépourvue de fondement. Mais Iamb. *Protrept.* 48.16 (= Ar. fr. 61) donne à penser qu'Anaxagore en appelait réellement à l'autorité d'Hermotime.

51. Diog. Laert. 1.114 (*Voroskr.* 3 A 1) : λέγεται δὲ ὡς καὶ πρῶτος (πρῶτον Casaubon, αὐτὸς cj. Diels), Αἰακὸν λέγοι... προσποιηθῆνατε πολλάκις ἀναβεβιωκέναι. Les mots αὐτὸν Αἰακὸν λέγοι montrent que ἀναβεβιωκέναι ne peut pas être une simple allusion à l'excursion psychique, comme l'avait proposé Rohde (*Psyche*, chap. IX, n. 116).

52. Ar. *Rhet.* 1418[a] 24 : ἐκεῖνος γὰρ περὶ τῶν ἐσομένων οὐκ ἐμαντεύετο, ἀλλὰ περὶ τῶν γεγονότων, ἀδήλων δέ. On trouvera une explication diffrérente de cette déclaration chez Bouché-Leclercq, *Hist. de la divination*, II. 100.

53. II. Diels, *loc. cit.* (n. 40, *supra*), 395.

54. *Apud* Diog. Laert. 8.4. Cf. Rohde, *Psyche*, *App.* X, et A. Delatte, *La Vie de Pythagore de Diogène Laërce*, 154 seq. D'autres lui prêtent une série de vies différentes (Dicaearchus, fr. 36 W.).

55. Empédocle, fr. 129 D (cf. Bidez, *La Biographie d'Empédocle*, 122 seq.; Wilamowitz, « Die καθαρμοί des Empedokles », *Berl. Sitzb.* 1929, 651); Xénophane, fr. 7 D. Je ne trouve guère convaincante la tentative faite par Rathmann pour discréditer ces deux traditions dans ses *Quaestiones Pythagoreae, Orphicae, Empedocleae* (Halle, 1933). Xénophane semble s'être moqué des invraisemblances qu'on rapportait sur le compte d'Epiménide (fr. 20). La manière dont Burnet a traduit le fragment d'Empédocle, « though he lived ten, yea, twenty génerations of men ago » (*EGPh*[1] 236) — ce qui exclurait toute allusion à Pythagore — est linguistiquement impossible.

56. Mikhailovski, *loc. cit.* (n. 30 *supra*), 85, 133; Sieroszwski, *loc. cit.*, 314; Czaplicka, *op. cit.*, 213, 280. Cette dernière attribue une croyance *générale* en la réincarnation à plusieurs peuplades sibériennes (130, 136, 287, 290).

57. Eaque semble avoir été une figure sacrale antique, minoenne peut-être : durant sa vie il fut un magicien faiseur de pluie (Isocrate, *Evag.* 14, etc.), et après sa mort il fut promu portier de l'Enfer (Ps.-Apollod. 3.12.6; cf. Eur. *Peirithous*, fr. 591, Ar. *Ran.* 464 seq.) ou même Juge des morts (Platon, *Apol.* 41 A, *Gorg.* 524 A; cf. Isocr. *Evag.* 15).

58. Diog. Laert. 8.4. Selon Phérécyde de Syros, un autre avatar de Pythagore, Aethalide, aurait par privilège spécial reçu le pouvoir de renaître (Σ Apoll. Rhod. 1.645 = Pherecydes fr. 8). Je pense comme Wilamowitz (*Platon*, 1.251, n. 1) que de tels contes ne sont pas le produit de spéculations philosophiques, mais que la théorie est, au contraire, une généralisation suggérée, en partie au moins, par les contes. Au sujet de la réincarnation en tant que privilège restreint aux chamans, voir P. Radin, *Primitive Religion*, 274 seq.

59. La condition des femmes dans la communauté pythagoricienne est exceptionnelle pour la société grecque de l'époque classique. Mais remarquons que dans de nombreuses sociétés sibériennes aujourd'hui les femmes peuvent comme les hommes accéder à la condition de chaman.

60. *Hdt.* 4.95. Cf. 4.93 : Γέτας τοὺς ἀθανατίζοντας 5.4. : Γέται οἱ ἀθανατίζοντες, et Platon, *Charm.* 156 D : τῶν Θρᾳκῶν τῶν Ζαλμόξιδος ἰατρῶν, οἳ λέγονται καὶ ἀπαθανατίζειν. Ces tournures signifient, non pas que les Gètes « croyaient en l'immortalité de l'âme », mais qu'ils détenaient une recette pour échapper à la mort (Linforth, *CPh* 13 (1918) 23 seq.). La nature de l'issue proposée par Zalmoxis à ses sectateurs est toutefois loin d'être claire. Il semble possible que les informateurs d'Hérodote aient fondu en une seule histoire plusieurs idées distinctes à savoir : *a*) le paradis terrestre de l'« Apollon Hyperboréen », dans lequel (comme dans l'Elysée égéen) certains hommes sont transportés physiquement sans mourir (αἰεὶ περιεόντες cf. Bacchyl. 3.58 seq. et Krappe, *CPh* 37 (1942) 353 seq.) : d'où l'identification de Zalmoxis avec Kronos (Mnaseas, FHG III, fr. 23); cf. Czaplicka, *op. cit.*, 176 : « Il existe des traditions concernant des chamans qui furent emportés encore vivants de la terre au ciel »; *b*) le chaman disparaissant qui s'éclipse pendant de longues périodes dans une grotte sacrée : le κατάγαιον οἴκημα de *Hdt.* et le ἀντρῶδες τι χωρίον ἄβατον τοῖς ἄλλοις de Strabon (7.3.5.) ont l'apparence d'être des versions rationalisées de la caverne où un *anthrôpodaimôn* subsiste sans mourir, *Rhesus*, 970 seq., cf. Rohde, *Psyche*, chap. VIII, n. 68; *c*) *peut-être* aussi une croyance en la transmigration (Rohde, *loc. cit.*); cf. la déclaration explicite de Méla que certains Thraces « redituras putant animas obeuntium » (2.18), et Phot., Suid., *EM*, s. v. Ζάλμοξις; mais il n'est pas question d'« âmes » dans le récit d'Hérodote.

61. Hérodote sait que Zalmoxis est un *daimôn* (4.94.1), mais ne tranche pas la question de savoir s'il avait une fois été un homme (96.2). Le compte rendu de Strabon (7.3.5.) donne à penser qu'il était ou bien un chaman héroïsé — tous les chamans deviennent des Uör, des héros, après la mort (Sieroszewski, *loc.* cit., 228 seq.) — ou bien un prototype divin de chaman. On peut comparer cela aux exagérations des pythagoriciens (cf. Nock, *CR* 40 (1926) 185 seq., et Meuli, *loc. cit.*, 163), parlant de leur fondateur : τοῦ λογικοῦ ζῴου τὸ μέν ἐστι θεός, τὸ δὲ ἄνθρωπος, τὸ δὲ οἷον Πυθαγόρας (Aristote, fr. 192 R. = Iamb. *Vit. Pyth.* 31). Le fait que Zalmoxis donna son nom à un type particulier de chant et de danse (Hesych. s. v.) semblerait confirmer ses rapports avec les cérémonies chamaniques. Les ressemblances entre la légende de Zalmoxis et celles d'Epiménide et d'Aristeas ont été soulignées à juste titre par le professeur Rhys

Carpenter (*Folktale, Fiction, and Saga in the Homeric Epics*, Sather Classical Lectures, 1946, 132 seq., 161 seq.), bien que je ne puisse accepter l'ingénieuse hypothèse par laquelle il les identifie tous les trois à des ours hivernants (Pythagore aurait-il été un ours lui aussi ?). Minar qui tente de tirer un noyau historique des récits touchant à Zalmoxis ne tient pas compte de leur fond religieux.

62. Cf. Delatte, *Etude sur la litt. pyth.*, 77 seq.

63. Pythagore et Abaris, Iamb. *Vit. Pyth.* 90-93, 140, 147, qui fait d'Abaris un disciple de Pyth. (Suidas, s. v. Πυθαγόρας, renverse la situation); initiation, *ibid.*, 146. Prophétie, bilocation et identité à l'Apollon Hyperboréen, Aristote, fr. 191 R. (= *Vorsokr.*, Pyth. A 7). Guérisons, Elien, *V. H.* 4.17, Diog. Laert. 8.12, etc.; visites souterraines Hieronymus de Rhodes *apud* Diog. 8.21, cf. 41. à l'encontre de l'opinion selon laquelle toute la légende pythagoricienne peut être écartée comme une invention de « faiseurs de romances » tardifs, voir O. Weinreich, *NJbb* 1926, 638 et Gigon, *Ursprung d. gr. Philosophie*, 131; et sur le caractère irrationnel d'une grande partie de la première pensée pythagoricienne, L. Robin. *La Pensée hellénique*, 31 seq. Je ne propose certes pas qu'il convienne d'expliquer tout le pythagorisme comme s'il était un développement du chamanisme; d'autres éléments, tels que la mystique des nombres et les spéculations sur l'harmonie cosmique, avaient aussi de l'importance à une époque très reculée.

64. Comme le dit Reinhardt, toutes les allusions les plus anciennes à Pythagore — chez Xénophane, Héraclite, Empédocle, Ion (et l'on pourrait ajouter Hérodote) « présupposent la tradition populaire qui voyait en lui un 'Albertus Magnus' » (*Parmenides*, 236). Cf. I. Lévy, *Recherches sur les sources de la légende de Pythagore*, 6 seq. et 19.

65. Le pouvoir magique sur les vents remonte à Timée (fr. 94 M. = Diog. L. 8.60); les autres histoires à Heraclides Ponticus (frs. 72, 75, 76 Voss = Diog. L. 8.60 seq., 67 seq.). Bidez, *La Biographie d'Empédocle*, 35 seq., soutient de manière convaincante que la légende de la translation corporelle d'Empédocle est plus ancienne que celle de sa mort dans le cratère de l'Etna, et ne fut pas inventée par Héraclide. De même, la tradition sibérienne rapporte comment les grands chamans du passé étaient transportés corporellement (Czaplicka, *op. cit.*, 176), et comment ils ramenaient les morts à la vie (Nioradze, *op. cit.*, 102).

66. Frs. 111.3, 9; 112.4.

67. Fr. 112.7 seq. Cf. Bidez, *op. cit.*, 135 seq.

68. La première opinion fut soutenue par Bidez, *op. cit.*, 159 seq., et Kranz, *Hermes*, 70 (1935) 115 seq.; la seconde par Wilamowitz (*Bert. Sitzb.* 1929, 655), à la suite de Diels (*Berl. Sitzb.* 1898, 1.39 seq.) et d'autres. Contre l'une et l'autre de ces opinions voir W. Nestle, *Philol.* 65 (1906) 545 seq., A. Diès. *Le Cycle mystique*, 87 seq., Weinreich, *NJbb* 1926, 641, et Cornford, *CAH* IV.568 seq. Les tentatives faites par Burnet et d'autres pour distinguer, dans une génération ultérieure, pythagoriciens « scientifiques » et « religieux » illustrent la même tendance à imposer les dichotomies modernes à un monde qui n'avait pas encore éprouvé le besoin de définir « science » ou «religion ».

69. Cette explication (celle de Karsten) fut acceptée par Burnet et Wilamowitz. Mais voyez, *contra*, Bidez, *op. cit.*, 166, et Nestle, *loc. cit.*, 549, n. 14.

70. Compte tenu de ces passages la description que fait Wilamowitz du poème *De la Nature* — qui serait selon lui *durchaus materialistisch* (*loc. cit.*, 651) — prête décidémment à confusion, quoiqu'on ne puisse douter qu'Empédocle, tout comme ses contemporains, conçût les forces mentales en termes matériels.

71. Jaeger, *Theology*, 132.

72. Cf. Rohde, *Psyche*, chap. XI, 6. Sur le large registre des fonctions chamaniques, voir Chadwick, *Growth of Literature*, I.637 seq., et *Poetry and Prophecy*, chap. I et III. La société homérique est plus avancée : le *mantis*, l'*iêtros*, l'*aoidos*, y sont membres de professions distinctes. Les chamans grecs archaïques représentaient une régression à un type plus ancien.

73. La tradition ultérieure, insistant sur l'ésotérisme de l'enseignement de Pythagore, niait qu'il eût mis la moindre chose par écrit; voir toutefois Gigon, *Unters. z. Heraklit.* 126. Il ne me semble pas qu'il y ait eu de tradition solide en ce sens au Ve siècle, puisque Ion de Chios a pu attribuer des poèmes orphiques à Pythagore (n. 96 *infra*).

74. Cf. W. K. C. Guthrie, *Orpheus and Greek Religion*, chap. III.

75. Chadwick, *JRAI* 66 (1936) 300. Les chamans modernes ont perdu ce pouvoir, mais ils s'entourent encore, quand ils chamanisent, d'images sculptées d'oiseaux et de bêtes, ou de leurs peaux, afin d'obtenir le secours des esprits animaux (Meuli, *loc. cit.*, 147); ils imitent aussi le cri des ce « aides » (Mikhailovski, *loc. cit.*, 74, 94). La même tradition apparaît dans la légende de Pythagore qui « *comme l'on dit... apprivoisa un aigle, qu'il fit descendre et venir à lui par certaines voix, ainsi comme il volait en l'air dessus sa tête* » (Plut. *Numa* 8); ceci peut se comparer à la croyance iénisséenne selon laquelle « les aigles sont les assistants du chaman » (Nioradze, *op. cit.*, 70. Il apprivoisa aussi un autre animal, fort important aux chamans nordiques, l'ours (Iamb. *Vit. Pyth.* 60.)

76. Chadwick, *ibid.*, 305 (voyage sous terre de Kan Märgän qui va rechercher sa sœur), et *Poetry and Prophecy*, 93; Mikhailovski, *loc. cit.*, 63, 69 seq.; Czalicka, *op. cit.*, 260, 269; Meuli, *loc. cit.*, 149.

77. Cf. Guthrie, *op. cit.*, 35 seq.

78. Par exemple la tête mantique de Mimir, *Ynglinga saga*, chap. IV et VII. En Irlande « les têtes parlantes ont été un phénomène bien attesté depuis plus de mille ans » (G. L. Kittredge, *A Study of Gawain and the Green Knight*, 177, dans lequel de nombreux exemples sont cités). Cf. aussi W. Déonna, *REG* 38 (1925) 44 seq.

79. Wilamowitz, *Glaube*. II.193 seq. (1932); Festugière, *Revue Biblique*, 44 (1935) 372 seq.; *REG* 49 (1936) 306 seq.; H. W. Thomas, Ἐπέκεινα (1938); Ivan M. Linforth. *The Arts of Orpheus* (1941). Zieder (représentant la vieille garde des pan-orphistes) lança en 1942 une vive riposte à ce scepticisme « réactionnaire », sous forme d'un article dans un ouvrage de référence (P.-W., s. v. « Orphische Dichtung »). Mais quoiqu'il n'ait guère eu de peine à marquer quelques points sur son adversaire immédiat, Thomas, je ne peux pas dire que Ziegler ait apaisé mes doutes quand aux fondements sur lesquelles repose l'exposé traditionnel de l'« orphisme », même sous la forme modifiée que présentent des auteurs aussi prudents que Nilsson (« Early Orphism », *Harv. Theol. Rev.* 82 [1935] et Guthrie (*op. cit.*).

80. Voir, *contra*, Wilamowitz, II. 199. qui généralise en affirmant qu'aucun auteur de l'époque classique ne parle d'*Orphikoi*. Hérodote 2.81 ne peut être invoqué comme exception que si l'on adopte le « texte court » (la lecture d'ABC) dans ce passage contesté. Mais une omission accidentelle chez un ancêtre d'ABC, causée par *homoiteleuton* et amenant un changement ultérieur du nombre du verbe, me paraît beaucoup plus probable qu'une interpolation dans DRSV; et je ne puis me défendre de penser que le choix du mot *orgiôn* à la phrase suivante fut déterminé par le mot *Bakchikoisi* dans le « texte long » de celui-ci (cf. Nock, *Studies Presented to F. Ll. Griffith*, 248, et Boyancé, *Culte des Muses*, 94, n. 1).

81. Voir, *contra*, Bidez, *op. cit.*, 141 seq. Il existe, à mon avis, des

arguments plus forts pour rattacher Empédocle à la tradition pythagoricienne (Bidez, 122 seq.; Wilamowitz, *Berl. Sitzb*, 1929, 655; Thomas, 115 seq.) qu'à tout autre tradition portant les marques certaines et caractéristiques du « proto-orphisme » (Kern, Kranz, etc.). Mais c'est probablement une erreur de le considérer comme un membre de quelque « école » : il était un chaman indépendant qui exprimait les choses à sa façon.

82. Dans le *Hypsipyle* fr. 31 Hunt (= Kern, *O.F.* 2) l'adjectif plutôt commun *prôtogonos* est sans rapport démontré avec la littérature orphique la plus ancienne, cependant que *Erôs* et *Nux* ont été importés par conjecture. *Les Crétois* fr. 472 n'a pas non plus de rapport démontrable avec l'« orphisme » (Festugière, *REG* 49.309).

83. Voir, *contra*, Thomas, 43 seq.

84. Voir, *contra*, Wilamowitz, II.202 seq.; Festugière, *Rev. Bibl.* 44.331 seq.; Thomas, 134 seq.

85. La thèse centrale de l'ouvrage de Thomas veut que cette hypothèse soit à la fois superflue et intrinsèquement impropable.

86. Voir, *contra*, Linforth, 56 seq.; D. W. Lucas, « Hippolytus », *CQ* 40 (1946) 65 seq. Ajoutons que la tradition pythagoricienne rangeait explicitement les chasseurs avec les bouchers parmi les personnes impures (Eudoxe, fr. 36 Gisinger = Porph, *vit Pyth.* 7). L'attitude orphique à leur égard ne pouvait guère être très différente.

87. Cette erreur vénérable a été refutée maintes fois au cours des années récentes : voir T. Harder, *Ueber Ciceros Somnium Scipionis*, 121, n. 4; Wilamowitz, II.199; Thomas, 51 seq.; Linforth, 147 seq. Mais comme, d'autre part, des érudits fort respectés continuent à la propager, il semble utile de dire encore une fois *a*) que ce qui est attribué par Platon, *Crat.* 400 C, à οἱ ἀμφ' 'Ορφέα est la supposition que σῶμα (τοῦτο τὸ ὄνομα) est dérivé de σῴζειν, ἵνα σῴζηται (ἡ ψυχή) : ceci est mis hors de doute par les mots καὶ οὐδὲν δεῖν παράγειν οὐδ' ἓν γράμμα, qui font contraster σῶμα-σῴζω à σῶμα-σῆμα et σῶμα-σημαίνω; *b*) que σῶμα-σῆμα est attribué dans ce même passage à τινές, sans autres précisions; *c*) que lorsqu'un auteur dit : « Certaines personnes rattachent *sôma* (corps) à *sêma* (tombeau), mais je crois que ce furent probablement les poètes orphiques qui forgèrent le mot en le dériant de *sôzô* (« je garde ») », nous ne pouvons pas supposer que « les poètes orphiques » puissent être identifiés aux « certaines personnes », ni même dénombrés parmi elles (je suis porté à penser que la chose demeure vraie même si μάλιστα est présumée qualifier ὡς δίκην διδούσης, κτλ).

88. Ainsi que l'a exprimé Mr. D. W. Lucas (*CQ* 40.67), « le lecteur moderne, confondu et désolé du caractère apparemment fruste d'une bonne partie de la religion grecque conventionnelle, veut trouver partout des indices de l'orphisme, parce qu'il a le sentiment que celui-ci correspond davantage à ce qu'il attend d'une religion, et qu'il lui répugne de penser que les Grecs n'exigeaient pas la même chose ». Cf. aussi Jaeger, *Theology*, 61. Je ne puis m'empêcher de croire que l' « Eglise orphique historique » qui figure par exemple chez Toynbee, *Study of History*, V. 84 seq. sera citée un jour comme l'exemple classique du genre de mirage historique qui est suscité quand les hommes, à leur insu, projettent leurs préoccupations présentes sur le lointain passé.

89. Festugière, *REG* 49.307; Linforth, XIII seq.

90. Des parallèles entre Platon ou Empédocle, et ces compilations tardives ne constituent pas, à mon sens, une telle garantie; sauf dans l'éventualité où nous pourrions, dans tel cas particulier, exclure la possibilité que le compilateur ait cueilli la tournure, ou l'idée, chez ces maîtres reconnus de la pensée mystique.

91. Parmi les sceptiques, auraient figuré Hérodote, Ion de Chios et Epigène (b. 96 *infra*), ainsi qu'Aristote : voir la discussion admirable de Linforth, 155 seq.

92. *Rep.* 364 E. L'étymologie et l'emploi du mot *homados* porte à croire que Platon songe moins à un bruit confus d'une récitation marmonnée, qu'au bruit d'un grand nombre d'ouvrages proclamant chacun sa propre panacée; il faut être plusieurs pour faire un *homados* L'expression d'Euripide πολλῶν γραμμάτων καπνούς (*Hipp.* 954), marque aussi la multiplicité des autorités orphiques, ainsi que leur futilité. Comme le fait remarquer Jaeger (*Theology*, 62), il est anachronique de postuler un « dogme » orphique uniforme à l'époque classique.

93. Platon, *Crat.* 400 C; Eur. *Hipp.* 952 seq. (cf. Ar. *Ran.* 1032, Platon, *Lois* 782 C); Platon, *Rep.* 364 E-365 A.

94. Ziegler, *loc. cit.*, 1380, me semble avoir raison sur ce point, en dépit de l'ultra-sceptique Thomas. Les paroles d'Aristote dans le *De anima* 410a19 (= *O. F.* 27), loin d'exclure la transmigration du cortège des croyances orphiques, tendent plutôt à confirmer qu'il faut l'y inclure, et cela, du fait qu'elles montrent que certains auteurs d'*Orphika* croyaient tout au moins à une âme préexistante et séparable.

95. Les comédies de la moyenne époque nous représentent le pythagoricien qui feint d'être un végétarien de stricte observance (Antiphane, fr. 135 K., Aristophon, fr. 9, etc.) et vit même de pain et d'eau (Alexis, fr. 221). Mais la règle pythagoricienne se présentait sous différentes formes; la plus ancienne interdisait peut-être seulement de manger certains animaux ou certaines parties d'animaux « sacrées » (Nilsson, *Early Orphism*, 206 seq., Delatte, *Etudes sur la litt. pyth.* 289 seq.). L'idée de *sôma-phroura* fut attribuée par Cléarque (fr. 38 W.) à un pythagoricien réel ou imaginaire nommé Euxitheos. (Platon, *Phédon* 62 B, ne confirme pas, à mon sens, que l'opinion fut enseignée par Philolaus; et je n'ai que peu de foi en « Philolaus », fr. 15). Au sujet de la *katharsis* pythagoricienne, voir plus bas n. 119, et en ce qui concerne la ressemblance générale étroite entre les idées paléo-pythagoriciennes et paléo-orphiques, E. Frank, *Platon u. d. sogenannten Pythagoreer*, 67 seq., 356 seq., et Guthrie, *op. cit.*, 216 seq. Les différences les plus nettement discernables ne sont pas doctrinales, mais concernent le culte (Apollon est central dans le pythagorisme, Dionysos l'est apparemment chez les *Orphika*); la condition sociale (le pythagorisme est aristocratique, les *Orphika* ne l'étaient probablement pas); et surtout le fait que la pensée orphique demeurait au niveau mythique, tandis que les pythagoriciens, déjà à une époque assez reculée, sinon dès le début, s'efforcèrent de traduire cette manière de penser en termes plus ou moins rationnels.

96. Diog Laert. 8.8. (= Kern, *Test.* 248); Clem. Alex. *Strom.* 1.21, 131 (= *Test.* 222). Il me paraît difficile d'accepter l'identification que fait Linforth de cet Epigène avec un membre obscur de l'entourage de Socrate (*op. cit.*, 115 seq.); le type d'intérêt philologique qui lui est attribué par Clément (*ibid.*, 5.8, 49 = *O. F.* 33) et Athenée (468 C) rappelle fort l'érudition alexandrienne. C'était en tout cas quelqu'un qui avait fait une étude spéciale de la poésie orphique, compte tenu de la pauvreté de nos renseignements il serait imprudent de rejeter ses déclarations aussi sommairement que le fait Delatte (*Etudes sur la litt. pyth.*, 4 seq.). Nous ne savons pas sur quoi étaient fondées ses attributions particulières; mais pour soutenir l'idée générale que les premiers pythagoriciens avaient eu une part dans la fabrication d'*Orphika* il pouvait en appeler à de bonnes autorités du ve siècle, non seulement Ion de Chios, mais Hérodote aussi, à ce qu'il me semble, si du moins je ne me trompe pas en interprétant la phrase

célébre du 2.81 comme suit : « Ces pratiques égyptiennes concordent (*homologéei* RSV) avec les pratiques appelées orphiques et dionysiaques, qui sont en fait originaires d'Egypte, et (dont certaines) furent apportées de là-bas par Pythagore » (au sujet du texte, voir plus haut, n. 80). Puisque Hdt., ailleurs (2.49), attribue l'importation des *bacchika* à Mélampos, les pratiques importées par Pythagore sont sans doute restreintes aux *Orphika*. Cf. 2.123, où il dit qu'il connaît, mais qu'il ne nommera pas les plagiaires qui importèrent d'Egypte, en se l'attribunat, la doctrine de la transmigration.

97. Quelque chose du genre a pu se produire en Inde, où la croyance en la réincarnation apparaît assez tardivement et ne paraît ni être autochtone, ni faire partie des croyances des survenants indo-européens. W. Ruben, *Acta Orientalia*, 17 (1939) 164 seq., en discerne le point de départ dans des contacts avec la culture chamanique d'Asie centrale. Un fait intéressant est qu'en Inde comme en Grèce, la théorie de la réincarnation et l'explication du rêve comme excursion psychique font leur apparition ensemble (*Br. Upanishad* 3.3. et 4.3.; cf. Ruben, *loc. cit.*, 200). Elles sembleraient être des éléments d'une même structure de croyances. S'il en est ainsi, et si le chamanisme est à l'origine du second de ces éléments, il est probablement à l'origine des deux.

98. Rohde, « Orphens », *Kl. Schriften*, II.306.

99. *Eranos*, 39 (1941) 12. Voir, *contra*, Gigon, *Ursprung*, 133 seq.

100. Héraclite, fr. 88 D., cf. Sext. Emp. *Pyrrh. Hyp.* 3.230 (cité *infra*, n. 109); Platon, *Phédon*, 70 C-72 D (l' « argument des contraires »).

101. « Cette doctrine de la transmigration ou de la réincarnation de l'âme se retrouve chez de nombreuses tribus sauvages », Frazer, *The Belief in Immortality*, I.29. « Croyance presque universelle en la réincarnation, spécialement chez les peuples non agriculteurs », P. Radin, *La Religion primitive* (Trad. Fr., p. 215).

102. Cf. Platon, *Phédon*, 69 C, *Rep.* 363 D., etc., et pour la croyance pythagoricienne au Tartare, Arist. *Anal. Post.* 94^b33 (= *Vorsokr.* 58 Cl). Un *Voyage aux Enfers* figure parmi les poèmes attribués par Epigène au pythagoricien Cercops (n. 96). L'enfer de boue est une image qu'on appelle habituellement « orphique » sur l'autorité peu imposante d'Olympiodore (in *Phaed.* 48.20 N). Aristide, *orat.* 22.10 K (p. 421 Dind.), l'attribue à Eleusis (cf. Diog. L. 6.39). Platon *Rep.* 363 D et *Phédon* 69 C, s'exprime en termes vagues. Pour ma part, j'y verrais volontiers une vieille notion populaire dérivée de la consubstantialité de l'âme et du cadavre, et par conséquent de la confusion de l'Hadès et du tombeau : les étapes de son développement peuvent être suivies dans le Ἀΐδεω δόμον εὐρώεντα d'Homère (*Od.* 10.512, cf. Soph. *Aj.* 1166, τάφον εὐρώεντα); le λάμπα ou λάπα d'Eschyle (*Eum.* 387, cf. Blass *ad loc.*); et le βόρβορον πολὺν καὶ σκῶρ ἀείνων d'Aristophane (*Ran.* 145). A certain moment, au cours de son développement, elle fut interprétée comme étant la punition qui convenait aux non-initiés, aux « impurs » *(tôn akathartôn)*; cela pourrait être une contribution ou d'Eleusis, ou des *Orphika*, ou des deux à la fois.

103. A la question τί ἀληθέστατον λέγεται le vieux catéchisme pythagoricien donnait la réponse ὅτι πονηροὶ οἱ ἄνθρωποι (Iamb. *vit. pyth.* 82 = Vorsokr. 45 C 4).

104. *Lois* 872DE. Cf. la vue pythagoricienne sur la justice, Arist. *E.N.* 1132^a21 seq.

105. γνώσει δ' ἀνθρώπους αὐθαίρετα πήματ' ἔχοντας, donné pour pythagoricien par Chrysippe *apud* Aul. Gell. 7.2.12. Cf. Delatte, *Etudes*, 25.

106. Voir chap. II. Freud lui-même semble avoir reconnu un rap-

port entre l'idée grecque d'anamnèse et l'emploi thérapeutique qu'il en fit de son côté : on rapporte qu'il se déclarait très impressionné par la théorie platonicienne de la réminiscence à laquelle il aurait, à un moment donné, longuement réfléchi (Ernest Jones, *Sigmund Freud : Life and Work*, 1.62).

107. Contre l'attribution par Burnet de l'*anamnèse platonicienne* aux pythagoriciens (*Thales to Plato*, 43) voir L. Robin, « Sur la doctrine de la réminiscence », *REG* 32 (1919) 451 seq. (= *La Pensée hellénique*, 337 seq.), et Thomas, 78 seq. Sur la formation de la mémoire chez les pythagoriciens, Diod. 10. 5 et Iamb. *vit. Pyth.* 164 seq. Ces auteurs ne la rapportent pas à l'effort qui serait fait pour retrouver le souvenir d'existences antérieures, mais il ne semble pas déraisonnable de supposer que ce fut là, à l'origine, son but ultime. L'anamnèse en ce sens est une prouesse exceptionnelle, à laquelle on ne peut parvenir que grâce à des dons spéciaux et une formation spéciale ; c'est un exploit spirituel hautement considéré en Inde de nos jours. La foi, en ce domaine, est probablement aidée par une illusion psychologique curieuse, à laquelle certaines personnes sont sujettes, et qu'on appelle le « déjà vu ».

108. Iamb. *vit. Pyth.* 85 (= *Vorsokr.* 58 C 4). Cf. Crantor *apud* [Plut.] *cons. ad. Apoll.* 27, 115 B, qui attribue à « de nombreux sages » l'opinion que la vie humaine est une *timôria*, et Arist. fr. 60, où la même opinion est attribuée aux οἱ τὰς τελετὰς λέγοντες (poètes orphiques ?).

109. Héraclite, frs. 62, 88 ; cf. Sext. Emp. *Pyrrh. Hyp.* 3.230 : ὁ δὲ Ἡράκλειτος φησιν ὅτι καὶ τὸ ζῆν καὶ τὸ ἀπαθανεῖν καὶ ἐν τῷ ζῆν ἡμᾶς ἐστι καὶ ἐν τῷ τεθνάναι· ὅτε μὲν γὰρ ἡμεῖς ζῶμεν, τὰς ψυχὰς ἡμῶν τεθνάναι καὶ ἐν ἡμῖν τεθάφθαι, ὅτε δὲ ἡμεῖς ἀποθνήσκομεν, τὰς ψυχὰς ἀναβιοῦν καὶ ζῆν et Philon. *Leg. alleg.* 1.108. La citation de Sextus n'est sans doute pas textuelle, mais il serait imprudent de n'en tenir aucun compte, comme le font certains, à cause de son langage « pythagoricien ». Pour l'opinion semblable exprimée par Empédocle, voir plus bas n. 114 ; et pour les développements ultérieurs dans cette ligne, Cumont. *Rev. de Phil.* 44 (1920) 230 seq.

110. Ar. *Ran.* 420 ἐν τοῖς ἄνω νεκροῖσι, et la parodie d'Euripide, *ibid.*, 1477 seq. (Cf. 1082, καὶ φασκούσας οὐ ζῆν τὸ ξῆν, où la doctrine est présentée comme un sommet de la perversité).

111. Pherecyde, A 5 Diels. Sur les deux âmes chez Empédocle, voir Gomperz, *Griechische Denker* I³. 198 seq. ; Rostagni, *Il Verbo di Pitagora*, chap. VI ; Wilamowitz, *Berl. Sitzb.* 1929, 658 seq. ; Delatte, *Enthousiasme*, 27. Divers savants, faute de distinguer la *psychê* du *daimôn*, ont été amenés à découvrir une contradiction imaginaire entre les *Purifications* et le poème *De la nature* sur le rapport de l'immortalité. Les contradictions apparentes sur le même sujet dans les fragments d'Alcméon doivent peut-être s'expliquer de la même façon (Rostagni, *loc. cit.*). Une autre représentation du soi « occulte » subsistant attribué par Aristote à « certains pythagoriciens » (*de anima* 404ᵃ17) la donnait pour une particule matérielle minuscule *(xusma)*, une notion qui a de nombreux parallèles chez les Primitifs. De nouveau, ceci est tout à fait distinct de l'âme-souffle qui est le principe de vie au niveau empirique ordinaire. La notion d'une pluralité d'« âmes » peut avoir été reprise à la tradition chamanique : la plupart des peuples sibériens de nos jours croient en deux âmes ou davantage (Czaplicka, *op. cit.*, chap. XIII). Mais comme l'a dit Nilsson récemment, « un enseignement pluraliste au sujet de l'âme est fondé dans la nature des choses, et seules nos habitudes de pensée rendent surprenant qu'un homme puisse avoir plusieurs ' âmes ' (*Harv. Theol. Rev.* 42 [1949] 89).

112. Empédocle, A 85 (Aetius, 5.25.4), cf. frs. 9.12. Retour de la

psychê ou du *pneuma* à l'éther incandescent : Eur. *Supp.* 533, fr. 971, et l'épitaphe de Potidée (Kaibel, *Epigr.* gr. 21). Cela paraît fondé sur l'idée simple que la *psychê* est du souffle ou de l'air chaud (Anaximenes, fr. 2), qui tiendrait à s'élever lorsque, à la mort, elle est expirée dans l'atmosphère (Empédocle, fr. 2.4., καπνοῖο δίκην ἀρθέντες).

113. Un paradoxe semblable est attribué par Clément à Héraclite, *Paedag.* 3.2.1. Mais on ne trouve pas dans les fragments d'Héraclite le souci empédocléen de la culpabilité. Comme Homère, il se préoccupe apparemment plus de la *timê* (fr. 24).

114. L'opinion de Rohde, selon laquelle la « terre étrangère » (fr. 118) et la « prairie d'Atê » (fr. 121) seraient simplement le monde des hommes, est soutenue par d'anciennes autorités, et me paraît presque certainement juste. Elle fut mise en doute par Maass et Wilamowitz, mais elle est acceptée par Bignone (*Empedocle*, 492), Kranz (*Hermes*, 70 [1935] 114, n. 1), et Jaeger (*Theology*, 148 seq., 238).

115. Jaeger, *Theology*, chap. VIII, surtout 147 seq., a bien fait ressortir les qualités imaginatives des *Purifications*, Empédocle était un véritable poète, et pas seulement un philosophe qui s'exprimait en vers.

116. Voir plus haut, pp. 35 seq. Certaines fonctions cathartiques sont exercées par le chaman sibérien primitif (Radloff, *op. cit.*, II. 52 seq.); le rôle de *kathartês* échoirait donc tout naturellement à ses imitateurs grecs.

117. *O. F.* 32 *(c)* et *(d)*.

118. *Rep.* 364 E : διὰ θυσιῶν καὶ παιδιᾶς ἡδονῶν. Empédocle, fr. 143, prescrit des ablutions dans de l'eau puisée à cinq sources dans des vaisseaux de bronze — ce qui rappelle l'« ordonnance futile » proposée par l'un des interlocuteurs dans Ménandre (fr. 530.22 K), ἀποχρουνῶν τριῶν ὕδατι περιρράναι, et la catharsis pratiquée par les chamans buryat avec l'eau puisée à trois sources (Mikhailovski, *loc. cit.*, 87).

119. Aristoxène, fr. 26, et la note de Wehrli; Iamb, *vit. Pyth.* 64 seq., 110-114, 163 seq.; Porph. *vit. Pyth.* 33; Boyancé, *Le Culte des Muses*, 100 seq., 115 seq. La musique est très employée par les chamans modernes pour appeler ou pour bannir les esprits — c'est « le langage des esprits » (Chadwick, *JRAI* 66 [1936] 297). Et il semble probable que l'usage qu'en firent les pythagoriciens soit dérivé, en partie au moins, des traditions chamaniques : cf. les *epôdai* par lesquels les disciples thraces de Zalmoxis savaient, dit-on, « guérir l'âme » (Platon, *Charm.* 156 D-157 A).

120. Empédocle, fr. 117.

121. Ar. *Ran.* 1032 (cf. Linforth, 70); Eudoxe *apud* Porph, *vit. Pyth.* 7. Le végétarisme est associé aux mystères crétois par Euripide (fr. 472) et par Théophraste (*apud Porph. de abst.* 2.21), et il se peut bien que le végétarien crétois Epiménides ait joué un rôle dans sa diffusion. Mais l'autre forme de la règle pythagoricienne qui interdisait seulement de manger certaines créatures « sacrées », telles que le coq blanc (n. 95, *supra*), seraient peut-être dérivées du chamanisme, car de nos jours « les animaux, et surtout les oiseaux qui jouent un rôle dans les croyances chamaniques, ne peuvent être mangés, ni même molestés » (Holmberg, *op. cit.*, 500), bien que l'interdiction générale de manger la chair se trouve seulement dans certains clans parmi les Buryats (*ibid.*, 499).

122. Le « silence pythagoricien » est proverbial depuis Isocrate (11.29). Jamblique parle de cinq ans de silence complet pour les novices (*vit. Pyth.* 68,72), mais cela pourrait être une exagération tardive. Continence, Aristoxène, fr. 39 W, Iamb. *vit. Pyth.* 132,

209 seq.; rapports sexuels estimés nuisibles, Diog. Laert. 8.9, Diod. 10.9.3 seq., Plut. *Q. Conv.* 3.6.3. 654 B. Le célibat n'est pas exigé du chaman sibérien moderne. Mais il n'est pas inutile de remarquer que selon Posidonius le célibat était pratiqué par certains « hommes saints » (chamans) parmi les Gètes de Thrace (Strabon, 7. 3.3. seq.).

123. Hippolyte (*Ref. haer.* 7.30 = Empédocle B 110) accuse Marcion de vouloir imiter les *katharmoi* d'Empédocle en s'efforçant de bannir le mariage : διαιρεῖ γὰρ ὁ γάμος κατὰ 'Εμπεδοκλέα τὸ ἓν καὶ ποιεῖ πολλά. Ceci s'explique par une autre déclaration qu'il attribue à E. (*ibid.*, 7.29 = Emp. B 115), selon laquelle les rapports sexuels faciliteraient l'œuvre destructrice de la Discorde. Il n'est cependant pas clair qu'E. ait été jusqu'à prêcher le suicide de la race.

124. Hippodamas *apud* Iamb. *vit. Pyth.* 82.

125. Paus. 8.37.5 (= Kern, *Test.* 194).

126. Wilamowitz, *Glaube*, II.193, 378 seq.

127. Notamment par Festugière, *Rev. Bibl.* 44 (1935) 372 seq. et *REG* 49 (1936) 308 seq. D'autre part, l'antiquité du mythe est soutenue par Guthrie (107 seq.) — qui ne semble pas toujours invoquer les raisons les plus fortes — Nilsson (« Early Orphism », 202) et Boyancé (« remarques sur le salut selon l'Orphisme », *REA* 43 [1941] 166). L'examen le plus complet et le plus soigné du matériel est celui de Linforth, *op. cit.*, chap. V. Il penche en général pour les dates les plus anciennes, quoique ses conclusions soient négatives sous certains autres rapports.

128. Pour la signification probable de l'attribution à Onomacritus, voir Wilamowitz. *Glaube*, II.379, n. 1; Boyancé, *Culte des Muses*, 19 seq.; Linforth. 350 seq. J'hésiterais aussi à trop m'appuyer sur les découvertes faites dans le Kabeirion thébain (Guthrie, 123 seq.), qui seraient assurément plus impressionnantes et probantes s'il existait quelque chose qui permette de les rapporter directement aux Titans ou au *sparagmos*. Et à l'ingénieuse découverte de S. Reinach (*Rev. Arch.* 1919, I, 162 seq.) d'une allusion au mythe dans l'un des *problêmata* aristotéliciens « supplémentaires » (Aristote, éd. Didot IV. 331.15) ne nous est d'aucun secours tant que la date de ce *problêma* demeure incertaine; le témoignage d'Athen. 656 AB ne suffit pas à démontrer que le *problêma* était connu de Philochorus.

129. Voir App. I, pp. 263 seq.; et sur le rapport entre le rite et le mythe, Nilsson, « Early Orphism », 203 seq. Ceux qui, comme Wilamowitz, soutiennent que les premiers *Orphika* n'avaient *aucun* rapport avec Dionysos, sont obligés de rendre compte de Hdt. 2.81 (ou de l'éliminer en adoptant une lecture moins probable).

130. Voir plus haut, pp. 42 seq.

131. Pindare, fr. 127 B. (133 S.) = Platon, *Ménon* 81 BC. Cette interprétation fut proposée par Tannery, *Rev. de Phil.* 23, 126 seq. Elle a été soutenue de façon persuasive par Rose dans *Greek Poetry and Life : Essays Presented to Gilbert Murray*, 79 seq. (cf. aussi sa note dans *Harv. Theol. Rev.* 36 [1943] 247 seq.).

132. Platon, *Lois* 701 C. Par malheur, autant la pensée ici est elliptique, autant la syntaxe est entortillée; mais toutes les explications qui supposent que τὴν λεγομένην παλαιὰν Τιτανικὴν φύσιν est uniquement une allusion à la guerre entre les Titans et les dieux me semblent devoir se briser sur la phrase ἐπὶ τὰ αυτὰ πάλιν ἐκεῖνα ἀφικομένους (ou ἀφικομένοις Schanz), qui, dans la mesure de nos connaissances, reste inintelligible quand on l'applique aux Titans, et n'est que peu intelligible (compte tenu du πάλιν) si on l'applique aux humains, à moins que la race humaine ne soit descendue des Titans. A l'objection de Linforth (*op. cit.*, 344) que Platon ne parle que de dégénérés, tandis que le mythe faisait de la *Titanikê physis* un aspect

permanent de toute nature humaine, il faut sans doute répondre que tous les hommes ont la nature titanique en eux, mais que seuls les dégénérés « l'étalent et renchérissent dessus ». (ἀπιδεικνῦσι laisse entendre qu'ils sont fiers de la posséder, tandis que μιμουμένοις signifie qu'ils suivent l'exemple de leurs ancêtres mythiques.)

133. *Ibid.*, 854 B : à une personne tourmentée par des inclinations au sacrilège, nous devons dire : ὦ θαυμάσιε, οὐκ ἀνθρώπινον σε κακὸν οὐδὲ θεῖον κινεῖ τὸ νῦν ἐπὶ τὴν ἱεροσυλίαν προτρέπον ἰέναι, οἶστρος δέ σέ τις ἐμφυόμενος ἐκ παλαιῶν καὶ ἀκαθάρτων τοῖς ἀνθρώποις δικήματων, περιφερόμενος ἀλιτηριώδης.. Les *adikêmata* sont habituellement interprétés comme les crimes commis par les ascendantsimm édiats d'une personne (ainsi England, etc.), ou par la personne elle-même au cours d'une incarnation antérieure (Wilamowitz, *Platon*, I.697). Mais *a*) si la tentation est produite de quelque façon par les actes humains passés, pourquoi l'appelle-t-on οὐκ ἀνθρώπινον κακόν ? *b*) Pourquoi est-ce précisément une tentation au *sacrilège ? c*) Pourquoi les actes originels sont-ils ἀκάθαρτα τοῖς ἀνθρώποις, « impurifiables par l'homme » (paroles qui sont naturellement prises toutes ensembles, et qui doivent l'être, puisqu'elles conduisent naturellement au conseil de la phrase suivante de chercher la purification *auprès des dieux*) ? Je ne puis résister à la conclusion (à laquelle Rathmann, *Quaestt. Pyth.* 67 parvient par un autre chemin), que Platon songe aux Titans, dont les instigations irrationnelles, incessantes (*oistros*) hantent l'homme infortuné, où qu'il aille *(peripheromenos)*, le poussant à imiter leur sacrilège. Cf. Plut. *de esu carn.* 1, 996 C : τὸ γὰρ ἐν ἡμῖν ἄλογον καὶ ἄτακτον καὶ βίαιον, οὐ θεῖον <ὂν> ἀλλά δαιμονικόν, οἱ παλαιοὶ Τιτᾶνας ὠνόμασαν (qui semblerait venir de Xénocrate); et pour l'*oistros* provenant du mauvais héritage de l'homme, Olymp. *in Phaed.* 87.13 seq. N. (= *O.F.* 232).

134. Olymp. *in Phaed.* 84.22 seq. : ἡ φρουρά... ὡς Ξενοκράτης, Τιτανική ἐστιν καὶ εἰς Διόνυσον ἀποκορυφοῦται (= Xénocrate, fr. 20). Cf. Heinze *ad loc.;* E. Frank, *Platon u. d. sog. Pythagoreer*, 246; et les vues plus prudentes de Linforth, 337 seq.

135. On doit accorder à Linforth qu'aucun des auteurs plus anciens n'assimile le divin en l'homme au dionysiaque. Mais il peut être démontré, je crois, que cette équation n'est pas l'invention (comme l'affirme Linforth, p. 330) d'Olympiodore (*in Phaed.* 3.2. seq.), ni (comme on pourrait le suggérer) de sa source Porphyre (cf. Olymp. *ibid.*, 85.3). *a*) Cela apparaît chez Olympiodore non seulement « comme un recours désespéré pour expliquer un passage difficile de Platon » (Linforth, p. 359), mais comme une explication en termes mythiques du conflit moral et de la rédemption de l'homme, *in Phaed.* 87.1 seq. : τὸν ἐν ἡμῖν Διόνυσον διασπῶμεν... οὕτω δ' ἔχοντες Τιτᾶνες ἐσμεν· ὅταν δὲ εἰς ἐκεῖνο συμβῶμεν, Διόνυσοι γινόμεθα τετελειωμένοι ἀτεχνῶς. Lorsque Linforth dit (p. 360) que le rapport entre ces idées et le mythe des Titans « n'est pas suggéré par Olympiodore et n'est qu'une affirmation gratuite de savants modernes », il ne semble pas tenir compte de ce passage. *b*) Jamblique dit des anciens pythagoriciens, *vit. Pyth.* 240, παρήγγελλον γὰρ θαμὰ ἀλλήλοις μὴ διασπᾶν τὸν ἐν ἑαυτοῖς θεόν. On ne semble pas avoir remarqué qu'il fait allusion à la même doctrine qu'Olympiodore (l'emploi du verbe διασπᾶν rend la chose assez certaine). Nous ignorons quelle fut sa source; mais même un Jamblique n'irait pas jusqu'à donner pour un *sumbolon* paléo-pythagoricien quelque chose qui venait d'être imaginé par Porphyre. Son âge réel ne peut pas être déterminé de façon exacte; mais il n'est pas déraisonnable de supposer que Porphyre le trouva chez Xénocrate, tout comme le mythe des Titans. S'il en est ainsi, Platon ne pouvait guère l'ignorer. Mais Platon avait une bonne

raison pour ne pas se servir de cet élément du mythe : il pouvait identifier les pulsions irrationnelles aux Titans, mais il était impossible à une philosophie rationaliste d'identifier le divin en l'homme au dionysiaque.

136. Keith, *Rel. and Phil. of Veda and Upanishads*, 579.

VI

RATIONALISME ET RÉACTION A L'ÉPOQUE CLASSIQUE

The major advances in civilisation are processes which all but wreck the societies in which they occur.

A. N. Whitehead.

Au cours des chapitres précédents, j'ai cherché à illustrer, dans un domaine de croyance donné, l'élaboration lente et séculaire, à partir d'apports de mouvements religieux successifs, de ce que Gilbert Murray a nommé dans une conférence récemment publiée, « the Inherited Conglomerate », le Conglomérat hérité [1]. La métaphore géologique est heureuse, car la croissance religieuse est géologique et son principe, dans l'ensemble et avec des exceptions, est l'*agglomération* plutôt que la substitution. Il est très rare qu'une nouvelle structure de croyances efface complètement la structure qui la précède : ou bien l'ancien survit comme un élément dans le nouveau — un élément parfois inavoué et quasi inconscient — ou bien les deux subsistent côte à côte, logiquement incompatibles, mais acceptés néanmoins à la même époque par des individus différents, et parfois par le même individu. Comme exemple de la première situation, nous avons vu comment des notions homériques, telles que l'*atê*, furent assumées et transformées par la « civilisation de culpabilité » archaïque. Comme exemple du second cas, nous avons vu comment l'époque classique a hérité de toute une série de réprésentations de « l'âme » ou « soi » — le cadavre vivant dans la tombe, l'image obscure aux Enfers, le souffle périssable qui retourne à l'air ou est absorbé dans l'éther, le *daimôn*

1. Notes du ch. VI, pp. 196-204.

qui renaît en d'autres corps — toutes incompatibles entre elles. Quoique d'âge variable et dérivées de structures culturelles différentes, toutes ces représentations persistèrent dans l'arrière-plan de la pensée au ve siècle; vous pouviez en prendre une ou plusieurs, ou même les prendre toutes au sérieux, puisqu'il n'y avait pas d'Eglise établie pour vous dire laquelle était vraie, et laquelle fausse. En ces matières, il n'y avait pas de « point de vue grec », il n'y avait qu'un fouillis de réponses contradictoires.

Tel était donc le « Conglomérat hérité » à la fin de l'époque archaïque — une chose historiquement intelligible, sans doute, pour autant qu'elle reflétait les transformations des besoins humains au cours de plusieurs générations successives, mais intellectuellement, néanmoins, un ensemble d'incohérences. Nous avons vu en passant comment Eschyle tenta de maîtriser ces incohérences pour en tirer quelque chose de moralement viable [2]. Mais durant l'époque qui va d'Eschyle à Platon, l'effort ne se renouvela pas. Au cours de cette époque, l'écart entre les croyances du peuple et les croyances des intellectuels, écart déjà implicite chez Homère [3], s'élargit jusqu'à une rupture complète, préparant ainsi la voie à l'effritement progressif du Conglomérat. C'est de certaines conséquences de ce processus, et des tentatives faites pour le freiner, que je parlerai dans ces derniers chapitres.

Le processus lui-même, dans ses aspects généraux, ne fait pas partie de mon sujet. Cela appartient à l'histoire du rationalisme grec, qui a été assez souvent écrite [4]. Mais il reste certaines choses qui méritent peut être d'être dites à son propos. Et d'abord, que l'*Aufklärung* ne fut pas entreprise par les sophistes. Il paraît nécessaire de le dire, car il se trouve encore des gens pour en parler comme si *Aufklärung* et mouvement sophistique étaient identiques, et pour envelopper les deux dans une même condamnation, ou encore (moins souvent) une même approbation. L'*Aufklärung* est évidemment beaucoup plus ancienne; son origine est dans l'Ionie du VIe siècle; elle est à l'œuvre chez Hécatée, Xénophane et Héraclite, et dans une génération suivante elle fait un pas de plus grâce à des théoriciens de la science comme Anaxagore et Démocrite. Hécatée est le premier Grec à avouer qu'il trouve que la mythologie grecque est « drôle [5] » et il se fait un devoir de la rendre moins drôle en inventant des explications rationalistes, tandis que son contemporain Xénophane s'attaque aux mythes homériques et hésiodiques du point de vue moral [6]. Ce qui est plus important pour notre sujet, c'est que Xénophane aurait nié la validité de la divination *(mantikê [7])* : cela signifie, si c'est vrai, qu'il fut presque le seul des penseurs grecs classiques à écarter non seulement la pseudo-science des présages, mais aussi tout le complexe profondément enraciné d'idées se rapportant à l'inspiration, dont j'ai parlé dans un chapitre antérieur. Mais sa contribution décisive fut la découverte de la relativité des idées religieuses. « Si un bœuf savait peindre, son dieu ressemblerait à un bœuf [8] » : une fois que cela eut été dit, il n'y avait plus guère à attendre pour que tout l'édifice des croyances traditionnelles commence à se disloquer. Xénophane, pour sa part, était un homme profondément religieux; il avait une conviction personnelle en un dieu « qui n'est pas comme les hommes par l'apparence ou par l'esprit [9] ». Mais il se rendait compte qu'il s'agissait de foi et non de connaissance. Aucun homme dit-il, n'a jamais eu, aucun n'aura jamais une connaissance certaine des dieux; même s'il tombe par hasard sur la vérité exacte, il ne peut pas *savoir* qu'il y est parvenu; mais nous sommes tous libres d'avoir nos opinions [10]. Cette honnête distinction entre ce qui est connaissable et ce qui ne l'est pas, reparaît sans cesse dans la pensée du ve siècle [11]. Elle est sans doute un de ses principaux titres de gloire; elle est le fondement de l'humilité scientifique.

Poursuivant notre examen, si nous nous tournons vers les fragments d'Héraclite, nous y trouvons toute une série d'attaques directes contre le Conglomérat, dont certaines se rapportent aux croyances de l'espèce que nous avons vue aux chapitres précédents. Nous avons déjà vu qu'il niait la validité de l'expérience onirique [12]. Il tourna en dérision les purifications rituelles, comparant ceux qui purgent le sang par le sang à un homme qui voudrait laver sa crasse dans un bain de boue [13]. C'était là un coup direct porté aux consolations de la religion. Il en est de même de son reproche que « les mystères coutumiers » étaient accomplis d'une manière impie, quoique nous ne sachions malheureusement pas sur quoi il fondait sa critique, ni de quels mystères au juste il veut parler [14]. Ailleurs, la phrase *nekues koprion ekblêtoteroi*, « mort est pis que fumier » aurait sans doute gagné l'approbation de Socrate, mais c'était un outrage prémédité aux sentiments grecs habituels : par ces trois mots se trouve rejeté tout l'appareil des rites funèbres qui tient une part si importante dans la tragédie attique et dans l'histoire militaire grecque, ainsi que tout le fouillis de sentiments obscurs se rapportant à l'âme-cadavre [15]. De même une autre maxime en trois mots, *êthos antrôpôi daimôn*, « le caractère est le destin, » rejette implicitement l'ensemble des croyances archaïques concernant la « chance » innée et la tentation envoyée par les dieux [16]. Enfin, Héraclite eut la témérité d'attaquer une chose qui demeure encore jusqu'à ce jour un des traits saillants de la religion populaire grecque, le culte des images; un tel culte, dit-il, revenait à s'adresser à la maison d'un homme au lieu de parler au propriétaire [17]. Héraclite eût-il été Athénien, on l'eût à peu près certainement inculpé de blasphème, comme le dit Wilamowitz [18].

Toutefois, nous ne devons pas exagérer l'influence de ces premiers pionniers. Xénophane et plus encore, Héraclite, donnent l'impression d'être des figures isolées, même en Ionie [19], et il fallut longtemps pour que leurs idées trouvent un écho en Grèce continentale. Euripide est le premier Athénien dont on puisse dire avec certitude qu'il a lu Xénophane [20], et on le représente aussi introduisant l'enseignement d'Héraclite pour la première fois au public athénien [21]. Mais au temps d'Euripide, l'*Aufklärung* avait été poussée beaucoup plus loin. Ce fut probablement Anaxagore qui lui apprit à appeler le divin soleil « une motte dorée [22] », et il se peut que le même philosophe lui ait inspiré sa dérision des voyants professionnels [23]; mais ce fut certainement à cause des sophistes qu'il se mit, lui, et toute sa génération avec lui, à discuter des questions morales fondamentales dans un langage qui opposait *Nomos* à *Phusis*, « Loi », « Coutume » ou « Convention » à « Nature ».

Je n'ai pas l'intention de m'étendre sur cette antithèse célèbre dont les origines et les ramifications ont été soigneusement examinées dans le récent ouvrage d'un jeune helléniste suisse, Félix Heinimann [24]. Mais il n'est peut-être pas inutile de remarquer qu'en raisonnant sur ces termes, on pouvait atteindre à des conclusions fort différentes selon le sens qu'on attribuait aux termes eux-mêmes. *Nomos* peut être le Conglomérat conçu comme le fardeau traditionnel de coutumes irrationnelles;

il peut signifier la règle arbitraire consciemment imposée par certaines classes dans leur propre intérêt; il peut représenter un système rationnel de loi d'Etat, la réalisation qui distingue les Grecs des Barbares. De même *Phusis* peut représenter une « loi naturelle » non écrite, inconditionnellement valable, à l'encontre des particularismes de la coutume locale; ou bien cela peut signifier les « droits naturels » de l'individu, en contraste avec les exigences arbitraires de l'Etat; et ceci à son tour peut passer — comme il arrive toujours quand on postule des droits sans reconnaître des devoirs correspondants — à l'immoralisme anarchique, le « droit naturel du plus fort » que défendent les Athéniens dans le Dialogue Mélien, et Calliclès dans le *Gorgias*. Il n'est pas étonnant qu'une antithèse dont les termes sont si ambigus ait amené d'interminables discussions à contre-propos. Mais à travers l'obscurité d'une controverse confuse et, pour nous, fragmentaire, nous pouvons vaguement apercevoir deux grandes questions en litige. L'une est la question morale des origines et de la validité des obligations morales et politiques. L'autre est la question psychologique des ressorts du comportement humain — pourquoi les hommes agissent-ils comme ils le font, et comment peut-on les amener à agir mieux ? La seconde question seule nous intéresse ici.

Sur ce point, la première génération des sophistes, et Protagoras en particulier, semble avoir eu une opinion dont l'optimisme, rétrospectivement, est pathétique. Historiquement toutefois elle se comprend. « La Vertu, ou l'Efficacité *(aretê)*, peut s'enseigner » : par la critique de ses traditions, la modernisation du *Nomos* que ses ancêtres ont créé, et l'élimination des derniers vestiges de « sottise barbare [25] » qui s'y trouvent, l'homme peut acquérir un nouvel Art de Vivre, et la vie humaine peut s'élever à des hauteurs nouvelles et encore inimaginées. Une telle espérance est compréhensible chez les hommes qui ont assisté à la croissance rapide de la prospérité matérielle après les guerres Médiques, et à l'épanouissement inégalé de l'esprit qui l'accompagna, dont on voit le point culminant dans les réalisations uniques de l'Athènes de Périclès. Pour cette génération-là, l'âge d'or n'était pas un paradis perdu dans l'obscur passé, comme l'avait cru Hésiode; il n'était pas derrière elle, mais dans l'avenir et même dans un avenir assez proche. Dans une société civilisée, le pire des citoyens était déjà un homme meilleur que le soi-disant noble sauvage; c'est ce qu'affirmait robustement Protagoras [26]. En somme, comme dit le vers de Tennyson : « *Better fifty years of Europe than a cycle of Cathay.* » Mais l'histoire, hélas! a de rudes façons avec les optimistes. Tennyson eût-il connu les cinquante dernières années d'Europe, qu'il fût, j'imagine, revenu sur sa préférence; et Protagoras avant de mourir eut d'excellents motifs de revoir la sienne. La foi dans le progrès irréversible eut à Athènes une carrière encore plus brève qu'en Angleterre [27].

Dans ce qui doit être, à mes yeux, un de ses premiers dialogues, Platon met en présence les conceptions protagoréennes et socratiques de la nature humaine. Superficiellement, elles ont beaucoup de points communs. Tous deux emploient le langage utilitaire traditionnel [28]; « bon » signifie « bon pour l'individu » et ne se distingue pas du « profitable » et de l' « utile ». Et tous deux ont l'attitude intellectualiste traditionnelle [29]; ils s'accordent, contre l'opinion commune de leur temps, à dire que si un homme savait vraiment ce qui est bon pour lui, il agirait en conséquence [30]. Chacun, toutefois, nuance son intellectualisme d'une restriction différente. Selon Protagoras, l'*aretê* peut s'enseigner mais non par une discipline intellectuelle : on l'apprend par l'accoutumance, comme un enfant apprend sa langue maternelle [31]; cela se transmet non par un enseignement formel, mais par ce que les anthropologues appellent le « contrôle social ». Pour Socrate, d'autre part, l'*aretê* est, ou devrait être, *epistêmê*, une branche de la connaissance scientifique : et dans ce dialogue, il s'exprime comme si la méthode convenable était un calcul subtil des plaisirs et des peines à venir; aussi veux-je bien croire qu'il se soit parfois exprimé de la sorte [32]. Mais on le voit aussi douter que l'*aretê* puisse du tout être enseignée, et cela aussi, je veux bien l'accepter comme étant historiquement authentique [33]. Car pour Socrate, l'*aretê* est quelque chose qui procède du dedans; ce n'est pas un ensemble de structures du comportement qui peuvent s'acquérir par l'accoutumance, c'est une disposition conséquente de l'esprit qui est le produit d'une intelligence constante de la nature et du sens de la vie humaine. Par sa cohérence interne, cela ressemble à une science [34]; mais je crois que nous aurions tort d'interpréter cette intelligence comme une chose purement logique — au contraire, cela implique tout l'homme [35]. Socrate croyait sans doute qu'il fallait « suivre l'argument jusqu'au bout »; mais il s'aperçut que trop souvent cela ne menait qu'à de nouvelles questions, et quand l'argument lui faisait défaut, il était disposé à suivre d'autres guides. Nous ne devons pas oublier qu'il prenait au sérieux les rêves et les oracles [36], et qu'il entendait souvent une voix intérieure qui en savait plus que lui et dont il suivait les conseils. (S'il faut en croire Xénophon [37], il la nommait tout simplement « la voix de Dieu »).

Ainsi ni Protagoras, ni Socrate, ne sont entièrement conformes à la conception populaire moderne d'un « rationaliste grec ». Mais ce qui nous paraît bizarre, c'est que tous deux aient si facilement écarté le rôle des émotions dans la détermination du comportement humain ordinaire. Et, grâce à Platon, nous savons qu'à leurs contemporains aussi cela paraissait bizarre; sur ce point, il y avait une séparation très nette entre les intellectuels et le peuple. « La plupart des gens, dit Socrate, ne voient pas dans la connaissance une force *(ischuron)*, encore moins y voient-ils une force dominante ou régnante : ils estiment qu'un homme peut souvent avoir la connaissance tandis qu'il est gouverné par autre chose, ici la colère, là le plaisir ou la douleur, parfois, l'amour, très souvent la peur; ils se figurent véritablement la connaissance comme un esclave qui serait brimé par toutes ces autres choses [38]. » Protagoras accorde que c'est là la notion populaire, mais il estime qu'elle ne vaut pas la peine d'être discutée — « le peuple dira n'importe quoi [39] ». Socrate, qui tient à en discuter, cherche à la réduire par une interprétation en termes intellectualistes : la proximité d'une douleur ou d'un plaisir immédiats provoque des faux jugements analogues à une erreur de perspective visuelle; une arithmétique morale rigoureusement scientifique corrigerait cela [40].

Il est improbable que l'homme du peuple se soit laissé impressionner par de tels raisonnements. Le Grec a toujours vu dans l'expérience d'une passion une chose mystérieuse et effrayante, l'expérience d'une force qui est en lui, qui le possède au lieu d'être possédée par lui. Le mot lui-même *pathos* en témoigne : comme son équivalent latin *passio*, il signifie quelque chose qui « arrive à » un homme, quelque chose dont il est la victime passive. Aristote compare l'homme dans un moment de passion à des personnes endormies, démentes, ou ivres : sa raison, comme la leur, est suspendue [41]. Nous avons vu dans des chapitres antérieurs [42] comment les héros d'Homère et les hommes de l'époque archaïque interprétaient une telle expérience en termes religieux, en tant qu'*atê*, en tant que *menos* ou en tant qu'œuvre directe d'un *daimôn* qui se sert de l'esprit et du corps humain comme d'un instrument. C'est le point de vue habituel des gens simples : « Le primitif, sous l'influence d'une forte passion, s'estime possédé, ou malade, ce qui est, pour lui, la même chose [43]. » Cette manière de voir n'était pas périmée, même à la fin du ve siècle. Jason, à la fin du *Médée*, ne peut expliquer la conduite de sa femme que par l'action d'un *alastor*, le *daimôn* suscité par le sang inexpié; le chœur dans l'*Hippolyte* estime que Phèdre pourrait être possédée, et pour sa part, elle parle de sa condition au début comme de l'*atê* d'un *daimôn* [44].

Mais pour le poète, et pour la partie instruite du public, ce langage n'avait plus d'autre vigueur que celle d'un symbolisme traditionnel. Le monde démonique s'est retiré, laissant l'homme seul avec ses passions. Et c'est là ce qui donne aux études euripidiennes du crime leur caractère poignant particulier : il nous montre des hommes et des femmes dépouillés face au mystère du mal — et ce mal n'est plus une force étrangère attaquant leur raison du dehors, mais une instance de leur propre être — *êthos anthrôpôi daimôn*. En cessant d'être surnaturel, il n'en est pas moins mystérieux et terrifiant. Médée sait qu'elle est aux prises non pas avec un *alastor*, mais avec son propre être irrationnel, son *thumos*. Elle lui demande miséricorde comme l'esclave supplie un maître brutal [45]. Mais en vain : les ressorts de l'action sont cachés dans le *thumos* où ni la raison ni la pitié ne peuvent les atteindre. « Je sais quel mal je vais faire, mais le *thumos* est plus fort que mes raisons..., *thumos*, source des pires actions de l'homme [46]. » Elle quitte la scène sur ces mots et quand elle revient, elle a condamné à mort ses enfants et s'est condamnée elle-même à une vie de malheur d'avance acceptée. Car Médée n'a pas de ces « illusions de perspective » socratiques; elle ne se trompe pas dans son arithmétique morale, pas plus qu'elle ne prend sa passion pour un esprit mauvais. C'est là sa suprême qualité tragique.

Le poète pensait-il à Socrate en écrivant *Médée?* Je n'en sais rien. Mais une réfutation consciente de la théorie socratique a été reconnue [47], à juste titre je crois, dans les paroles célèbres qu'il prête à Phèdre trois ans plus tard. La méconduite, dit-elle, ne dépend pas d'un manque de connaissance, « car bien assez de gens ont un bon entendement ». Non, nous savons, nous reconnaissons où est le bien, mais nous n'agissons pas selon cette connaissance : soit qu'une espèce d'inertie fasse obstruction, soit encore que nous soyons distraits de notre but par « quelque plaisir [48] ». Il semble bien qu'il y ait là une intention de controverse, car cette argumentation va bien au-delà de ce qu'exige ou suggère la situation dramatique [49]. Et ce passage n'est pas le seul; l'impuissance morale de la raison est affirmée plus d'une fois dans des fragments d'œuvres perdues [50]. Mais à juger d'après les pièces qui demeurent, Euripide, dans son œuvre tardive, est travaillé moins par l'impuissance de la raison dans l'homme que par l'incertitude qu'un but rationnel puisse être discerné dans l'ordonnance de la vie humaine et le gouvernement de l'univers [51]. Cette tendance trouve son achèvement dans *Les Bacchantes*, dont le contenu religieux, comme l'a dit récemment un critique [52], est la reconnaissance d'un « Au-delà » transcendant nos catégories morales, et inaccessible à notre raison. Je ne prétends pas que l'on puisse tirer de ces pièces une philosophie morale cohérente (et il ne faut pas exiger cela d'un dramaturge écrivant en des temps de doute). Mais s'il faut le définir en un mot, je crois encore que le terme d' « irrationaliste », que j'ai autrefois proposé [53], convient mieux que tout autre à Euripide.

Cela n'implique pas qu'Euripide ait suivi l'école extrême de la *Phusis*, qui offrait à la faiblesse humaine des prétextes à la mode, les passions étant « naturelles » et donc bonnes, la morale, une convention, et par conséquent une contrainte dont il convient de se libérer. « Soyez naturels », dit la Cause injuste dans *Les Nuées :* « Faites des galipettes, riez du monde, n'ayez honte de rien [54]. » Certains personnages d'Euripide suivent cet avis, mais d'un cœur moins léger sans doute. « La nature l'a voulu », dit une enfant dévoyée, « et la nature ne prend pas garde aux lois : nous autres femmes avons été faites pour cela [55] ». « Je n'ai pas besoin de vos conseils, dit un homosexuel; je peux voir par moi-même, mais la nature me contraint [56]. » Et même le plus profondément enraciné des tabous humains, l'interdiction de l'inceste, est écarté avec la remarque que « rien n'est honteux qui ne soit rendu tel par la pensée [57] ». Il devait y avoir des jeunes gens dans l'entourage d'Euripide qui parlaient ainsi (nous connaissons leurs contreparties modernes). Mais je doute que le poète ait partagé leurs opinions. En effet, ses chœurs font à tout bout de champ des entorses aux règles dramatiques pour dénoncer certaines personnes qui « font affront aux lois pour satisfaire à des désirs sans loi », dont le but est de *eu kakourgein*, « faire le mal sans en subir les conséquences », dont la théorie et la pratique sont « au-dessus des lois », pour qui *aidos* et *aretê* ne sont que des mots [58]. Ces personnages, qu'il ne nomme pas, sont assurément les défenseurs de la *Phusis* ou leurs disciples, les politiciens « réalistes » que nous rencontrons chez Thucydide.

Euripide donc, si je ne me trompe pas sur son compte, reflète non seulement l'*Aufklärung*, mais aussi la réaction contre l'*Aufklärung*, — du moins réagit-il contre la psychologie rationaliste de certains de ses interprètes, et l'immoralisme spécieux de certains autres. Il existe, comme on le sait, d'autres témoignages de la force de la réaction populaire. Il était escompté que le public des *Nuées* se réjouirait de voir brûler le « Pensoir », sans se soucier que Socrate brûlât aussi. Mais les satiristes sont de mauvais témoins, et avec un peu de bonne volonté, on peut croire que les *Nuées* n'étaient qu'une plaisanterie amicale [59]. Des déductions plus solides pourraient être faites à partir d'un témoignage moins connu. Un fragment de Lysias [60] nous fait connaître un cercle où l'on allait dîner. Ce cercle avait un nom curieux et choquant : ses membres s'appelaient les *Kakodaimonistai*, une parodie profane du nom *Agathodaimonistai* parfois adopté par des cercles « comme il faut ». Liddell et Scott le traduisent par « adorateurs du diable », et ce serait là le sens littéral; mais Lysias a sans doute raison quand il dit qu'ils choisirent le titre « pour se moquer des dieux et des coutumes athéniennes ». Il nous dit en outre qu'ils faisaient exprès de dîner les jours néfastes *(hêmerai apophrades)*, ce qui laisserait supposer que le but du cercle était d'afficher son mépris de la superstition en tentant délibérément les dieux, en faisant délibérément autant de choses néfastes que possible, dont l'adoption d'un nom porte-malheur. On pourrait trouver que tout cela est assez inoffensif. Mais selon Lysias, les dieux ne goûtèrent pas la plaisanterie : la plupart des membres de ce cercle moururent jeunes, et l'unique survivant, le poète Kinésias [61], fut affligé d'un mal chronique si douloureux que la mort eût été préférable. Cette histoire sans importance me paraît assez bien illustrer deux choses. Elle illustre le sentiment de libération — libération des règles dépourvues de sens et du fardeau des sentiments de culpabilité irrationnels — apportée par les sophistes, et qui fit que leur enseignement parut si séduisant à une jeunesse vive et intelligente. Cela montre aussi combien était forte la réaction contre un tel rationalisme dans le cœur du citoyen moyen : car Lysias compte manifestement sur l'affreux scandale du cercle pour infirmer le témoignage de Kinésias dans un procès.

Mais la preuve la plus frappante de la réaction contre l'*Aufklärung* se voit dans l'accusation et la condamnation d'intellectuels pour motifs religieux à Athènes au cours du dernier tiers du ve siècle. Vers 432 avant J.-C. [62] (ou un an ou deux plus tard), le refus de croire au surnaturel [63] et le fait d'enseigner l'astronomie [64] devinrent des délits. Les trente années qui suivirent virent une série de procès en hérésie uniques dans l'histoire athénienne — les victimes comprenaient la plupart des maîtres de la pensée progressiste à Athènes — Anaxagore [65], Diagoras, Socrate, presque sûrement Protagoras [66], et peut-être Euripide [67]. Dans tous ces cas, sauf le dernier, l'accusation triompha : Anaxagore fut peut-être mis à l'amende et banni; Diagoras en réchappa par la fuite; Protagoras fit probablement de même; Socrate, qui aurait pu en faire autant, ou qui aurait pu demander le bannissement, préféra demeurer et boire la ciguë. Tous ces personnages étaient illustres. Nous ne savons pas combien de personnes obscures ont dû souffrir pour leurs opinions [68]. Mais les indices dont nous disposons suffisent amplement à démontrer que le grand Siècle des Lumières en Grèce fut aussi, comme notre époque actuelle, un siècle de persécution — savants bannis, pensée mise entre œillères, et même (s'il faut en croire la tradition sur Protagoras [69]) livres brûlés.

Tout cela désolait et troublait les professeurs du XIXe siècle qui n'avaient pas l'avantage de connaître ce genre de comportement aussi bien que nous. Cela les troublait d'autant plus que cela se produisait à Athènes, « école de la Grèce », « quartier général de la philosophie », et, d'après ce que nous savons, pas ailleurs [70]. D'où une tendance à mettre en doute les preuves dès qu'on le pouvait : et, là où ce n'était pas possible, d'expliquer que le motif véritable de l'accusation était d'ordre politique. Jusqu'à un certain point, c'était sans doute vrai, du moins dans certains cas : les accusateurs d'Anaxagore visaient vraisemblablement, comme le dit Plutarque, son protecteur Périclès; et Socrate aurait très bien pu éviter la condamnation, s'il n'avait compté parmi ses amis des hommes comme Critias et Alcibiade. Mais cela étant accordé, il faut encore expliquer pourquoi à cette époque une accusation d'irréligion était si souvent choisie comme le moyen le plus sûr de supprimer une voix indésirable ou de nuire à un adversaire politique. Il semble qu'on soit forcé de postuler l'existence, chez les masses, d'une bigoterie religieuse exaspérée, dont les politiciens pouvaient faire usage à leurs propres fins. Or, cette exaspération devait avoir une cause.

Nilsson suggère [71] qu'elle fut provoquée par les devins professionnels, qui virent dans les progrès du rationalisme une menace à leur prestige, et même à leur subsistance. Cela paraît tout à fait vraisemblable. L'initiateur du décret qui mit en marche la série d'actions judiciaires fut le devin professionnel Diopeithes : Anaxagore avait démontré la nature véritable des prétendus « présages [72] »; tandis que Socrate possédait un « oracle [73] » privé qui pouvait provoquer la jalousie [74]. Mais l'influence des devins a des limites. S'il faut en juger d'après les plaisanteries constantes que fait Aristophane à leurs dépens, leurs compatriotes ne leur vouaient pas un amour extrême et n'avaient pas (sauf aux heures de crise [75]) grande confiance en leur véracité : comme les politiciens, ils pouvaient exploiter les sentiments populaires, mais ils n'avaient pas le moyen de les faire naître.

Ce qui eut plus d'importance, peut-être, ce fut l'atmosphère d'hystérie du temps de guerre. Si nous concédons que les guerres projettent une ombre devant elles et laissent un sillage de perturbations émotives à leur suite, l'époque des persécutions coïncide d'assez près avec la guerre la plus longue et la plus désastreuse de l'histoire grecque. C'est à peine une coïncidence. On a vu qu' « en temps de danger pour la société, la tendance au conformisme est puissamment renforcée : le troupeau se resserre sur lui-même et devient plus que jamais intolérant pour l'opinion excentrique [76] ». Nous avons vu la preuve de cette remarque au cours des deux guerres récentes, et il est permis de croire qu'il n'en fut pas autrement dans l'Antiquité. L'Antiquité surtout avait un motif conscient pour exiger la conformité religieuse en temps de guerre, alors que nous n'avons plus que des motifs inconscients. Offenser les dieux en doutant de leur existence, ou en appelant le soleil une pierre, c'était déjà une chose assez risquée en temps de paix; mais en temps de guerre, cela devenait de la trahison — c'était donner du secours à l'ennemi, car la religion était une responsabilité collective. Les dieux, en effet, ne se contentaient pas de frapper le malfaiteur seul : Hésiode ne dit-il pas que des villes entières souffrent parfois pour un seul pécheur [77] ? L'énorme crise hystérique provoquée par la mutilation des Hermès [78] suffit à montrer que ces idées n'avaient pas perdu leur force dans l'esprit du peuple athénien.

C'est là, je pense, une explication partielle de la chose : la terreur superstitieuse fondée sur la solidarité de la cité. J'aimerais croire qu'il n'y a pas d'autre explication. Mais il serait malhonnête de ne pas reconnaître que le nouveau rationalisme présentait des dangers réels pour l'ordre social, en même temps que des périls imaginaires. En se défaisant du « Conglomérat hérité », bien des gens se libéraient des contraintes religieuses qui servaient de frein à l'égoïsme individuel. Pour des hommes de principe — un Protagoras ou un Démocrite — cela n'avait pas d'importance : leur conscience était suffisamment adulte pour se passer de soutiens. Mais il n'en allait pas de même pour la plupart de leurs disciples. Pour eux, la libération de l'individu signifiait un droit sans bornes à l'affirmation de soi; elle impliquait des droits dégagés de tout devoir correspondant, à moins, certes, que l'affirmation de soi ne fût un devoir. « Ce que leurs pères avaient appelé maîtrise de soi, eux l'appelaient un prétexte à la lâcheté [79]. » Thucydide attribue cela à la mentalité de guerre, et sans doute était-ce la cause immédiate; Wilamowitz a remarqué avec raison que les auteurs des massacres de Corcyre n'avaient pas dû apprendre la transmutation des valeurs auprès d'Hippias. Le nouveau rationalisme ne rendait pas les hommes capables d'agir en brutes — les hommes ont toujours eu ce pouvoir. Mais il leur permit de justifier leur brutalité à leurs propres yeux; et ils vivaient à une époque où les tentations externes du comportement brutal étaient particulièrement fortes. Comme l'a dit quelqu'un d'autre, en parlant de notre époque si éclairée, on a rarement vidé autant de bébés avec si peu d'eau du bain [80]. Là était le danger immédiat, un danger qui s'est toujours présenté lorsqu'un Conglomérat hérité était en cours d'effondrement. Selon les paroles du professeur Murray, « l'anthropologie semblerait montrer qu'il n'y a à peu près aucune chance pour que ces Conglomérats hérités soient la vérité, ni même pour qu'ils aient quelque rapport avec le bon sens; et d'autre part, elle semble montrer qu'aucune société ne peut exister sans eux, ni même chercher à les transformer, sans courir un danger social [81] ». Il y avait sans doute une obscure intuition de cette dernière vérité dans l'esprit des hommes qui accusèrent Socrate de corrompre la jeunesse. Leurs craintes n'étaient pas sans fondement; mais comme il arrive quand les hommes ont peur, ils choisirent mal leur arme et leur victime.

L'*Aufklärung* eut aussi un autre effet sur l'édifice social, et un effet plus permanent. Ce que Jacob Burckhardt dit de la religion au XIXe siècle, « le rationalisme pour le petit nombre, la magie pour les masses, » pourrait en somme se dire aussi de la religion grecque à partir du Ve siècle. Grâce à l'*Aufklärung* et à l'absence de l'enseignement universel, le divorce entre les croyances du « petit nombre » et celles des masses devint absolu — au dam des uns comme des autres. Platon est presque le dernier intellectuel grec qui semble avoir de véritables racines dans la société; ses successeurs, à peu d'exceptions près, donnent l'impression d'exister à côté de la société plutôt qu'en elle. Ce sont des *sapientes* d'abord, ensuite seulement des citoyens, ou même pas du tout; et leur contact avec les réalités sociales contemporaines est proportionnellement vague. Ce fait est notoire. Mais ce que l'on remarque moins souvent, c'est le caractère régressif de la religion populaire à l'époque des lumières. Les premiers signes de cette régression apparaissent pendant la guerre du Péloponnèse, et ils sont sans doute attribuables en partie à cette guerre. Au cours des épreuves qu'elle suscita, les gens cessèrent l'entretien des réalisations moralement trop coûteuses de l'ère de Périclès; des failles apparurent dans l'édifice, et des choses désagréablement primitives surgirent ici et là entre les failles. Une fois que cela se fut produit, il n'y eut plus de moyen efficace pour en prévenir la croissance. Cependant que les intellectuels se retiraient toujours davantage dans leur monde à eux, l'esprit populaire se trouvait toujours plus vulnérable, quoiqu'il faille reconnaître que pendant plusieurs générations les poètes comiques continuèrent à faire de leur mieux. Le relâchement des contraintes de la religion civique rendait les hommes libres de choisir leurs dieux au lieu de les adorer, comme avaient fait leurs pères; aussi laissé sans guides, un nombre toujours croissant retombait, avec un soupir de soulagement, dans les plaisirs et les consolations du Primitif.

Je terminerai ce chapitre en donnant quelques exemples pour illustrer ce que j'entends par régression. Nous avons déjà pris la note d'un cas [82] : la demande accrue de guérison magique qui, en une génération ou deux, fit d'Esculape — qui n'avait jusqu'alors été qu'un héros mineur — un dieu d'importance majeure; et de son temple à Epidaure, un lieu de pèlerinage aussi célèbre que l'est Lourdes de nos jours. On peut raisonnablement supposer que sa réputation à Athènes (et peut-être ailleurs également) date de la Grande Peste de 430 [83]. Cette épreuve, selon Thucydide, eut l'effet de convaincre certaines personnes que la religion était inutile [84], du fait qu'elle ne protégeait pas contre les bacilles; mais elle dut en pousser d'autres à chercher une magie nouvelle et plus efficace. On ne put rien faire au moment même, mais en 420, pendant l'intervalle de paix, Esculape fut solennellement installé à Athènes, accompagné, ou plus vraisemblablement, représenté par son Serpent sacré [85]. Jusqu'au moment où l'on put lui bâtir une demeure, il jouit de l'hospitalité d'une personnalité qui n'était rien de moins que le poète Sophocle — un fait qui a son importance dans l'interprétation de l'œuvre du poète. Comme l'a remarqué Wilamowitz [86], on ne peut pas croire qu'Eschyle ou Euripide se seraient complus à recevoir un Serpent sacré. Mais rien n'illustre mieux la polarisation de l'esprit grec à cette époque, que ce fait : la génération qui fit de tels honneurs à ce reptile médical, connut aussi la publication de certains des traités hippocratiques les plus austèrement scientifiques [87].

Un second exemple de régression se voit dans la vogue des cultes étrangers, pour la plupart d'un genre extrêmement émotif et « orgiaque », qui se développa avec une rapidité étonnante pendant la guerre du Péloponnèse [88]. Avant qu'elle n'ait pris fin, on avait vu s'installer à Athènes les cultes de la « Mère de la Montagne » phrygienne, Cybèle, et de sa contrepartie thrace, Bendis;

les mystères thraço-phrygiens de Sabazius, une espèce de Dionysos sauvage et non hellénisé; et les rites des « dieux mourants » asiatiques, Attis et Adonis. J'ai déjà traité ailleurs [89] ce développement important, et je n'en parlerai donc pas ici.

Une ou deux générations plus tard, la régression prend une forme encore plus grossière. Qu'il y avait à Athènes au IVe siècle une abondance de « magie pour les masses » (et cela au sens le plus littéral), nous le savons de première main, grâce aux *defixiones*. La pratique de la *defixio* ou *katadesis* est une espèce d'agression magique. L'on croyait pouvoir subjuguer la volonté d'une personne, ou provoquer sa mort, en appelant sur elle la malédiction des puissances infernales; vous écriviez la malédiction sur une matière durable, une tablette de plomb ou un tesson, et vous la placiez de préférence dans la tombe d'un mort. Des centaines de ces *defixiones* ont été retrouvées dans des fouilles dans différentes parties du monde méditerranéen [90], et à vrai dire, les mêmes pratiques se retrouvent parfois de nos jours, tant en Grèce [91] que dans d'autres parties de l'Europe [92]. Mais il paraît significatif que les exemples les plus anciens découverts jusqu'ici viennent de Grèce et, dans la plupart des cas, d'Attique; et que si très peu d'exemples peuvent être rapportés avec certitude au Ve siècle, au IVe ils apparaissent soudain nombreux [93]. Parmi les personnes ainsi maudites, nous trouvons des personnalités connues comme Phocion et Démosthène [94], ce qui laisserait entendre que la pratique n'était pas le seul fait des esclaves ou des étrangers. En fait, la pratique était assez répandue au temps de Platon pour qu'il crût utile de légiférer contre elle [95], et aussi contre une méthode apparentée d'agression magique, qui consistait à maltraiter une effigie de cire [96]. On s'aperçoit en lisant Platon que les gens avaient réellement peur de cette agression magique; et Platon voulait prescrire des peines légales sévères contre elle (dans le cas de magiciens professionnels, la peine de mort), non qu'il ait cru lui-même à la magie noire — sur ce point, il professe avoir l'esprit ouvert [97] — mais parce que la magie noire est l'expression d'une volonté néfaste et qu'elle a des effets psychologiques néfastes. Et il ne s'agit pas ici d'une petite manie privée de moraliste vieillissant. Nous pouvons inférer d'un passage du discours *Contre Aristogeiton* [98] que des tentatives furent réellement faites au

IVe siècle pour réprimer la magie par des mesures légales énergiques. En prenant tous ces témoignages ensemble, qui contrastent avec le silence presque absolu de nos sources du Ve siècle [99], je tends à conclure que l'un des effets du Siècle des Lumières fut de provoquer, à la seconde génération [100], un retour à la magie. Cela est moins paradoxal qu'il ne paraît : l'effondrement d'un autre Conglomérat hérité n'a-t-il pas été suivi par des manifestations semblables à notre époque ?

Tous les symptômes que j'ai mentionnés — la renaissance de l'incubation, le goût des religions orgiaques, la fréquence de l'agression magique — peuvent être considérés comme régressifs ; ils étaient en un sens un retour au passé. Mais ils constituaient aussi, sous un autre aspect, des présages. Comme nous le verrons au dernier chapitre, ils annoncent des aspects caractéristiques du monde gréco-romain. Mais avant de voir cela, il nous faut considérer la tentative faite par Platon pour stabiliser la situation.

NOTES DU CHAPITRE VI

1. Gilbert Murray, *Greek Studies*, 66 seq.

2. Chap. II, pp. 37 seq.

3. La chose est exposée avec beaucoup de force, et sans doute quelque exagération, par Pfister, *Religion d. Griechen u. Römer*, Jahresbericht de Bursian, 229 (1930), 219. Cf. chap II, pp. 52 seq.

4. Voir notamment l'ouvrage récent de Wilhelm Nestle, *Vom Mythos zum Logos*, dont le but est de révéler « la substitution progressive de la pensée rationnelle à la pensée mythique chez les Grecs ».

5. Hécatée, fr. 1 Jacoby; cf. Nestle, *op. cit.*, 134 seq. Hécatée rationalisa des monstres mythologiques comme Cerbère (fr. 27), et peut-être aussi toutes les autres horreurs de l'Enfer. Qu'il fut personnellement peu superstitieux apparaît dans son conseil à ses compatriotes d'approprier pour un emploi séculier les trésors de l'oracle d'Apollon à Branchidée (Hdt. 5.36.3). Cf. Momigliano, *Atene e Roma*, 12 (1931), 139, et la manière dont Diodore et Plutarque présentent l'action semblable de Sylla (Diod. 38-39, fr. 7; Plut. *Sulla* 12).

6. Xénophane, frs. 11 et 12 Diels.

7. Cic. *div.* 1.5; Aetius, 5.1.1 (= Xénophane, A 52). Cf. son explication naturaliste de l'arc-en-ciel (fr. 32) et du feu de saint Elme (A 39) qui sont tous les deux des présages traditionnels.

8. Xénophane, fr. 15 (cf. 14 et 16).

9. Fr. 23. Cf. Jaeger, *Theology*, 42 seq. Comme l'a dit Murray (*op. cit.*, 69) : « Cet ' ou par l'esprit ' donne à réfléchir. Cela fait songer à ce mystique arabe du Moyen Age selon lequel il était aussi sottement anthropomorphique de dire que Dieu est ' juste ' que de dire qu'il a une barbe. » Cf. le Dieu d'Héraclite pour qui les distinctions humaines de ' juste ' ou d' ' injuste ' sont dépourvues de sens, puisqu'il perçoit toutes choses comme justes (fr. 102 Diels).

10. Fr. 34.

11. Cf. Héraclite, fr. 28; Alcméon, fr. 1; Hipp. *vet. med.* I, et Festugière *ad loc.;* Gorgias, *Hel.* 13; Eur. fr. 795.

12. Voir chap. IV, p. 107.

13. Héraclite, fr. 5. S'il faut en croire le fr. 69, il ne se défit pas entièrement du concept de *katharsis;* mais il le transposa peut-être, comme Platon, au niveau moral et intellectuel.

14. Fr. 14. L'allusion antérieure aux *bacchoi* et aux *lênai* fait penser qu'il songeait avant tout aux mystères dionysiaques (et non « orphiques »); mais dans la forme sous laquelle elle nous a été transmise, sa condamnation ne paraît pas se limiter à ceux-ci. Je ne crois pas que l'on puisse dire avec certitude si c'étaient les mystères qu'il condamnait ou seulement leurs méthodes; mais il est apparent, à sa

façon de les classer, qu'il n'a pas de sympathie pour les *mustai*. Le fr. 15 ne jette aucune lumière sur la question, à supposer même qu'on en puisse fixer le sens : les *phailika* n'étaient pas un *musterion*. Quant à l'équation fort discutée de Dionysos et d'Hadès dans ce fragment, je la prends pour un paradoxe héraclitain et non pour une « doctrine de mystère orphique », et je serais plutôt d'accord avec ceux qui y voient, non une défense, mais une condamnation des *phallika* (la vie des sens est la mort de l'âme, cf. frs. 77, 117, et Diels, *Herakleitos*, 20).

15. Fr. 96. Cf. Platon, *Phédon* 115 C; et pour les sentiments visés, chap. V, pp. 136 seq.

16. Fr. 119; cf. chap. II, p. 52. De même le fr. 106 vise la superstition concernant les jours « bons » et « mauvais ».

17. Fr. 5. Sur le culte moderne des saintes icônes (les statues étant interdites), voir B. Schmidt. *Volksleben*, 49 seq.

18. *Glaube*, II.209. L'importance d'Héraclite comme *Aufklärer* est à juste titre soulignée par Gigon, *Untersuchungen zu Heraklit*, 131 seq., et (en dépit de ce qui me paraît être une interprétation contestable du fr. 15) par Nestle, *op. cit.*, 98 seq. Il existe, certes, d'autres aspects non moins importants de sa doctrine, mais ils ne se rapportent pas au sujet de ce livre.

19. Cf. Xénophane, fr. 8; Héraclite, frs. 1, 57, 104, etc.

20. La similitude entre Eur. fr. 282 et Xénophane, fr. 2 fut remarquée par Athénée, et il semble qu'elle soit trop proche pour être accidentelle; voir aussi Eur. *Her*. 1341-1346 avec Xénophane A 32 et B 11 et 12. D'autre part la ressemblance d'Esch. *Supp*. 100-104 à Xénophane B 25-26, peut être intéressante. Mais elle n'est guère assez précise pour permettre de conclure qu'Eschyle avait lu ou entendu l'Ionien.

21. Diog. Laert. 2.22. La critique héraclitaine du rite irrationnel trouve en fait des échos chez Euripide (Nestle, *Euripides*, 50, 118); mais ce ne sont pas nécessairement des emprunts directs (Gignon, *op. cit.*, 141). Euripide aurait été un bibliophile réputé (Athen. 3 A; cf. Eur. fr. 369 sur les joies de la lecture et Ar. *Ran*. 943).

22. Eur. fr. 783.

23. Cf. P. Decharme, *Euripide et l'esprit de son théâtre*, 96 seq.; L. Radermacher, *Rh. Mus*. 53 (1898), 501 seq.

24. F. Heinimann, *Nomos und Physis* (Basel, 1945). Pour une bibliographie des études antérieures, voir W. C. Greene, *Moira* App. 31.

25. Cf. Hdt. 1.60.3 : ἀπεκρίθη ἐκ παλαιτέρου τοῦ βαρβάρου ἔθνεος τὸ Ἑλληνικόν, ἐὸν καὶ δεξιώτερον καὶ εὐηθίης ἠλιθίου ἀπηλλαγμένον μᾶλλον.

26. Platon, *Prot*. 327 CD.

27. Le changement de ton perceptible dans les écrits du sophiste « Anonymus Iamblichi » (*Vorsokr*. [5], 89) donne une indication de la rapidité avec laquelle l'assurance générale s'étiola. A. I., tout comme Protagoras dont il fut peut-être le disciple, croyait au *nomos*. Il est permis de supposer que ce fut au cours des dernières années de la guerre du Péloponnèse qu'il écrivit, et il s'exprime sur le ton déprimé d'un homme qui a vu s'écrouler tout l'édifice moral et social.

28. Sur le caractère traditionnel de l'identification du « bon » et de l'utile, voir Snell, *Die Entdeckung des Geistes*, 131 seq. Sur l'utilitarisme socratique, cf. Xen. *Mem*. 3.9.4. etc.

29. Cf. chap. I, p. 28. Tant que l'*aretê* était conçu dans le sens positif d'efficacité, l'« habileté à faire des choses », il était normal de la concevoir comme dépendante du savoir-faire. Mais à partir du Ve siècle, les masses (à en juger d'après *Prot*. 352 B et *Gorg*. 491 D) étaient plus frappées par le côté négatif d'*aretê*, c'est-à-dire la maîtrise des passions, où l'élément intellectuel est moins apparent.

30. Platon, *Prot*. 352 A-E.

31. *Ibid.*, 327 E. La comparaison est du ve siècle et fut probablement employée par le Protagoras historique, puisqu'elle paraît dans le même contexte chez Euripide, *Suppl.* 913 seq. De façon générale, j'ai tendance à penser comme Taylor, Wilamowitz et Nestle que le discours de Protagoras (320 C-328 D) peut être reconnu pour une reproduction fidèle, brossée à grands traits, des opinions réellement soutenues par Protagoras, mais il n'est certainement pas permis d'y voir un extrait ni un précis d'une de ses œuvres.

32. Cf. R. Hackforth, « Hedonism in Plato's Protagoras », *CQ 22* (1928) 39 seq., dont les arguments me paraissent fort difficiles à réfuter.

33. *Prot.* 319 A-320 C. On dit souvent que ce passage « n'est qu'ironique », afin d'éliminer la différence entre le Socrate sceptique du présent dialogue et le Socrate du *Gorgias* qui a découvert ce qu'est la science du gouvernement. Mais en le comprenant ainsi on détruit le sens du paradoxe sur lequel le dialogue se termine (361 A). Platon a dû sentir qu'il y avait dans l'enseignement de son maître en cette matière une incohérence véritable, ou du moins une obscurité qu'il se devait d'éclaircir. C'est ce qu'il fit dans le *Gorgias*, mais en le faisant il dépasse la pensée du Socrate historique.

34. L'une des rares doctrines à tournure affirmative que l'on puisse attribuer avec confiance au Socrate historique est celle qui veut que les vertus soient mutuellement implicites les unes dans les autres (cf. *Prot.* 329 D seq., *Laches*, *Charmides*, Xen, *Mem*, 3.9.4 seq., etc.).

35. Cf. Festugière, *Contemplation et vie contemplative chez Platon*, 68 seq.; Jaeger, *Paideia*, II.65 seq.

36. Platon, *Apol.* 33 C : ἐμοὶ δὲ τοῦτο, ὡς ἐγώ φημι προστέτακται ὑπὸ τοῦ θεοῦ πράττειν καὶ ἐκ μαντείων καὶ ἐξ ἐνυπνίων. Concernant les rêves, voir aussi *Criton*, 44 A, *Phédon* 60 E; pour les oracles, *Apol.* 21 B. Xen *Mem.* 1.4.15 (où Socrate professe aussi de croire aux *térata*), *Anab.* 3.1.5. Mais Socrate avertit aussi ses auditeurs qu'il ne faut pas croire que la *mantikê* est un substitut pour « le calcul et la mensuration » (Xen. *Mem.* 1.1.9); cela venait s'ajouter ou (comme dans le cas de Chérépon) stimuler la pensée rationnelle, et non la remplacer.

37. Xen. *Apol.* 12, θεοῦ μοι φωνὴ φαίνεται. Cf. *Mem.* 4.8.6; Platon (?), *Alc.* I, 124 C.

38. Platon, *Prot.* 352 BC.

39. *Ibid.*, 353 A.

40. *Ibid.*, 356 C-357 E.

41. Aristote, *E.N.* 1147^a 11 seq.

42. Chap. I, pp. 17 seq.; chap. II, pp. 31 seq.

43. Combarieu, *La Musique et la Magie* (*Etudes de philologie musicale* III [Paris, 1909] 66 seq., cité par Boyancé, *Culte des Muses*, 108. En parlant des animaux en rut, Platon dit qu'ils sont malades (*Banq.* 207 A); la faim, la soif et la passion sexuelle sont trois maladies (*Lois* 782 E-783 A).

44. Eur. *Med.* 1333; *Hipp.* 141 seq., 240. M. André Rivier, dans son intéressant et original *Essai sur le tragique d'Euripide* (Lausanne, 1944), estime que ces opinions demandent à être prises au sérieux : Médée est *littéralement* possédée par un diable (p. 59), et une main surnaturelle verse un poison dans l'âme de Phèdre. Cela ne me paraît guère acceptable, du moins dans le cas de Médée. Elle, qui a un regard plus pénétrant que celui du conventionnel Jason, n'emploie aucun terme de ce langage religieux (voir par contraste la Clytemnestre d'Eschyle, *Agam.* 1433, 1475 seq., 1497 seq.). Et Phèdre aussi, une fois qu'elle s'est mise en face de sa situation, l'analyse en termes purement humains (sur l'importance d'Aphrodite, voir « Euripides the Irrationaliste », *CR* 43 [1929] 102). Mais ce qui exprime de façon décisive l'attitude du poète; c'est le passage des *Troyennes* où Hélène impute sa méconduite

à une agence divine (940 seq., 948 seq.) et où Hécube lui fait la réplique écrasante : « Ne prête pas la démence aux déesses / pour donner bonne mine à ta faute. / Tu n'en feras pas tant accroire aux personnes sensées » (μὴ ἀμαθεῖς ποίει θεοὺς τὸ σὸν κακὸν κοσμοῦσα, μὴ οὐ πείσῃς σοφούς, 981 seq., trad. M. M. Delcourt-Curvers).

45. *Med.* 1056 seq. Cf. Héraclite, fr. 85 : θυμῷ μάχεσθαι χαλεπόν· ὅ γὰρ ἂν θέλῃ, ψυχῆς ὠνεῖται.

46. *Ibid.*, 1078-1080. Wilamowitz supprime 1080, ce qui du point de vue du metteur en scène moderne nuit à l'effet du « rideau ». Mais cela concorde avec la tournure d'esprit d'Euripide qui veut que Médée généralise son auto-analyse tout comme Phèdre généralise la sienne. Mon cas, dit-elle implicitement, n'est pas unique : il y a une guerre civile dans tout cœur humain. D'ailleurs ces lignes prirent place dans les manuels scolaires comme l'exemple classique du conflit intérieur (voir plus bas, chap. VIII, n. 16).

47. Wilamowitz, *Einleitung i. d. gr. Tragoedie*, 25, n. 44; Decharme, *Euripide et l'esprit de son théâtre*, 46 seq.; et surtout Snell, *Philologus*, 97 (1948) 125 seq. Je suis beaucoup moins certain en ce qui concerne les suppositions de Wilamowitz *(loc. cit.)* et d'autres pour qui *Prot.* 352 B seq. serait la « réponse » de Platon (ou de Socrate) à Phèdre. Pourquoi Platon estimerait-il utile de répondre à une remarque fortuite faite par le personnage d'une pièce écrite plus de trente ans auparavant ? Et s'il le faisait, ou s'il savait que Socrate l'avait fait, pourquoi ne citerait-il pas Euripide par son nom comme il le fait ailleurs (Phèdre ne peut pas citer Socrate par son nom, mais Socrate peut citer Phèdre) ? Je ne vois aucune difficulté à supposer que les *polloi anthrôpoi* du *Prot.* 352 B sont tout simplement le grand nombre : l'homme du peuple n'a jamais ignoré la puissance de la passion, en Grèce comme ailleurs, et ce ne sont pas des subtilités qu'on lui attribuerait ici.

48. *Hipp.* 375 seq.

49. On trouvera une tentative de rattacher l'ensemble du passage à la situation dramatique et à la psychologie de Phèdre dans *CR* 39 (1925) 102 seq. Mais cf. Snell, *Philologus, loc. cit.*, 127 seq., à l'opinion duquel je tends maintenant à me ranger.

50. Cf. frs. 572, 840, 841, et le discours de Pasiphaë en sa propre défense (*Berl. Kl. Texte*, II.73 = Page, *Gk. Lit. Papyri*, I.74). Dans les deux derniers, c'est le langage religieux traditionnel qui est employé.

51. Cf. W. Schadewaldt, *Monolog u. Selbstgespräch*, 250 seq. : la « tragédie d'endurance » remplace la « tragédie de *pathos* ». Je suppose toutefois que *Chrysippe*, tout en étant une œuvre tardive (représentée en même temps que les *Phéniciennes*), reste encore une tragédie de *pathos* : l'œuvre devint, comme *Médée*, l'exemple classique des conflits entre la raison et la passion (cf. Nauck au sujet du fr. 841), et elle soulignait encore une fois bien nettement l'argument touchant l'irrationalité humaine.

52. Rivier, *op. cit.*, 96 seq. Cf. mon édition de la pièce, pp. xl seq.

53. *CR* 43 (1929) 97 seq.

54. Ar. *Nub.* 1078.

55. Cité par Ménandre, *Epitrep.* 765 seq. Koerte, de l'*Auge* (une partie en était déjà connue, fr. 920 Nauck.).

56. *Chrysippus*, fr. 840.

57. Aeolus, fr. 19, τί δ' αἰσχρὸν ἢν μὴ τοῖσι χρωμένοις δοκῇ; Le sophiste Hippias soutenait que l'interdiction de l'inceste était conventionnelle et non « divinement implantée » ni instinctive, du fait qu'elle n'était pas universellement observée (Xen. *Mem.* 4.4.20). Mais le vers d'Euripide fit scandale, et cela se comprend : il montrait à quoi mène un relativisme moral illimité. Cf. la parodie d'Aristophane (*Ran.* 1475); la courtisane qui l'invoque contre son auteur (Machon, *apud* Athen.

582 CD); et les récits postérieurs dans lesquels Antisthènes ou Platon sont censés le réfuter (Plut. *aud. poet.* 12, 33 C, Serenus *apud* Stob. 3.5.36 H).

58. *Her.* 778, *Or.* 823, *Ba.* 890 seq. *I.A.* 1089 seq. Cf. Murray, *Euripides and His Age*, 194, et Stier, « Nomos Basileus », *Philol.* 83 (1928) 251.

59. Ainsi Murray, *Aristophanes*, 94 seq., et plus récemment Wolfgang Schmid, *Philol.* 97 (1948) 224 seq. J'en suis moins certain qu'eux.

60. Lysias, fr. 73 Th. (53 Scheibe), *apud* Athen. 551 E.

61. Célèbre surtout pour avoir été la tête de turc d'Aristophane (*Aves* 1372-1409 et ailleurs). Il fut accusé d'avoir insulté le sanctuaire d'Hécate (Σ Ar. *Ran.* 366), ce qui eût été tout à fait conforme à l'esprit du cercle, les *Hecateia* étant des foyers de superstition populaire (cf. Nilsson, *Gesch.* I.685 seq.). Platon le cite comme exemple typique du poète qui joue pour la galerie au lieu de s'efforcer de faire de son public des hommes meilleurs (*Gorg.* 501 E).

62. C'est la date indiquée pour le décret de Diopeithês par Diod. 12.38 seq. et Plut. *Pe* . 32. Adcock, *CAH* V.478, tendrait à le fixer à 430 et à le rapporter aux « émotions suscitées par la peste, signe visible de la colère du ciel »; il se pourrait bien qu'il ait raison.

63. τὰ θεῖα μὴ νομίζειν (Plut. *Per.* 32). Sur le sens de cette expression voir R. Hackforth, *Composition of Plato's Apology*, 60 seq., et J. Tate, *CR* 50 (1936) 3 seq., 51 (1937) 3 seq. L'*asebeia* au sens de « sacrilège » avait sans doute toujours été une faute; ce qui était nouveau, c'était l'interdiction d'enseigner des idées antireligieuses ou de s'abstenir du culte. Nilsson, qui tient à l'idée caduque que « la liberté de pensée et d'expression était absolue à Athènes » (*Greek Piety*, 79), s'afforce de restreindre la portée des poursuites aux fautes contre le culte. Mais la tradition, de façon unanime, nous représente les poursuites intentées contre Anaxagore et Protagoras comme visant leurs vues théoriques, non leurs actions. Et une société qui interdisait à l'un de décrire le soleil comme un objet matériel, à l'autre d'exprimer de l'incertitude quant à l'existence des dieux, ne permettait assurément pas une « liberté absolue de pensée ».

64. λόγους περὶ τῶν μεταρσίων διδάσκειν (Plut. *ibid.*). Sans doute visait-il surtout Anaxagore, mais la désapprobation de la *meteôrologia* était fort répandue. Non seulement l'estimait-on comme vaine et présomptueuse (Gorg. *Hel.* 13, Hipp. *vet. med.* 1, Platon, *Rep.* 488 E, etc.), mais elle était un danger pour la religion (Eur. fr. 913, Platon, *Apol.* 19 B, Plut. *Nicias* 23), et l'esprit populaire l'associait spécialement aux sophistes (Eupolis, fr. 146, Ar. *Nub.* 360, Platon, *Pol.* 299 B). Cf. W. Capelle, *Philol.* 71 (1912) 414 seq.

65. Taylor, en fixant le procès d'Anaxagore à 450 (*CQ* 11 [1917] 81 seq.), situerait l'*Aufklärung* à Athènes et la réaction à une date très antérieure à celle indiquée par le reste des témoignages. Ses arguments me semblent avoir été écartés par E. Derenne, *Les Procès d'impiété*, 30 seq., et J. S. Morison, *CR* 35 (1941) 5, n. 2.

66. Burnet (*Thales to Plato*, 112), et d'autres après lui, écartent, comme non historique, la tradition largement attestée du procès de Protagoras, en alléguant Platon, *Ménon* 91 E. Mais Platon ne fait allusion là qu'à la réputation internationale de Protagoras en *tant que maître*, qui ne serait pas diminuée par un procès d'hérésie à Athènes; on ne l'accusait pas de corrompre les jeunes, on l'accusait d'être athée. Le procès ne peut pas avoir eu lieu aussi tard que 411, mais la tradition ne dit pas cela (cf. Derenne, *op. cit.*, 51 seq.).

67. Satyros, *vit. Eur.* fr. 39, col. x, (Arnim, *Suppl. Eur.* 6). Cf. Bury, *CAH* V.383 seq.

68. Il serait téméraire de supposer qu'il n'y eut pas d'autres procès

que ceux dont nous avons entendu parler. Les savants n'ont guère été assez attentifs à ce que Platon fait dire à Protagoras (*Prot.* 316 C-317 B) des risques attenants à la profession de sophiste; profession qui les expose à une « grande jalousie, et d'autres formes encore de mauvaise volonté et de conspiration, en sorte que la plupart d'entre eux trouvent qu'il est nécessaire de travailler en secret ». Il a lui-même ses propres sauvegardes (l'amitié de Périclès ?) qui l'ont jusqu'ici préservé du mal.

69. Diog. Laert. 9.52, Cic. *nat. deor,* 1.63, etc. Sur les dangers de la lecture, cf. Aristophane, fr. 490 : τοῦτον τὸν ἄνδρ' ἢ βυβλίον διέφθορεν ἢ Πρόδικος ἢ τῶν ἀδολεσχῶν εἷς γέ τις.

70. Cela pourrait bien être un accident de nos renseignements défectueux. Sinon cela paraît contredire les paroles que Platon attribue à Socrate (*Gorg.* 461 E), qu'Athènes permettrait plus de liberté de parole qu'aucune autre ville en Grèce (Platon situe ce dialogue à une époque postérieure au décret de Diopeithês). Notons toutefois que Lampsakos fit à Anaxagore les honneurs de funérailles publiques après qu'il eut été expulsé par Athènes (Alcidamas *apud* Ar. *Rhet.* 1398^{b}15).

71. Nilsson, *Greek Popular Religion,* 133 seq.

72. Plut. *Pericles* 6.

73. Platon. *Apol.* 40 A : ἡ εἰωθυῖα μου μαντικὴ ἡ τοῦ δαιμονίου.

74. Xen. *Apol.* 14 : οἱ δικασταὶ ἐθορύβουν, οἱ μὲν ἀπιστοῦντες τοῖς λεγομένοις, οἱ δὲ καὶ φθονοῦντες, εἰ καὶ παρὰ θεῶν μειζόνων ἢ αὐτοὶ τυγχάνοι. Malgré les ingénieux arguments de Taylor (*Varia Socratica,* 10 seq.), il me paraît impossible de séparer l'accusation d'avoir introduit dans la ville des *kaina daimoni,* du *daimonion* auquel elle est rattachée tant par Platon que par Xénophon. Cf. A. S. Ferguson, *CQ* 7 (1913) 157 seq.; H. Gomperz, *NJbb* 1924, 141 seq.; R. Hackforth, *Composition of Plato's Apology,* 68 seq.

75. Cf. Thuc. 5.103.2, quand les choses vont mal, les masses ἐπὶ τὰς ἀφανεῖς (ἐλπίδας) καθίστανται, μαντικήν τε καὶ χρησμούς. Cf. par contraste, Platon, *Euthyphron* 3 C : ὅταν τι λέγω ἐν τῇ ἐκκλησίᾳ περὶ τῶν θείων, προλέγων αὐτοῖς τὰ μέλλοντα, καταγελῶσιν ὡς μαινομένου.

76. R. Crawshay-Williams, *The Comforts of Unreason,* 28.

77. Hésiode, *Erga* 240; cf. Platon, *Lois* 910 B, et chap. II, n. 43. L'attitude de Lysias est éclairante. « Nos ancêtres, dit-il, en accomplissant les sacrifices, prescrits, nous laissèrent une cité, la plus grande et la plus prospère de Grèce : assurément, nous devrions offrir les mêmes sacrifices qu'eux, ne fût-ce que pour la fortune qui résulta de ces rites » (30.18). Cette vue pragmatiste de la religion devait être assez répandue.

78. Thuc. 6.27 seq., 60. Thucydide souligne naturellement le côté politique de la question, et certes il est impossible de lire 6.60 sans songer aux « purges » politiques et aux « chasses à la sorcière » de l'époque actuelle. Mais la cause fondamentale de l'agitation populaire était la *deisidaimonia* : l'acte était un οἰωνὸς τοῦ ἔκπλου (6.27.3).

79. Thuc. 3.82.4.

80. Nigel Balchin, *Lord, I was afraid,* 295.

81. Gilbert Murray, *Greek Studies,* 67. Cf. l'avis de Frazer : « La société a été construite et cimentée pour une bonne part sur une fondation religieuse, et il est impossible de défaire le ciment et d'ébranler les fondations sans mettre en péril la superstructure » (*The Belief in Immortality,* I.4). Qu'il y ait un rapport réel de cause à effet entre l'effondrement d'une tradition religieuse et le développement libre d'une politique de puissance semble être confirmé par l'expérience d'autres cultures anciennes, notamment en Chine où le positivisme sécularisté de l'école Fa Hia trouve son pendant dans le militarisme impitoyable de l'empire Ts'in.

82. Chap. IV, pp. 116 seq.

83. Ainsi Kern, *Rel.* der *Griechen*, II.312, et W. S. Ferguson, « The Attic Orgeones » *Harv. Theol. Rev.* 37 (1944) 89, b. 26. Ce fut pour une raison semblable que le culte d'Esculape fut transporté à Rome en 293 avant Jésus-Christ. C'était, à vrai dire, selon l'expression de Nock, « a religion of emergencies » (*CPh* 45 [1950] 48). La première allusion à l'incubation dans un temple d'Esculape qui nous soit connue se trouve dans les *Guêpes*, pièce écrite quelques années après la fin de la peste.

84. Thuc. 2.53.4 : κρίνοντες ἐν ὁμοίῳ καὶ σέβειν καὶ μή, ἐκ τοῦ πάντας ὁρᾶν ἐν ἴσῳ ἀπολλυμένους.

85. *IG* II.2, 4960. Pour les détails voir Ferguson, *loc. cit.*, 88 seq.

86. *Glaube*, II.233. L'interprétation la plus vraisemblable des témoignages serait qu'Esculape apparut dans un rêve ou une vision (Plutarque, *non posse suaviter* 22, 1103 B) et dit : « Amenez-moi d'Epidaure », là-dessus on le fit venir « sous la forme d'un serpent », tout comme l'avaient fait les Sicyoniens en l'occasion décrite par Pausanias (2.10.3; cf. 3.23.7).

87. Par ex., *de vetere medicina*, que Festugière situe env. 440-420; *de aeribus, aquis, locis* (que Wilamowitz et d'autres estiment antérieur à 430); *de morbo sacro* (probablement un peu postérieur, cf. Heinimann, *Nomos u. Pyhsis*, 170 seq.). De même l'apparition des premières Clés des Songes qui nous soient connues (chap. IV, p. 121) est contemporaine des premières tentatives d'expliquer les rêves sans faire appel au surnaturel : ici encore il y a une polarisation.

88. La deuxième guerre punique devait produire un effet très semblable à Rome (cf. Tite Live, 25.I, et J. J. Tierney, *Proc. R. I. A.* 51 [1947] 94).

89. *Harv. Theol. Rev.* 33 (1940) 171 seq. Voir plus récemment Nilsson, *Gesh.* I.782 seq., et l'article important de Ferguson (plus haut n. 83) qui jette beaucoup de lumière sur la naturalisation des cultes thraces et phrygiens à Athènes et leur diffusion parmi les citoyens athéniens. L'établissement du culte publique de Bendis peut maintenant, comme l'a montré Fergusson ailleurs (*Hesperia*, Suppl. 8 [1949] 131 seq.), être fixé à l'année de la peste 430-429.

90. Plus de 300 exemples furent recueillis et étudiés par A. Audollent, *Defixionum tabellae* (1904), et d'autres ont été trouvés depuis. Une liste supplémentaire de l'Europe centrale et du Nord est donnée par Preisendanz, *Arch, f. Rel.* 11 (1933).

91. Lawson, *Mod. Greek Folklore*, 16 seq.

92. Voir *Globus*, 79 (1901) 109 seq. Audollent, *op. cit.*, CXXV seq., cite aussi un bon nombre de cas, dont celui d'un « gentilhomme fortuné et cultivé » de Normandie qui, sa demande en mariage étant refusée, prit une photographie de la dame et la perça au front d'un coup d'aiguille, ajoutant cette inscription : « Dieu te maudisse ! » Cette anecdote révèle les racines psychologiques simples qui sont propres à ce genre de magie. Guthrie a cité un exemple intéressant du pays de Galles au XIXe siècle (*The Greeks and Their Gods*, 273).

93. Les exemples attiques connus avant 1897 (il y en a plus de 200) furent publiés séparément par R. Wünsch, *IG* III.3, Appendice. D'autres *defixiones* attiques ont été publiés depuis par Ziebarth, *Gött. Nachr.* 1899. 105 seq., et *Berl. Sitzb.* 1934, 1022 seq., et d'autres enfin ont été trouvés dans le Kerameikos (W. Peck, *Kerameikos*, III.89 seq.) et à l'Agora. Dans tout ce nombre il ne se trouve que deux exemples, semble-t-il (Kerameikos 3 et 6) qu'on puisse assigner avec confiance au Ve siècle ou à une époque antérieure; par ailleurs un bon nombre, par les noms des personnes qu'on y lit, se révèle appartenir au IVe siècle, et nombreux sont ceux où l'orthographe et le style

graphique suggèrent cette époque (R. Wilhelm, *Ost. Jahreshefte*, 7 [1904] 105 seq.).

94. Wünsch, n. 24; Ziebarth, *Gött. Nachr.* 1899, n. 2, *Bert. Sitzb.* 1934, n. 1 B.

95. Platon, *Lois* 933 A-E. Il fait aussi allusion dans *Rep.* 364 C aux *katadesmoi*, tels qu'ils sont exécutés pour leurs clients par les *agurtai kai manteis*, et dans *Lois* 909 B à la nécromancie telle qu'elle est pratiquée par des personnes semblables. La sorcière Théoris prétendait à une certaine dignité religieuse : Harpocration s.v. l'appelle une *mantis*, Plutarque, *Dem.* 14, une *hiercia*. Il n'y avait donc aucune frontière précise entre la superstition et la « religion ». Et en fait les dieux invoqués dans les plus anciens *katadeseis* attiques sont les divinités chthoniennes de la croyance grecque usuelle, Hermès et Perséphone le plus souvent. Il convient toutefois de noter que les formules dépourvues de sens *(Ephesia grammata)* caractéristiques de la magie ultérieure entraient déjà en usage, comme il apparaît chez Anaxilas, fr. 18 Kock, et plus certainement chez Ménandre, fr. 371.

96. *Lois* 933 B : κηρινὰ μιμήματα πεπλασμένα, εἴτ' ἐπὶ θύραις εἴτ' ἐπὶ τριόδοις εἴτ' ἐπὶ μνήμασι γονέων. Sophocle paraît avoir fait allusion à cette pratique (fr. 536 P). Sinon la plus ancienne mention se trouve dans une inscription du début du IVe siècle provenant de Cyrène, où des *kerina* auraient été employées publiquement comme faisant partie des sanctions d'un serment prêté lors de la fondation de la ville (Nock, *Arch. f. Rel.* 24 [1926] 172). Les images de cire ont naturellement disparu, mais des figurines de matière plus durable, les mains liées derrière le dos (une *katadesis* au sens littéral), ou portant d'autres marques d'agression magique, ont été trouvées assez souvent, et au moins deux d'entre elles en Attique : voir Ch. Dugas, *Bull. Corr. Hell.* 39 (1915) 413.

97. *Lois* 933 A : ταῦτ' οὖν καὶ περὶ τοιαῦτα σύμπαντα οὔτε ῥᾴδιον ὅπως ποτὲ πέφυκεν γιγνώσκειν οὔτ' εἴ τις γνοίη, πείθειν εὐπετὲς ἑτέρους. La seconde partie de cette phrase laisse peut-être percer un septicisme plus grand que celui qu'il veut bien exprimer, puisque le ton de *Rep.* 364 C (ainsi que de *Lois* 909 B) est nettement sceptique.

98. [Dem.] 25.79 seq., le cas d'une *pharmakis* de Lemnos nommée Théoris, qui fut mise à mort à Athènes « avec toute sa famille » sur un renseignement donné par sa bonne. Que cette *pharmakis* n'était pas une simple empoisonneuse apparaît dans une allusion, dans la même phrase, à ses *pharmaka kai epôidas* (et cf. Ar. *Nub.* 749 seq.). Selon Philochorus, *apud* Harpocration, s.v. Θεωρίς l'accusation formelle était celle d'*asebeia*, et cela est probablement exact : la destruction sauvage de la famille entière implique une pollution de la communauté. Plutarque (qui donne une version différente de l'accusation) dit, *Dem.* 14, que l'accusateur était Démosthène — qui fut lui-même plus d'une fois, nous l'avons vu, en butte à des agressions magiques.

99. En dehors de la mythologie il y a étonnamment peu d'allusions directes dans la littérature attique du Ve siècle à la magie *agressive*, exception faite des philtres d'amour (Eur. *Hipp.* 509 seq., Antiphon, 1.9, etc.) et le « charme d'Orphée », Eur. *Cycl.* 646. L'auteur du *morb. sacr.* parle de personnes qui auraient été *pepharmakeumenous*, « envoûtées » (VI.362 L), et il s'agirait peut-être de la même chose dans Ar. *Thesm.* 534. Autrement, c'est peut-être dans le mot *analutês*, un « délieur » de sorts, qu'il faut chercher ce qui en approche le plus. Le terme aurait été employé par l'ancien poète comique Magnes (fr. 4). La magie « blanche » protective était sans doute commune : par ex., les gens portaient des bagues magiques comme amulettes (Eupolis, fr. 87, Ar. *Plut.* 883 seq. et Σ). Mais si vous cherchiez une

sorcière réellement corrosive il fallait l'acheter en Thessalie (Ar. *Nub.* 749 seq.).

100. Il y eut un décalage semblable au XIXe siècle entre l'échec de la foi chrétienne chez les intellectuels et l'apparition du spiritisme et autres mouvements de même espèce dans les classes moins instruites (de là certaines de ces notions se sont répandues dans une partie des milieux instruits). Mais dans le cas d'Athènes on ne peut pas exclure que le retour à la magie agressive soit à rapporter aux dernières années désespérantes de la guerre du Péloponnèse. Pour ce qui est d'autres motifs qui auraient pu contribuer à sa popularité au IVe siècle, voir Nilsson, *Gesch.* 1.759 seq. Je ne puis croire que la multiplication des « defixiones » à cette époque soit attribuable uniquement à un relèvement du niveau d'instruction, comme il a été suggéré; car ils pouvaient fort bien être mis par écrit, et ils l'étaient sans doute souvent (Audollent, *op. cit.*, XLV), par des magiciens professionnels engagés pour cela (Platon s'exprime comme s'il en était ainsi, *Rep.* 364 C).

VII

PLATON, L'AME IRRATIONNELLE ET LE « CONGLOMÉRAT HÉRITÉ »

> *Il n'y a pas d'espoir de retourner à une foi traditionnelle une fois qu'elle a été abandonnée; car la condition essentielle de l'adhésion à une foi traditionnelle c'est d'ignorer qu'on est traditionaliste.*
>
> AL GHAZALI.

Le dernier chapitre décrivait l'écroulement de l'édifice des croyances héréditaires qui survint au ve siècle et quelques-uns de ses premiers effets. Je me propose d'examiner ici la réaction de Platon à la situation ainsi créée. Le sujet est important, non seulement à cause de la position de Platon dans l'histoire de la pensée européenne, mais parce que Platon mieux que quiconque voyait les dangers inhérents au pourrissement du Conglomérat hérité, et parce que, dans son dernier testament laissé au monde, il soumet des propositions de grand intérêt pour stabiliser la situation au moyen d'une contre-réforme. Je me rends bien compte qu'une discussion complète du sujet impliquerait un examen d'ensemble de la pensée platonicienne; mais afin de limiter la discussion à des proportions viables, je me propose de chercher les réponses à deux questions :

D'abord, quelle importance Platon lui-même attribuait-il aux facteurs non rationnels dans le comportement humain, et comment les interprétait-il ?

Ensuite, quelles concessions était-il disposé à faire à l'irrationalisme des croyances populaires, dans l'espoir de stabiliser le Conglomérat ?

Il est souhaitable de ne pas confondre ces deux questions, quoiqu'il ne soit pas toujours facile, comme nous le verrons, de savoir si Platon exprime une conviction personnelle, ou s'il ne fait qu'employer un langage traditionnel. En m'efforçant de répondre à la première question, il faudra que je répète une ou deux choses que j'ai déjà dites ailleurs [1], mais j'aurais aussi à parler d'autres aspects que je n'ai pas encore considérés.

Il faut que je fasse une supposition. Je supposerai que la philosophie de Platon n'a pas jailli toute faite de sa propre tête, ni de la tête de Socrate; je la traiterai comme une chose organique qui croît et évolue, d'une part selon sa propre loi interne de croissance, mais d'autre part aussi, en réponse à des *stimuli* externes. Et il convient de se rappeler ici que la vie de Platon, comme sa pensée, traverse presque en entier l'abîme énorme qui sépare la mort de Périclès de la soumission à l'hégémonie macédonienne [2]. Bien que tous ses écrits soient probablement du IVe siècle, sa personnalité et ses perspectives furent formées au Ve, et ses premiers dialogues sont encore baignés de la lumière d'un monde et d'une société disparus. Le meilleur exemple à mon sens est le *Protagoras*, dont l'action se passe aux années merveilleuses d'avant la Grande Guerre; dans son optimisme, sa mondanité cordiale, son utilitarisme candide et son Socrate qui n'est encore que « grandeur nature », il semble être une reproduction essentiellement fidèle du passé [3].

Le point de départ de Platon fut donc conditionné historiquement. En sa qualité de neveu de Charmide et de parent de Critias, et comptant, de surcroît, parmi les jeunes gens de l'entourage de Socrate, il était l'enfant des temps éclairés. Il grandit dans un milieu qui non seulement s'enorgueillissait de régler toutes les questions au tribunal de la raison, mais qui avait l'habitude d'interpréter tout le comportement humain en termes d'intérêt personnel rationnel, et la conviction que la « vertu » *aretê* était essentiellement une technique de vie rationnelle. Cet orgueil, cette habitude et cette conviction, Platon les conserva jusqu'à la fin; le cadre de sa pensée ne cessa jamais d'être rationaliste. Mais le contenu de ce cadre vint, le temps aidant, à subir une étrange transformation. Il y avait à cela de bonnes raisons. La transition du Ve au IVe siècle fut marquée (comme notre propre époque l'a été) par des événements qui pouvaient bien induire n'importe quel rationaliste à réexaminer sa foi.

1. Notes du chap. VII, pp. 223-231.

La ruine morale et matérielle à laquelle une société pouvait être conduite par le principe de l'intérêt personnel rationnel, le sort de l'impériale Athènes en fut une démonstration; ce que ce principe pouvait faire d'un individu devint apparent dans le sort de Critias, de Charmide et des autres tyrans. Et d'autre part, le procès de Socrate offrait l'étrange spectacle du plus illustre sage de la Grèce, au moment décisif de sa vie, bafouant délibérément et gratuitement ce principe, du moins au sens où le monde l'entendait.

Ce furent ces événements, je crois, qui contraignirent Platon, non pas à abandonner le rationalisme, mais à en transformer le sens en lui donnant une extension métaphysique. Il lui fallut longtemps, dix ans peut-être, pour digérer les nouveaux problèmes. Au cours de ces années, il retourna sans doute dans son esprit certaines paroles significatives de Socrate, par exemple que « la *psychê* humaine comporte quelque chose de divin », et que « notre principal intérêt est d'en soigner la santé [4] ». Mais je m'accorde avec l'opinion de la plupart des hellénistes en pensant que ce furent les contacts personnels de Platon avec les pythagoriciens de la Grèce occidentale, quand il les visita vers 390, qui l'incitèrent à développer ces premiers germes pour en tirer une nouvelle psychologie transcendentale. Si l'hypothèse que j'ai hasardée sur les antécédents historiques du mouvement pythagoricien est juste, Platon effectua en somme une hybridation de la tradition du rationalisme grec avec des idées magico-religieuses dont les origines les plus lointaines remontent à la culture chamanique septentrionale. Mais à l'état où nous les trouvons chez Platon, ces idées ont été soumises à un double processus d'interprétation et de transposition. Un passage connu du *Gorgias* nous montre un exemple concret de la manière dont certains philosophes — tel, peut-être, l'ami de Platon Archytas — reprirent les fantaisies des mythes anciens sur le destin de l'âme, pour y lire de nouvelles significations allégoriques qui leur donnaient une portée morale et psychologique [5]. Ces hommes préparèrent la voie à Platon; mais je serais tenté de croire que ce fut Platon lui-même qui, par une œuvre de véritable création, transposa définitivement ces idées d'un plan de révélation à un plan d'argumentation rationnelle.

Le moment critique fut celui de l'identification du soi « occulte » et séparable, porteur des sentiments de culpabilité et, en puissance, divin, avec la *psychê* socratique rationnelle, chez qui la vertu est une forme de connaissance. Ce passage impliquait une réinterprétation complète de la vieille structure culturelle chamanique. Néanmoins, la structure garde sa vitalité, et ses traits principaux se reconnaissent encore chez Platon. La réincarnation en ressort inchangée. La transe du chaman, sa séparation intentionnelle du soi occulte et du corps, est devenue la pratique de retraite et de concentration mentale qui purifie l'âme rationnelle — une pratique pour laquelle Platon, en fait, allègue l'autorité d'un *logos* traditionnel [6]. La science occulte que le chaman acquiert en transe devient une vision de la vérité métaphysique; sa « recollection » de vies terrestres antérieures [7] est devenue la « recollection » de formes incorporelles qui sert de fondement à une nouvelle épistémologie; tandis qu'au niveau mythique son « long sommeil » et son « voyage aux Enfers » sert directement de modèle aux expériences d'Er, le fils d'Arménius [8]. Enfin, nous comprendrons peut-être mieux les « Gardiens » tant critiqués de Platon, si nous voyons en eux une nouvelle forme de chamans rationalisés qui, comme leurs prédécesseurs primitifs, sont préparés à leurs hautes fonctions par une discipline d'ordre spécial destinée à modifier entièrement la structure psychique d'un homme; comme eux, ils doivent se soumettre à une espèce de consécration morale qui les coupe, pour une large part, des satisfactions normales de l'humanité; comme eux, ils doivent renouveler leurs contacts avec les sources profondes de la sagesse par des « retraites » périodiques; et comme eux, ils seront récompensés après la mort en recevant un rang privilégié dans le monde des esprits [9]. Il est probable qu'une approximation de ce type humain hautement spécialisé existait déjà dans les sociétés pythagoriciennes; mais Platon rêvait de pousser l'expérience beaucoup plus loin, la mettant sur une base scientifique sérieuse, et l'employant comme instrument de sa contre-réforme.

Cette représentation visionnaire d'une nouvelle sorte de classe dirigeante a souvent été citée pour prouver que Platon se faisait une idée grossièrement irréaliste de la nature humaine. Mais les institutions chamaniques ne sont pas fondées sur la nature humaine ordinaire; elles sont au contraire destinées à exploiter les possibilités d'un type de personnalité exceptionnel. Et *La République* est dominée par une intention semblable. Platon admettait franchement que seule une fraction infime de la population *(phusei oligiston genos)* possédait les dons naturels qui permettraient d'en faire des Gardiens [10]. Quant au reste — c'est-à-dire la majorité écrasante de l'humanité — il semble avoir toujours reconnu que, tant qu'on ne l'exposait pas aux tentations du pouvoir, un hédonisme intelligent restait pour elle la meilleure règle praticable d'une vie satisfaisante [11]. Mais dans les dialogues de son époque moyenne, préoccupé comme il l'était alors par les natures exceptionnelles et par leurs exceptionnelles possibilités, il n'est guère intéressé par la psychologie de l'homme ordinaire.

Dans son œuvre ultérieure, toutefois, ayant reconnu que les rois-philosophes étaient un rêve impossible, et étant retombé sur le règne de la Loi comme un pis-aller [12], il prêta plus d'attention aux motifs qui gouvernent le comportement humain ordinaire, et s'aperçut que même le philosophe n'est pas exempt de leur influence. A la question : « L'un de nous se contenterait-il d'une vie dans laquelle il posséderait la sagesse, l'entendement, la connaissance, et une « recollection » complète de l'histoire du monde, mais n'éprouverait ni plaisir ni douleur, petit ou grand », la réponse donnée par le *Philèbe* [13] est un « non » énergique : nous sommes ancrés dans la vie des sens qui fait partie de notre humanité et nous ne pouvons y renoncer, même si c'est pour devenir « les spectateurs de tous les temps et de toute existence [14] », comme les rois-philosophes. Dans *Les Lois*, nous apprenons que la seule base praticable de la moralité publique est la conviction que l'honnêteté est payante, « car personne, dit Platon, pouvant faire autrement, ne consentirait à une ligne de conduite qui ne lui rapporterait pas plus de joie que de peine [15] ». On croirait se retrouver dans le monde du *Protagoras* et de Jeremy Bentham. Le point de vue du législateur n'est toutefois pas identique à celui de l'homme moyen. L'homme moyen veut être heureux; mais Platon, qui légifère pour lui, veut qu'il soit bon; Platon s'efforce donc de le convaincre que le bien et le bonheur vont de pair. Cette affirmation est-elle vraie ? Il est de fait que Platon y croit; mais même s'il n'y croyait pas, il feindrait encore qu'elle soit vraie, car ce serait « le plus salutaire mensonge qui fût jamais dit [16] ». Ce n'est pas l'attitude de Platon qui s'est modifiée : s'il y a quelque chose de changé, c'est son estimation des capacités humaines. Dans *Les Lois* en tout cas, la vertu de l'homme moyen n'est manifestement pas fondée sur la connaissance, ni même sur l'opinion vraie en soi, mais sur un processus de conditionnement ou d'accoutumance [17] par lequel il accepte et agit selon certaines croyances « salutaires ». Après tout, dit Platon, la chose n'est pas trop difficile : des gens qui croient à Cadmus et aux dents du dragon croiront n'importe quoi [18]. Loin d'estimer, comme son maître qu'« une vie sans examen n'est pas une vie digne d'un homme [19] », Platon semble croire maintenant que la majeure partie de l'humanité ne peut être maintenue à un niveau tolérable de santé morale que par un régime soigneusement sélectionné d'« incantations » *(epôdai [20])*, — c'est-à-dire de mythes édifiants et de slogans moraux tonifiants. On peut dire qu'en principe, il accepte la dichotomie de Burckhardt — le rationalisme pour le petit nombre, la magie pour les masses. Nous avons vu toutefois que son rationalisme est animé d'idées qui avaient autrefois été magiques; et d'autre part nous verrons par la suite, comment ses « incantations » devaient servir à des fins rationnelles.

Sur d'autres points aussi, une reconnaissance croissante de l'importance des éléments affectifs poussait Platon au-delà des limites du rationalisme du ve siècle. Ceci apparaît clairement dans le développement de sa théorie du Mal. Certes, jusqu'à la fin de sa vie [21], il continuait à répéter la maxime socratique que « personne ne commet une erreur en le voulant »; mais il ne se contentait plus depuis longtemps de la simple opinion socratique qui voyait dans la faute morale une sorte d'erreur de perspective [22]. Quand Platon prit à son compte la notion magico-religieuse de *psychê*, il commença par assumer en même temps le dualisme puritain qui attribue tous les péchés et toutes les souffrances de la *psychê* à la pollution causée par le contact avec un corps mortel. Dans le *Phédon*, il transposa cette doctrine en termes philosophiques et lui donna une formulation qui devait devenir classique : l'âme rationnelle ne pourra reprendre sa véritable nature, qui est divine et sans péché, qu'une fois purgée de « la folie du corps [23] » par la mort ou par l'ascèse; la vie bonne est la pratique de cette purgation, *meletê thanatou*. Dans l'Antiquité comme de nos jours, le lecteur moyen tend à croire que c'est là le dernier mot de Platon en cette matière. Mais Platon était un penseur trop pénétrant et, au fond, trop réaliste, pour se contenter longtemps de la théorie du *Phédon*. Dès qu'il revenait du soi occulte à la réalité empirique de l'homme, il se trouvait forcé de reconnaître un facteur irrationnel dans le psychisme même, et donc à considérer le mal moral en termes de conflit psychologique *(stasis* [24]*)*.

Il en est déjà ainsi dans *La République :* le même passage d'Homère qui, dans le *Phédon*, illustrait le dialogue de l'âme avec « les passions du corps » devient, dans *La République*, un dialogue interne entre deux « parties » de l'âme [25]; les passions ne sont plus considérées comme une infection d'origine extérieure, mais comme un élément nécessaire de la vie de l'esprit et même comme une source d'énergie qui, comme la *libido* freudienne, peut être « canalisée » vers une activité soit sensuelle soit intellectuelle [26]. La théorie du conflit interne, qu'illustre de manière frappante l'histoire de Léontius dans *La République* [27], fut formulée avec précision dans *Le Sophiste* [28], où il est défini comme une inadaptation psychologique résultant « d'une espèce de lésion [29] », une sorte de maladie de l'âme qui serait cause de la lâcheté, de l'intempérance, de l'injustice, et (semblerait-il) du mal moral de façon générale, en tant qu'il se distingue de l'ignorance ou de la faillite intellectuelle. C'est ici quelque chose d'entièrement différent, tant du rationalisme des premiers dialogues que du puritanisme du *Phédon*, et qui va beaucoup plus profond que l'un ou l'autre; je présume que c'est la contribution personnelle de Platon [30].

Mais Platon n'avait pas abandonné l'âme transcendante rationnelle, dont l'unité parfaite est le garant de l'immortalité. Dans le *Timée*, alors qu'il essaie de refondre son idée primitive de la destinée humaine en un langage compatible avec sa psychologie et sa cosmologie ultérieures, nous retrouvons l'âme unitaire du *Phédon;* et il est significatif que Platon lui applique, en l'occurrence, le vieux terme religieux dont Empédocle s'était servi pour le soi occulte : il l'appelle le *daimôn* [31]. Sur celui-ci toutefois, dans le *Timée*, est « édifié » une autre sorte d'âme ou de soi, « l'espèce mortelle dans laquelle sont des passions terribles et indispensables [32] ». Ceci ne signifie-t-il pas que pour Platon, la personnalité humaine s'est virtuellement scindée en deux ? Assurément, le lien n'est pas clair qui unit, ou pourrait unir, un *daimôn* indestructible résidant dans la tête humaine avec un ensemble de pulsions irrationnelles logées dans la poitrine ou « attachées comme une bête inapprivoisée » dans le ventre. Cela évoque l'opinion naïve du Persan chez Xénophon, pour qui il était parfaitement évident qu'il avait deux âmes : car, dit-il, la même âme ne peut être à la fois bonne et mauvaise — elle ne peut pas désirer simultanément des actions nobles et viles, ni vouloir et ne pas vouloir accomplir un acte donné à un moment donné [33].

Mais la fission platonicienne de l'homme empirique en *daimôn* et en bête n'est peut-être pas tout à fait aussi inconséquente qu'elle pourrait sembler au lecteur moderne. Elle reflète une scission semblable dans la conception platonicienne de la nature humaine : l'abîme entre l'âme immortelle et l'âme mortelle correspond à l'abîme qui sépare la vision de Platon de l'homme tel qu'il pourrait être, et son évaluation de l'homme empirique. Ce que Platon a fini par penser de la vie humaine telle qu'elle est réellement vécue apparaît le plus clairement dans *Les Lois*. Là, il nous apprend par deux fois que l'homme est une marionnette. On ne peut savoir si les dieux l'ont fait simplement comme un jouet ou bien pour une fin sérieuse; nous savons seulement que cette créature est attachée à une ficelle et ses espérances et ses craintes, ses plaisirs et ses douleurs la secouent et la font danser [34]. Un peu plus loin, l'Athénien remarque qu'il est dommage qu'il faille prendre les affaires humaines au sérieux, et ajoute que l'homme est un jouet de Dieu et que « c'est là, vraiment, la meilleure chose qu'on puisse dire de lui »; hommes et femmes devraient, par conséquent, faire en sorte que ce jeu soit aussi charmant que possible, sacrifiant aux dieux avec de la musique et des danses; « ainsi vivront-ils leur vie en harmonie avec leur nature, étant principalement des marionnettes, et n'ayant en eux qu'une petite portion de réalité ». « Vous dépeignez notre race humaine sous un aspect bien lamentable », dit le Spartiate. Et l'Athénien s'en excuse : « Je pensais à Dieu et cela me fit parler comme je viens de le faire. Eh bien, si vous voulez, disons que notre race n'est pas lamentable, qu'elle vaut qu'on la prenne un petit peu au sérieux (*spoudês tinos axion* [35]). »

Platon donne ainsi à entendre qu'il y a une origine religieuse à cette façon de penser; et nous la retrouvons souvent chez les penseurs religieux après lui, de Marc Aurèle à T. S. Eliot — qui s'est exprimé presque dans les mêmes termes : « La nature humaine ne peut supporter que très peu de réalité. » Cela s'accorde avec le sens de beaucoup d'autres choses dans *Les Lois* — avec la vue que les hommes sont aussi incapables de se gouverner qu'un troupeau de moutons [36], que Dieu, et non l'homme est la mesure des choses [37], que l'homme est la propriété *(ktêma)* des dieux [38], et que s'il souhaite être heureux, il doit se rendre *tapeinos*, « abject » devant Dieu — un mot que presque tous les auteurs païens, et Platon lui-même dans un autre contexte, emploient comme terme de mépris [39]. Devons-nous attribuer tout cela à une aberration sénile, au pessimisme aigri d'un vieil homme irascible et fatigué ? On pourrait le croire : car cela contraste étrangement avec le portrait rayonnant de la nature et de la destinée divines de l'âme, fait par Platon dans les dialogues intermédiaires et qu'il n'abjura certes jamais. Mais qu'on se souvienne du philosophe figurant dans *La République* pour qui, comme pour l'homme magnanime Aristote, la vie humaine ne peut sembler importante *(mega ti* [40]*)*; qu'on se souvienne que dans le *Ménon* la masse des hommes est comparée aux ombres qui vacillent dans l'Hadès homérique, et que la conception des êtres humains jouets d'un dieu se trouve déjà dans le *Phédon* [41]. Qu'on se souvienne aussi d'un autre passage du *Phédon* dans lequel Platon, avec un plaisir non dissimulé, prédit l'avenir de ses frères humains : en leur prochaine incarnation certains seront des ânes, d'autres des loups, cependant que les *metrioi*, la bourgeoisie comme-il-faut, peut s'attendre à un avenir d'abeille ou de fourmi [42]. Sans doute est-ce une manière de plaisanterie pour Platon, mais c'est le genre de plaisanterie qui aurait plu à Jonathan Swift. Elle contient implicitement l'idée que tout le monde, le philosophe excepté, est sur le point de devenir sous-humain, ce qui est difficile à concilier (comme l'avaient déjà vu les platoniciens de l'Antiquité [43]) avec la thèse que toute âme humaine est essentiellement rationnelle.

D'après ces passages, et d'autres encore, je crois que nous devons reconnaître deux tendances dans la pensée de Platon sur la nature humaine. Il y a d'une part un orgueil pour ce qui concerne la raison, une foi en la raison qui sont l'héritage du ve siècle, et pour lesquels il trouve une justification théologique en égalant la raison au soi occulte de la tradition chamanique. Et il y a, d'autre part, l'amère reconnaissance de la bassesse de l'homme que lui imposa son expérience contemporaine d'Athènes et de Syracuse. Cela aussi pouvait s'exprimer, dans le langage religieux, par un déni de toute valeur aux activités et aux intérêts de ce monde comparés aux « choses de l'Au-delà ». Un psychologue dirait peut-être que le rapport entre les deux tendances n'est pas celui d'une opposition simple, mais que la première est une compensation — ou une surcompensation — pour la seconde : moins Platon aime l'humanité réelle, plus noble est sa pensée sur l'âme. La tension entre les deux fut résolue pour un temps dans la vision d'un nouveau gouvernement des saints, une élite d'hommes purifiés qui rassembleraient en eux les vertus incompatibles (pour employer le langage de M. Koestler) du yogi et du commissaire, sauvant ainsi non seulement leur propre personne, mais la société. Mais quand cette illusion s'efface à son tour, le désespoir sous-jacent de Platon remonte de plus en plus à la surface, se traduisant en termes religieux, jusqu'à trouver enfin son expression logique dans son dernier plan pour une société entièrement « fermée [44] » qui serait dirigée non par la raison éclairée, mais par la coutume et la loi religieuse. Le « yogi » cependant, avec sa foi dans la possibilité et la nécessité d'une conversion intellectuelle, ne disparaît pas entièrement, mais il s'efface incontestablement devant le « commissaire » pour qui le problème est avant tout le conditionnement du bétail humain. Selon cette interprétation, le pessimisme des *Lois* n'est pas une aberration sénile : c'est le fruit de l'expérience personnelle que Platon avait faite de la vie, fruit qui à son tour porte la semence de beaucoup de pensées depuis son temps jusqu'au nôtre [45].

C'est à la manière d'une telle évaluation de la nature humaine qu'il nous faut apprécier le projet final de Platon pour la stabilisation du Conglomérat. Mais avant de parler de cela, je dois dire quelques mots de ses opinions concernant un autre aspect de l'âme irrationnelle dont nous avons déjà parlé, à savoir l'importance qui lui est traditionnellement attribuée comme source, ou comme intermédiaire, d'une connaissance intuitive. Sur ce point, me semble-t-il, Platon resta toute sa vie fidèle aux principes de son maître. Pour lui, la connaissance, en tant qu'elle se distingue de l'opinion vraie, reste l'affaire de l'intellect, qui peut justifier ses convictions par des arguments rationnels. Aux intuitions tant du voyant que du poète il refuse invariablement le titre de connaissance, non pas qu'il les croie forcément dépourvues de fondement, mais parce que leurs preuves ne peuvent se produire [46]. C'est ainsi que la coutume grecque, pense-t-il, a raison de donner le dernier mot en matière militaire au commandant en chef, à titre d'expert formé par l'expérience, plutôt qu'aux devins qui l'accompagnent en campagne; en règle générale, c'est au jugement rationnel *(sôphrosunê)* que revient la tâche de distinguer entre le devin véritable et le charlatan [47]. Et c'est à peu près de même que le produit de l'intuition poétique doit être soumis à la censure rationnelle et morale du législateur de métier. Tout cela était en accord avec le rationalisme socratique [48]. Mais Socrate, nous l'avons vu [49], avait pris tout à fait au sérieux l'intuition irrationnelle, qu'elle s'exprimât dans les rêves, par la voix intérieure du *daimonion*, ou dans les propos de la Pythie. Et Platon fait de grandes démonstrations d'y croire lui aussi. Des pseudosciences des augures et de l'hépatoscopie, il se permet de parler avec un mépris à peine voilé [50]; mais « la folie qui vient par don divin », la folie qui inspire le prophète ou le poète, ou qui purge les hommes dans les rites corybantiques — celle-là, comme nous l'avons vu dans un chapitre antérieur, est représentée comme une véritable intrusion du surnaturel dans la vie humaine.

Jusqu'à quel point Platon voulait-il être pris littéralement ? Dans les années récentes, la question a souvent été posée, et des réponses diverses ont été données [51]; mais l'unanimité n'a pas été atteinte, et il est peu probable qu'elle le soit. Quant à moi, j'aurais trois choses à dire à ce sujet :

a) Platon voyait ce qui lui paraissait être une analogie véritable et significative entre la médiumnité, la création poétique, et certaines manifestations pathologiques de la conscience religieuse, toutes trois ayant l'apparence d'être « données [52] » *ab extra;*

b) Il accepta provisoirement les explications religieuses traditionnelles de ces phénomènes, comme beaucoup d'autres choses, dans le Conglomérat, non pas parce qu'il les croyait finalement adéquates, mais parce qu'il n'avait pas d'autre langage pour exprimer cette qualité mystérieuse du « donné [53] »;

c) Tout en acceptant ainsi (avec les réserves ironiques qu'on voudra) le poète, le prophète, et le « corybantique » comme étant en un certain sens des médiateurs [54] de la grâce divine ou démonique [55], il tenait leurs activités pour bien inférieures à celle du soi rationnel [56], et soutenait qu'elles devaient être sujettes au contrôle et à la critique de la raison, la raison n'étant pas pour lui le jouet passif des forces cachées, mais une manifestation active du divin dans l'homme, un *daimôn* de son propre chef. J'ai l'impression que si Platon avait vécu de notre temps, il aurait été profondément intéressé par la nouvelle psychologie des profondeurs, mais consterné par la tendance qui réduirait la raison humaine à un instrument destiné à rationaliser les pulsions inconscientes.

Une bonne partie de ce que j'ai dit s'applique aussi au quatrième type platonicien de « démence divine », la démence d'Eros. Là aussi, il y avait un « donné », quelque chose qui arrive à un homme sans qu'il l'ait voulu et sans qu'il sache pourquoi — l'œuvre, par conséquent, d'un *daimôn* formidable [57]. Là aussi — là, certes, pardessus tout [58] — Platon reconnaissait l'opération de la grâce divine, et se servit du vieux langage religieux [59] pour exprimer cette reconnaissance. Mais Eros a une importance spéciale dans la pensée de Platon, parce qu'il est le seul mode d'expérience qui réunisse les deux natures de l'homme, le soi divin et l'animal entravé [60]. Car Eros, dit-il, est franchement enraciné dans ce que l'homme partage avec les bêtes [61], l'impulsion physiologique de la sexualité (fait qui est malheureusement masqué par le contresens constant dans l'emploi moderne du terme « amour platonique »); mais Eros fournit aussi l'impulsion dynamique qui pousse l'âme en avant dans sa quête d'une satisfaction qui transcende l'expérience terrestre. Il embrasse ainsi tout le registre de la personnalité humaine, et constitue le seul pont empirique entre l'homme tel qu'il est et l'homme tel qu'il pourrait être. Platon, à vrai dire, vient très près ici du concept freudien de *libido* et de sublimation. Mais il n'intégra jamais entièrement cette ligne de pensée au reste de sa philosophie, me semble-t-il; s'il l'avait fait, sa conception de l'intellect comme entité suffisante et indépendante du corps aurait été en danger, et Platon n'allait pas risquer cela [62].

J'en viens à présent aux suggestions de Platon pour la réforme et la stabilisation du Conglomérat hérité [63]. Elles sont énoncées dans son dernier ouvrage, *Les Lois*, et on peut, en bref, les résumer comme suit.

1. Il fournirait à la foi religieuse un fondement logique *en prouvant* certaines propositions de base.
2. Il lui donnerait un fondement légal en incorporant ces propositions dans un code de loi inaltérable, et en imposant des sanctions à toute personne propageant le doute.

3. Il lui donnerait un fondement pédagogique en faisant des propositions fondamentales une matière d'instrution obligatoire pour tous les enfants.

4. Il lui donnerait un fondement social en encourageant une union intime de la vie religieuse et civique à tous les niveaux — ou, comme nous dirions, l'union de l'Eglise et de l'Etat.

On peut dire que la plupart de ces suggestions furent conçues simplement pour renforcer et généraliser la pratique athénienne courante. Mais en les prenant dans leur ensemble, nous voyons qu'elles représentent la première tentative pour résoudre systématiquement les problèmes du contrôle des croyances religieuses. Le problème en soi était nouveau : dans une époque de foi, personne ne pense à prouver que des dieux existent, ou à inventer des techniques pour faire croire en eux. Et certaines des méthodes proposées étaient apparemment nouvelles : personne avant Platon, notamment, ne semble avoir réalisé l'importance de la première formation religieuse comme moyen de conditionnement du futur adulte. En outre, quand nous examinons plus attentivement les propositions elles-mêmes, il devient évident que Platon cherchait non seulement à stabiliser, mais à réformer, non seulement à renforcer l'édifice traditionnel, mais aussi à rejeter tout ce qui était manifestement pourri pour le remplacer par quelque chose de durable.

Les propositions fondamentales de Platon sont :

a) que les dieux existent;

b) qu'ils s'intéressent au sort de l'humanité;

c) qu'ils ne se laissent pas acheter.

Les arguments par lesquels il cherche à le prouver ne nous concernent pas ici; ils appartiennent à l'histoire de la théologie. Mais il est utile de marquer quelques-uns des points sur lesquels il se sentit obligé de rompre avec la tradition, et certains sur lesquels il fit un compromis.

Et tout d'abord, quels sont les dieux dont Platon voulut prouver l'existence, et dont il voulut imposer le culte ? La réponse n'est pas sans ambiguïté. Pour ce qui est du culte, un passage du livre IV des *Lois* fournit une liste entièrement traditionnelle : dieux de l'Olympe, dieux de la cité, dieux infernaux, démons et héros locaux [64]. Ce sont là les figures conventionnelles du culte public, les dieux qui, selon l'expression d'un autre passage des *Lois*, « existent selon l'usage coutumier [65] ».

Mais sont-ils les dieux dont Platon pensait pouvoir prouver l'existence ? Nous avons le droit d'en douter. Dans le *Cratyle*, il fait dire à Socrate que nous ne savons rien de ces dieux, même pas leurs véritables noms, et dans le *Phèdre*, que nous *imaginons (plattomen)* un dieu sans en avoir vu un, et sans nous être fait une idée adéquate de ce à quoi il pourrait ressembler [66]. L'allusion dans les deux passages est à des dieux mythologiques. Et elle semblerait impliquer que le culte de tels dieux n'a pas de fondement rationnel, empiriquement ou métaphysiquement. Son niveau de validité est, tout au plus, du même ordre que celui concédé ailleurs aux intuitions du poète ou du voyant.

Le dieu suprême de la foi personnelle de Platon, était, me semble-t-il, un être d'une tout autre espèce, — un être « qu'il est difficile de trouver, et impossible de décrire aux masses [67] ». Platon se doutait peut-être qu'un tel dieu ne pouvait être introduit dans le Conglomérat sans le détruire; en tout cas, il ne tenta pas l'expérience. Mais il se trouve des dieux que chacun peut voir, dont la divinité peut être reconnue par les masses [68], et au sujet desquels, selon l'avis de Platon, le philosophe peut faire des affirmations logiquement valables. Ces « dieux visibles » sont les corps célestes — ou, plus exactement, les intelligences divines par lesquelles ces corps sont animés ou gouvernés [69]. La grande innovation dans le projet de réforme religieuse imaginé par Platon ne fut pas qu'il insistait sur la divinité du soleil, de la lune et des étoiles (car il n'y avait rien de nouveau en cela), mais qu'il désirait qu'on leur voue un culte. Dans *Les Lois*, non seulement les étoiles sont appelées « les dieux dans le ciel », le soleil et la lune, de « grands dieux », mais Platon exige que des prières et des sacrifices leur soient adressés par tous [70]; et l'activité centrale de sa nouvelle Eglise d'Etat devient le culte conjoint d'Apollon et d'Hélios, le dieu soleil; à ce culte le Grand Prêtre est attaché, et les plus hauts officiers de l'Etat sont solennellement voués [71]. Ce culte conjoint — à la place de celui de Zeus auquel on s'attendrait — exprime l'union de l'ancien et du nouveau, Apollon représentant le traditionalisme des masses, et Hélios, la nouvelle « religion naturelle » des philosophes [72]. C'est la dernière tentative désespérée de Platon pour établir un pont entre les intellectuels et les masses, et pour sauver l'unité des croyances et de la culture grecques.

Un pareil mélange de réforme nécessaire et de compromis inévitable se retrouve dans sa manière de traiter ses autres propositions fondamentales. En traitant du problème traditionnel de la justice divine, il ignore fermement non seulement la vieille croyance aux dieux « jaloux [73] » mais (à part certaines exceptions en droit religieux [74]) l'ancienne idée que le méchant sera puni dans sa descendance. Que l'auteur d'un méfait doive souffrir en personne est, pour Platon, une loi démontrable du cosmos, et elle doit être enseignée comme article de foi. Le fonctionnement de cette loi n'est cependant pas démontrable dans le détail : cela appartient au domaine du « mythe » ou de l' « incantation [75] ». Ses propres convictions ultimes en cette matière sont exposées dans un passage impressionnant du livre X des *Lois* [76] : la loi de la justice cosmique est une loi spirituelle de la gravitation; en cette vie, et en toute la série des vies, chaque âme gravite naturellement vers la société de ses semblables, et c'est là sa punition ou sa récompense; Hadès, laisse-t-il entendre, n'est pas un lieu, mais un état d'esprit [77]. Et à ceci Platon ajoute un autre avertissement — un avertissement qui marque la transition du point de vue classique au point de vue hellénistique : que l'homme qui cherche dans la vie son bonheur personnel se souvienne, dit-il, que le cosmos n'existe pas pour lui, mais bien lui pour le cosmos [78]. Mais tout cela dépasse le commun des gens, et Platon le sait; il ne compte pas, si je comprends bien, en faire une partie de la doctrine officielle obligatoire.

D'autre part, la troisième proposition de Platon — que les dieux ne se laissent pas acheter — impliquait une modification plus radicale de la croyance et de la pratique traditionnelles. Cela demandait le rejet de l'interprétation ordinaire du sacrifice comme expression de gratitude pour des grâces à venir, « *do ut des* »; cette conception, Platon l'avait depuis longtemps stigmatisée dans l'*Euthyphron* comme l'application à la religion d'une technique commerciale *(emporikê tis technê* [79]*)*. Mais il semble évident que l'insistance qu'il met là-dessus, tant dans *La République* que dans *Les Lois*, n'est pas uniquement attribuable à des considérations théoriques; il s'en prend à certaines pratiques répandues qui lui paraissent un danger pour la moralité publique. Les « prêtres et devins voyageurs », et les pourvoyeurs de rituel cathartique, dénoncés dans un passage fort commenté de *La République* II, et de nouveau dans *Les Lois* [80], ne sont pas simplement, je pense, ces charlatans mineurs qui, dans toute société, exploitent les ignorants et les superstitieux. En effet, les deux textes disent qu'ils trompent des villes entières [81], distinction à laquelle les charlatans mineurs parviennent rarement. A mon avis, la critique de Platon est d'une visée plus large que n'ont voulu l'admettre certains savants : c'est, je crois, à toute la tradition de purification rituelle qu'il s'en prend, dans la mesure où elle est entre les mains de personnes privées et « sans patente [82] ».

Cela ne signifie pas qu'il souhaite abolir entièrement la purification rituelle. Pour Platon lui-même, la seule catharsis vraiment efficace est sans doute la pratique de la retraite et de la concentration mentales qu'il décrit dans le *Phédon* [83] : le philosophe exercé pouvait lui-même purifier son âme sans le secours d'un rituel. Mais le commun des gens ne pouvait pas le faire, et d'ailleurs, la foi dans la catharsis rituelle était beaucoup trop profondément enracinée dans la mentalité populaire pour que Platon puisse proposer son élimination totale. Il sentait pourtant qu'il fallait quelque chose dans le genre d'une Eglise, et un canon de rites autorisés, si l'on voulait empêcher la religion de dérailler et de devenir un danger pour la moralité publique. Dans le domaine de la religion, comme dans celui de la morale, le grand ennemi à combattre était l'individualisme antinomiste; et il comptait sur Delphes pour organiser les défenses. Il n'est pas besoin de supposer que Platon tenait la Pythie pour verbalement inspirée. A mon sens, son attitude à l'égard de Delphes ressemble plutôt à celle d'un « catholique politique » moderne à l'égard du Vatican : il voyait en Delphes une grande force conservatrice qui pouvait être attelée à la tâche de stabiliser la tradition religieuse grecque, d'endiguer d'une part l'extension du matérialisme et, d'autre part la croissance de tendances aberrantes à l'intérieur de la tradition elle-même. D'où son insistance, tant dans *La République* que dans *Les Lois*, pour que l'autorité de Delphes soit absolue en toute matière religieuse [84]. D'où, également, le choix d'Apollon pour partager avec Hélios la position suprême dans la hiérarchie des cultes de l'Etat : tandis qu'Hélios fournirait au petit nombre une forme de culte relativement rationnelle, Apollon dispenserait aux masses, en quantités anodines et restreintes, la magie rituelle archaïque qu'elles réclamaient [85]. *Les Lois* offrent de nombreux exemples de ce genre de magie « légalisée » — dans plusieurs cas, ils sont incroyablement primitifs. Par exemple, un animal ou même un objet inanimé ayant causé la mort d'un homme doit être jugé, condamné et banni hors des frontières de l'Etat, car il est porteur de *miasma*, de pollution [86]. Sur ce point, et sur beaucoup d'autres encore, Platon suit la pratique athénienne et l'autorité de Delphes. Nous ne sommes pas obligés de croire qu'il attachait lui-même quelque valeur à des procédures de ce genre; c'était le prix à payer pour le secours de Delphes et pour que les superstitions soient tenues dans les bornes.

Il reste à dire quelques mots des sanctions par lesquelles Platon se propose d'imposer sa version réformée des croyances traditionnelles. Ceux qui l'enfreignent par la parole ou par l'action doivent être dénoncés à la justice et, s'ils sont trouvés coupables, condamnés à au moins cinq ans de réclusion dans un réformatoire; là ils seront soumis à une propagande religieuse intensive, mais privés de tout autre contact humain; s'ils ne sont pas guéris après cela, ils seront mis à mort [87]. Platon souhaite en fait ramener les procès en hérésie du ve siècle (et il est clair qu'il aurait condamné Anaxagore [88]); la seule nouveauté est le traitement psychologique proposé pour le coupable. Il peut certes paraître étrange que le sort de Socrate n'ait pas prévenu Platon contre les dangers inhérents à de telles mesures [89]. Mais il avait apparemment le sentiment que la liberté de pensée en matière religieuse représentait un tel *danger pour la société* qu'il fallait que ces mesures soient prises. L'emploi du mot « hérésie », sous ce rapport, donne peut-être une fausse impression. Certes, par certains aspects, l'Etat théocratique proposé par Platon préfigure la théocratie médiévale. Mais l'Inquisition médiévale voulait avant tout éviter que les hommes ne souffrent dans le monde à venir pour avoir soutenu des opinions fausses dans celui-ci; elle voulait, selon les apparences du moins, sauver les âmes aux dépens des corps. Le souci de Platon était tout autre. Il voulait sauver la société de la contamination de pensées dangereuses, lesquelles à son avis, s'attaquaient déjà visiblement aux ressorts du comportement social [90]. Tout enseignement contribuant à affaiblir la conviction que « pour réussir dans la vie, il faut être honnête » doit être réprimé, estime-t-il, comme antisocial. Les motifs sur lesquels sa législation est fondée sont donc pratiques et séculiers; sous cet aspect, l'analogie historique la plus proche n'est pas l'Inquisition, mais les procès des « déviationnistes intellectuels » que notre époque nous a fait connaître.

Tels étaient donc, en quelques mots, les suggestions de Platon pour la réforme du Conglomérat. Elles ne furent pas adoptées et le Conglomérat ne fut pas réformé. Mais j'espère montrer en un dernier chapitre pourquoi il m'a paru utile de les décrire.

NOTES DU CHAPITRE VII

1. « Plato and the Irrational », *JHS* 65 (1945) 16 seq. Cet article fut écrit avant que ce livre n'ait été projeté; il laisse de côté certains des problèmes dont je m'occupe ici, et traite d'autre part de certains aspects du rationalisme et de l'irrationalisme de Platon qui ne relèvent pas du sujet du présent ouvrage.

2. Platon est né, soit l'année même de la mort de Périclès, soit encore l'année suivante. Il mourut en 347, un an avant la Paix de Philocrate et neuf ans avant la bataille de Chéronée.

3. Cf. chap. VI, n. 31-33.

4. Xen. *Mem.* 4.3.14; Platon *Apol.* 30 AB, *Laches* 185 E.

5. *Gorgias* 493 A-C. L'opinion de Frank sur ce qui est impliqué dans ce passage (*Platon u. die sog. Pythagoreer*, 291 seq.) me semble juste dans l'ensemble, quoique je mettrais en doute certains détails. Platon distingue, ainsi que le montre 493 B 7, *a*) τις μυθολογῶν κομψὸς ἀνήρ ἴσως Σικελός τις ἢ Ἰταλικός, que j'identifie à l'auteur anonyme d'un ancien voyage souterrain (pas nécessairement « orphique ») qui était répandu en Grèce occidentale et qui aurait pu être quelque peu dans le style du poème cité sur les feuilles d'or; *b*) le *tis tôn sophôn* de qui Socrate tenait sa connaissance, et qui prêtait au vieux poème un sens allégorique (un peu dans l'esprit de Théagène de Rhégium allégorisant Homère). Je suppose que ce *sophos* était un pythagoricien, puisque ce genre de tournure est régulièrement employé par Platon quand il doit mettre une formule pythagoricienne dans la bouche de Socrate : 507 E, « *Les sages disent* » qu'il y a un ordre cosmique moral (cf. Thompson *ad. loc.*); *Ménon* 81 A, « *J'ai entendu des hommes et des femmes doués de sagesse* » parler de la transmigration; *Rep.* 583 B, « *il me semble avoir entendu dire à un sage* » que les plaisirs physiques sont illusoires (cf. Adam *ad loc.*). En outre l'idée que les mythes du monde infernal sont des allégories de cette vie-ci se trouve chez Empédocle (cf. chap. V, n. 114), et dans le pythagorisme tardif (Macrob. *in Somn. Scip.* I.10.7-17). Je ne puis accorder à Linforth (« Soul and Sieve in Plato's *Gorgias* », *Univ. Calif. Publ. Class. Philol.* 12 [1944] 17 seq.) que « la somme de ce que Socrate professe avoir entendu dire à quelqu'un d'autre... était l'invention originale de Platon lui-même » : si cela était, il ne le ferait guère décrire par Socrate comme « des images quelques peu bizarres », ἐπιεικῶς ὑπό τι ἄτοπα (493 C) et n'en ferait pas le produit d'une certaine école (*gymnasiou*, 493 D).

6. *Phédon* 67 C, cf. 80 E, 83 A-C. Sur le sens de *logos* (« doctrine religieuse ») cf. 63 C, 70 C, *Lettre* VII. 335 A, etc. En réinterprétant ainsi la vieille doctrine sur l'importance des états dissociés, Platon fut sans doute influencé par l'habitude socratique de la retraite mentale

prolongée, telle qu'elle est décrite dans le *Banquet*, 174 D-175 C et 220 CB, et telle qu'elle est (semblerait-il) parodiée dans les *Nuées :* cf. Festugière. *Contemplation et vie contemplative chez Platon*, 69 seq.

7. Voir chap. v, n. 107.

8. Proclus, *in Remp.* II.113.22, cite Aristée, Hermotim (ainsi Rohde pour Hermodore), et Epiménide comme antécédents.

9. De même que les chamans sibériens deviennent des Uör après la mort (Sieroszewski, *Rev. de l'hist. des rel.* 46 [1902] 228 seq.), ainsi les hommes de la « race d'or » de Platon recevront un culte posthume, non seulement en tant que héros — ce qui aurait été conforme aux usages contemporains — mais (avec l'approbation de Delphes) en tant que *daimones* (*Rep.* 468 E-469 B). Et même, de tels hommes peuvent déjà être appelés des *daimones* de leur vivant (*Crat.* 398 C). Dans les deux passages, Platon fait appel au précédent de la « race d'or » d'Hésiode (*Erga* 122 seq.). Mais il est presque certainement influencé aussi par quelque chose de moins mythiquement distant, la tradition pythagoricienne qui accordait un rang spécial au *theios* ou *daimonios anêr* (voir sup. chap. v, n. 61). Les pythagoriciens — tout comme les chamans sibériens d'aujourd'hui — avaient un rite funèbre spécial qui leur était propre et qui leur assurait un μακαριστὸν καὶ οἰκεῖον τέλος (Plut. *gen. Socr.* 16, 585 E, cf. Boyancé, *Culte des Muses*, 133 seq.; Nioradze, *Schamanismus*, 103 seq.), et il se peut bien que cela ait fourni le modèle pour les réglementations compliquées et insolites que donnent les *Lois* pour l'enterrement des *euthunoi* (947 B-E, cf. O. Reverdin, *La Religion de la cité platonicienne*, 125 seq.). Sur la question contestée de savoir si Platon lui-même reçut des honneurs divins (ou démoniques) après la mort, voir Wilamowitz, *Aristoteles u. Athen*, II.413 seq.; Boyancé, *op. cit.*, 250 seq.; Reverdin, *op. cit.*, 139 seq.; et *contra*, Jaeger, *Aristotle*, 108 seq.; Festugière, *Le Dieu cosmique*, 219 seq.

10. *Rep.* 428 E-429 A, cf. *Phédon* 69 C.

11. *Phédon* 82 AB, *Rep.* 500 D, et les passages cités ci-dessous de *Philèbe* et des *Lois*.

12. *Politique* 297 DE, 301 DE; cf. *Lois* 739 DE.

13. *Philèbe* 21 DE.

14. *Rep.* 486 A.

15. *Lois* 663 B; cf. 733 A.

16. *Ibid.*, 663 D.

17. *Ibid.* 653 B : ὀρθῶς εἰθίσθαι ὑπὸ τῶν προσηκόντων ἐθῶν.

18. *Ibid.*, 664 A.

19. *Apol.* 38 A. Le professeur Hackforth, *CR* 59 (1945) 1 seq., a voulu nous convaincre que Platon demeura fidèle à cette maxime durant toute se vie. Mais quoiqu'il y ait certes payé un tribut verbal si tard encore que le *Sophiste* (230 C-E), je ne vois pas le moyen d'éviter la conclusion que les principes éducatifs du *Politique* et plus encore ceux des *Lois* sont réellement fondés sur des postulats fort différents. Platon ne put jamais s'avouer à lui-même qu'il avait renoncé à tel ou tel principe socratique; mais cela ne l'empêcha pas de le faire. La *therapeia psychês* de Socrate implique assurément un respect de l'esprit humain en soi; les techniques de suggestion et les autres contrôles recommandés dans les *Lois* me paraissent impliquer exactement le contraire.

20. Dans les *Lois*, *epôdê* et ses mots apparentés sont constamment employés en ce sens métaphorique (659 E, 664 B, 665 C, 666 C, 670 E, 773 D, 812 C, 903 B, 944 B). Cf. l'emploi dédaigneux du mot par Callicles, *Gorg.* 484 A. Son application dans le *Charmides* (157 A-C) a une différence significative : là les « incantations » se révèlent être un interrogatoire socratique. Mais dans le *Phédon* où le mythe est une

epôdê (114 D, cf. 77 E-78 A), nous avons déjà un avant-goût du rôle que les *epôdoi* auront à jouer dans les *Lois*. Cf. la discussion intéressante de Boyancé, *Culte des Muses*, 155 seq.

21. *Tim.* 86 DE, *Lois* 731 C, 860 D.

22. Voir plus haut, chap. VI, p. 181.

23. *Phédon* 67 A : καθαροὶ ἀπαλλαττόμενοι τῆς τοῦ σώματος ἀφροσύνης. Cf. 66 c : τὸ σῶμα καὶ αἱ τούτου ἐπιθυμίαι, 94 E : ἄγεσθαι ὑπὸ τῶν τοῦ σώματος παθημάτων, 414 A : καθαρὰ πάντων τῶν περὶ τὸ σῶμα κακῶν καὶ ἐπιθυμιῶν. Dans le *Phédon* ainsi que l'a récemment exprimé Festugière, « le corps, c'est le mal, et c'est tout le mal » (*Rev. de Phil.* 22 [1948] 101). L'enseignement de Platon ici est le principal lien historique entre la tradition « chamanique » grecque et le gnosticisme.

24. Pour un exposé plus complet de l'âme une et tripartite chez Platon, voir G. M. A. Grube, *Plato's Thought*, 129-149, où l'importance du concept de *stasis* (« l'une des choses les plus étonnamment modernes dans la philosophie platonicienne »), est à juste titre soulignée. Outre la raison donnée ci-dessus dans le texte, l'extension de la notion de *psychê* à toute l'activité humaine est sans doute rattachée à l'idée plus tardive de Platon que la *psychê* est source de tout mouvement, tant du mauvais que du bon (cf. *Tim.* 89 E : τρία τριχῇ ψυχῆς ἐν ἡμῖν εἴδη κατῴκισται, τυγχάνει δὲ ἕκαστον κινήσεις ἔχον, *Lois* 896 D : τῶν τε ἀγαθῶν αἰτίαν εἶναι ψυχὴν καὶ τῶν κακῶν). Sur l'attribution au cosmos (dans les *Lois* 896 E) d'une âme secondaire irrationnelle et, en puissance, mauvaise, voir Wilamowitz, *Platon*, II.315 seq., et l'examen très juste et complet de ce passage par Simone Pétrement, *Le Dualisme chez Platon, les Gnostiques et les Manichéens* (1947), 64 seq. J'ai succinctement exprimé mes propres vues dans *JHS* 65 (1945) 21.

25. *Phédon* 94 DE; *Rep.* 441 BC.

26. *Rep.* 485 D : ὥσπερ ῥεῦμα ἐκεῖσε ἀπωχετευμένον. Grube, *loc. cit.*, a souligné l'importance de ce passage, et d'autres dans la *République*, importance provenant du fait qu'ils impliquent que « le but n'est pas le refoulement mais la sublimation ». Mais les présupposés de Platon sont naturellement très différents de ceux de Freud, comme l'a fait remarquer Cornford dans son bel essai sur l'Eros platonicien (*The Unwritten Philosophy*, 78 seq.).

27. *Rep.* 439 E. Cf. 351 E-352 A, 554 D, 486 E, 603 D.

28. *Soph.* 227 D-228 E. Cf. aussi *Phdr.* 237 D-238 B et *Lois* 863 A-864 B.

29. ἔκ τινος διαφθορᾶς διαφοράν (ainsi Burnet d'après la tradition indirecte chez Galien).

30. Les premiers signes d'une approximation de cette théorie se laissent discerner dans le *Gorgias* (482 BC, 493 A). Mais je ne puis croire que Socrate ou Platon la reçurent des pythagoriciens sous sa forme définitive, ainsi que le supposaient Burnet et Taylor. L'âme unitaire du *Phédon* provient (sa signification étant changée) de la tradition pythagoricienne; les indices selon lesquels l'âme tripartite serait de même origine sont tardifs et faibles. Cf. Jaeger, *Nemesios von Emesa*, 63 seq.; Field, *Plato and His Contemporaries*, 183 seq.; Grube, *op. cit.*, 133. L'école péripatéticienne considérait que la reconnaissance par Platon d'un élément irrationnel dans l'âme représentait un progrès important sur l'intellectualisme de Socrate (*Magna Moralia* I.1, 1182ª 15 seq.); et ses vues sur la formation qu'il convient de donner à l'âme irrationnelle, laquelle ne réagit qu'à un *esthismos* irrationnel, furent invoquées plus tard par Posidonius dans sa polémique contre l'intellectualiste Chrysippe (Galien, *De placitis Hippocratis et Platonis*, pp. 466 seq. Kühn, cf. 424 seq.). Voir plus bas, chap. VIII, p. 229.

31. *Tim.* 90 A. Cf. *Crat.* 398 C. Platon ne dit pas ce qui est impliqué dans le terme; sur son sens probable pour lui, voir L. Robin, *La*

Théorie platonicienne de l'amour, 145 seq., et V. Goldschmidt, *La Religion de Platon*, 107 seq. L'âme irrationnelle étant mortelle, n'est pas un *daimôn;* mais les *Lois* semblent donner à entendre que le *daimôn* « céleste » possède une contrepartie démonique mauvaise dans la « nature titanique » qui est une racine héréditaire d'iniquité dans l'homme (701 C, 854 B : cf. chap. v, n. 132, 133).

32. *Tim.* 69 C. Dans la *République*, Platon s'était finalement refusé à trancher cette question : à savoir si la nature de l'âme était *polyeidês* ou *monoeidês*. Dans le *Politique*, 309 C, il appelait déjà les deux éléments dans l'homme τὸ ἀειγενὲς ὃν τῆς ψυχῆς μέρος et τὸ ζῳογενές, ce qui implique que ce dernier est mortel. Mais là ce sont encore des « parties » d'une même âme. Dans le *Timée*, ce sont d'ordinaire des « espèces » d'âmes distinctes l'une de l'autre; elles ont une origine différente; et les « espèces » inférieures sont séparées de l'élément divin de peur qu'elles ne le polluent « au-delà du minimum inévitable » (69 D). S'il nous faut comprendre cela de façon littérale l'unité de la personnalité y paraît virtuellement abandonnée. Cf. cependant les *Lois* 863 B, où la question de savoir si le *thumos* est un *pathos* ou un *meros*, reste ouverte, et *Tim.* 91 E où le terme *merê* est employé.

33. Xen. *Cyrop.* 6.1.41. Le persan imaginaire de Xénophon est sans doute un mazdéen dualiste. Mais il n'est pas nécessaire de supposer que la psychologie du *Timée* (dans lequel l'âme irrationnelle est considérée comme éducable, et n'est donc pas dépravée sans remède), soit empruntée à des sources mazdéennes. Elle possède des antécédents grecs dans la doctrine archaïque du *daimôn* intérieur à l'homme (chap. II, p. 52), et dans la distinction que fait Empédocle entre *daimôn* et *psychê* (chap. v, p. 153); et son adoption par Platon peut s'expliquer par le développement de sa propre pensée. J'ai touché à la question générale de l'influence orientale sur la pensée tardive de Platon dans *JHS* 65 (1945). Depuis lors, le problème a été examiné à fond par Jula Kerschensteiner, *Plato u. d. Orient* (Diss. München, 1945); par Simone Pétrement, *Le Dualisme chez Platon;* et par Festugière dans un important article, « Platon et l'Orient », *Rev. de Phil.* 21 (1947) 5 seq. En ce qui concerne la suggestion d'une origine mazdéenne au dualisme platonicien, les conclusions de ces trois auteurs sont négatives.

34. *Lois* 644 DE. Le germe de cette idée se voit déjà dans le *Ion*, où nous lisons que Dieu, agissant sur les passions par l'entremise des poètes « inspirés », ἕλκει τὴν ψυχὴν ὅποι ἂν βούληται τῶν ἀνθρώπων (356 A), quoique l'image là soit celle d'un aimant. Cf. aussi *Lois* 903 D, où Dieu est le « joueur » *(petteutês)* et les hommes sont ses pions.

35. *Lois*, 803 B-804 B.

36. *Ibid.*, 713 CD.

37. *Ibid.*, 716 C.

38. *Ibid.*, 902 B, 906 A; cf. *Critias*, 109 B.

39. *Ibid.*, 716 A. Pour ce qui est impliqué par le mot *tapeinos* voir par ex., 774 C, δουλεία ταπεινὴ καὶ ἀνελεύθερος. Etre *tapeinos* devant les dieux c'était pour Plutarque une marque de superstition (*non posse suaviter* 1101 E), comme ce l'était aussi pour Maxime de Tyre (14.7 Hob.) et sans doute pour la plupart des Grecs.

40. *Ibid.*, 486 A; cf. *Théet.* 173 C-E, Arist. *E.N.* 1123^b 32.

41. *Ménon* 100 A, *Phédon* 62 B.

42. *Phédon* 81 E-82 B.

43. Plot. *Enn.* 6.7.6 : μεταλαβούσης δὲ θηρεῖον σῶμα θαυμάζεται πῶς, λόγος οὖσα ἀνθρώπου. Cf. *ibid.*, 1.1.11; Alex. Aphrod. *de anima*, p. 27 Br. (Suppl. Arist. II.1); Porphyre *apud* Aug. *Civ. Dei*, 10,30; Jamblique *apud* Nemes, *nat. hom.* 2 (*PG* 40, 584 A); Proclus, *in Tim.* III.294, 22 seq. La notion de la réincarnation dans un animal était en fait transférée du soi occulte pythagoricien à la *psychê* rationnelle à

laquelle elle ne convenait pas : cf. Rostagni, *Il Verbo di Pitagora*, 118.

44. *Lois* 942 B : « Le principal est que nul, homme ou femme, ne soit jamais sans un officier placé au-dessus de lui, et que nul ne prenne l'habitude mentale de faire la moindre démarche, aussi bien sérieusement qu'en plaisanterie, sur sa propre responsabilité : en paix comme à la guerre, il doit vivre toujours les yeux fixés sur son officier supérieur, suivre son commandement et se laisser guider par lui dans ses moindres actions... en un mot, nous devons habituer l'esprit à ne pas même envisager d'agir à titre individuel et le rendre incapable de le faire. »

45. Sur les développements ultérieurs du thème de l'inconséquence de *ta anthrôpina* voir Festugière dans *Eranos*, 44 (1946) 376 seq. Sur l'homme, une marionnette, cf. M. Ant. 7.3. et Plot. *Enn.* 3.2.15 (I.244.26 Volk.).

46. *Apol.* 22 C, des poètes et des voyants inspirés λέγουσι μὲν πολλὰ καὶ καλά, ἴσασιν δ' οὐδὲν ὧν λέγουσι. La même chose est dite des *politiciens* et des voyants, *Ménon* 99 CD; des poètes *Ion* 533 E-534 D, *Lois* 719 C; des voyants, *Tim.* 72 A.

47. *Laches* 198 E; *Charm.* 173 C.

48. La charge contre la poésie dans la *République* est généralement présumée être platonique plutôt que socratique; mais la vue selon laquelle la poésie est irrationnelle, vue sur laquelle la charge est appuyée, apparaît déjà dans l'*Apologie* (n. 46 *sup.*).

49. Chap. VI, p. 180.

50. *Phèdre* 244 CD; *Tim.* 72 B.

51. Cf. R. G. Collingwood, « Plato's Philosophy of Art », *Mind* N.S. 34 (1925) 154 seq.; E. Fascher, Προφήτης, 66 seq.; Jeanne Croissant, *Aristote et les Mystères*, 14 seq.; A. Delatte, *Les Conceptions de l'enthousiasme*, 57 seq.; P. Boyancé, *Le Culte des Muses* 177 seq.; W. J. Verdenius, « L'*Ion* de Platon », *Mnem.* 1943, 233 seq., et « Platon et la poésie », *ibid.*, 1944, 118 seq.; I. M. Linforth, « The Corybantic Rites in Plato », *Univ. Calif. Publ. Class. Philol.* 13 (1946) 160 seq. Certains de ces commentateurs voudraient séparer le langage religieux de Platon de toute espèce de sentiment religieux véritable : ce n'est « rien de plus qu'une jolie robe dont il revêt sa pensée » (Croissant); « appeler l'art une force divine ou une inspiration revient tout simplement à l'appeler un *je ne sais quoi* » (Collingwood). Ceci me paraît laisser perdre une partie du sens de Platon. D'autre part, ceux qui, comme Boyancé, entendent son langage d'une façon toute littérale donnent l'apparence d'ignorer le filigrane d'ironie qui est évidente dans des passages comme *Ménon* 99 CD et qui peut être devinée ailleurs.

52. *Phdr.* 244 A : μανίας θείᾳ δόσει διδομένης.

53. Cf. chap. III, p. 87.

54. *Lois* 719 C, le poète οἷον κρήνη τις τὸ ἐπιὸν ῥεῖν ἑτοίμως ἐᾷ.

55. *Banq.* 202 E : διὰ τούτου (sc. τοῦ δαιμονίου) καὶ ἡ μαντικὴ πᾶσα χωρεῖ καὶ ἡ τῶν ἱερέων τέχνη τῶν τε περὶ τὰς θυσίας καὶ τελετὰς καὶ τὰς ἐπῳδὰς καὶ τὴν μαντείαν πᾶσαν καὶ γοητείαν.

56. Dans l' « évaluation des vies », *Phdr.* 248 D, le *mantis* ou *telestês* et le poète sont placés dans les cinquième et sixième rangs respectivement en dessous même de l'homme d'affaires et de l'athlète. Pour l'opinion que se fait Platon des *manteis* voir aussi *Politique* 290 CD; *Lois* 908 D. Néanmoins, tant les *manteis* que les poètes détiennent une fonction réelle, quoique subordonnée, dans son projet final pour une société réformée (*Lois* 660 A, 828 B); et nous entendons parler d'un *mantis* qui fut son élève à l'Académie (Plut. *Dion.* 22).

57. Chap. II, p. 51; chap. VI, pp. 181 seq. Cf. Taylor, *Plato*, 65 : « Dans la littérature grecque de la grande époque Eros est un dieu qu'il faut craindre pour les ravages qu'il fait dans la vie humaine, non

désirer pour les bienfaits qu'il répand; c'est un tigre, et non un chaton pour qui veut jouer avec lui. »

58. *Phdr.* 249 E, la folie érotique est πασῶν τῶν ἐνθουσιάσεων ἀρίστη.

59. Ce langage religieux n'exclut pas toutefois aux yeux de Platon une explication de l'attraction érotique en termes mécanistes — explication suggérée peut-être par Empédocle ou Démocrite — et qui postulerait l'existence d' « émanations » physiques provenant des yeux de l'objet aimé pour revenir en fin de compte, par réflexion, sur leur auteur (*Phdr.* 251 B, 255 CD). Cf. l'explication mécaniste de la catharsis produite par les rites corybantiques, *Lois* 791 A (que Delatte et Croissant appellent démocritéenne, et Boyancé pythagoricienne, mais qui peut fort bien être propre à Platon lui-même).

60. Eros en tant que *daimôn* a la fonction générale de relier l'humain au divin, ὥστε τὸ πᾶν αὐτὸ αὑτῷ συνδεδέσθαι (*Banquet* 202 E). Conformément à cette fonction, Platon voit dans les manifestations sexuelles et non sexuelles de l'Eros, des expressions d'une même impulsion fondamentale vers τόκος ἐν καλῷ — tournure qui est pour lui l'expression d'une loi organique profonde. Cf. I. Bruns, « Attische Liebestheorien », *NJbb* 1900, 17 seq. et Grube, *op. cit.*, 115.

61. *Banquet* 207 AB.

62. Il est significatif que le thème de l'immortalité, dans son sens platonicien habituel, n'apparaît pas du tout dans le *Banquet;* et que dans le *Phèdre* où un effort d'intégration est fait, cette intégration ne peut être accomplie qu'au niveau du mythe, et seulement en supposant que l'âme irrationnelle persiste après la mort et conserve ses appétits charnels à l'état désincarné.

63. Au cours des pages suivantes, je suis particulièrement redevable à l'excellente monographie d'O. Reverdin, *La Religion de la cité platonicienne* (Travaux de l'Ecole française d'Athènes, fasc. VI, 1945), qui ne m'a pas été moins précieuse du fait que le point de vue religieux de l'auteur est fort différent du mien.

64. *Lois* 717 AB. Cf. 738 D : chaque village doit avoir son propre dieu local *(daimôn)* ou son héros, tout comme, d'ailleurs, chaque village d'Attique l'avait sans doute en fait (Ferguson, *Harv. Theol. Rev.* 37 [1944] 128 seq.).

65. *Ibid.*, 904 A, οἱ κατὰ νόμον ὄντες θεοί (cf. 885 B et si le texte est juste, 891 E).

66. *Crat.* 400 D, *Phdr.* 246 C. Cf. aussi *Critias* 107 AB; *Epin.* 948 D (qui paraît nettement méprisant). Ceux qui, comme Reverdin (*op. cit.*, 53), attribuent à Platon une adhésion entière aux dieux traditionnels, du fait qu'il prescrit leur culte et ne nie nulle part leur existence de façon explicite, me paraissent tenir insuffisamment compte des compromis nécessaires à tout projet pratique de réforme religieuse. Détacher complètement les masses de leurs croyances héréditaires (à supposer que ce fût possible) eût été du point de vue de Platon une chose désastreuse : et nul réformateur ne peut rejeter ouvertement pour lui-même ce qu'il souhaiterait prescrire aux autres. Voir en outre mes remarques dans *JHS* 65 (1945) 22 seq.

67. *Tim.* 28 C. Pour la question fort débattue du Dieu de Platon voir surtout Diels, *Autour de Platon*, 523 seq.; Festugière. *L'Idéal religieux des Grecs et l'Evangile*, 172 seq.; Hackforth, « Plato's Theism », *CQ* 30 (1936) 4 seq.; F. Solmsen, *Plato's Theology* (Cornell, 1942). J'ai exposé mes propres vues, sujettes à révision, *JHS*, *loc. cit.* 23.

68. Les corps célestes sont partout les représentants naturels ou symboles de ce que Christopher Dawson appelle « the transcendent element in external reality » (*Religion and Culture*, 29). Cf. *Apol.* 26 D, où il est dit que « tout le monde », y compris Socrate lui-même, croit

que le soleil et la lune sont des dieux; et *Crat.* 397 CD, où les corps célestes sont dits être les dieux primitifs de la Grèce. Mais au IVe siècle, ainsi que nous l'apprenons dans l'*Epinomis*, 982 D, cette croyance commençait à s'effacer devant la popularité croissante des explications mécanistiques (cf. *Lois* 967 A; *Epin.* 983 C). Sa résurrection à l'époque hellénistique est en bonne partie attribuable à Platon lui-même.

69. Sur la question de l'animation (en tant qu'elle s'oppose au contrôle extérieur) voir *Lois* 898 E-899 A, *Epin.* 983 C. L'animation était sans doute la théorie populaire et devait prévaloir dans l'époque qui succédait; mais Platon se refuse à trancher la question (les étoiles sont ou bien des dieux, ou bien θεῶν εἰκόνες ὡς ἀγάλματα, θεῶν αὐτῶν ἐργασαμένων, *Epin.* 983 E; en ce qui concerne cette dernière vue, voir *Tim.* 37 C).

70. *Lois* 821 B-D. En soi, la prière au soleil n'était pas étrangère à la tradition grecque : Socrate lui adresse une prière quand il paraît à l'aube (*Banq.* 220 D), et un personnage dans une pièce perdue de Sophocle prie comme suit : ἠέλιος, οἰκτείρειε με, [ὃν οἱ σοφοὶ λέγουσι γεννητὴν θεῶν] καὶ πατέρα πάντων (fr. 752 P). Ailleurs, dans les *Lois* (887 D) Platon parle de προκυλίσεις ἅμα καὶ προσκυνήσεις 'Ελλήνων τε καὶ βαρβάρων au lever et au coucher du soleil et de la lune, Festugière l'a accusé d'avoir dénaturé les faits : « Ni l'objet de culte ni le geste d'adoration ne sont grecs : ils sont barbares. Il s'agit de l'astrologie chaldéenne et de la προσκύνησις en usage à Babylone et chez les Perses » (*Rev. de Phil.* 21 [1947] 23. Mais quoique nous puissions admettre que les *prokuliseis* et peut-être le culte lunaire sont barbares plutôt que grecs, la déclaration de Platon semble suffisamment justifiée par le fait que nous trouvons énoncée chez Hésiode la règle des prières et des offrandes faites au lever et au coucher du soleil (*Erga* 338 seq. et par Ar. *Plut.* 771 : καὶ προσκυνῶ γε πρῶτα μὲν τὸν ἥλιον, κτλ. Néanmoins les propositions des *Lois* paraissent donner aux astres une importance religieuse qu'il n'avaient pas dans le culte grec ordinaire, bien qu'il soit possible qu'il y ait eu des antécédents du moins partiels dans la pensée et l'usage pythagoriciens (cf. chap. VIII, n. 68). Et dans l'*Epinomis* — que je tends maintenant à considérer soit comme une œuvre authentique de Platon, soit comme une compilation de son « Nachlass » — nous trouvons quelque chose qui est assurément oriental, et qui est franchement représenté comme tel, une proposition en faveur du culte *publique des planètes*.

71. *Lois* 946 BC, 947 A. La dédicace n'est pas une pure formalité : les *euthunoi* doivent réellement être logés dans le *temenos* du temple commun (946 CD). Il faut noter que la suggestion de nommer un grand prêtre *(archiereus)* paraît être une innovation; en tout cas le titre n'est attesté nulle part ailleurs avant les temps hellénistiques (Reverdin, *op. cit.*, 61 seq.). Cela reflète sans doute le besoin que Platon voyait d'une organisation plus serrée de la vie religieuse dans les communautés grecques. Le grand prêtre sera cependant, comme les autres prêtres, un laïc, et ne restera en fonction que pour un an; Platon ne concevait pas l'idée d'un clergé professionnel, et je crois qu'il l'aurait certainement désapprouvée du fait que cela aurait pu nuire à l'unité de l' « Eglise » et de l'Etat, de la vie religieuse et politique.

72. Voir Festugière, *Le Dieu cosmique* (= *La Révélation d'Hermès*, II, Paris, 1949); et mon chap. VIII, p. 234.

73. Le *phthonos* est explicitement rejeté, *Phdr.* 247 A, *Tim.* 29 E (et Arist. *Met.* 983a2).

74. Voir chap. II, n. 32.

75. *Lois* 903 B, ἐπῳδῶν μύθων : cf. 872 E, où la doctrine de récompense (ou de punition) au cours de vies terrestres futures est appelée μῦθος ἢ λόγος ἢ ὅ τι χρὴ προσαγορεύειν αὐτό et L. Edelstein,

« The Function of the Myth in Plato's Philosophy », *Journal of the History of Ideas*, 10 (1949) 463 seq.

76. *Ibid.*, 904-905 D; cf. aussi 728 BC, et le développement plotinien de cette idée, *Enn.* 4.3.24.

77. 904 D : Αἴδην τε καὶ τὰ τούτων ἐχόμενα τῶν ὀνομάτων ἐπονομάζοντες σφόδρα φοβοῦνται καὶ ὀνειροπολοῦσιν ζῶντες διαλυθέντες τε τῶν σωμάτων. Le langage de Platon à cet endroit *(onomatôn, oneiropolousin)* suggère que les croyances populaires concernant l'outre-tombe n'ont guère plus qu'une valeur symbolique. Mais les derniers mots de la phrase laissent perplexe : on peut difficilement leur prêter le sens de « dans le sommeil ou en transe » (« when in sleep or trance » selon England), puisqu'ils sont en opposition à *zôntes*, mais ils sembleraient affirmer que la peur de l'Hadès continue *après la mort*. Platon souhaite-t-il laisser entendre qu'à éprouver cette crainte — fruit d'une conscience coupable — on *est* déjà aux enfers ? Cela s'accorderait à la doctrine générale qu'il prêcha en la matière, à partir du *Gorgias*, et d'après laquelle la malfaisance était en soi sa propre punition.

78. 903 CD, 905 B. Pour l'importance de ce point de vue, voir Festugière, *La Sainteté*, 60 seq., et V. Goldschmidt, *La Religion de Platon*, 101 seq. Cela devint un des lieux communs du stoïcisme, par ex., Chrysippe *apud* Plut. *Sto. rep.* 44. 1054 F, M. Ant. 6.45, et réapparaît chez Plotin, par ex., *Enn.* 3.2.14. Les hommes vivent dans le cosmos comme des souris dans une vaste maison jouissant de splendeurs qui ne furent pas inventées pour eux (Cic. *nat. deor.* 2.17).

79. *Euthyphron* 14 E. Cf. *Lois* 716 E-717 A.

80. *Rep.* 364 B-365 A; *Lois* 909 B (cf. 908 D). Les ressemblances verbales des deux passages suffisent, me semble-t-il, à montrer que Platon songeait à la même classe de personnes (Thomas, 'Επέκεινα, 30, Reverdin, *op. cit.*, 226).

81. *Rep.* 364 E : πείθοντες οὐ μόνον ἰδιώτας ἀλλὰ καὶ πόλεις (cf. 366 AB, αἱ μέγισται πόλεις), *Lois* 909 B : ἰδιώτας τε καὶ ὅλας οἰκίας καὶ πόλεις χρημάτων χάριν ἐπιχειρῶσιν κατ' ἄκρας ἐξαιρεῖν. Il se peut que Platon ait songé à des exemples historiques célèbres comme la purification d'Athènes par Epiménides (mentionnée dans *Lois* 642 D, où le ton respectueux tient au caractère de l'interlocuteur crétois) ou de Sparte par Thaletas : cf. Festugière *REG* 51 (1938) 197. Boyancé, *REG* 55 (1942) 232, objecte qu'Epiménides ne se souciait pas de l'outre-tombe. Mais ceci n'est vrai que si l'on accepte la supposition de Diels selon laquelle les écrits qui lui furent attribués étaient des faux « Orphiques » — supposition, exacte ou non, que Platon n'aurait guère songé à faire.

82. Il me paraît difficile de croire — comme on le fait encore souvent en s'appuyant sur « Musée et son fils » (*Rep.* 363 C) — que Platon voulait condamner les mystères officiels d'Eleusis : cf. Nilsson, *Harv. Théol. Rev.* 28 (1935) 208 seq., et Festugière, *loc. cit.* Assurément, il n'a pas pu vouloir laisser entendre dans les *Lois* que le sacerdoce d'Eleusis devait être amené au tribunal pour une offense qu'il estimait plus répréhensible que l'athéisme (907 B). Par ailleurs le texte dans la *République* ne permet pas de restreindre la condamnation de Platon aux livres et aux pratiques « orphiques » qui étaient assurément visés en cet endroit. Le passage parallèle dans les *Lois* ne fait aucune mention d'Orphée.

83. Voir ci-dessus, n. 6.

84. *Rep.* 427 BC; *Lois* 738 BC, 759 C.

85. Je ne veux pas insinuer que pour Platon la religion apollinienne n'était qu'un pieux mensonge, une fiction retenue à cause de son

utilité sociale. Entendons plutôt qu'elle reflète ou symbolise la vérité religieuse au niveau de l'imaginaire *(eikasia)*, niveau auquel elle peut être assimilée par le peuple. L'univers de Platon était un univers gradué : de même qu'il croyait en des degrés de vérité et de réalité, de même il croyait en une gradation de l'intuition religieuse. Cf. Reverdin, *op. cit.* 243 seq.

86. *Lois* 873 E. La pollution est encourue dans tous les cas d'homicide, même involontaire (865 CD), ou de suicide (873 D), et réclame une *katharsis* qui sera prescrite par l'*exêgetai* de Delphes. Le caractère contagieux des *miasmata* est reconnu jusqu'à un certain point (881 DE, cf. 916 C et chap. II, n. 43).

87. *Lois* 907 D-909 D. Ceux dont l'enseignement irréligieux est aggravé par un comportement antisocial devront subir la réclusion solitaire à perpétuité (909 BC) dans des lieux hideux (908 A) — un sort que Platon estime, à juste titre, pire que la mort (908 E). Des offenses *rituelles* sérieuses, comme d'avoir sacrifié à un dieu dans un état d'impureté, appellent la peine de mort (910 CE), comme elles le faisaient à Athènes : ceci est justifié par le vieil argument que de telles actions appellent la colère des dieux sur la ville tout entière (910 B).

88. *Ibid.* 967 BC, « certaines personnes » qui s'étaient précédemment attiré des ennuis en affirmant faussement que les corps célestes étaient « un amas de pierres et de terre » ne pouvaient s'en prendre qu'à eux-mêmes. Mais la vue selon laquelle l'astronomie est une science dangereuse est maintenant, grâce aux découvertes modernes, périmée (967 A); il en faut d'ailleurs quelques rudiments dans l'enseignement religieux (967 D-968 A).

89. Cornford a établi un parallèle frappant entre la position de Platon et celle du Grand Inquisiteur de Dostoïevski dans *Les Frères Karamazov* (*The Unwritten Philosophy*, 66 seq.).

90. Cf. *Lois* 885 D : οὐκ ἐπὶ τὸ μὴ δρᾶν τὰ ἄδικα τρεπόμεθα οἱ πλεῖστοι, δράσαντες δ' ἐξακεῖσθαι πειρώμεθα, et 888 B : μέγιστον δέ... τὸ περὶ τούς θεοὺς ὀρθῶς διανοηθέντα ζῆν καλῶς ἢ μή. Au sujet de la grande diffusion du matérialisme, voir 891 B.

VIII

LA CRAINTE DE LA LIBERTÉ

A man's worst difficulties begin when he is able to do as he likes.

T. H. Huxley.

Il me faut commencer ce dernier chapitre par un aveu. En projetant les conférences qui servirent de base à cet ouvrage, je pensais illustrer ce que fut l'attitude grecque à l'égard de certains problèmes durant tout une époque de l'histoire, allant depuis Homère jusqu'aux derniers néo-platoniciens païens, époque presque aussi longue que celle qui va de l'Antiquité à nos jours. Mais le matériel s'accumulant cependant que je rédigeais les conférences, il devenait bientôt évident que cela ne pouvait être fait qu'au prix d'une irrémédiable superficialité. Jusqu'ici, je n'ai couvert en fait qu'un tiers à peu près de l'époque en question, et malgré cela, j'ai laissé de nombreux vides. Le plus long de l'histoire serait encore à dire : je ne puis guère faire plus, à présent, qu'envisager la longue perspective des quelque huit siècles qui suivent et tâcher de voir, d'une façon très générale, quelles modifications s'y produisirent, et pour quelles raisons. Je ne puis, dans un aperçu aussi bref, parvenir à des réponses exactes et certaines. Mais ce sera déjà quelque chose si nous pouvons nous faire une idée des problèmes et les formuler dans les termes qui conviennent.

Notre aperçu part donc d'une époque où le rationalisme grec paraissait sur le point de triompher définitivement — la grande époque de découverte intellectuelle qui commence avec la fondation du Lycée vers 335 avant Jésus-Christ et qui se poursuit jusqu'à la fin du

IIIe siècle. Cette période vit la transformation de la science grecque qui, d'un fatras désordonné d'observations isolées, mêlées de suppositions *a priori*, devint un ensemble de disciplines méthodiques. Dans les sciences plus abstraites, les mathématiques et l'astronomie, elle atteignit un niveau qu'on ne devait pas revoir avant le XVIe siècle; et elle fit les premiers efforts systématiques de recherche dans de nombreux autres domaines : la botanique, la zoologie, la géographie et l'histoire du langage, de la littérature et des institutions humaines. Mais ce n'est pas seulement en science que l'époque fut aventureuse et féconde. Ce fut comme si l'élargissement subit de l'horizon spatial résultant des conquêtes d'Alexandre avait élargi en même temps tout l'horizon mental. Malgré son manque de liberté politique, la société du IIIe siècle avant Jésus-Christ fut, à bien des points de vue, la meilleure approximation d'une société « ouverte [1] » qu'on ait jusqu'alors connue et meilleure aussi que tout ce qui lui succéderait jusqu'à une époque fort récente. Les traditions et les institutions de l'ancienne société fermée subsistaient certes encore et exerçaient encore une certaine influence; l'incorporation d'un Etat-cité dans l'un ou l'autre des royaumes hellénistiques ne lui fit pas perdre son importance morale du jour au lendemain. Mais si la cité était toujours là, ses murs, comme on a dit, étaient abattus : ses institutions se trouvaient exposées à la critique rationnelle; ses modes de vie traditionnels étaient de plus en plus pénétrés et modifiés par une culture cosmopolite. Pour la première fois dans l'histoire de la Grèce, il importait peu de savoir où un homme était né, ou quelle était sa descendance : parmi les hommes qui dominèrent la vie intellectuelle d'Athènes à cette époque, Aristote et Théophraste, Zénon, Cléanthe et Chrysippe furent tous des étrangers; seul Epicure était d'origine athénienne, quoique né dans une colonie.

Et avec ce nivellement des déterminants locaux, — cette liberté du mouvement dans l'espace, — venait un nivellement analogue des déterminants temporels, une nouvelle liberté permettant à l'esprit de se mouvoir en arrière dans le temps et de choisir à son gré, dans l'expérience passée des hommes, les éléments qu'il pouvait le mieux s'assimiler et exploiter. L'individu se mit consciemment à *se servir* de la tradition, au lieu d'en être le

1. Notes du chap. VIII, p. 253-264.

serviteur. Cela est particulièrement apparent chez les poètes hellénistiques, dont la situation à cet égard est semblable à celle des poètes et des artistes de nos jours. « Si nous parlons de tradition aujourd'hui, dit M. Auden, nous n'entendons plus par cela ce qu'entendait le XVIIIe siècle, une manière de faire transmise d'une génération à l'autre; nous voulons dire une conscience du passé contenu tout entier dans le présent. L'originalité ne signifie plus une légère modification apportée à la manière de ses prédécesseurs immédiats; cela signifie la capacité de trouver dans n'importe quelle œuvre de n'importe quelle époque ou localité des indications pour le traitement de son propre sujet [2]. » Que cela s'applique à la plus grande partie, sinon à toute la poésie hellénistique, il n'est guère besoin de le démontrer : cela explique autant la force que la faiblesse d'œuvres comme l'*Argonautica* d'Apollonius ou l'*Aetia* de Callimaque. Mais nous pouvons l'appliquer également à la philosophie hellénistique; la façon dont Epicure se sert de Démocrite, et les stoïciens d'Héraclite sont des cas d'espèce. Comme nous le verrons présentement [3], cela s'applique aussi, d'une certaine façon, au domaine des croyances religieuses.

C'est certainement à cette époque que la fierté grecque en la raison humaine trouve son expression la plus confiante. Nous devons rejeter, dit Aristote, la vieille règle de vie qui conseillait l'humilité et adjurait l'homme de penser en termes mortels *(thnêta phronein ton thnêton)*; car l'homme a en lui-même une chose divine, l'intellect, et dans la mesure où il peut vivre à ce niveau de l'expérience, il peut vivre comme s'il n'était pas mortel [4]. Le fondateur du stoïcisme allait plus loin encore : pour Zénon, l'intellect de l'homme n'est pas seulement semblable à Dieu, il est Dieu, une portion de la substance divine à l'état pur ou actif [5]. Et quoique Epicure ne prétendît pas cela, il soutenait cependant que par une méditation constante sur les vérités de la philosophie, il était possible de vivre « comme un dieu parmi les hommes [6] ».

Mais la vie humaine ordinaire, évidemment, n'est pas ainsi faite. Aristote savait qu'aucun homme ne peut soutenir la vie de pure raison sinon pour un temps très court [7]; et lui et ses disciples reconnaissaient, peut-être mieux que tout autre Grec, qu'il est nécessaire d'étudier les facteurs irrationnels dans le comportement, si l'on veut parvenir à une compréhension réaliste de la nature humaine. J'ai brièvement illustré avec quelle mesure et quelle subtilité ils abordaient ce genre de problème en traitant de l'influence cathartique de la musique, et de la théorie des rêves [8]. Les circonstances le permettant, j'aurais aimé consacrer un chapitre entier au traitement de l'Irrationnel chez Aristote; mais cette lacune sera peut-être excusée, puisqu'il existe un excellent petit ouvrage de Mlle Croissant, *Aristote et les Mystères*, qui traite de façon intéressante et approfondie, non certes le sujet tout entier, mais certains de ses aspects les plus importants [9].

Les tentatives d'Aristote dans le sens d'une psychologie empirique, et particulièrement d'une psychologie de l'Irrationnel, ne furent malheureusement pas poursuivies après la première génération de ses disciples. Quand les sciences naturelles se détachèrent de l'étude de la philosophie proprement dite, ce qu'elles commencèrent à faire vers le début du IIIe siècle, la psychologie resta entre les mains des philosophes (où elle demeura — à son détriment je pense — jusqu'à une époque très récente). Et les rationalistes dogmatiques de l'époque hellénistique semblent avoir eu peu de goût pour l'étude de l'homme tel qu'il est; leur attention était fixée sur l'image glorieuse de l'homme tel qu'il pouvait être, le *sapiens* ou sage idéal. Afin que cette image puisse paraître possible, Zénon et Chrysippe revinrent délibérément, par-delà Platon et Aristote, à l'intellectualisme naïf du Ve siècle. La conquête de la perfection morale, dirent-ils, est indépendante des dons naturels comme de l'accoutumance; elle dépend uniquement de l'exercice de la raison [10]. Et il n'y a pas d' « âme irrationnelle » avec laquelle la raison aurait à lutter : les prétendues passions ne sont que des erreurs de jugement, ou des désordres morbides résultant d'erreurs de jugement [11]. Corrigez l'erreur, et les désordres cesseront automatiquement, laissant un esprit inaccessible à la joie comme à la peine, ignorant l'espoir et la crainte, « sans passion, sans pitié, et parfait [12] ».

Cette psychologie fantastique fut adoptée et maintenue pendant deux siècles, non pas à cause de ses mérites, mais parce qu'on la croyait nécessaire à un système moral tendant à allier l'action altruiste au détachement intérieur complet [13]. Posidonius, nous le savons, s'insurgea contre cette psychologie; il exigea un retour à

Platon [14], en faisant remarquer que la théorie de Chrysippe est en contradiction tant avec l'observation qui montre que les éléments du caractère sont innés [15], qu'avec l'expérience morale qui révèle que l'irrationnalité et le mal sont irrémédiablement fixés dans la nature humaine et ne peuvent se contrôler que par une forme quelconque de « catharsis [16] ». Mais ses protestations ne parvinrent pas à vaincre la théorie; les stoïciens orthodoxes continuèrent à parler en termes intellectualistes, mais peut-être avec une conviction moindre. D'ailleurs, l'attitude des épicuriens et des sceptiques ne différait guère sur ce point. Les deux écoles auraient voulu bannir les passions de la vie humaine; leur idéal commun était l'*ataraxia*, la libération des émotions troublantes; et cela devait s'obtenir, dans le premier cas, en ayant des opinions vraies sur l'homme et sur Dieu, dans le second, en n'ayant pas d'opinion du tout [17]. Les épicuriens partageaient l'arrogante prétention des stoïciens, que sans philosophie il ne pouvait y avoir de bonté [18] — et cela, ni Aristote, ni Platon, ne l'avaient jamais soutenu.

Cette psychologie et cette morale rationalistes étaient doublées d'une religion rationalisée. Pour le philosophe, l'élément essentiel de la religion n'était plus dans les actes du culte, il se trouvait dans une contemplation silencieuse du divin, et une découverte de la parenté de l'homme avec lui. Le stoïcien contemplait le ciel étoilé et y voyait exprimée la même intention rationnelle et morale qu'il trouvait en lui-même; l'épicurien, sous certains rapports le plus spirituel des deux, contemplait les dieux invisibles qui vivent dans l'*intermundia*, et trouvait ainsi la force de faire de sa vie une approximation de la leur [19]. Pour les deux écoles, la déité avait cessé d'être synonyme de Puissance arbitraire, étant devenue la représentation d'un idéal rationnel; cette transformation fut l'œuvre des penseurs grecs classiques et surtout de Platon. Comme Festugière l'a souligné à juste titre [20], la religion stoïcienne est un héritage direct du *Timée* et des *Lois*, et même Epicure est parfois, en esprit, plus près de Platon qu'il n'aurait voulu l'admettre.

D'autre part, toutes les écoles hellénistiques — et même peut-être les sceptiques [21] — étaient aussi désireuses que Platon, jadis, d'éviter une rupture définitive avec les formes traditionnelles du culte. Zénon, certes, déclarait que les temples étaient inutiles, le vrai temple de Dieu étant l'intellect humain [22]. Et Chrysippe de son côté ne se cache pas de penser qu'une représentation des dieux sous forme humaine est puérile [23]. Néanmoins, le stoïcisme sut faire une place aux dieux anthropomorphes en les traitant comme des figures allégoriques ou des symboles [24]; et lorsque dans l'hymne de Cléanthe nous voyons le dieu stoïcien orné des épithètes et des attributs du Zeus homérique, ce n'est pas à mon avis une simple formalité stylistique — c'est un effort sérieux pour donner à d'antiques formules un sens nouveau [25]. Epicure aussi voulut garder les formes en purifiant leur contenu. Il était scrupuleux, nous dit-on dans l'observation de tous les usages du culte [26], mais il insistait pour que ceux-ci fussent dissociés de toute crainte de la colère divine comme de toute espérance de bénéfice matériel; pour lui, comme pour Platon, il n'y avait pas de pire blasphème que de concevoir la religion comme un « *do ut des* [27] ».

Il n'y a pas lieu de penser que ces tentatives pour purger la tradition aient beaucoup affecté les croyances populaires. Comme le dit Epicure, « la multitude n'approuve pas les choses que je sais, et des choses qu'elle approuve, je ne sais rien [28] ». Il n'est d'ailleurs pas facile de savoir ce que la multitude approuvait au temps d'Epicure. A cette époque-là, comme à la nôtre, en règle générale, l'honnête homme n'exprimait son opinion en ces matières que sur sa pierre tombale — et encore! Les pierres tombales qui nous sont restées de l'époque hellénistique sont moins réticentes que celles d'époques antérieures et laisseraient croire, pour autant que vaut le témoignage, que la croyance traditionnelle en l'Hadès disparaissait lentement, tandis que s'y substituait soit la négation explicite de toute survie, soit le vague souhait que le défunt fût parti vers un monde meilleur — « vers les îles des Bienheureux », « vers les dieux », ou même « vers l'éternel Cosmos [29] ». Je ne voudrais pas trop bâtir sur ce dernier type d'épitaphe : nous savons que la famille affligée tend à commander « une inscription de circonstance », laquelle ne correspond pas toujours à une conviction réelle [30]. Néanmoins, prises dans leur ensemble, les pierres tombales permettent de croire que la désintégration du Conglomérat a encore progressé.

Quant à la religion publique ou civique, il faut nous attendre à ce qu'elle subisse les conséquences de la perte d'autonomie de la cité : religion et vie publique étaient en union trop intime dans les Etats-cités pour que l'une puisse survivre sans dommage au déclin de l'autre. Et grâce à l'hymne d'Hermoclès à Démetrius Poliorcète [31] nous savons que la religion publique avait en fait subi un déclin très marqué à Athènes au cours du demi-siècle qui suivit Chéronée : jamais, jusqu'alors, un hymne fait pour être chanté lors d'une grande occasion publique n'aurait pu déclarer que les dieux de la cité étaient soit indifférents, soit inexistants, et que ces pierres et ces couches inutiles étaient maintenant remplacées par un dieu « véritable », Démétrius lui-même [32]. La flatterie n'est peut-être pas sincère, mais le scepticisme l'est manifestement, et il devait être général puisqu'on nous dit que l'hymne eut une vogue énorme [33]. Que le « culte de la personnalité » à l'époque hellénistique ait *toujours* été insincère — que ce fût toujours un « truc » politique et *rien de plus* — voilà ce que personne ne croira, me semble-t-il, connaissant de nos jours l'adulation toujours croissante dont on entoure les dictateurs, les rois ou, à leur défaut, les athlètes [34]. Quand les anciens dieux se retirent, leurs trônes béants appellent un successeur; aussi, avec un minimum d'organisation et même sans organisation du tout [35], à peu près n'importe quelle carcasse périssable peut être hissée sur le siège vacant. Pour autant qu'ils aient une portée religieuse pour l'individu, le culte du gouvernant et ses analogues [36], anciens et modernes, sont avant tout, je présume, des expressions de dépendance impuissante; quiconque traite un autre humain comme s'il était un dieu se relègue lui-même, de ce fait, à la position d'un enfant ou d'un animal. Ce fut, je pense, un sentiment du même ordre qui suscita un autre trait caractéristique de l'époque hellénistique à ses débuts : la large diffusion du culte de Tychê, la « Chance » ou la « Fortune ». Un tel culte est, comme Nilsson l'a dit, la dernière étape dans la sécularisation de la religion [37] »; à défaut de tout objet positif, le sentiment de dépendance se fixe sur l'idée purement négative de l'inexpliqué et de l'imprévisible que représente Tychê.

Je ne veux pas donner de fausse impression d'une situation complexe en la simplifiant à outrance. Le culte public des dieux de la cité continuait, naturellement; c'était un élément normal de la vie publique, une expression normale du patriotisme civique. Mais je crois qu'on peut en dire, en gros, ce qu'on a dit du christianisme de nos jours ; c'était devenu, « plus ou moins une routine sociale sans influence sur les buts de l'existence [38] ». Par ailleurs, le pourrissement progressif de la tradition donnait la possibilité à l'homme religieux de choisir ses propres dieux [39], un peu comme il permit au poète de choisir son propre style ; et l'anonymat et la solitude de la vie dans les grandes villes nouvelles, où l'individu se sentait devenir un chiffre, ont peut-être créé chez beaucoup d'hommes le sentiment qu'il leur fallait une aide et un ami divin. La remarque célèbre de Whitehead que « la religion est ce que l'individu fait de sa propre solitude [40] », est, quoi qu'on en puisse penser en tant que définition générale, une description assez précise de la situation religieuse à partir de l'époque d'Alexandre. Et l'une des choses que l'individu fit de sa solitude à cette époque fut de former de petits cénacles privés consacrés au culte de dieux individuels, anciens ou nouveaux. Les inscriptions nous disent quelque chose des activités de tels « Apolloniastes » ou « Hermiastes » ou « Iobacchi » ou « Sarapiastes », mais nous ne pouvons guère voir très loin dans leur pensée. Nous pouvons seulement affirmer que ces associations servaient un but à la fois social et religieux, dans des proportions inconnues et sans doute variables : certaines n'étaient probablement que des cercles où l'on allait dîner : d'autres ont pu donner à leurs membres un sens véritable de communion avec un divin patron ou protecteur de leur choix à la place de la communion locale héritée, typique de l'ancienne société fermée [41].

Telles étaient, dans leurs très grandes lignes, les rapports entre religion et rationalisme au IIIe siècle [42]. En voyant la situation dans son ensemble, un témoin intelligent aux environs de l'an 200 avant J.-C. aurait eu le droit de prédire qu'au bout de quelques générations l'effondrement de la structure héritée serait achevé et que l'ère parfaite de la raison y succéderait. Il se serait, toutefois, entièrement trompé dans les deux cas — tout comme les rationalistes du XIXe siècle semblent s'être trompés à leur tour. Notre rationaliste grec imaginaire eût été surpris d'apprendre que cinq cents ans après sa mort, Athéna recevrait encore le don périodique d'une robe neuve offerte par son peuple reconnaissant [43] ; que des taureaux seraient encore sacrifiés dans Mégare aux héros tués huit cents ans plus tôt dans les guerres

Médiques [44]; que des tabous anciens concernant la pureté rituelle seraient encore rigoureusement observés dans beaucoup d'endroits [45]. Aucun rationaliste ne tient jamais assez compte de la *vis inertiae* qui perpétue ce genre de chose — ce que Matthew Arnold a nommé « l'extrême lenteur des choses [46] ». Les dieux s'en vont mais leurs rites demeurent, et personne, sinon quelques intellectuels, ne voit qu'ils ont cessé d'avoir un sens. En fin de compte, à vrai dire, le Conglomérat hérité ne périt pas par désintégration. De vastes éléments subsistèrent à travers les siècles — une vieille façade familière, délabrée et plutôt touchante — jusqu'aux jours où les chrétiens, la heurtant légèrement, s'aperçurent, en la faisant tomber, qu'il ne subsistait à peu près rien derrière elle, sinon des restes de patriotisme local et un certain goût de l'antiquaille [47]. C'est du moins ce que l'on vit dans les villes; il semblerait que pour les gens de la campagne, pour les *pagani*, certains des vieux rites avaient encore un sens, comme à vrai dire certains l'ont encore aujourd'hui d'une façon très obscure.

De telles prévisions auraient surpris un témoin du IIIe siècle. Mais il eût été encore plus douloureusement surpris d'apprendre que la civilisation grecque accédait, non pas à l'ère de la raison, mais à une époque de longue dégénérescence intellectuelle qui devait durer, avec quelques retours illusoires d'énergie et quelques brillants engagements individuels d'arrière-garde, jusqu'à la prise de Byzance par les Turcs; qu'au cours des seize siècles entiers d'existence qui lui restaient encore, le monde hellénique ne produirait aucun poète qui fût l'égal de Théocrite, aucun homme de science, l'égal d'Eratosthène, aucun mathématicien, l'égal d'Archimède, et que le seul grand nom de la philosophie représenterait un point de vue qu'on avait pu croire périmé — le platonisme transcendental.

La découverte des motifs de ce déclin prolongé est un des problèmes majeurs de l'histoire universelle. Ce qui nous préoccupe ici n'est qu'un aspect de ce déclin qui pourrait, pour plus de commodité, s'appeler le Retour de l'Irrationnel. Mais cela même est un sujet si vaste que je ne pourrai illustrer ma pensée qu'en indiquant brièvement quelques développements typiques.

Nous avons vu, dans un précédent chapitre, comment la divergence des croyances chez les intellectuels et chez le peuple, qui se discernait déjà dans la littérature grecque la plus ancienne, augmentait vers la fin du ve siècle au point d'approcher d'un divorce complet, et comment le rationalisme croissant des intellectuels était doublé de symptômes régressifs dans la croyance populaire. Or, dans la société hellénistique relativement « ouverte », ce divorce s'est dans l'ensemble maintenu, mais des transformations rapides dans la stratification sociale, et l'accès à l'enseignement de classes plus nombreuses, suscitèrent des possibilités nouvelles d'interaction entre les deux groupes. Nous avons entrevu qu'à Athènes, au IIIe siècle, un scepticisme, qui jusqu'alors s'était restreint aux intellectuels, commençait à toucher l'ensemble de la population; et cela devait se reproduire plus tard à Rome [48]. A partir du IIIe siècle, toutefois, une interaction d'un nouveau genre se manifeste, avec l'apparition d'une littérature pseudo-scientifique, principalement pseudonymique, et prétendant souvent se fonder sur une révélation divine, qui prend à son compte les superstitions anciennes de l'Orient ou les fantaisies plus récentes des masses hellénistiques, les revêt d'atours empruntés à la science ou à la philosophie grecques et leur gagne l'assentiment d'une bonne partie de la classe instruite. Désormais l'assimilation marche dans les deux sens : tandis que le rationalisme sous une forme restreinte et négative continue à se répandre de haut en bas, l'antirationalisme se répand de bas en haut.

L'astrologie en est l'exemple le plus familier [49]. On a dit qu'elle « s'abattit sur l'esprit hellénistique comme une nouvelle maladie sur la peuplade d'une île lointaine [50] ». Mais la comparaison ne coïncide pas avec les faits, pour autant qu'ils soient connus. Inventée en Babylonie, l'astrologie se répandit en Egypte, où Hérodote semble l'avoir rencontrée [51]. Au IVe siècle Eudoxe signale son existence en Babylonie, en même temps qu'il décrit les réalisations de l'astronomie babylonienne; mais il la considère avec scepticisme [52], et il n'y a aucune preuve qu'elle ait été adoptée, quoique Platon, dans le mythe du *Phèdre*, se soit amusé à produire sa propre variation sur un thème astrologique [53]. Vers 280 avant J.-C., le lecteur grec disposait de renseignements plus complets grâce aux écrits d'un prêtre babylonien, Bérose; ils ne semblent pas avoir provoqué beaucoup d'intérêt. La véritable vogue de l'astrologie paraît commencer au IIe siècle avant J.-C. quand un bon nombre de manuels populaires — dont un surtout, composé au nom d'un pharaon imaginaire, les *Révélations de Néchepso et Petosiris* [54] — commencèrent à avoir une large diffusion, et des astrologues de métier apparurent jusque dans Rome [55] Pourquoi cela se produisit-il alors et pas avant ? L'idée n'était plus une nouveauté, et le terrain intellectuel était depuis longtemps préparé grâce à la théologie astrale enseignée aussi bien par les platoniciens que par les aristotéliciens et les stoïciens, quoique Épicure ait prévenu le monde de ses dangers [56]. On peut supposer que son extension fut favorisée par la situation politique : dans les cinquante années de troubles qui précédèrent la conquête de la Grèce par Rome, il devenait suprêmement important d'être prévenu de ce qui allait arriver. On peut supposer aussi que le Grec de Babylone qui occupait à l'époque la chaire de Zénon [57] encouragea une espèce de « trahison des clercs » (le Portique avait déjà usé de son influence pour faire rejeter l'hypothèse héliocentrique d'Aristarque dont l'acceptation aurait bouleversé les fondements tant de l'astrologie que de la religion stoïque [58]). Mais sous ces causes immédiates, nous pouvons peut-être deviner quelque chose de plus profond et de moins conscient : depuis plus d'un siècle, l'homme se trouvait en présence de sa propre liberté intellectuelle, et maintenant, devant cette horrifiante perspective, il tournait les talons et décampait — mieux valait le déterminisme rigide du Destin astrologique que le fardeau effrayant de la responsabilité quotidienne. Des esprits rationnels comme Panaetius et Cicéron tentèrent d'enrayer la débâcle par des arguments, comme Plotin devait le tenter plus tard [59], mais ce fut sans résultats perceptibles; il est des motifs qui n'entendent pas raison.

En plus de l'astrologie, le IIe siècle avant J.-C. vit le développement d'une autre doctrine irrationnelle qui influença profondément la philosophie jusqu'à la fin de l'Antiquité et pendant tout le Moyen Age — la théorie des propriétés ou forces occultes immanentes à certains animaux, à certaines plantes et à certaines pierres précieuses. Les origines de cette théorie sont sans doute beaucoup plus anciennes. Son premier énoncé systématique, toutefois, est dû à un certain Bolus de Mendes, appelé le « Démocritéen », qui paraît avoir écrit vers l'an 200 [60]. Son système était proche parent de la médecine magique et de l'alchimie; aussi fut-il bientôt rattaché à l'astrologie qui y trouvait un complément utile.

L'inconvénient des étoiles avait toujours été leur inaccessibilité, tant à la prière qu'à la magie [61]. Mais si, comme on l'affirmait alors, chaque planète avait ses correspondances dans les règnes animal, végétal et minéral, rattachées à elle par une « sympathie » occulte, on pouvait les atteindre magiquement en manipulant ces contreparties terrestres [62]. Parce qu'elles étaient fondées sur la conception primitive du monde comme unité magique, les idées de Bolus exercèrent une séduction fatale pour les stoïciens, qui se figuraient déjà le cosmos comme un organisme dont les parties avaient une communauté d'expérience *(sympatheia* [63]*)*. A partir du Ier siècle avant J.-C., Bolus est cité comme autorité scientifique au même titre qu'Aristote ou Théophraste [64], et ses doctrines sont comprises dans l'image du monde généralement reçue.

De nombreux auteurs ont vu dans le premier siècle avant J.-C. la phase décisive de la *Weltwende*, la phase durant laquelle la marée du rationalisme qui dans les cent années précédentes, avait de plus en plus faibli, arrive à bout de forces et commence à se retirer. Il n'y a pas de doute que toutes les écoles philosophiques sauf l'épicurienne prirent une nouvelle orientation à cette époque. Le vieux dualisme religieux, esprit et matière, Dieu et Nature, âme et appétits, que la pensée rationaliste avait voulu surmonter, se réaffirme sous des formes nouvelles et avec une nouvelle vigueur. Cela s'insère dans le nouveau stoïcisme hétérodoxe de Posidonius comme une tension des contraires à l'intérieur tant du cosmos unifié que de la nature humaine unifiée de l'ancien Portique [65]. Vers la même époque, une révolution interne à l'Académie met fin à la phase purement critique dans le développement du platonisme, pour en faire à nouveau une philosophie spéculative et le mettre sur le chemin dont le terme sera Plotin [66]. Egalement significative est la résurrection, après deux siècles d'apparente désuétude, du pythagorisme, non pas en tant qu'école formelle, mais comme culte et règle de vie [67]. Ce mouvement se fondait expressément sur l'autorité plutôt que sur la logique, et Pythagore était représenté comme un Sage inspiré, l'équivalent grec de Zoroastre ou d'Ostanes tandis que de nombreux apocryphes lui étaient attribués, à lui et à ses disciples immédiats. On enseignait en son nom l'ancienne croyance en une âme magique séparable, en un monde qui serait un lieu d'obscurité et de pénitence, et en la nécessité de la *catharsis ;* mais à cela s'ajoutaient maintenant des idées dérivées de la religion astrale (qui avait d'ailleurs certains rapports avec le pythagorisme ancien [68]), de Platon (représenté comme un pythagoricien), de l'occultisme de Bolus [69], et d'autres formes de tradition magique [70].

Peut-être faut-il voir dans tous ces développements les symptômes plutôt que les causes d'un changement général du climat intellectuel du monde méditerranéen — quelque chose dont l'analogue historique le plus proche pourrait être la réaction romantique contre la « théologie naturelle » rationaliste, réaction qui apparut au début du XIXe siècle et demeure une force puissante jusqu'à ce jour [71]. A l'adoration du cosmos visible et au sentiment d'union avec lui qui avait trouvé une expression dans le stoïcisme du début commence à se substituer dans beaucoup d'esprits [72] le sentiment que le monde physique — ou du moins sa partie sublunaire — est sous la domination de puissances mauvaises, et que l'âme a besoin non pas de s'y unir, mais de s'en échapper. La pensée des hommes est de plus en plus occupée des techniques de salut individuel, certains s'appuyant sur des livres saints censés avoir été découverts dans des temples en Orient ou dictés par la voix de Dieu à quelque prophète inspiré [73], d'autres cherchant une révélation personnelle par un oracle, un rêve ou une vision éveillée [74], d'autres encore cherchant la sécurité dans le rite, soit par l'initiation dans les « *musteria* », devenus nombreux à cette époque, soit par un recours aux services d'un magicien privé [75]. On découvre une recherche croissante d'occultisme, qui est essentiellement une tentative pour emporter le Royaume des Cieux par des moyens matériels — Nilsson a bien dit que c'est « la forme vulgaire du transcendentalisme [76] ». Et la philosophie suit une voie parallèle à un niveau plus élevé. La plupart des écoles avaient depuis longtemps cessé d'estimer la vérité en elle-même [77], mais à l'époque impériale, elles perdent, à quelques exceptions près [78], toute apparence de curiosité désintéressée et se présentent franchement comme des dispensatrices de salut. Ce n'est pas seulement que le philosophe considère que sa salle de conférence est un dispensaire pour âmes malades [79]; en principe, cela n'est pas nouveau. Mais le philosophe n'est pas uniquement un psychothérapeute; il est aussi, comme le dit Marc Aurèle, « une sorte de prêtre, un ministre des dieux [80] », et son enseignement prétend à une valeur religieuse plutôt que scientifique. « Le but du platonisme », dit un auteur chrétien du IIe siècle, « est de voir Dieu face à face [81] ». Aussi la connaissance profane n'est-elle plus appréciée que pour autant qu'elle contribue à cette fin. Sénèque, par exemple, cite, en l'approuvant, l'opinion selon laquelle il ne faut pas vouloir sonder les choses qu'il n'est ni possible, ni utile de connaître, comme les causes des marées, ou le principe de la perspective [82]. Nous sentons déjà dans ces paroles le climat intellectuel du Moyen Age. C'est le climat dans lequel grandit le christianisme; il rendit possible le triomphe de la nouvelle religion, et laissa son empreinte sur l'enseignement chrétien [83]; mais il ne fut pas créé par les chrétiens.

Mais qui le créa alors ? Parmi les choses qui font actuellement obstacle à toute tentative de réponse, il faut compter l'absence d'une étude compréhensive et équilibrée de tous les faits pertinents qui pourraient nous permettre de saisir le rapport entre les « arbres » et la « forêt ». Nous possédons de brillantes monographies sur un bon nombre d' « arbres » individuels, sinon sur tous; mais nous ne possédons de la « forêt » que des croquis du genre impressionniste. Quand paraîtra le second volume de la *Geschichte* de Nilsson [84], quand Nock aura publié ses conférences longuement attendues, sur la religion hellénistique (Gifford Lectures), et quand Festugière aura terminé l'importante série d'études sur l'histoire de la pensée religieuse qu'il publie sous un titre prêtant un peu à malentendu : *La Révélation d'Hermès Trismégiste* [85], alors ceux qui comme moi-même ne sont pas des spécialistes en la matière, seront peut-être mieux en mesure de se former une opinion; en attendant, mieux vaut s'abstenir de jugements prématurés. Je souhaite toutefois, pour finir, dire quelques mots de certaines tentatives faites pour expliquer la faillite du rationalisme grec.

Il en est tout d'abord qui ne font que poser en d'autres termes le problème qu'elles prétendent résoudre. Il est inutile de nous apprendre que les Grecs devinrent décadents, ou que l'esprit grec succomba aux influences orientales, à moins de nous dire aussi pourquoi cela se produisit. Les deux affirmations sont peut-être vraies en un sens, mais je crois que les meilleurs hellénistes actuels hésiteraient à accorder à l'une ou à l'autre l'assentiment inconditionnel qu'elles avaient obtenu au siècle dernier [86]. Et encore, seraient-elles vraies que nous ne serions guère avancés par des affirmations aussi générales. Il faut en effet que la nature et les causes de cette prétendue dégénérescence soient amenées au jour et démontrées. Et je ne serai pas non plus disposé à reconnaître que le mélange des races est en soi une explication suffisante, s'il n'est pas établi que les attitudes culturelles se transmettent dans le plasma germinatif, ou que les éléments métissés sont inévitablement inférieurs aux éléments « purs [87] ».

Si nous voulons obtenir des réponses plus précises, il faut avant tout nous demander si elles concordent avec les faits et nous assurer qu'elles ne sont pas dictées par nos seuls préjugés. C'est ce qu'on ne fait pas toujours. Quand un éminent érudit anglais nous assure qu' « on ne peut guère douter que la sur-spécialisation de la science et l'épanouissement de l'enseignement populaire à l'époque hellénistique amenèrent un déclin de l'activité mentale [88] », je crains qu'il ne projette tout simplement dans le passé son diagnostic personnel de certains maux contemporains. Jamais, à aucune époque, la science grecque n'a connu de spécialisation du genre de celle qui existe aujourd'hui; et l'on compte, parmi les noms grecs les plus illustres à toutes les époques, des hommes qui ne furent nullement des spécialistes — il suffit pour s'en rendre compte d'examiner la liste des œuvres de Théophraste ou Ératosthène, de Posidonius, de Galien ou de Ptolémée. L'enseignement universel était également inconnu : il y a de meilleures raisons de croire que la pensée hellénistique souffrit du manque d'enseignement populaire que de croire le contraire.

Par ailleurs, certaines des explications d'ordre sociologique actuellement en faveur ont l'inconvénient de ne pas s'accorder entièrement aux faits historiques [89]. Ainsi, il se peut que la perte des libertés politiques ait contribué à encourager l'initiative intellectuelle, mais ce ne pouvait guère être cela qui fit pencher la balance; car la grande époque du rationalisme, de la fin du IVe à la fin du IIIe siècle, ne fut assurément pas une époque de liberté politique. Et on ne peut vraiment pas tout mettre sur le compte de la guerre ou de l'appauvrissement économique. Il y a certes lieu de croire que de telles conditions favorisent une recrudescence de la magie et de la divination [90] (voir, comme exemples récents, la vogue du spiritisme pendant et après la Première Guerre mondiale, de l'astrologie pendant et après la Seconde [91]); et je suis prêt à admettre que les conditions troubles du Ier siècle avant J.-C. contribuèrent à provoquer le refus de la raison, tandis que celles du IIIe siècle de notre ère contribuèrent à le rendre définitif. Mais si ç'avait été l'unique force à l'œuvre il faudrait s'attendre à ce que l'époque intermédiaire — une période exceptionnellement longue (deux siècles) de paix interne, de sécurité personnelle et, dans l'ensemble, de bon gouvernement — ait produit un renversement de la tendance au lieu de son aggravation progressive.

D'autres historiens ont souligné l'effondrement *interne* du rationalisme grec. Il « se consuma, dit Nilsson, comme un feu qui s'éteint faute de combustible. Tandis que la science aboutissait à des logomachies infructueuses et à des compilations sans âme, le désir d'une foi religieuse montra une vitalité nouvelle [92] ». Comme l'a dit Festugière, « on avait trop discuté, on était las de mots. Il ne restait que la technique [93] ». Pour une oreille moderne, cette description a des résonances familières et inquiétantes, mais il existe des preuves nombreuses et anciennes en sa faveur. Si nous allons plus loin, et si nous demandons pourquoi le combustible neuf faisait défaut, les deux auteurs donnent la réponse bien connue que la science grecque n'avait pas su découvrir la méthode expérimentale [94]. Et si ensuite, nous demandons pourquoi elle n'a pas su la découvrir, on nous apprend d'ordinaire que la pensée grecque avait une tournure déductive — ce qui ne me paraît pas très éclairant. A cette question, l'analyse marxiste a trouvé une réponse plus astucieuse : la méthode expérimentale ne parvint pas à se développer parce qu'il n'existait pas de technologie véritable; il n'existait pas de technologie véritable parce que la main-d'œuvre humaine était bon marché; la main-d'œuvre humaine était bon marché parce que les esclaves se trouvaient en abondance [95]. Ainsi, par une série d'inférences adroites, il est démontré que la représentation du monde caractéristique de l'époque médiévale est apparue en conséquence de la pratique de l'esclavage. Certains de ces chaînons auront besoin à mon avis d'être vérifiés; mais c'est là une tâche pour laquelle je ne suis pas qualifié. Je m'aventurerai toutefois à faire deux observations assez évidentes. En premier lieu je dirai que la thèse économique donne une explication plus satisfaisante de la stagnation de la mécanique après Archimède, que de celle de la médecine après Galien, ou de l'astronomie après Ptolémée. Ensuite, que la paralysie générale de la pensée scientifique peut très bien rendre compte de l'ennui et de l'inquiétude des intellectuels, mais qu'elle n'explique pas aussi facilement l'attitude nouvelle des masses. L'immense majorité de ceux qui se tournaient vers l'astrologie ou la magie, l'immense majorité des dévôts du mithraïsme ou du christianisme n'était manifestement pas de ceux pour qui la stagnation de la science était un souci immédiat et *conscient;* et il me paraît difficile d'être sûr que leur perspective religieuse eût été foncièrement changée si quelque savant était venu transformer leur existence économique par l'invention de la machine à vapeur.

Si les historiens espèrent un jour parvenir à une explication plus complète de ce qui est arrivé, je crois qu'ils seront contraints, sans ignorer les facteurs intellectuels ou économiques, de tenir compte d'un autre genre de motif, moins conscient et moins commodément rationnel. J'ai déjà laissé entendre que sous l'acceptation du déterminisme astral, il y avait, à mon avis, et entre autres facteurs, la crainte de la liberté — le refus inconscient du lourd fardeau de choix individuel qu'une société ouverte impose à ses membres. Si un tel motif est admis comme *vera causa* (et il existe d'assez fortes preuves qu'il est *vera causa* de nos jours [96]), nous pouvons déceler son action en bon nombre d'endroits : dans le durcissement de la spéculation philosophique en dogme quasi religieux, offrant une règle de vie immuable à l'individu; dans la crainte d'une recherche inopportune exprimée même par un Cléanthe ou un Epicure; plus tard, et à un niveau plus populaire, dans la demande d'un prophète ou d'une Ecriture; et de façon plus générale, dans la vénération pathétique de la parole écrite, qui est typique de la fin de l'Empire et des temps médiévaux — un empressement, comme le dit Nock, « à faire crédit à des affirmations parce qu'elles sont dans des livres, ou même parce qu'on dit qu'elles sont dans des livres [97] ».

Quand un peuple a été aussi loin que les Grecs au IIIe siècle dans le sens d'une société ouverte, une telle retraite ne se fait pas rapidement ni uniformément ni sans souffrance pour l'individu. Le refus des responsabilités dans tout domaine se paye toujours — en général par la névrose. Ainsi l'augmentation de l'anxiété irrationnelle et les manifestations frappantes de sentiments de culpabilité névrotiques, qui paraissent aux dernières phases [98] de la retraite, paraîtraient être des preuves concordantes que « la peur de la liberté » n'est pas qu'une simple phrase. Ces choses n'étaient pas une nouveauté dans l'expérience religieuse grecque; nous les avons rencontrées dans l'étude de l'époque archaïque. Mais les siècles de rationalisme avaient affaibli leur influence sociale et par conséquent (indirectement) leur pouvoir sur l'individu. A présent elles reparaissent sous de nouvelles formes et avec une intensité nouvelle. Je ne puis ici m'attarder aux preuves; mais l'on peut se faire quelque idée du changement qui eut lieu en comparant le « Superstitieux » de Théophraste, qui n'est qu'un observateur « vieux jeu » de tabous traditionnels, avec la représentation que fait Plutarque de l'homme supertitieux « assis en un lieu public, vêtu de sacs ou de loques crasseuses, ou vautré tout nu dans la fange, proclamant ce qu'il nomme ses péchés [99] ». L'image donnée par Plutarque de la névrose religieuse est confirmée par bon nombre d'autres sources : nous avons des documents, frappants par eux-mêmes, dans le portrait que Lucien nous fait de Pérégrinus, qui abjura ses péchés pour se faire d'abord chrétien, ensuite philosophe païen et qui, après un suicide spectaculaire, devint un saint et un faiseur de miracles païen [100]; et dans l'autoportrait d'un autre névrosé intéressant, Aelius Aristide [101]. Par ailleurs, la présence d'une anxiété diffuse chez les masses se révèle clairement, non seulement dans la terreur renaissante de la punition d'outre-tombe [102], mais aussi dans des terreurs plus immédiates, que révèlent les prières et les amulettes qui nous sont restées [103]. Païens comme chrétiens, vers la fin de l'Epoque impériale, priaient d'être préservés des périls invisibles — le mauvais œil et la possession diabolique, « le démon trompeur » ou « le chien sans tête [104] ». Une amulette promer de protéger « contre tout maléfice d'un rêve terrifiant ou des êtres dans les airs »; une autre « contre les ennemis, les accusateurs, les voleurs, les terreurs, et les apparitions dans les rêves »; une troisième — chrétienne celle-là — contre « les esprits impurs » cachés sous votre lit, parmi les poutres de la maison, ou même au dépôt d'immondices [105]. Le retour de l'Irrationnel, on le voit par ces quelques exemples, fut assez complet.

Et là, je dois abandonner la question. Mais je ne terminerai pas ce livre sans un autre aveu. J'ai été délibérément économe dans l'emploi des parallèles contemporains, car je sais que de tels parallèles peuvent tromper tout aussi souvent qu'ils illuminent [106]. Mais je ne cacherai pas au lecteur qu'en écrivant ces chapitres, et surtout ce dernier, j'ai eu notre propre situation constamment à l'esprit. Nous aussi, nous avons été témoins de la désintégration lente d'un Conglomérat hérité — désintégration qui débuta parmi les classes instruites, mais qui affecte maintenant les masses presque partout, quoiqu'elles soit loin encore d'être achevée. Nous aussi, nous avons connu une grande époque de rationalisme, marquée par des progrès scientifiques au-delà de tout ce que les époques antérieures avaient cru possible, et offrant à l'homme la possibilité d'une société plus ouverte qu'aucune ne l'a jamais été. Par ailleurs, dans les dernières quarante années, nous avons fait l'expérience aussi de quelque chose d'autre — les symptômes évidents d'un mouvement de recul devant cette possibilité. Comme l'a dit récemment André Malraux, il semblerait que « la civilisation occidentale a commencé à douter de ses propres titres [107] ».

Quel est le sens de ce recul, de ce doute ? Est-ce une hésitation avant de faire le saut, ou le début d'une fuite panique ? Je l'ignore. Sur une telle question, un simple professeur de grec n'est pas à même d'offrir une opinion. Mais il est une chose qu'il peut faire. Il peut rappeler à ses lecteurs qu'une fois déjà, un peuple civilisé courut à cet obstacle — y courut et le refusa. Et il peut les supplier d'examiner toutes les circonstances de ce refus.

Est-ce la monture qui refusa, ou bien le cavalier ? Telle est vraiment la question cruciale. Pour ma part, je crois que c'est la monture — autrement dit, ces éléments irrationnels de la nature humaine qui gouvernent, sans qu'on le sache, une si grande part de notre comportement, et une si grande part de ce que nous croyons être notre pensée. Et si j'ai raison en cela, j'y vois un motif d'espérance. Comme ces chapitres l'auront démontré, je l'espère, les hommes qui créèrent le premier rationalisme européen ne furent jamais — jusqu'à l'époque hellénistique — de « simples » rationalistes : je veux dire qu'ils étaient profondément et imaginativement conscients de la puissance, de la splendeur et du péril de l'Irrationnel. Mais ils ne pouvaient décrire ce qui se passait sous le seuil de la conscience qu'en un langage mythologique ou symbolique; ils n'avaient pas d'instrument pour le comprendre, encore moins pour le contrôler; et à l'époque hellénistique un trop grand nombre d'entre eux commirent l'erreur de croire qu'ils pouvaient l'ignorer. L'homme moderne commence à acquérir un tel outil. Il est encore loin d'être perfectionné, et il n'est pas toujours habilement employé; ses possibilités et ses limites restent encore à explorer dans beaucoup de domaines, dont celui de l'histoire [108]. Mais il semble justifier l'espoir que si nous l'employons avec prudence, nous parviendrons à la longue à mieux connaître notre monture; et la connaissant mieux, que nous saurons mieux lui enseigner à surmonter ses craintes; et enfin, la peur étant surmontée, que monture et cavalier feront un jour le saut décisif — et le feront avec succès.

NOTES DU CHAPITRE VIII

1. Une société entièrement « ouverte » serait à mon sens celle dans laquelle le comportement serait entièrement déterminé par un choix rationnel entre les alternatives possibles, et dans laquelle l'adaptation serait dans tous les cas consciente et voulue (en contraste avec la société entièrement « fermée » dans laquelle toute adaptation serait inconsciente, et personne n'aurait jamais le sentiment de faire un choix). Une telle société n'a jamais existé et n'existera jamais; mais l'on peut utilement parler de sociétés relativement fermées ou relativement ouvertes, et sur le plan fort général de l'histoire des civilisations il est permis de concevoir l'histoire elle-même comme un mouvement qui tend à s'écarter du premier type pour se rapprocher du second. Cf. K. R. Popper, *The Open Society and Its Enemies* (London, 1945), et l'article d'Auden cité ci-dessous. Concernant la nouveauté de la situation qui se présentait au IIIe siècle, voir Bevan, *Stoics and Sceptics*, 23 seq.

2. W. H. Auden, « Criticism in a Mass Society », *The Mint*, 2 (1948), 4. Cf. aussi Walter Lippmann, *A Preface to Morals*, 106 seq., sur « le ' fardeau ' de l'originalité ».

3. Voir pp. 239 seq.

4. Aristote, E.N. 1177^{b} 24-1178^{a} 2. Cf. fr. 61 : l'homme est « quasi mortalis deus ».

5. *Stoicorum Veterum Fragmenta*, ed. Arnim (désormais *SVF*), I.146 : Ζήνων ὁ Κιτιεὺς ὁ Στωικὸς ἔφη... δεῖν... ἔχειν τὸ θεῖον ἐν μόνῳ τῷ νῷ, μᾶλλον δὲ θεὸν ἡγεῖσθαι τὸν νοῦν. Dieu (lui-) même est « la droite raison qui infuse toute chose » (Diog. Laert. 7.88, cf. *SVF* I.160-162). Il existait des précédents à ce genre de vue dans la spéculation antérieure (cf. par ex. Diogène d'Apollonie fr. 5); mais c'est la première fois que cela apparaissait comme fondement d'une théorie systématique de la vie humaine.

6. Epicure, *Epist.* 3.135 : ζήσεις δὲ ὡς θεὸς ἐν ἀνθρώποις. Cf. aussi *Sent. Vat.* 33; Aelien, *V. H.* 4.13 (= fr. 602 Usener); et Lucr. 3.322.

7. Aristote, *Met.* 1072^{a} 14 : διαγωγὴ δ' ἐστὶν οἵα ἡ ἀρίστη μικρὸν χρόνον ἡμῖν.

8. Chap. III, pp. 87 seq.; IV, p. 125.

9. Cf. aussi Jaeger, *Aristotle*, 159 seq., 240 seq., 396 seq.; Boyancé, *Culte des Muses*, 185 seq.

10. Cic. *Acad. post.* 1.38 = *SVF* I.199.

11. Sur l'unité de la *psychê*, *SVF* II.823, etc. Zénon définissait *pathos :* « un trouble irrationnel et *anormal* de l'esprit » (*SVF* I.205). Chrysippe allait plus loin encore, identifiant les *pathê* aux jugements erronés : *SVF* III.456, 461, Χρύσιππος μέν... ἀποδεικνύναι πειρᾶται,

κρίσεις τινὰς εἶναι τοῦ λογιστικοῦ τὰ πάθη, Ζήνων δ' οὐ τὰς κρίσεις αὐτάς, ἀλλὰ τὰς ἐπιγιγνομένας αὐταῖς συστολὰς καὶ χύσεις, ἐπάρσεις τε καὶ πτώσεις τῆς ψυχῆς ἐνόμιζεν εἶναι τὰ πάθη.

12. *SVF* III.444 : Stoici affectus omnes, quorum impulsu animus commovetur, ex homine tollunt, cupiditatem, laetatiam, metum, maestitiam... Haec quattuor morbos vocant, non tam natura insitos quam prava opinione susceptos : et idcirco eos censent exstirpari posse radicitus, si bonorum malorumque opinio falsa tollatur. La description du sage « passionless, pitiless, and perfect », est celle de Tarn (*Hellenistic Civilisation*, 273).

13. Cf. l'intéressante discussion de Bevan, *op. cit.*, 66 seq.

14. Dans son περὶ παθῶν dont Galien se servit pour son traité *De placitis Hippocratis et Platonis*. Cf. Pohlenz, *NJbb* Supp. 24 (1898) 537 seq., et *Die Stoa*, I.89 seq.; Reinhardt, *Poseidonios*, 263 seq.; Edelstein, *AJP* 47 (1936) 305 seq. Il semblerait que la fausse unité de la psychologie zénonienne avait déjà été modifiée par Panaetius (Cicéron, *Off.* I.101), mais Posidonius mena la révision encore plus loin.

15. Un traité de Galien nouvellement retrouvé, et dont la matière semble provenir en grande partie de Posidonius, expose cet argument assez longuement, citant les différences de caractère perceptibles chez les nourrissons et chez les animaux : voir R. Walzer, « New Light on Galen's Moral Philosophy », *CQ* 43 (1949) 82 seq.

16. Galien, ὅτι ταῖς τοῦ σώματος κράσεσιν, κτλ, p. 78.8 seq. Müller : οὐ τοίνυν οὐδὲ Ποσειδωνίῳ δοκεῖ τὴν κακίαν ἔξωθεν ἐπεισιέναι τοῖς ἀνθρώποις οὐδεμίαν ἔχουσαν ῥίζαν ἐν ταῖς ψυχαῖς ἡμῶν, ὅθεν ὁρμωμένη βλαστάνει τε καὶ αὐξάνεται, ἀλλ' αὐτὸ τουναντίον· καὶ γὰρ οὖν καὶ τῆς κακίας ἐν ἡμῖν αὐτοῖς σπέρμα, καὶ δεόμεθα πάντες οὐχ οὕτω τοῦ φεύγειν τοὺς πονηροὺς ὡς τοῦ διώκειν τοὺς καθαρίσοντας τε καὶ κωλύσοντας ἡμῶν τὴν αὔξησιν τῆς κακίας. Cf. *Plac. Hipp. et Plat.*, *pp*. 436.7 seq. Müller : dans son traitement *(thérapeia)* des passions, Posidonius suit Platon plutôt que Chrysippe. Il est intéressant de remarquer que les conflits intérieurs de la Médée d'Euripide, par l'intermédiaire desquels le poète du ve siècle proteste contre les simplifications grossières de la psychologie rationaliste (chap. VI, p. 186) jouèrent aussi un rôle dans cette controverse, et même, chose assez curieuse, furent cités par les deux partis (Galien, *plac. Hipp. et Plat.*, p. 342, Müller; *ibid.*, p. 382 = *SVF* III. 473 *ad fin.*).

17. Cf. Epicure, *Epist.* 1.81 seq.; Sextus Emp. *Pyrrh. Hyp.* 1.29.

18. Sénèque, *Epist.* 89.8 : Nec philosophia sine virtute est nec sine philosophia virtus. Cf. l'épicuréen *Pap. Herc.* col. XIII, 6 : φιλοσοφίας δι' ἧς μόνης ἔστιν ὀρθοπραγεῖν.

19. Cf. Philodême, *de dis* III, fr. 84 Diels (Usener, *Epicurea* fr. 386) : le sage πειρᾶται συνεγγίζειν αὐτῇ (c'est-à-dire le caractère divin) καὶ καθαπερεὶ γλίχεται θιγεῖν καὶ συνεῖναι.

20. Festugière, *Le Dieu cosmique*, XII seq.; *Epicure et ses dieux*, 95 seq. Contre l'opinion d'après laquelle le stoïcisme primitif représente une intrusion du « mysticisme oriental » dans la pensée grecque, voir *Le Dieu cosmique*, 266, n. 1 et Bevan, *op. cit.*, 20 seq. La nature générale des rapports entre philosophie et religion à cette époque est bien exprimée par Wendland, *Die hellenistisch-römische Kultur* [2], 106 seq.

21. On rapporte que Pyrrhon aurait rempli les fonctions de grand prêtre (Diog. Laert. 9.64).

22. *SVF* I.146, 264-267.

23. *SVF* IL. 1.076.

24. Chrysippe, *ibid.* Une allégorisation semblable est attribuée au platonicien Xénocrate (Aetius, 1.7.30 = Xen. fr. 15 Heinze).

25. Cf. W. Schubart, « Die religiöse Haltung des frühen Hellenis-

mus », *Der Alte Orient*, 35 (1937) 22 seq.; M. Pohlenz, « Kleanthes' Zeus-hymnus », *Hermes*, 75 (1940) esq. 122 sep. Festugière nous a maintenant donné un excellent commentaire de l'hymne de Cléanthes (*Le Dieu cosmique*, 310 seq.).

26. Philodême, *De pietate*, pp. 126-128 Gomperz = Usener, *Epicurea*, frs. 12, 13, 169, 387. Cf. Festugière, *Epicure et ses dieux*, 86 seq.

27. ἀνυ] πέρβλητον ἀ[σέβει] αν, Philod., *ibid.*, p. 112. Pour Platon, cf. chap. VII, p. 214. Epicure acceptait la première et la troisième proposition fondamentale des *Lois* (livre X), mais il rejetait la seconde, alléguant que cette croyance est une des sources principales du malheur des hommes.

28. Epicure *apud* Sen. *Epist.* 29.10 qui ajoute : Idem hoc omnes tibi conclamabunt, Peripatetici, Academi, Stoici, Cynici.

29. Jusqu'à la fin du ve siècle, les épitaphes grecques comportent rarement une affirmation sur le sort des défunts; quand elles en parlent c'est presque toujours dans les termes du Hadès homérique (en ce qui concerne l'exception la plus frappante, l'épitaphe de Potidée, voir chap. V, n.112). L'espoir d'une immortalité personnelle commence à apparaître au IVe siècle — espoir exprimé parfois en termes qui suggèrent une influence éleusinienne. Il se fait un peu moins rare à l'époque hellénistique, sans que l'on puisse toutefois en déduire qu'il repose sur des doctrines religieuses précises. Aucune allusion n'est faite à la réincarnation (Cumont, *Lux Perpetua*, 206). Les épitaphes d'un scepticisme explicite semblent avoir eu leur origine chez les intellectuels d'Alexandrie. Mais un Callimaque pouvait exploiter tour à tour les points de vue conventionnel (*Epigr.* 4 Mein.), optimiste (*Epigr.* 10), ou sceptique (*Epigr.* 13). Dans l'ensemble, il n'y a rien dans ces vestiges qui vienne contredire l'affirmation d'Aristote selon laquelle, pour la plupart des gens, la mortalité ou l'immortalité de l'âme restait une question ouverte à la discussion (*Soph. Elench.* 176[b] 16). Sur ce sujet voir en général Festugière, *L'Idéal rel. des Grecs*, 2; partie, chap. V, et R. Lattimore, « Themes in Greek and Latin Epitaphs », *Illinois Studies*, 28 (1942).

30. Cf. le verdict prudent de Schubart (*loc. cit.*, 11) : « Wo in solchen Aeusserungen wirklicher Glaube spricht und wo nur eine schöne Wendung klingt, das entzieht sich jedem sicheren Urteil. »

31. Athénée, 253 D = Powell, *Collectanea Alexandrina*, p. 173. La date n'est pas tout à fait certaine, probablement 290 av. J.-C.

32. ἄλλοι μὲν ἢ μακρὰν γὰρ ἀπέχουσιν θεοί,
ἢ οὐκ ἔχουσιν ὦτα,
ἢ οὐκ εἰσίν, ἢ οὐ προσέχουσιν ἡμῖν οὐδὲ ἕν,
σὲ δὲ παρόνθ' ὁρῶμεν,
οὐ ξύλινον, οὐδὲ λίθινον ἀλλ' ἀληθινόν.

Je ne comprends pas comment Rostovtzoff dans son Ingersoll Lecture (« The Mentality of the Hellenistic World and the After Life », Harvard Divinity School *Bulletin*, 1938-1939) peut affirmer qu'il n'y a ici « ni blasphème ni *asebeia* », si vraiment il emploie ces termes dans leur sens grec traditionnel. Et comment sait-il que l'hymne représente « un élan de sentiment religieux sincère ? » Telle n'était pas l'opinion de l'historien contemporain Demochares (*apud* Athen. 253 A), et je ne vois rien dans les mots qui puisse le suggérer. L'œuvre fut sans doute écrite sur commande (sur l'attitude de Démetrius voir Tarn, *Antigonos Gonatas*, 90 seq.) et peut fort bien avoir été composée dans l'esprit de Démosthène conseillant à l'assemblée de « reconnaître Alexandre pour le fils de Zeus — ou de Poseidon si ça lui chante ». Démetrius est le fils de Poseidon et d'Aphrodite ? Mais comment donc! — pourquoi pas ? — du moment qu'il consent à le prouver en faisant la paix et en réglant leur compte aux Etoliens.

33. Athen. 253 F (suivant Duris ou Demochares ?) : ταῦτ' ᾖδον οἱ Μαραθωνομάχαι οὐ δημοσίᾳ μόνον, ἀλλὰ καὶ κατ' οἰκίαν.

34. Notre cas n'est pas unique. Le ve siècle, avec l'approbation de Delphes, « héroïsait » ses grands athlètes, et parfois ses grands hommes, en réponse sans doute à la demande populaire : mais pas avant leur mort toutefois. Ce genre de tendance a peut-être existé en tous temps et tous lieux, mais un surnaturalisme sérieux y mettait un frein. Les honneurs faits à Brasidas pâlissent auprès de ceux qu'obtint presque n'importe lequel des rois hellénistiques, et Hitler fut plus près d'être un dieu que n'importe quel conquérant des temps chrétiens.

35. Il semblerait qu'une fois l'habitude acquise, les honneurs divins étaient souvent offerts spontanément, même par des Grecs ; et dans certains cas, les destinataires en étaient réellement gênés, par ex., Antigonos Gonatas qui, entendant qu'on le décrivait comme un dieu, répondit sèchement : « Celui qui vide mon pot de chambre ne l'a pas remarqué » (Plut. *Is. et Os.* 24, 360 CD).

36. Non seulement les rois, mais les bienfaiteurs privés étaient adorés, parfois même de leur vivant (Tarn, *Hellenistic Age*, 48 seq.). Et la pratique épicurienne de parler de leur fondateur comme d'un dieu (Lucr. 5. 8, deus ille fuit, Cic. *Tusc.* 1.48, eumque venerantur ut deum) avait ses origines dans les mêmes habitudes de pensée — Epicure n'était-il pas un plus grand *euergetês* qu'aucun roi ? Et Platon, s'il ne reçut pas les honneurs divins après sa mort (chap. VII, n. 9), passait déjà du vivant de son neveu pour un fils d'Apollon (Diog. Laert. 3.2). Ces faits me paraissent peser dans la balance contre les vues de W. S. Ferguson (*Amer. Hist. Rev.* 18 [1912-1913] 29 seq.) selon lesquelles le culte de la personnalité à l'époque hellénistique était essentiellement un artifice politique et rien de plus, l'élément religieux n'ayant qu'un caractère formel. Dans le cas des gouvernants, la vénération pour l'*euergetês* ou le *sôter* était sans doute renforcée, consciemment ou inconsciemment, par l'antique sentiment d'un « *mana* royal » (cf. Weinreich, *NJbb* 1926, 648 seq.), ce qui, à son tour, peut être considéré comme reposant sur l'identification inconsciente de *roi* et de *père*.

37. Nilsson, *Greek Piety* (trad. anglaise, 1948), 86. Au sujet de l'impression profonde et durable créée vers la fin du IVe siècle par les événements révolutionnaires imprévisibles, qui étaient survenus, voir les paroles frappantes de Demetrius de Phalère *apud* Polyb. 29.21, et la remarque d'Epicure selon qui *hoi polloi* croient que *tuchê* est une déesse (*Epist.* 3.134). Comme exemple ancien de véritable culte, il y a la dédicace par Timoléon d'un autel à *Automatia* (Plut. *Timol.* 36, *quia quis rat.* II, 542 E). Cette sorte de puissance impersonnelle et moralement neutre — thème qui servit si souvent à la comédie nouvelle, cf. Stob. *Ecl.* 1.6 — est autre chose que la « chance » d'un individu ou d'une cité, celle-ci ayant une origine plus ancienne (cf. chap. II, n. 79, 80). La meilleure étude sur tout ce sujet se trouve dans Wilamowitz, *Glaube*, II.298.309.

38. A. Kardiner, *The Psychological Frontiers of Society*, 443. Cf. Wilamowitz, *Glaube*, II.271, « Das Wort des Euripides, νόμῳ καὶ θεοὺς ἡγούμεθα ist volle Wahrheit geworden ».

39. Sur les premiers temps de ce développement, voir Nilsson, *Gesch.* I.760 seq. ; sur son importance pour l'époque hellénistique, Festugière, *Epicure et ses dieux*, 19.

40. A. N. Whitehead, *Religion in the Making*, 6.

41. L'ouvrage fondamental sur les « clubs » hellénistiques est celui de F. Poland, *Geschichte des greichischen Vereinswesens*. Pour un bref exposé en anglais, on peut se référer à M. N. Tod, *Sidelights on Greek History*, 3e conférence. La fonction psychologique que remplit cette

forme d'association dans une société où les liens traditionnels n'existent plus est bien dégagée par de Grazia, *The Political Community* 144 seq.

42. Dans cette esquisse rapide, je n'ai pas tenu compte de la position de l'Orient nouvellement hellénisé, où les survenants Grecs trouvèrent des cultes locaux solidement enracinés, avec d'autres dieux que les leurs, auxquels ils rendirent dûment hommage, en leur prêtant parfois un nom grec. Dans les terres de vieille culture grecque, l'influence orientale avait encore assez peu d'importance; plus à l'est, les cultes grecs et orientaux coexistèrent sans hostilité, mais apparemment sans qu'on ait encore fait de grands efforts de syncrétisme (cf. Schubart, *loc. cit.*, 5 seq.).

43. Dittenberger, *Syll.*[3] 894 (262/263 ap. J.-C.).

44. *IG* VII.53 (IVe siècle après J.-C.).

45. Cf. Festugière et Fabre, *Monde gréco-romain*, II.86.

46. Matthew Arnold à Grant Duff, le 22 août 1879 : « Mais je découvre de plus en plus l'extrême lenteur des choses; et que, bien que nous soyons tous disposés à croire que tout va changer de notre vivant, cela ne se fera pas. »

47. Ceci n'est pas pour nier qu'il y eut une opposition âpre et organisée contre la christianisation de l'Empire. Mais elle avait son origine dans un milieu restreint d'intellectuels hellénisants, soutenus par un groupe actif de sénateurs d'esprit conservateur, et non dans les masses. Voir sur tout cela J. Geffcken, *Der Ausgang des griechisch-römischen Heidentums* (Heidelberg, 1920).

48. Sur l'étendue du scepticisme parmi le peuple à Rome, cf. par ex. Cic *Tusc.* 1.48 : quae est anus tam delira. quae timeat ista ? Juv. 2.149 seq. : esse aliquid Manes, et subterranea regna... nec pueri credunt, nisi qui nondum aere lavantur; Sen. *Epist.* 24.18 : nemo tam puer est ut Cerberum timeat, etc. Ce genre de déclaration oratoire ne doit pas toutefois être pris trop à la lettre (cf. W. Kroll, « Die Religiosität in der Zeit Ciceros », *NJbb* 1928, 514 seq.). Nous avons d'autre part le témoignage explicite de Lucien, *de luctu*.

49. Dans les paragraphes qui suivent, je suis spécialement redevable à l'ouvrage de Festugière *L'Astrologie et les Sciences occultes* (= *La Révélation d'Hermès Trismégiste*, I [Paris, 1944]), qui est de loin la meilleure introduction à l'occultisme antique dans son ensemble. Sur l'astrologie voir aussi *L'Astrologie et la Religion chez les Grecs et les Romains*, de Cumont, et l'excellent exposé succinct dans l'ouvrage de H. Gressmann, *Die Hellenistische Gestirnreligion.*

50. Murray, *Five Stages of Greek Religion*, chap. IV.

51. Hdt. 2.82.1. Il n'est pas tout à fait certain qu'il s'agisse d'une allusion à l'astrologie.

52. Cic. *Div.* 2.87 : Euxodus... sic opinatur, id quod scriptum reliquit, Chaldaeis in praedictione et in notatione cuiusque vitae ex natali die minime esse credendum. Platon la rejette aussi, implicitement du moins, dans *Tim.* 40 CD; vers la fin de l'Antiquité, ce passage était considéré comme une allusion spécifique à l'astrologie (voir la note de Taylor sur 40 DI), mais il est fort possible que Platon songeait uniquement à la notion grecque traditionnelle qui voit dans les éclipses des présages. Parmi les autres écrivains du IVe siècle, il est probable que Ctésias avait quelques notions d'astrologie, et peut-être Démocrite, du moins si nous devons nous fier à un faible indice (W. Capelle, *Hermes.* 60 [1925] 373 seq.).

53. Les âmes avant leur naissance prennent les traits des dieux dont elles ont suivi le cortège (252 CD), et ces douze *theoi achontes* paraissent situés dans les douze signes du zodiaque (247 A) auxquels Eudoxe les rattache, quoique Platon ne le dise pas explicitement. Mais Platon, qui diffère en cela des astrologues, a soin de sauvegarder le libre

arbitre. Cf. Bidez, *Eos*, 60 seq., et Festugière *Rev. de Phil.* 21 (1947) 24 seq. Je pense comme ce dernier que « l'astrologie » de ce passage n'est guère plus qu'un morceau d'ornementation imaginative. Il est significatif que Théophraste (*apud* Proclus *in Tim.* III.151.1 seq.) ait encore parlé de l'astrologie comme d'un art entièrement étranger (nous sommes raisonnablement autorisés à douter qu'il ait eu pour elle toute l'admiration que Proclus lui prête).

54. Festugière, *L'Astrologie*, 76 seq. Quelques-uns des fragments de l'ouvrage de « Nechepso » parfois appelé « la Bible de l'astrologue », ont été recueillis par Riess, *Philologus*, Supp.-Band 6 (1892) 327 seq.

55. Caton compte les « Chaldaei » parmi la racaille contre laquelle il faut prévenir les intendants de ferme de peur qu'ils ne les consultent (*De agri cultura* 5.4). Un peu plus tard, en 139 avant J.-C., ils furent bannis de Rome pour la première fois, et ce ne fut pas la dernière (Val. Max. 1.3.3). Au siècle suivant, ils étaient revenus et, cette fois, ils comptaient aussi bien des sénateurs que des intendants de ferme dans leur clientèle.

56. Epicure, *Epist.* 1.76 seq. (cf. Festugière, *Epicure et ses dieux*, 102 seq.). Une phrase dans 1.79 paraît être une mise en garde visant particulièrement les astrologues (Bailey *ad loc.*).

57. Diogène de Seleucie, dit « le Babylonien », qui mourut vers 152 avant J.-C. D'après Cicéron (*div.* 2.90), il admettait certaines des prétentions de l'astrologie, sans les admettre toutes. Les premiers stoïciens ne virent peut-être pas la nécessité d'exprimer une opinion en cette matière, puisque Cicéron dit expressément que Panaetius (le successeur immédiat de Diogène) fut le seul stoïcien à rejeter l'astrologie (*ibid.*, 2.88), tandis que Diogène est le seul qu'il cite en sa faveur. Voir toutefois *SVF* II.954, qui laisserait entendre que Chrysippe croyait aux horoscopes.

58. Cléanthe estimait qu'Aristarque devait être mis en accusation (comme Anaxagore avant son temps et Galilée depuis) pour *asebeia* (Plut. *de facie* 6, 923 A = *SVF* I.500). Au IIIe siècle, la chose n'était plus possible; mais il semble probable que des préjugés d'ordre théologique aient eu une part dans la défaite de l'héliocentrisme. Cf. la répugnance du platonicien Dercylides, *apud* Theon Smyrn., p. 200.7 Hiller.

59. Cicéron, *div.* 2.87-99; Plot. *Enn.* 2.3 et 2.9.13. Les astrologues furent ravis de la fin douloureuse de Plotin, punition méritée s'il fallait les croire, pour son irrespect blasphématoire envers les astres.

60. Voir M. Wellmann, « Die φυσικα des Bolos », *Abh. Berl. Akad.*, phil.-hist. KI., 1928; W. Kroll, « Bolos und Demokritos », *Hermes*, 69 (1934) 228 seq.; et Festugière, *L'Astrologie*, 196 seq., 222 seq.

61. Pour cette raison, Epicure trouvait qu'il était plus souhaitable de suivre la religion populaire que d'être esclave de l'*eimarmenê* astrale, du fait que cette dernière ἀπαραίτητον ἔχει τὴν ἀνάγκην (*Epist.* 3.134). L'inutilité de la prière était soulignée par les astrologues orthodoxes : cf. Vettius Valens, 5.9; 6 prooem.; 6.1 Kroll.

62. Cf. App. II, pp. 279 seq., aussi *PGM* 1.214, XIII.612, et A.D. Nock, *Conversion*, 102, 288 seq.

63. *SVF* II.473 *init.* Chrysippe estimait qu'en vertu de la *pneuma* répandue en toute chose συμπαθὲς ἐστιν αὐτῷ τὸ πᾶν. C'est là, certes, autre chose que la doctrine de « sympathies » occultes proprement dite; mais cela favorisa sans doute l'acceptation de celle-ci par des hommes instruits.

64. Festugière, *op. cit.*, 199. D'où la remarque de Nilsson que « l'Antiquité ne savait pas faire la distinction entre les puissances naturelles et les puissances occultes » (*Greek Piety*, 105). Mais les fins et les méthodes d'Aristote et de ses disciples sont aussi différentes de celles

des occultistes, que l'est la science de la superstition (cf. Festugière, 189 seq.).

65. Il y a une génération, une mode existait, qui avait son origine dans la *Philosophie der mittleren Stoa* de Schmekel, et qui consistait à attribuer à Posidonius quasiment toute tendance « mystique » ou « surnaturelle » ou « orientalisante » qui paraissait dans la pensée gréco-romaine tardive. Ces exagérations furent exposées par R. M. Jones dans une série d'articles de grande valeur dans *CP* (1918, 1923, 1926, 1932). Pour un compte rendu plus prudent du système de Posidonius, voir L. Edelstein, *AJP* 57 (1936) 286 seq. Edelstein n'estime pas que les fragments *attestés* révèlent en lui un orientalisant, ni même un homme au sentiment religieux profond. Mais il reste vrai que son dualisme convenait aux tendances religieuses de la nouvelle époque.

66. Sur l'importance de cette révolution dans l'Académie, (voir O. Gigon, « Zur Geschichte der sog. Neuen Akademie », *Museum Helveticum*, I (1944) 47 seq.

67. « Ses sectaires forment une église plutôt qu'une école, un ordre religieux et non une académie des sciences », Cumont, *After Life in Roman Paganism*, 23. On trouvera un bon tableau général du néo-pythagorisme dans l'article de Festugière, *REG* 50 (1937) 470 seq. (cf. aussi son *Idéal religieux des Grecs*, 1re partie, chap. V). Cumont dans ses *Recherches sur le symbolisme funéraire des Romains* attribue au néopythagorisme une large influence sur les représentations eschatologiques populaires; mais voir les doutes exprimés dans la revue de Nock, *AJA* 50 (1946) 140 seq., et surtout 152 seq.

68. Cf. Diog. Laert. 8.27, et la première question du catéchisme pythagoricien, τί ἐστιν αἱ μακάρων νῆσοι; ἥλιος καὶ σελήνη (Iamb. *vit. Pyth.* 82 = Diels, *Vorsokr.* 58 C 4), avec le commentaire de Delatte, *Etudes sur la litt. pyth.*, 274 seq.; aussi Boyancé, *REG* 54 (1941) 146 seq., et Gigon, *Ursprung*, 146, 149 seq. Je ne suis pas convaincu que ces vieilles croyances pythagoriciennes soient nécessairement à attribuer à l'influence iranienne. Des représentations de ce genre semblent avoir pris naissance de façon indépendante en de nombreux endroits du globe.

69. Souligné surtout par Wellmann (*op. cit. supra*, n. 60). Wellmann voyait en Bolus lui-même un néo-pythagoricien (suivant Suidas), ce qui paraît erroné (cf. Kroll, *loc. cit.*, 231); mais des hommes comme Nigidius Figulus furent évidemment influencés par lui.

70. Nigidius Figulus, un chef de file du renouveau pythagoricien, non seulement écrivit sur les rêves (fr. 82) et cita la sagesse des Mages (fr. 67), mais possédait en outre la réputation d'être un occultiste actif qui découvrit un trésor caché en se servant de jeunes garçons médiums (Apul. *Apol.* 42). Vatinius, qui « se disait un pythagoricien », et Appius Claudius Pulcher, qui appartenait sans doute au même groupe, auraient, d'après Cicéron, pratiqué la nécromancie (in *Vat.* 14; *Tusc.* 1.37; *div.* 1.132). Et Varron semble avoir attribué à Pythagore lui-même la pratique de la nécromancie et de l'hydromancie, sans doute sur la foi d'apocryphes néo-pythagoriciens (Aug. *Civ. Dei* 7. 35). Le professeur Nock tend à attribuer aux néo-pythagoriciens une part substantielle dans la systématisation de la théorie magique, aussi bien que de sa pratique (*J. Eg. Arch.* 15 [1929] 227 seq.).

71. La réaction romantique contre la théologie naturelle a été bien caractérisée par Christopher Dawson. *Religion and Culture*, 10 seq. Ses traits caractéristiques sont : *a*) une insistance sur la transcendance, en opposition à une théologie qui, selon l'expression de Blake, « prête au Prince de ce Monde le nom de ' Dieu ' »; *b*) une insistance sur la réalité du mal et sur « le sens tragique de la vie », en opposition avec l'optimisme sans nuances du XVIIIe siècle; *c*) la conviction que la reli-

gion a ses racines dans le sentiment et l'imagination, et non dans la raison, conviction qui ouvrit la voie à une compréhension plus profonde de l'expérience religieuse, mais aussi à un renouveau de l'occultisme et à un respect superstitieux pour la « Sagesse de l'Orient ». La nouvelle tendance religieuse qui débuta au Ier siècle avant J.-C. peut être décrite en des termes identiques.

72. Pendant les premiers siècles de l'Empire, le monisme et le dualisme, l'« optimisme » et le « pessimisme cosmiques » subsistèrent ensemble — les deux se trouvent, par exemple, dans les *Hermetica* — et ce ne fut que peu à peu que le dernier l'emporta. Plotin, tout en critiquant vivement tant le monisme extrême des stoïciens et le dualisme extrême de Numenius et des gnostiques, tenta de construire un système qui rendrait justice aux deux tendances. Pour l'empereur Julien, les cieux étoilés sont encore l'objet d'une vénération profonde : cf. *orat.* 5. 130 CD. où il rapporte comment au cours de son enfance, le fait de se promener à la lueur des étoiles provoqua en lui un état d'absence et de ravissement.

73. Cf. Festugière. *L'Astrologie*, chap. IX.

74. Cf. Nock, « A vision of Mandulis Aion », *Harv. Theol. Rev.* 27 (1934) 53 seq.; et Festugière, *op. cit.*, 45 seq., où de nombreux textes intéressants sont traduits et commentés.

75. La théurgie était avant tout une technique permettant d'atteindre au salut par des moyens magiques; voir App. II, p. 278. Et l'on peut en dire autant de certains rites qui nous sont parvenus dans les papyrus magiques, telle la célèbre « recette d'immortalité » (*PGM* IV. 475 seq.). Cf. Nock. « Greek Magical Papyri », *J. Eg. Arch.* 15 (1929) 230 seq.; Festugière, *L'Idéal religieux*, 281 seq.; Nilsson, « Die Religion in den gr. Zauberpapyri », *Bull. Soc. Roy. des Lettres de Lund*, 1947-1948, II. 59 seq.

76. Nilsson, *Greek Piety*, 150. Ajoutons que l'occultisme se distingue de la magie primitive que décrivent les anthropologistes, celle-ci étant préscientifique, préphilosophique et peut-être prereligieuse, tandis que l'occultisme est une pseudo-science ou un système de pseudo-science qui s'appuie souvent sur une philosophie irrationaliste, et qui exploite invariablement les débris de religions préexistantes. Il faut évidemment distinguer aussi l'occultisme de cette discipline moderne, qu'est la recherche parapsychologique. Celle-ci s'efforce d'éliminer l'occultisme en soumettant les phénomènes réputés « occultes » à un examen rationnel. Cet examen a pour but soit d'en fixer le caractère subjectif, soit de les rattacher à l'ensemble des connaissances scientifiques.

77. Epicure exprimait sans ménagements son mépris de la culture (fr. 163 U.S, παιδείαν πᾶσαν φεῦγε, cf. Cic. *fn.* 1.71 seq. = fr. 227) et de la science aussi dans la mesure où elle ne procure par l'*ataraxia* (*Epist.* 1.79, 2.85; Κύριαι Δόξαι, 11). Le professeur Farrington, me semble-t-il, se trompe du tout au tout lorsqu'il fait de lui un représentant de l'esprit scientifique en l'opposant aux stoïciens « réactionnaires » Mais le stoïcisme était aussi, de façon générale, indifférent à la recherche dans la mesure où elle confirmait les dogmes stoïciens, et il était prêt à réprimer cette recherche quand elle contredisait ces dogmes (n.58).

78. Plotin est l'exception notoire. Il organisa son enseignement selon un système de réunions avec discussion libre (Porph. *vit. Plot.* 13); il reconnaissait la valeur de la musique et des mathématiques en tant que préparation à la philosophie (*Enn.* 1.3.1, 1.3.3), et il aurait été lui-même versé dans ces sujets, aussi bien qu'en mécanique et en optique, quoiqu'il n'ait pas enseigné celles-ci (*vit. Plot.* 14); et surtout, comme l'a dit Geffcken (*Ausgang*, 42) « il ne se tient pas au sommet d'un système pour prêcher : il cherche ».

79. Epictète, *Diss.* 3.23.30 : ἰατρεῖόν ἐστιν, ἄνδρες, τὸ τοῦ φιλοσόφου σχολεῖον Sen. *Epist.* 48.4 : « ad miseros advocatus es... perditae vitae perituraeque auxilium aliquod implorant ». Ce langage était commun à toutes les écoles. Les épicuriens soutenaient que leur souci était περὶ τὴν ἡμῶν ἰατρείαν (*Sent. Vat.* 64, cf. Epicure, *Epist.* 3.122, πρὸς τὸ κατὰ ψυχὴν ὑγιαῖνον). Philon de Larissa ἐοικέναι φησὶ τὸν φιλόσοφον ἰατρῷ (Stob. *Ecl.* 2.7.2., pp. 39 seq. W.), et Platon lui-même, dans la *vita* anonyme, 9.36 seq., est représenté comme un médecin des âmes. La source originelle de tout ceci est sans doute la *therapeia psychês* socratique, mais la fréquence de la métaphore médicale est néanmoins significative. Au sujet de la fonction sociale de la philosophie à l'époque hellénistique et après, voir surtout Nock, *Conversion*, chap. XI.

80. M. Ant. 3.4.3 : ἱερεύς τίς ἐστι καὶ ὑπουργὸς θεῶν.

81. Justin Martyre, *Dial.* 2.6. Cf. Porphyre, *ad Marcellam* 16 : ψυχὴ δὲ σοφοῦ ἁρμόζεται πρὸς θεόν, ἀεὶ θεὸν ὁρᾷ, σύνεστιν ἀεὶ θεῷ.

82. Demetrius Cynicus (Ier siècle ap. J.-C.) *apud* Seneca, *De beneficiis* 7.1.5 seq.

83. Comme l'a fait remarquer Wendland (*Die hellenistisch-römische Kultur* ², 226 seq.) l'attitude de païens de l'espèce de Démetrius correspond à celle d'auteurs chrétiens comme Arnobius pour qui toute instruction en dehors de l'instruction religieuse est superflue. Et la différence n'est pas si grande entre le point de vue du *Shorter Catechism* selon lequel « le devoir de l'homme est de rendre gloire à Dieu et de jouir de lui dans l'éternité » et celui de l'hermétiste païen qui écrivit : « La philosophie est exclusivement la recherche de la connaissance de Dieu par une contemplation habituelle et une sainte piété » (*Asclepius* 12).

84. Cependant voir son *Greek Piety* (trad. angl., 1948), et ses articles sur « The New Conception of the Universe in Late Greek Paganism » (*Eranos* 44 [1946] 20 seq.) et « The Psychological Background of Late Greek Paganism » (*Review of Religion*, 1947, 115 seq.).

85. Vol. I, *L'Astrologie et les sciences occultes* (Paris, 1944), contient aussi une introduction brillante à la série; vol. II, *Le Dieu cosmique* (Paris, 1949). Deux autres volumes, *Les Doctrines de l'âme* et *Le Dieu inconnu et la Gnose*, sont annoncés. *Lux Perpetua*, l'ouvrage posthume de Cumont, fait pour le monde gréco-romain à peu près ce que le *Psyche* de Rohde fit pour le monde grec. Mais il parut trop tard pour m'être utile ici.

86. Bury estimait que l'abus du mot « décadent », « that vague and facile word » n'était nulle part plus flagrant que dans son application aux Grecs des IIIe et IIe siècles (*The Hellenistic Age*, 2); et Tarn se « permet d'entretenir des doutes sérieux sur la question de savoir si le Grec authentique dégénérera jamais » (*Hellinistic Civilisation*, 5). Pour ce qui est de l'influence orientale sur la pensée grecque tardive, la tendance actuelle est de minimiser son importance par rapport à l'influence exercée par les premiers penseurs grecs, et surtout par Platon (cf. Nilsson, *Greek Piety*, 136 seq.; Festugière, *Le Dieu cosmique*, XII seq.). Des acteurs comme Zénon de Citium, Posidonius, Plotin, et même les auteurs des *Hermetica* philosophiques ne sont plus considérés fondamentalement comme des « orientalisants ». Nous voyons aussi une réaction aujourd'hui contre les évaluations exagérées de l'influence des religions à mystère orientales : cf. Nock, *CAH* XII.436, 448 seq.; Nilsson *op. cit.*, 161.

87. Cf. les remarques de N. H. Baynes, *JRS* 33 (1943), 33. Il convient de se souvenir que les créateurs de la civilisation grecque étaient eux-mêmes, selon toute vraisemblance, le produit d'un mélange d'éléments indo-européens.

88. W. R. Halliday, *The Pagan Background of Early Christianity*,

205. D'autres, avec plus de raison, accusent la minceur de la couche civilisée et le fait que l'instruction supérieure ne parvint absolument pas à toucher ni à influencer les masses (ainsi dit, par exemple, Eitrem, *Orakel und Mysterien am Ausgang der Antike*, 14 seq.).

89. Cf. Festugière, *L'Astrologie*, 5 seq.

90. Voir chap. II, n. 92.

91. Un ouvrage publié en 1946 déclare qu'il se trouve près de 25 000 astrologues pratiquants aux Etats-Unis, et qu'une centaine de journaux américains environ offrent de quotidiennes divinations à leurs lecteurs (Bergen Evans, *The Natural History of Nonsense*, 257). Je regrette de n'avoir aucun chiffre comparable pour l'Angleterre ou l'Allemagne.

92. Nilsson, *Greek Piety*, 140.

93. Festugière, *L'Astrologie*, 9.

94. Il existe d'importantes exceptions, notamment l'œuvre de Straton en physique (cf. B. Farrington, *Greek Science*, II.27 seq.), et dans le domaine de l'anatomie et de la physiologie. En optique, Ptolémée mit au point un certain nombre d'expériences, ainsi que l'a montré A. Lejeune dans son *Euclide et Ptolémée*.

95. Cf. Farrington, *op. cit.*, II.163 seq., et Walbank, *Decline of the Roman Empire in the West*, 67 seq. J'ai simplifié l'argument, mais, j'espère, sans lui faire d'injustice grave.

96. Cf. Erich Fromm, *Escape from Freedom*.

97. Nock, *Conversion*, 241. Cf. la notion de Fromm : la dépendance d'une « aide magique » produisant un arrêt de la spontanéité, *op. cit.*, 174 seq.

98. Le fait que nous possédions si peu de témoignages pour l'époque hellénistique, pourrait fort bien être imputable à la perte quasi totale des œuvres en prose de l'époque. Mais son histoire nous montre un cas très frappant d'une montée populaire de religion irrationaliste : le mouvement dionysiaque en Italie, réprimé en 186 avant J.-C. et les années suivantes. Ce mouvement prétendait avoir une suite énorme, « presque un second peuple ». Cf. Nock, *op. cit.*, 71 seq.; E. Fraenkel, *Hermes*, 67 (1932), 369 seq.; et plus récemment J. J. Tierney, *Proc. R.I.A.* 51 (1947), 89 seq.

99. Théophraste, *Char.* 16 (28 J.); Plut. *De superstitione* 7, 168 D. Cf. « The Portrait of a Greek Gentleman », *Greece and Rome*, 2 (1933) 101 seq.

100. S'il faut en croire Lucien, Peregrinus lui aussi se barbouillait de boue (*Peregr.* 17), mais peut-être était-ce pour d'autres raisons. Lucien explique tous les événements de l'étrange carrière de Peregrinus par sa soif de notoriété. Il y a peut-être du vrai dans son diagnostic : l'exhibitionnisme de P. à la Diogène *(ibid.)*, si ce n'est pas un trait attribué conventionnellement aux cyniques extrêmes, le confirmerait mieux que Lucien ne pouvait le savoir. Il est pourtant difficile de lire la narration hostile de Lucien sans se dire que l'homme était bien autre chose encore qu'un vulgaire charlatan. C'était assurément un névrosé, à un degré peu éloigné parfois de la folie, semble-t-il; nombreux pourtant sont ceux, tant chrétiens que païens, qui virent en lui un *theios anêr*, et même un second Socrate (*ibid.*, 4 seq., 11 seq.), et il bénéficia d'un culte posthume (Athenagore, *Leg. pro. Christ.* 26). Un psychologue serait peut-être disposé à chercher le leitmotiv de sa vie dans un besoin profond de porter défi à l'autorité (cf. K. v. Fritz in P.-W., s.v.). Et il pourrait supposer en outre que ce besoin avait son origine dans une situation familiale, se souvenant de la rumeur sinistre selon laquelle Peregrinus fut un parricide, et se souvenant aussi des derniers mots inattendus qu'il prononça avant de s'élancer sur le bûcher δαίμονες μητρῷοι καὶ πατρῷοι δέξασθέ με εὐμενεῖς (*Peregr.* 36).

101. Cf. Wilamowitz, « Der Rhetor Aristides », *Berl. Sitzb.* 1925, 333 seq.; Campbell Bonner, « Some Phases of Religious Feeling in Later Paganism », *Harv. Theol. Rev.* 30 (1937) 124 seq.; et plus haut, chap. IV, p. 121.

102. Cf. Cumont, *After Life in Roman Paganism*, septième conférence. Le *deisidaimôn* de Plutarque représente « les portes profondes de l'Enfer qui s'ouvrent », les torrents de feu, hurlements des damnés, etc. (*De superst.* 4, 167 A) — tout à fait dans le style de l'*Apocalypse de Pierre*, qui pourrait bien dater du temps de Plutarque.

103. Au sujet des amulettes, voir l'important article de Campbell Bonner dans la *Harv. Theol Rev.* 39 (1946) 25 seq. Il fait remarquer qu'à partir du Ier siècle de notre ère, il y eut à ce qu'il semble une grande prolifération de l'usage magique de pierres précieuses gravées (c'est de celles-ci surtout que traite son article). La compilation appelée *Kyranides*, dont les parties les plus anciennes remontent à ce même siècle, abonde en recettes pour des amulettes contre les démons, les fantasmes, les terreurs nocturnes, etc. On peut se rendre compte de l'extension prise par la peur des démons dans l'antiquité tardive, même dans les milieux instruits, en se rappelant l'opinion de Porphyre selon qui chaque maison et chaque corps animal était plein de ces esprits (*de philosophia ex oraculis haurienda*, pp. 147 seq. Wolff), et l'affirmation de Tertullien *nullum paene hominem carere daemonio* (*de anima* 57). Il est vrai qu'aux IIIe et IVe siècles, il se trouva encore des hommes rationnels pour protester contre ces croyances (cf. Plot. *Enn.* 2.9.14; Philostorgius, *Hist. Eccl.* 8. 10; et d'autres exemples cités par Edelstein, « Greek Medecine in Its Relation to Religion and Magic », *Bull. Hist. Med.* 5 [1937] 216 seq.). Mais ils formaient une bande toujours moins nombreuse. Du côté chrétien, par ailleurs, l'idée que les dieux païens étaient de mauvais esprits qui existaient réellement, ajouta énormément au fardeau de la crainte. Nock va jusqu'à dire que « pour les Apologistes dans l'ensemble, et pour Tertullien dans son œuvre apologétique, l'opération rédemptrice du Christ était dans la délivrance des démons plus que dans la délivrance du péché » (*Conversion*, 222).

104. *PGM* VIII.33 seq. (cf. P. Christ. 3); ἀντίθεος πλανοδαίμων, VII.635; κύων ἀκέφαλος, P. Christ. 15 B.

105. *PGM* VII.311 seq.; X.26 seq.; P. Christ. 10. La crainte des rêves terrifiants est également très apparente dans le portrait du *deisidaimôn* par Plutarque (*de superst.* 3, 165 E seq.).

106. Il se trouve, à mon avis, des éléments dans notre situation actuelle, qui la rendent essentiellement différente de toute situation humaine antérieure, ce qui infirmerait des hypothèses cycliques comme celle de Spengler. Lippmann l'a exprimé avec bonheur dans *A Preface to Morals*, 232 seq.

107. A. Malraux, *Psychologie de l'Art* (Paris 1949). Cf. la remarque d'Auden : « Considérant le fait que la race humaine ne parvient pas à acquérir les habitudes nécessaires au bon fonctionnement d'une société ouverte, un nombre croissant de gens concluent qu'une société ouverte est une chose impossible et que, par conséquent, le seul moyen d'échapper au désastre économique et spirituel est de revenir au plus vite à une société à caractère fermé » (*loc. cit.*, *supra*, n. 2). Il y a moins de trente ans pourtant qu'Edwyn Bevan pouvait encore écrire que « l'idée d'une cause progressante est tellement innée à l'homme moderne que nous pouvons à peine imaginer un monde où l'espérance de l'amélioration et du progrès ferait défaut » (*The Hellenistic Age*, 101).

108. R. G. Collingwood estimait que « les éléments irrationnels... les forces, les activités aveugles qui font partie de la vie humaine... ne font pas partie du processus historique ». Ceci concorde avec la pratique de presque tous les historiens, anciens et modernes. Selon ma

propre conviction, conviction que ces chapitres cherchent à illustrer, nos chances de comprendre le processus historique dépendent dans une large mesure de l'abolition de cette limitation tout arbitraire qu'on lui impose en pensée. Cornford a fréquemment souligné ce même point en parlant de l'histoire de la pensée : voir surtout *The Unwritten Philosophy*, 32 seq. Quant à l'attitude générale, j'accepterais les conclusions de L. C. Knight dans ses *Explorations* : « Il est devenu nécessaire, non pas d'abandonner la raison, mais de reconnaître tout simplement que la raison, au cours de ces trois derniers siècles, a œuvré dans un champ qui n'est pas celui de l'expérience entière, — qu'elle a pris la partie pour le tout, et qu'elle a imposé des limites arbitraires à ses propres opérations » (p. 111).

APPENDICE I

Le ménadisme [1]

« La représentation de ces états sauvages d'enthousiasmes, en art comme en poésie, est apparemment attribuable à l'imagination seule. La prose en effet ne fournit que peu d'indices que des femmes aient tenu de ces fêtes en plein air, aux temps historiques. Une telle pratique eût d'ailleurs été contraire à l'esprit de réclusion qui marquait la vie féminine en Grèce... Les fêtes des Thyiades étaient dans l'ensemble restreintes au Parnasse. » Ainsi dit Sandys dans l'introduction à son édition, fort justement admirée, des *Bacchantes*. Diodore nous dit d'autre part (4.3) que « dans nombre d'Etats grecs, des congrégations de femmes *(baccheia)* se réunissent tous les deux ans, et les jeunes filles non mariées sont autorisées à porter le thyrse et à prendre part aux transports *(sunenthousiazein)* de leurs aînées ». Depuis Sandys, des inscriptions ont été découvertes en diverses parties du monde grec, qui confirment les paroles de Diodore. Nous savons maintenant que ce genre de fête biennale *(trietêrides)* existait à Thèbes, Opus, Melos, Pergame, Priène, Rhodes; et leur existence à Alea en Arcadie est attestée par Pausanias, à Mitylène par Elien, en Crète par Firmicus Maternus [2]. Il se peut que leur caractère ait varié considérablement d'un endroit à l'autre, mais nous ne pouvons guère douter qu'elles comprenaient normalement des orgies de femmes, à caractère extatique ou quasi extatique, telles qu'elles sont décrites par Diodore, et que celles-ci comprenaient souvent (sinon toujours) des *oreibasia*, ou danses de la montagne nocturnes. Ce rite étrange, décrit dans *Les Bacchantes*, et pratiqué par des sociétés féminines aux *trietëris* de Delphes jusqu'au

1. Notes pp. 275-278.

temps de Plutarque, fut assurément pratiqué ailleurs aussi : à Milet, encore tard dans l'époque hellénistique [3], la prêtresse de Dionysos « conduisait les femmes à la montagne »; à Erythrée, le titre de *Mimantobatês* laisse deviner une *oreibasia* sur le mont Mimas [4]. Dionysos lui-même est *oreios* (Festus, p. 182), *oreimanês* (Tryph. 370), *oreskios*, *ouresiphoitês* (*Anth. Pal.* 9.524); et Strabon, au sujet du culte dionysiaque et d'autres mystères apparentés, parle d'une façon toute générale de τάς ὀρειβασίας, τῶν περὶ τὸ θεῖον σπουδαζόντων (10.3.23). L'allusion littéraire la plus ancienne se trouve dans l'homérique *Hymne à Déméter*, 386 : ἤϊξ' ἠΰτε μαινάς ὄρος κατὰ δάσκιον ὕλης.

L'*oreibasia* avait lieu la nuit en plein hiver et devait comporter beaucoup d'inconfort et certains risques : selon Pausanias [5], les femmes à Delphes allaient jusqu'au sommet même du Parnasse (environ 2 500 mètres), et Plutarque [6] rapporte une occasion, apparemment de son époque, où leur retour fut empêché par une tempête de neige et une équipe de secours dut être envoyée. A leur retour leurs vêtements étaient gelés aussi dur que des planches. Quel était le but de cette pratique ? De nombreux peuples dansent pour faire pousser leurs récoltes par magie « sympathique. » Mais ce genre de danses, ailleurs, est annuel, comme la récolte, non biennal comme l'*oreibasia*, la saison en est le printemps et non le cœur de l'hiver; le lieu en est la terre arable et non les sommets dénudés des montagnes. Des auteurs grecs tardifs voyaient dans les danses à Delphes une commémoration : elles dansent, dit Diodore (4.3), « à l'imitation des ménades qui auraient jadis été associées au dieu ». Il a probablement raison, pour ce qui est de son époque; mais les rites sont habituellement plus anciens que les mythes par lesquels les gens cherchent à les expliquer, et ils ont des racines psychologiques plus profondes. Une époque a dû exister à laquelle les ménades, ou Thyiades ou *bacchai*, devenaient réellement ce que leur nom impliquait — des femmes sauvages dont la personnalité humaine était momentanément remplacée par une autre. Nous n'avons aucune manière certaine de savoir s'il en était encore ainsi à l'époque d'Euripide; une tradition delphique rapportée par Plutarque [7] donne à croire que le rite produisait parfois une perturbation *réelle* de la personnalité à une époque aussi récente que le IVe siècle; mais les indices sont maigres, et la nature de la modification n'est pas du tout claire. Il existe cependant des phénomènes parallèles en d'autres cultures qui peuvent nous aider à comprendre le *parodos* des *Bacchantes* et la punition d'Agavé.

Dans de nombreuses sociétés, et peut-être dans toutes, il existe des gens pour qui, selon l'expression de M. Aldous Huxley, « les danses rituelles fournissent une expérience religieuse plus satisfaisante et plus convaincante que toute autre... C'est par leurs muscles qu'ils parviennent le plus facilement à une connaissance du divin [8] ». M. Huxley estime que le christianisme commit une erreur en permettant la sécularisation complète de la danse [9], puisque, selon les paroles d'un sage musulman, « celui qui connaît le Pouvoir de la Danse demeure en Dieu ». Mais le Pouvoir de la Danse est un pouvoir dangereux. Comme dans les autres formes d'abandon de soi, il est plus facile de commencer que de s'arrêter. Dans l'extraordinaire folie de la danse qui envahit périodiquement l'Europe du XIVe au XVIIe siècle, des hommes dansaient jusqu'à l'effondrement — comme le danseur des *Bacchantes* v. 136 ou celui représenté sur le vase de Berlin nº 2471 [10] — et gisaient inconscients, tandis que d'autres les piétinaient [11]. Aussi la chose est-elle hautement contagieuse. Comme le remarque Penthée *(Bacchantes* 778), cela se répand comme « un feu d'incendie ». La volonté de danser s'empare des gens sans le consentement du moi conscient : par exemple, à Liège en 1374, après que certains possédés étaient entrés en ville la tête couverte de guirlandes, et dansant au nom de saint Jean, « de nombreuses personnes, apparemment saines de corps et d'esprit, furent subitement possédées par les démons et se joignirent aux danseurs »; ces personnes quittèrent leurs demeures et leurs familles, comme les femmes thébaines de la pièce; et même de toutes jeunes filles abandonnèrent parents et amis et partirent au hasard avec les danseurs [12]. « Ni l'extrême jeunesse ni l'âge n'accordaient la moindre protection » contre une manie semblable en Italie au XVIIe siècle; « même des vieillards de quatre-vingt-dix ans jetaient leurs béquilles au son de la tarentelle, et se joignaient aux danseurs les plus extravagants, comme si quelque potion magique restauratrice de jeunesse et d'énergie coulait dans leurs veines [13] ». Ainsi, semblerait-il, la scène de Cadmos et Tirésias dans *Les Bacchantes* était fréquemment répétée, justifiant la remarque du poète (206 seq.) selon laquelle Dionysos n'impose aucune limite d'âge. Et même des personnes sceptiques comme Agavé étaient parfois infectées contre leur gré, et contre leurs convictions explicites [14]. En Alsace, aux XIVe et XVe siècles, l'on croyait que la folie de la danse pouvait être imposée à une victime par une malédiction [15]. En certains cas, l'obsession contraignante réapparaissait à des intervalles réguliers, croissant en intensité jusqu'au jour de la Saint-Jean ou de la Saint-Guy. Il y avait alors une irruption, suivie d'un retour à l'ordre [16]. En Italie, la « guérison » périodique de personnes atteintes de ce mal, au moyen de musique et de danses extatiques, semble avoir pris la forme de festivals annuels [17].

Ce dernier fait suggérerait la manière dont l'*oreibasia* rituelle à date fixe a pu se développer en Grèce à partir d'attaques spontanées d'hystérie collective. En canalisant cette hystérie en un rite organisé une fois tous les deux ans le culte dionysiaque parvenait à la contenir, et offrait une issue relativement inoffensive. Le *parados* des *Bacchantes* dépeint l'hystérie mise au service de la religion, tandis que sur le mont Cithéron ce fut l'hystérie à l'état brut, le Bacchisme [18] dangereux qui s'abat comme une punition sur les gens trop « convenables » et les emporte contre leur gré. Dionysos est présent dans les deux formes : comme saint Jean ou saint Guy, il est la cause de la folie et le libérateur, *Bacchos* et *Lusios* [19]. Il ne faut pas perdre de vue cette ambivalence si nous voulons bien comprendre la pièce. Résister à Dionysos, c'est réprimer ce qu'il y a d'élémentaire dans sa propre nature; la punition se découvre dans l'effondrement subit et total des digues intérieures lorsque le côté primitif se fraie une voie par la force et que la civilisation disparaît.

Il existe en outre certaines ressemblances dans le détail entre la religion orgiaque des *Bacchantes* et celle qu'on trouve ailleurs, ressemblances qui valent d'être notées, parce qu'elles tendent à montrer que la « ménade » est une figure réelle plutôt que conventionnelle, figure qui a existé sous des noms différents en des endroits et à des époques fort divers. La première de ces ressemblances se rapporte aux flûtes et aux timbales qui accompagnent les danses des ménades dans *Les Bacchantes* et sur les vases grecs [20]. Pour les Grecs c'étaient les instruments « orgiaques » par excellence [21] : ils servaient dans tous les grands cultes dansants, ceux de la Cybèle d'Asie et de la Rhéa crétoise, aussi bien que celui de Dionysos. Ils pouvaient causer la folie, mais à doses homéopathiques ils pouvaient aussi la guérir [22]. Et deux mille ans plus tard, en 1518, lorsque les danseurs affolés de saint Guy dansaient à travers l'Alsace, une musique semblable — celle du tambour et du pipeau — servait encore une fois à une même fin ambiguë : provoquer la folie et la guérir. Nous possédons encore les minutes du Conseil municipal de Strasbourg à ce sujet [23]. Or il ne s'agit certainement pas d'une tradition, et ce n'est probablement pas une coïncidence. Il faudrait croire plutôt à la redécouverte d'une véritable relation de cause à effet — relation dont seuls ont conservé quelque vague intuition de nos jours le ministère de la Guerre et l'Armée du Salut.

Un second point de ressemblance se trouve dans le port de la tête dans l'extase dionysiaque. La chose est constamment soulignée dans *Les Bacchantes* : 150, « secouant vers le ciel sa longue chevelure » : 241, « je vous empêcherai de secouer vos cheveux »; 930, « jetant ma tête en avant et en arrière comme une bacchante »; Cassandre possédée « défait ses boucles blondes lorsque souffle, du dieu, le vent contraignant qui porte la vision ». (*I. A.* 758). Le même trait se retrouve chez Aristophane, *Lysist.* 1312 ταὶ δὲ κόμαι σεἰονθ' ᾇπερ βακχᾶν, et il est constant, quoique la description soit moins frappante, chez les auteurs plus tardifs : les ménades « secouent la tête » encore chez Catulle, chez Ovide, et chez Tacite [24], et nous voyons la tête rejetée en arrière et la gorge relevée dans d'anciennes œuvres d'art, par exemple, les gemmes que Sandys reproduit pp. 58 et 73, ou la ménade sur le bas-relief du British Museum (*Marbles* II, pl. XIII, Sandys, p. 85) [25]. Mais le geste n'est pas simplement une convention de l'art et de la poésie grecs; en tous temps et tous lieux, il caractérise ce type particulier d'hystérie religieuse. Je choisis trois descriptions modernes indépendantes : « Les continuelles secousses en arrière de la tête, tordant de tout côté leurs longs cheveux noirs, ajoutaient beaucoup à leur apparence sauvage [26] »; « leurs longs cheveux étaient rejetés de tous côtés par un mouvement rapide de la tête d'avant en arrière [27] »; « la tête était jetée d'un côté et de l'autre, ou rejetée loin en arrière au-dessus d'un cou gonflé et saillant [28] ». La première phrase provient de la narration d'un missionnaire rapportant une danse de cannibales en Colombie britannique, danse à la fin de laquelle les participants déchirèrent et dévorèrent un corps humain; la seconde décrit une danse sacrale de mangeurs de chèvres au Maroc; la troisième est tirée de la description clinique d'une hystérie possessive faite par un médecin français.

Et ce n'est pas la seule analogie qui réunisse ces types épars. Les danseurs extatiques d'Euripide « portaient le feu sur leur tête sans que cela ne les brûle » (757) [29]. Ainsi fait le danseur extatique en d'autres endroits. En Colombie britannique, il danse en tenant des charbons ardents entre les mains ; il joue avec ces tisons sans aucune précaution et les introduit même dans sa bouche [30] ; il fait de même en Afrique du Sud [31], et à Sumatra [32]. Au Siam [33] et au Libéria [34], il prétend être invulnérable aussi longtemps que le dieu demeure en lui — tout comme étaient invulnérables les danseurs sur le mont Cithéron (*Ba.* 761). Et les médecins européens en ont trouvé une explication partielle dans leurs hôpitaux ; pendant ses attaques, le patient hystérique est souvent analgésique de fait — toute sensibilité à la douleur est réprimée [35].

Un compte rendu intéressant de l'emploi, tant curatif que spontané, de la danse et de la musique extatiques (trompette, tambour et fifre) en Abyssinie au début du XIXe siècle se trouve dans *The Life and Adventures of Nathaniel Pearce written by himself during a Residence in Abyssinia from the years 1810 to 1819*, I.290 seq. On y trouve plusieurs points en commun avec la description d'Euripide. Au moment culminant de la danse, la patiente « bondit avec une telle vitesse que le coureur le plus rapide n'aurait pu la rejoindre [cf. *Bacch.* 748, 1090], et ayant atteint une distance d'environ deux cents mètres, elle s'effondra subitement comme si elle eût été frappée d'une balle » (cf. *Bacch.* 136 et la note 11 plus haut). La femme indigène de Pearce, dans ses moments de manie, dansait et bondissait « comme un cerf plutôt qu'un être humain » (cf. *Bacch.* 866 seq. et 166 seq.). Ailleurs, « j'en ai vu, dans ces transports, danser avec un *bruly*, c'est-à-dire une bouteille d'alcool de maïs, sur la tête sans verser de liqueur et sans que la bouteille ne tombe, et cela bien qu'ils se fussent mis dans les positions les plus extravagantes » (Cf. *Bacch.* 775 seq., Nonnus, 45.294 seq.).

Toute la description du raid des ménades sur les villages thébains (*Bacch.* 748-764) correspond au comportement reconnu de groupes comparables ailleurs. Chez de nombreux peuples, des personnes dans des états anormaux, que ces états soient naturels ou qu'ils soient provoqués artificiellement, ont le privilège reconnu de piller les biens de la collectivité; il serait dangereux de s'interposer, du fait qu'ils sont momentanément en contact avec le divin. Aussi tolère-t-on au Libéria que les novices qui passent par l'initiation dans la forêt, attaquent et pillent les villages avoisinants en emportant tout ce qu'ils désirent; de même les membres de sociétés secrètes au Sénégal, dans l'archipel Bismarck, etc., pendant la période où leurs rites les séparent de la communauté [36]. Cet état d'affaires appartient sans doute à une phase d'organisation sociale que la Grèce du ve siècle avait depuis longtemps dépassé; mais la légende ou le rite peuvent en avoir conservé le souvenir, et Euripide peut avoir rencontré le fait en Macédoine. Une survivance rituelle atténuée existe peut-être encore aujourd'hui dans le comportement des mimes de Viza : « En général, dit Dawkins, tout objet qui traîne peut être saisi à titre de gage, et les *Koritzia* (jeunes filles) emportent surtout des bébés pour cette raison [37]. » Ces filles sont-elles les descendantes directes des ménades voleuses d'enfants de *Bacch.* 754 (qui se rencontrent aussi chez Nonnus et dans des dessins de vases [38]) ?

Un autre élément manifestement primitif est la manipulation des serpents (*Bacch.* 101 seq. 698, 768). Euripide ne l'a pas compris, bien qu'il ait su que Dionysos pouvait apparaître sous la forme d'un serpent (1017 seq.). La chose est représentée sur des vases, et après Euripide cela devient une partie du portrait littéraire conventionnel de la ménade [39]; mais il semblerait que le serpent vivant en tant que véhicule du dieu n'était manipulé à l'époque classique que dans le culte plus primitif de Sabazius [40], et peut-être dans le Bacchisme macédonien [41]. Qu'une telle manipulation, indépendamment d'une croyance sous-jacente à la divinité du serpent, puisse être un facteur puissant dans la production d'excitation religieuse, est montré par un curieux compte rendu récent [42], avec photographies, d'un rituel comportant la manipulation de serpents à sonnettes pratiqué dans la Holiness Church dans de lointains villages de mineurs des comtés Leslie et Perry du Kentucky. Selon ce compte rendu, cette manipulation (manifestement fondée sur le texte de Marc 16 : 18, « Ils prendront des serpents ») fait partie d'un service religieux, et elle est précédée et accompagnée de danses extatiques et suivie de l'épuisement des participants. Les serpents sont sortis de leurs boîtes et passés de main en main (apparemmment par des personnes des deux sexes); les photographies les montrent tenus en l'air au-dessus de la tête des adorateurs (cf. Demos. *De cor.* 259 ὑπὲρ τῆς κεφαλῆς αἰωρῶν) ou près de leur visage. « Un homme en mit un dans sa chemise et le ressaisit comme il ressortait et avant qu'il ne puisse retomber au sol », un parallèle étrangement précis de l'acte rituel des sabaziastes décrit par Clément et Arnobius [43] et qui pourrait nous faire hésiter à dire avec Dieterich [44] que l'acte en question « ne peut signifier absolument rien d'autre que l'union sexuelle du dieu et de l'initié »!

Il reste à dire quelque chose de l'acte culminant de la danse dionysiaque hivernale, qui était aussi l'acte culminant des danses colombiennes et marocaines mentionnées plus haut, et qui consistait à mettre en pièces et à dévorer tout cru un corps animal, *sparagmos* et *ômophagia.* Il n'y a sans doute pas lieu de tenir compte des charges sarcastiques que certains Pères de l'Eglise ont faites à ce sujet, et on ne sait trop quel poids accorder au témoignage anonyme des scholiastes et des lexicographes [45]; mais le fait que ces rites jouaient encore un certain rôle dans le rituel orgiaque grec à l'époque classique n'est pas seulement attesté par l'autorité respectable de Plutarque [46], car nous lisons aussi dans les règlements du culte dionysiaque à Milet en 276 avant Jésus-Christ [47] : μὴ ἐξεῖναι ὠμοφάγιον ἐμβαλεῖν μηθενὶ πρότερον ἢ ἡ ἱέρεια ὑπὲρ τῆς πόλεως ἐμβάλῃ·. La tournure *ômophagion embalein* a donné du mal aux savants. Je ne pense pas que cela ait le sens de « jeter un animal sacrificiel dans une fosse » (Wiegand, *ad loc.*) ni de « jeter un quartier de bœuf dans un lieu sacré » (Haussoulier, *R.E.G.* 32.266). Une représentation plus sanglante mais plus convaincante nous est proposée dans la description faite par Ernest Thesiger d'un rite annuel dont il fut témoin à Tanger en 1907 [48] : « Une tribu des montagnes descend sur la ville, à demi affamée et dans un délire drogué. Après l'habituelle batterie des tambours, le miaulement des chalumeaux et des danses monotones, un mouton est jeté au milieu de la place. Sur ce, tous les dévôts reprennent vie, mettent l'animal en pièces et le mangent cru. » L'auteur ajoute une histoire selon laquelle « il advint une année qu'un Maure de Tanger qui regardait seulement la cérémonie fut infecté par la frénésie générale et lança son bébé au milieu de la foule. » Que ce dernier trait soit vrai ou non, cela donne un indice du sens de *embalein*, et illustre aussi les dangers possibles d'une *ômophagia* non réglementée. L'administration de Milet se trouvait engagée dans la tâche toujours inachevée de mettre Dionysos dans une camisole de force.

Dans les *Bacchantes* le *sparagmos* trouve comme premières victimes le bétail thébain, et comme dernière Penthée; dans les deux cas, l'action est décrite avec une délectation qu'un lecteur moderne a peine à partager. Une description détaillée de l'*ômophagia* eût peut-être soulevé l'estomac à un public même athénien; Euripide en parle par deux fois, *Bacchantes* 139 et *Crétoises* fragment 472, mais chaque fois, il passe dessus rapidement et avec discrétion. Il est difficile de deviner la nature de l'état psychologique qu'il décrit par les deux mots *ômophagon charin;* mais il est notable que les jours marqués pour l'*ômophagia* étaient des « jours noirs et néfastes [49] », et de fait ceux qui le pratiquent de nos jours paraissent éprouver en ce rite un mélange d'exaltation suprême et de suprême répulsion : c'est une chose à la fois sainte et horrible, un achèvement et une souillure, un sacrement et une pollution — le même conflit violent d'attitudes émotives qui se retrouve tout au travers des *Bacchantes* et qui est à la source de toute religion de type dionysiaque [50].

Des auteurs grecs tardifs expliquent l'*ômophagia* au même titre que les danses, et comme certains voudraient expliquer la communion chrétienne : ce n'était qu'un rite commémoratif, en souvenir du jour où l'enfant Dionysos fut lui-même déchiré et dévoré [51]. Mais la pratique paraît reposer en fait sur un élément de logique sauvage tout à fait simple. Les effets homéopathiques d'un régime carnivore sont connus partout dans le monde. Si vous voulez avoir un cœur de lion, mangez du lion; si vous voulez être subtils, mangez du serpent; ceux qui mangent des poules et des lièvres deviennent lâches, ceux qui mangent du porc ont des petits yeux de cochon [52]. Suivant un raisonnement semblable, si vous voulez être comme un dieu, il faut manger du dieu (ou du moins quelque chose qui soit *theion*). Et il faut le manger vite et cru, avant que le sang ne se soit échappé de lui. C'est ainsi seulement que vous pouvez ajouter sa vie à la vôtre, car « le sang est la vie ». Dieu n'est pas toujours là pour être mangé, et d'ailleurs il ne serait pas prudent de le manger aux temps ordinaires et sans les préparations convenant à la réception du sacrement. Mais une fois tous les deux ans, il est présent parmi ses danseurs de la montagne : « Les Béotiens », dit Diodore (4.3), « et d'autres Grecs et Thraces croient qu'à cette époque il a son épiphanie parmi les hommes » — tout comme dans les *Bacchantes*. Il peut prendre des formes nombreuses, végétales, bestiales, humaines; et il est mangé sous de nombreuses formes aussi. A l'époque de Plutarque, c'était le lierre qui était déchiré et mâché [53]; ce qui pourrait être un trait primitif, mais pourrait aussi bien être un palliatif à un acte plus sanglant. Chez Euripide, les taureaux sont déchirés [54], la chèvre est déchirée et mangée [55]; ailleurs on parle d'*ômophagia* de faons [56] et de déchirement de vipères [57]. Puisque nous pouvons, dans tous ceux-ci, reconnaître, avec plus ou moins de probabilité, une incarnation du dieu, je tends à accepter le point de vue de Gruppe [58] d'après qui l'*ômophagia* était un sacrement dans lequel le dieu était présent sous la forme de son « véhicule » animal, étant déchiré et dévoré par ses gens sous cette forme. Et j'ai soutenu ailleurs [59] qu'il avait existé une forme plus puissante parce que plus terrible de ce sacrement, consistant à déchirer et peut-être à manger ce Dieu sous la forme d'un homme; que l'histoire de Penthée est en partie le reflet de cet acte — en opposition à l'euhémérisme à la mode qui n'y voit *que* le reflet d'un conflit historique entre les missionnaires dionysiaques et leurs adversaires.

Pour résumer, je me suis efforcé de montrer qu'on ne rend pas compte de la description euripidienne du ménadisme en termes de « l'imagination seule »; que le témoignage des inscriptions (si incomplet soit-il) révèle une plus grande relation entre cette description et le culte véritable que ne le pensaient les savants du XIXe siècle; et que la ménade, si mythiques que soient certaines de ses actions, n'est pas par essence un personnage mythologique [60], mais un type humain qu'on a pu, et qu'on peut encore, observer. Dionysos a encore ses dévôts ou ses victimes, quoiqu'on l'appelle par d'autres noms; et Penthée est confronté avec un problème auquel d'autres autorités civiles ont dû faire face dans la vie réelle.

NOTES DE L'APPENDICE I

1. Ces pages faisaient originellement partie d'un article publié dans la *Harvard Theological Review*, vol. 33 (1940). Elles sont reproduites ici avec quelques corrections et additions. Je suis redevable au professeur A. D. Nock, au Dr. Rudolf Pfeiffer, et à d'autres, pour de précieuses critiques.

2. *Fouilles de Delphes*, III.I.195; *IG* IX.282, XII.III.1089; Fraenkel, *In. Perg.* 248 (cf. Suidas, s.v. τριετηρίς); Hiller v. Gärtingen, *In. Priene* 113, ligne 79; *IG* XII.I.155, 730; Paus. 8.32.1; Ael *Var. Hist.* 13.2; Firm. Mat. *Err. prof. rel.* 6.5. *Trietêrides* aussi parmi les Boudini à demi hellénisés en Thrace, Hdt. 4.108.

3. Wiegand, *Milet*, IV.547 *eis oros êge :* cf. *Bacch.* 116, 977, ce qui ferait penser que *eis oros* a pu être un cri rituel.

4. Waddington, *Explic. des Inscr. d'Asie Mineure*, p. 27, n. 57. Il n'est pas assuré que le titre soit dionysiaque. Mais il existe des indices littéraires d'une *oreibasia* dionysiaque sur le mont Tmolos, la partie orientale de la même chaîne : Nonnus 40.273 : εἰς σκοπιὰς Τμώλοιο θεόσσυτος ᾔιε βάκχη, *H. Orph.* 49.6 : Τμῶλος... καλὸν Λυδοῖσι θόασμα (d'où ἱερὸν Τμῶλον, Eur. *Bacch.* 65).

5. 10.32.5. Cette affirmation a naturellement été mise en doute.

6. *De primo frigido* 18, 953 D.

7. *Mul. vir.*, 13, 249 E.

8. *Ends and Means*, 232, 235.

9. La danse en tant que forme de culte survécut longtemps dans certaines sectes américaines. Ray Strachey, *Group Movements of the Past*. 93, cite l'exhortation d'un patriarche Shaker il y a cent ans : « Sortez d'ici, vieux hommes, jeunes hommes et jeunes filles, et louez Dieu de toutes vos forces dans la danse. » Et il semble que la danse sacrale soit encore pratiquée par les membres de la Holiness Church du Kentucky (*Picture Post*, 31 décembre 1938), comme elle l'est par les Hassidim juifs (L. H. Feldman, *Harv. Theol. Rev.* 42 [1949] 65 seq.

10. Beazley, *ARV*, 724.1; Pfuhl, *Malerei u. Zeichnung*, fig. 560; Lawler, *Memoirs of the American Academy at Rome*, 6 (1927) pl. 21, no. 1.

11. Chronique du Limbourg (1374), cité par A. Martin, « Gesch. der Tanzkrankheit in Deutschland », *Zeitschrift d. Vereins f. Volkskunde*, 24 (1914). De même la « Ghost Dance », pour laquelle les Indiens d'Amérique du Nord conçurent une passion dans les années 1890, se poursuivait « jusqu'à ce que les danseurs, l'un après l'autre, soient tombés rigides, prostrés sur le sol » (Benedict, *Patterns of Culture*, 92).

12. Cité par Martin, *loc. cit.*, d'après divers documents contempo-

rains. Son compte rendu supplée et corrige, en certains points, l'œuvre classique de J.F.K. Hecker, *Die Tanzwuth* (1832 : je cite d'après la traduction anglaise de Babington, Cassell's Library 1888).

13. Hecker, *op. cit.*, 152 seq. C'est ainsi que Brunel dit de certaines danses arabes que « la folie contagieuse infecte tout le monde » (*Essai sur la confrérie religieuse des Aissâoûa au Maroc*, 119). La folie de la danse en Thuringe en 1921 avait le même caractère infectieux (voir mon édition des *Bacchantes*, p. XIII, n. 1).

14. Hecker, 156.

15. Martin, 120 seq.

16. Hecker, 128 seq.; Martin, 125 seq.

17. Hecker, 143 seq., 150. Martin, 129 seq., trouve dans les processions dansantes annuelles d'Esternach qui sont encore considérées comme une cure pour l'épilepsie et d'autres maux semblables d'ordre psychopathologique une survivance formalisée et réglementée des danses rhénoises à caractère compulsif et curatif.

18. Exprimé peut-être en Laconie par le terme *Dusmainai* (titre d'une tragédie par Pratinas, Nauck, *TGF*² p. 726). C'est faute de distinguer entre le ménadisme « noir » décrit par les messagers et le « blanc » décrit par le chœur que sont apparus nombre de malentendus concernant les *Bacchantes*.

19. Cf. Rohde, *Psyche*, IX, n. 21; Farnell, *Cults*, V.120. D'autres expliquent *Lusios* et *Luaios* comme signifiant le libérateur des convenances (Wilamowitz) ou le libérateur des emprisonnés (Weinreich, *Tübinger Beitrage*, V [1930] 285 seq., comparant *Bacch.* 498).

20. Dans les représentations de ménades sur des vases, Lawler, *loc. cit.*, 107 seq. trouve 38 représentations de flûtes, 26 du tympanon, et 38 de crotales ou castagnettes (cf. Eur. *Cycl.* 204 seq.). Elle remarque que « dans des scènes paisibles on ne voit jamais de tympanon ».

21. Pour la flûte, cf. Ar *Pol.* 1341ª 21 : οὐκ ἔστιν ὁ αὐλὸς ἠθικὸν ἀλλὰ μᾶλλον ὀργιαστικόν, Eur. *Her.* 871, 879, et chap. III, n. 95 *supra*. Sur l'emploi du tympanon dans les cultes orgiaques à Athènes, voir Aristoph. *Lys.* 1-3, 388.

22. Voir chap. III, p. 85-87.

23. Martin, 121 seq. C'est ainsi que le tambour turc et le pipeau de berger étaient employés en Italie (Hecker, 151).

24. Cat. *Attis* 23; Ovide, *Metam.* 3.726; Tac. *Ann.* 11.31.

25. On trouvera d'autres exemples chez Furtwängler, *Die antike Gemmen*, pl. 10, nº 49; pl. 36, nºˢ 35-37; pl. 41, nº 29; pl. 66, nº 7. Lawler, *loc. cit.*, 101 trouve une « forte inclination de la tête en arrière » dans 28 figures de ménades peintes sur des vases.

26. Cité par Frazer, *Golden Bough*, V, 1, 19. De même dans les danses vaudou « leurs têtes sont bizarrement rejetées en arrière comme si leurs cous étaient cassés » (W. B. Seabrook, *The Magic Island*, 47).

27. Frazer, *ibid.*, V.1.21.

28. P. Richer, *Etudes cliniques sur la grande hystérie*, 441. Cf. S. Bazdechi, « Das Psychopathische Substrät der *Bacchae* », *Arch. Gesch. Med.* 25 (1932) 288.

29. Pour d'autres témoignages anciens sur ce point, voir Rohde, *Psyche*, VIII, n. 43.

30. Benedict, *Patterns of Culture*, 176.

31. O. Dapper, *Beschreibung von Afrika*, cité dans T. K. Oesterreich *Possession*, 264 (traduction anglaise). Lane vit les derviches musulmans faisant la même chose (*Manners and Customs of the Modern Egyptians*, 467 seq., Everyman's Library edition). Voir aussi Brunel, *op. cit.*, 109, 158.

32. J. Warneck, *Religion der Batak*, cité par Oesterreich, *ibid.*, 270.

33. A. Bastian, *Völker des Oestlichen Asiens*, III.282 seq. : « Lorsque

le Chao (Seigneur Démon) est contraint, grâce aux conjurations, de descendre dans le corps du Khon Song (une personne habillée en Seigneur Démon), ce dernier demeure invulnérable tant qu'il est là, et ne peut être touché par aucune espèce d'arme » (cité *ibid.*, 353).

34. Czaplicka, *Aboriginal Siberia*, 176.

35. Binswanger, *Die Hysterie* 756.

36. A. van Gennep, *Les Rites de passage*, 161 seq.

37. *JHS* 26 (1906) 197; cf. Wace, *BSA* 16 (1909-1910) 237.

38. Nonnus, 45.294 seq. Cf. la ménade sur une pyx du Bristish Museum, œuvre du peintre de Meidias (Beazley, *ARV* 833.14; Curtius, *Pentheus* fig. 15), qui est très proche dans le temps des *Bacchantes*. L'enfant qu'elle porte ne peut guère être le sien, du fait qu'elle le tient brutalement par la jambe et rejeté par-dessus son épaule.

39. Cf. Beazley, *ARV* 247.14; Horace, *Odes* 2.19.19.

40. Demos. *de cor.* 259.

41. Plut. *Alex.* 2; Lucien, *Alex.* 7. Cf. Rapp, *Rh. Mus.* 27 (1872) 13. Et Sabazius lui-même, s'il faut en croire Arnobius, finit par épargner les nerfs de ses adorateurs en leur permettant d'employer un serpent de métal (voir n. 43). Les serpents de la procession dionysiaque de Ptolémée Philadelphos à Alexandrie (Athen. 5.28) étaient sans doute de l'imitation (comme les faux lierres et raisins décrits dans le même passage) du fait que les dames étaient *estephanômenai ophesin :* une guirlande de vrais serpents, si apprivoisés qu'ils soient, se déferait, ce qui nuirait à l'effet.

42. *Picture Post.* December 31, 1938. Je suis reconnaissant au professeur R. P. Winnington-Ingram d'avoir attiré mon attention sur cet article. J'ai appris que ce rite a causé des morts par suite de morsures de serpent, et de ce fait, a été interdit par la loi. La manipulation de serpents est pratiquée aussi à Cocullo dans les Abruzzes où elle est l'élément central d'un festival religieux; voir Marian C. Harrison, *Folklore*, 18 (1907) 187 seq., et T. Ashby, *Somes Italian Scenes and Festivals*, 115 seq.

43. *Protrept.* 2.16 : δράκων δὲ ἐστιν οὗτος (sc. Σαβάζιος) διελκόμενος τοῦ κόλπου τῶν τελουμένων, Arnob. 5.21 : aureus coluber in sinum demittitur consecratis et eximitur rursus ab inferioribus partibus atque imis. Cf. aussi Firmicus Maternus, *Err. prof. rel.* 10.

44. *Mithrasliturgie*[2], 124. Le motif inconscient peut évidemment avoir été sexuel dans les deux cas.

45. Rassemblé par Farnell, *Cults*, V.302 seq., n. 80-84.

46. *Def. orac.* 14, 417 C : ἡμέρας ἀποφράδας καὶ σκυθρωπάς, ἐν αἷς ὠμοφαγίαι καὶ διασπασμοί.

47. *Milet*, VI.22.

48. Qui me fut aimablement communiqué par Mlle N. C. Jolliffe. Le rite arabe est également décrit par Brunel, *op. cit.* (n. 13 *supra*), 100 seq., 177 seq. Il ajoute les faits significatifs que l'animal est jeté d'un toit ou d'une plate-forme où il est gardé jusqu'au moment opportun, *de peur que la foule ne le déchire trop tôt;* et que les fragments des bêtes (taureau, veau, mouton, chèvre ou poule) sont conservés pour servir d'amulettes.

49. Voir n. 46.

50. Cf. Benedict, *Patterns of Culture*, 179 : « La répugnance même que les Kwakiutl (Indiens de l'île de Vancouver) éprouvaient à l'égard de l'acte de manger la chair humaine en faisait pour eux une expression adéquate de la vertu dionysienne qui se trouve dans les choses terribles et interdites. »

51. Schol. Clem. Alex. 92 P. (vol. I, p. 318, Stählin); Photius, s. v. νεβρίζειν Firm. Mat. *Err. prof. rel.* 6.5.

52. Frazer, *Golden Bough*, V.II, chap. 12.

53. Plut. *Q. Rom.* 112, 291 A.
54. *Bacch.* 743 seq., cf. Schol. Aristoph. *Ranae* 360.
55. *Bacch.* 138, cf. Arno. *adv. Nat.* 5.19.
56. Photius, s. v. νεβρίζειν. Cf. en art, le type de la ménade *nebrophonos* dont l'étude la plus récente est celle de H. Philippart, *Iconographie des « Bacchantes »*, 41 seq.
57. Galien, *de antidot.* 1.6.14 (à un festival *printanier*, probablement de Sabazius).
58. *Griech. Myth. u. Rel.* 732.
59. Voir mon introduction aux *Bacchantes*, XVI seq., XXIII seq.
60. Soutenu par Rapp. *Rh. Mus.* 27.1 seq., 562 seq., et reçu par exemple, par Marbach dans P.-W., s. v., et Voigt dans Roscher, s. v. « Dionysos ».

APPENDICE II

La théurgie

Nos connaissances relatives aux croyances et aux pratiques magiques de l'Antiquité tardive ont fait des progrès remarquables au cours du dernier demi-siècle. Mais face à ce progrès général la branche spéciale de la magie qu'est la théurgie a été assez négligée et demeure imparfaitement comprise. Les premières démarches faites pour la comprendre datent d'il y a cinquante ans. A cette époque Wilhelm Kroll recueillit et commenta les fragments des *Oracles chaldéens* [1]. Depuis lors le professeur Joseph Bidez découvrit et expliqua [2] bon nombre d'intéressants textes byzantins, surtout de Psellus, textes qui paraissent dérivés du commentaire perdu de Proclus sur les *Oracles chaldéens*, peut-être par l'intermédiaire des écrits de l'adversaire chrétien de Proclus, Procope de Gaza; Hopfner [3] et Eitrem [4] ont ajouté de précieuses contributions, surtout en faisant remarquer les nombreux traits communs qui rattachent la théurgie à la magie gréco-romaine des papyrus [5]. Mais beaucoup de choses demeurent obscures et elles le demeureront sans doute jusqu'à ce que les textes éparpillés se rapportant à la théurgie aient été rassemblés et étudiés dans leur ensemble [6] (une tâche que Bidez semble avoir envisagée, mais qu'il n'eut pas le temps d'entreprendre avant sa mort). Le présent article ne se propose pas d'être complet, encore moins définitif. Il cherche seulement (I) à éclairer les rapports entre le néo-platonisme et la théurgie dans leur développement historique et (II) à examiner le véritable *modus operandi* de ce qui paraît avoir été les deux branches principales de la théurgie.

1. Notes pp. 300-309.

I. Le fondateur de la théurgie

La première personne à notre connaissance à être appelée *théourgos* fut un certain Julien [7], qui vécut sous Marc Aurèle [8]. Sans doute inventa-t-il la désignation, ainsi que l'a suggéré Bidez [9], pour se distinguer des simples *theologoi : les theologoi* parlaient des dieux, mais lui « agissait sur » eux, ou peut-être même les « créait-il [10] ». Sur ce personnage, nous savons regrettablement peu de chose. Suidas nous dit qu'il était le fils d'un « philosophe chaldéen » du même nom [11], auteur d'un ouvrage sur les *daemones* en quatre livres, et qu'il écrivit lui-même *Theourgika, Telestika, Logia di' epôn.* Que ces « oracles hexamétriques » n'étaient (comme Lobeck le supposa) rien d'autre que les *Oracula chaldaïca* sur lesquels Proclus écrivit un vaste commentaire (Marinus, *vit. Procli* 26), cela est mis hors de doute raisonnable grâce à une allusion d'un scholiaste sur Lucien [12] à τὰ τελεστικὰ Ἰουλιανοῦ ἃ Πρόκλος ὑπομνηματίζει, οἷς ὁ Προκόπιος ἀντιφθέγγεται, et la déclaration de Psellus selon qui Proclus « s'éprit des *epê*, appelés *Logia* par leurs admirateurs, dans lesquels Julien exposait les doctrines chaldéennes [13] ». Selon son propre témoignage, Julien reçut ces oracles des dieux : ils étaient *theoparadota* [14]. D'où les tenait-il réellement ? Nous ne le savons pas. Comme l'a fait remarquer Kroll, leur allure et leur contenu conviennent à l'époque antonine plus qu'à toute autre [15]. Julien peut assurément les avoir fabriqués; mais leur ton est si bizarre et ampoulé, leur pensée si obscure et incohérente, qu'ils font songer plutôt aux déclarations faites par des spirites modernes en état de transe, qu'aux efforts délibérés d'un faussaire. Il ne semble d'ailleurs pas impossible, vu ce que nous savons de la théurgie plus tardive, qu'ils aient eu pour origine les « révélations » de quelque médium ou visionnaire et que le rôle de Julien consistait, ainsi que l'affirme Psellus (ou sa source Proclus [16]), à les mettre en vers. Ceci s'accorderait à la procédure habituelle des oracles officiels [17], et la transposition en vers hexamétriques aurait fourni l'occasion d'introduire un semblant de sens et d'ordre philosophiques dans le charabia. Mais le pieux lecteur aurait encore éprouvé le besoin urgent de quelques explications ou commentaires en prose, et cela aussi, Julien paraît l'avoir fourni; car c'est certainement lui qui est cité par Proclus (*in Tim.*, III, 124. 32) en tant que ὁ θεουργὸς ἐν τοῖς ὑφηγητικοῖς. Marinus fait probablement allusion au même commentaire lorsqu'il parle de τὰ Λόγια καὶ τὰ σύστοιχα τῶν Χαλδαίων συγγράμματα (*vit. Procli* 26), et Damascius (II. 203. 27) quand il cite οἱ θεοὶ καὶ αὐτὸς ὁ θεουργός. Nous ne savons pas si l'œuvre est identique aux *Theourgika* mentionnées par Suidas. Proclus (*in Tim.* III. 27. 10) cite Julien une fois *en hebdomê tôn zônôn* ce qui pourrait être une partie des *Theourgika* traitant, en sept chapitres, des sept sphères planétaires à travers lesquelles l'âme descend et remonte (cf. *in Remp.* II. 220. 11 seq.). Sur le contenu probable des *Telestika* voir la section IV, *infra*.

Quelle que soit l'origine des *Oracles chaldéens*, ils comportaient assurément, non seulement des ordonnances relatives à un culte du feu et du soleil [18], mais aussi d'autres pour l'évocation magique de dieux (voir plus bas, p. 285). Et la tradition ultérieure représente les Julien comme de puissants magiciens. Selon Psellus [19], Julien l'aîné « présenta » *(sunestêse)* son fils à l'ombre de Platon; et ils auraient prétendu posséder un sort *(agôgê)* capable de faire apparaître le dieu Chronos [20]. Ils pouvaient aussi faire que des âmes humaines quittent leurs corps et y retournent ensuite [21]. Et leur célébrité n'était pas limitée aux cercles néo-platoniciens. L'orage opportun qui sauva l'armée romaine au cours de la campagne de Marcus contre les Quadi en 173 après J.-C. fut attribué par certains aux arts magiques de Julien le jeune [22]; dans la version rapportée par Psellus, Julien fabrique un masque humain en argile qui lâche « d'insupportables foudres » sur l'ennemi [23]. Sozomène entendit dire qu'il fendit une pierre par la magie (*Hist. Eccl.*, I. 18); et une légende chrétienne pittoresque le représente comme un concurrent dans une démonstration de puissances magiques à laquelle participaient aussi Apollonius et Apulée : Rome étant frappée de la peste, chaque magicien se voit assigné la surintendance médicale d'un secteur de la ville; Apulée entreprend d'arrêter la peste en quinze jours, Apollonius en dix, mais Julien l'arrête instantanément et d'une simple parole [24].

II. La théurgie dans l'école néo-platonicienne

Le créateur de la théurgie n'était pas un néo-platonicien mais un magicien. Et le créateur du néo-platonisme ne fut ni un magicien ni — n'en déplaise à certains auteurs modernes — un théurgiste [25]. Les successeurs de Plotin n'emploient jamais le mot *theourgos* en parlant de lui, et lui-même dans ses écrits n'emploie ni le terme de *theourgia* ni ses dérivés. Il n'y a en vérité aucune indication [26] qu'il ait jamais entendu parler de Julien et de ses *Oracles chaldéens.* Les eût-il connus qu'il les eût sans doute soumis au même examen critique que les révélations « de Zoroastre, Zostrianus, Nikotheos, Allogenes, Messos et d'autres de cette espèce », lesquelles furent analysées et exposées au cours de ses entretiens [27]. Car dans son illustre défense de la tradition rationaliste grecque, l'essai *Contre les Gnostiques* (*Enn.* 2.9), il exprime très clairement sa réprobation de toutes ces « révélations spéciales [28] », et son mépris de τοῖς πολλοῖς οἵ τάς παρὰ, τοῖς μάγοις δυνάμεις θαυμάζουσι (c. 14, I. 203.32 Volkmann). Non qu'il niât l'efficacité de la magie (qui donc eût pu le faire au IIIe siècle ?), mais cela ne l'intéressait pas. Il n'y voyait que l'application à des fins personnelles de « la magie véritable qui est la somme de tout l'amour et de toute la haine de l'univers », la *sympatheia* mystérieuse et réellement admirable qui unifie le cosmos; les gens s'émerveillent plus devant la *goêteia* humaine que devant la magie de la nature, uniquement parce que celle-là leur est moins familière [29].

Ceci n'empêche pas que l'article « Théurgie » paru dans un récent volume de Pauly-Wissowa appelle Plotin un théurgiste, et Eitrem a dernièrement parlé de « Plotin, dont sans doute dérive la théurgie [30] ». Les principaux motifs de cette opinion semblent être : 1° son origine prétendument [31] égyptienne et le fait qu'il étudia à Alexandrie sous Ammonius Saccas; 2° sa connaissance censée profonde [32] de la religion égyptienne; 3° son expérience de l'union mystique (Porph. *vit. Plot.* 23); et 4° l'histoire de l'Iséum à Rome (citée et examinée plus bas, section III, p. 286). De tous ces points, le dernier seul me paraît être réellement pertinent. Sur le premier point il suffit ici de dire que le nom de Plotin est romain, que son style de pensée et son langage sont caractéristiquement grecs, et que le peu que nous savons d'Ammonius Saccas ne nous permet nullement de l'appeler un théurgiste. Quant à la connaissance de la religion égyptienne dont témoignent les *Ennéades*, je n'y vois pas autre chose, pour ma part, que des allusions passagères à quelques sujets de connaissance commune : Porphyre en apprit autant, et peut-être plus, en lisant Chaeremon [33]. Quant à l'union mystique plotinienne, il est assurément clair à chacun qui lit attentivement des passages tels que *Enn.* 1.6.9. ou 6.7.34., que cette union est atteinte non par un rite d'évocation ni par l'accomplissement d'actes prescrits, mais par une discipline intérieure de l'esprit qui n'engage aucune contrainte et qui n'a rien à voir avec la magie [34]. Reste l'histoire de l'Iséum. Cette fois, c'est bien de la théurgie, ou quelque chose d'approchant. Mais cela ne s'appuie en fin de compte que sur des ragots d'école (voir plus bas). Et de toute façon, le fait d'assister à une séance ne fait pas qu'un homme soit un spiritiste, surtout s'il y va comme Plotin sur l'initiative d'un autre.

Plotin, comme l'a dit Wilhelm Kroll, est un homme qui « par un puissant effort intellectuel et moral, se souleva au-dessus de l'atmosphère brumeuse qui l'entourait ». Tant qu'il vécut, il souleva ses disciples avec lui. Mais à sa mort, le brouillard se referma sur eux, et le néo-platonisme tardif est en bien des sens une régression vers le syncrétisme informe auquel il avait voulu échapper. Le conflit entre l'influence personnelle de Plotin et les superstitions de l'époque apparaît très clairement dans l'attitude vacillante de son élève Porphyre [35] — un homme honnête, érudit et attachant, mais sans pensée originale ni cohérente. De tempérament, il était profondément religieux et il avait un faible incurable pour les oracles. Avant de rencontrer Plotin [36], il avait déjà publié un recueil sous le titre Περὶ τῆς ἐκ λογίων φιλοσοφίας [37]. Certains de ceux-ci se réfèrent à des médiums, et sont eux-mêmes manifestement le produit de ce que nous appellerions des « séances médiumniques » (voir plus bas, section V). Mais il n'y a pas d'apparence qu'il ait cité les *Oracles chaldéens* (ni employé le terme théurgie) dans cet ouvrage; il ignorait probablement encore leur existence quand il l'écrivit. Plus tard, lorsque Plotin lui eut enseigné à poser des questions, il adresse une série de questions fort pénétrantes et d'allure souvent ironique, concernant la démonologie et l'occultisme, à l'égyptien Anebo [38], et il fait remarquer, entre autres choses, la folie de vouloir imposer une contrainte magique à des dieux [39]. Ce fut probablement plus tard encore [40], après la mort de Plotin, qu'il tira les *Oracles chaldéens* de l'obscurité dans laquelle ils avaient subsisté (comme il arrive à ce genre de livres) pendant plus d'un siècle pour en faire un commentaire [41] et pour « y faire des allusions constantes » dans son *de regressu animae* [42]. Dans ce dernier ouvrage il soutient que les *teletai* théurgiques pouvaient purifier la *pneumatikê psychê* et la rendre « aptam susceptioni spirituum et angelorum et ad videndos deos »; mais il prévient ses lecteurs que la pratique est dangereuse, qu'elle est susceptible d'applications mauvaises autant que de bonnes et il nie qu'elle puisse produire, ou même qu'elle soit un adjuvant nécessaire au retour de l'âme à Dieu [43]. En somme, de cœur il demeure un plotinien [44]. Mais il avait fait une dangereuse concession à l'école adverse.

La réponse de cette école fut le commentaire des *Oracles chaldéens* [45] de Jamblique et le traité *De mysteriis* [46], qui nous est connu. Le *De mysteriis* est un manifeste de l'irrationalisme, une affirmation que la voie du salut n'est pas dans la raison mais dans le rite. « Ce n'est pas la pensée qui relie les théurgistes aux dieux : sinon qu'y aurait-il qui empêchât les philosophes théoriciens de jouir de l'union théurgique ? Or tel n'est pas le cas. L'union théurgique n'est atteinte que par l'efficacité d'actes ineffables accomplis de la façon qui convient, actes qui dépassent l'entendement, et par la puissance de symboles ineffables qui ne sont compris que des dieux... Sans effort intellectuel de notre part, les signes *(sunthêmata)* par leur propre vertu accomplissent leur œuvre propre » (*De myst.* 96.13 Parthey). A l'esprit découragé des païens du IVe siècle un tel message apportait un séduisant réconfort. Les « philosophes théoriciens » avaient été à se disputer depuis près de neuf siècles, et quels étaient les résultats ? Une culture en déclin, et la lente poussée de cet *atheotês* chrétien qui trop évidemment sapait la vie même de l'hellénisme. Tout comme la magie vulgaire est communément le dernier recours de l'individu désespéré, de ceux à qui l'homme et Dieu ont fait défaut, ainsi la théurgie devint le refuge d'une « intelligentsia » désespérée qui ressentait déjà la fascination de l'abîme.

Néanmoins il semble que même dans la génération qui suivit Jamblique, la théurgie n'était pas encore entièrement acceptée par l'école néo-platonicienne. Eunapius, dans un texte instructif (*vit. Soph.* 474 seq. Boissonade) nous montre Eusèbe de Mynde, un disciple d'Aedesius qui était disciple de Jamblique, soutenant dans ses conférences que la magie était l'affaire de « personnes détraquées qui font une étude perverse de certaines puissances dérivées de la matière », et prévenant le futur empereur Julien contre « ce théâtral faiseur de miracles », le théurgiste Maxime. Il termine par des mots qui évoquent Plotin : σὺ δὲ τούτων μηδὲν θαυμάσῃς ὥσπερ οὐδὲ ἐγώ, τὴν διὰ τοῦ λόγου κάθαρσιν μέγα τι χρῆμα ὑπολαμβάνων. A cela le prince répondit : « Occupe-toi de tes livres, je sais maintenant à qui m'adresser » — et partit voir Maxime. Un peu plus tard, nous voyons le jeune Julien demander à son ami Priscus de lui trouver un bon exemplaire du commentaire de Jamblique sur son homonyme (Julien le théurgiste); car, dit-il « je suis gourmand de Jamblique en philosophie, et, en théosophie (*theosophia, c'est-à-dire* théurgie), de mon homonyme, et j'estime que tout le reste n'est rien en comparaison [47] ».

Le patronage de Julien mit momentanément la théurgie à la mode. Quand il fut devenu empereur et se mit à réformer le clergé païen, le théurgiste Chrysanthius se trouva *archiereus* de Lydie; tandis que Maxime, en sa qualité de conseiller théurgique à la cour impériale, devint une éminence grise, riche et influente, puisque ὑπὲρ τῶν παρόντων ἐπὶ τοὺς θεοὺς ἅπαντα ἀνέφερον (Eunap. p. 477 Boiss.; cf. Amm. Marc. 22.7.3. et 25.4.17). Mais Maxime en paya le prix lors de la réaction chrétienne qui s'ensuivit : il fut mis à l'amende, torturé et enfin exécuté en 371 sous le chef d'avoir conspiré contre les empereurs (Eunap. p. 478; Amm. Marc. 29.1.42; Zosimus 4.15). Les théurgistes trouvèrent prudent de se tenir cois pendant un certain temps après cet événement [48]; mais la tradition de leur art fut transmise tranquillement dans certaines familles [49]. Au ve siècle, il était de nouveau enseigné et pratiqué ouvertement par les néo-platoniciens athéniens : non seulement Proclus composa un *Peri Agogês* et un nouveau commentaire des *Oracles chaldéens*, mais il jouit aussi de visions personnelles *(autoptoumenois)*, de phantasmes « hécatiques » lumineux et fut, comme le fondateur du culte, un grand faiseur de pluie [50]. Après Justinien, la théurgie retourna sous terre, mais ne s'éteignit pas entièrement.

Psellus a décrit une *théagôgia* dirigée par un archevêque suivant les formes de la théurgie païenne (τοῖς χαλδαίων λόγοις ἑπόμενος), et qui eut lieu à Byzance au XIe siècle [51]; et le commentaire des *Oracles* par Proclus était encore connu, directement ou indirectement, de Nicéphore Gregoras au XIVe siècle [52].

III. UNE SÉANCE A L'ISEUM

Αἰγύπτιος γάρ τις ἱερεὺς ἀνελθὼν εἰς τὴν 'Ρώμην καὶ διά τινος φίλου αὐτῷ (sc. Πλωτίνῳ) γνωρισθεὶς θέλων τε τῆς ἑαυτοῦ σοφίας ἀπόδειξιν δοῦναι ἠξίωσε τὸν Πλωτῖνον ἐπί θέαν ἀφικέσθαι τοῦ συνόντος αὐτῷ οἰκείου δαίμονος καλουμένου. τοῦ δὲ ἑτοίμως ὑπακούσαντος γίνεται μέν ἐν τῷ 'Ισείῳ ἡ κλῆσις· μόνον γὰρ ἐκεῖνον τὸν τόπον καθαρόν φασιν εὑρεῖν ἐν τῇ 'Ρώμῃ τὸν Αἰγύπτιον. κληθέντα δὲ εἰς αὐτοψίαν τὸν δαίμονα θεὸν ἐλθεῖν καὶ μὴ του δαιμόνων εἶναι γένους· ὅθεν τὸν Αἰγύπτιον εἰπεῖν· μακάριος εἶ θεὸν ἔχων τὸν δαίμονα καὶ οὐ τοῦ ὑφειμένου γένους τὸν συνόντα. μήτε δὲ ἐρέσθαι τι ἐκγενέσθαι μήτε ἐπιπλέον ἰδεῖν παρόντα, τοῦ συνθεωροῦντος φίλου τὰς ὄρνεις, ἃς κατεῖχε φυλακῆς ἕνεκα, πνίξαντος εἴτε διὰ φθόνον εἴτε καὶ διὰ φόβον τινά· (Porphyre, *Vie de Plotin* 10 16. 12 seq. Volk.) : « Un prêtre égyptien venu à Rome et ayant été présenté (à Plotin) par quelque ami, eut le désir de lui démontrer ses pouvoirs, et lui offrit d'évoquer une manifestation sensible de l'esprit directeur de Plotin. Celui-ci accepta volontiers et l'évocation fut faite au temple d'Isis, le seul lieu pur, dit-on, qu'il pût trouver à Rome. A l'appel, une divinité apparut qui n'était pas de la classe des *daimônes* et l'Egyptien s'écria : " Tu es singulièrement favorisé, car le *daimôn* directeur qui est en toi n'est pas du degré inférieur, mais un dieu. " Mais il ne fut pas possible d'interroger ni même de contempler ce dieu plus avant, car l'assistant du prêtre qui tenait les oiseaux pour la garde, les étrangla, soit par jalousie, soit sous l'effet de quelque terreur. »

Ce passage curieux a été examiné par Hopfner, *OZ* II.125, et plus à fond par Eitrem, *Symb. Oslo.* 22.62 seq. Nous ne devrions pas y attacher une trop grande valeur historique. L'emploi du *phasin* [53] (« dit-on ») montre que la source de Porphyre n'était ni Plotin lui-même, ni aucun des participants; et puisqu'il dit que l'incident provoqua la composition de l'essai de Plotin, Περὶ τοῦ εἰληχότος ἡμᾶς δαίμονος (*Enn.* 3.4.), il a dû se produire avant l'arrivée à Rome de Porphyre et au moins trente-cinq ans avant la publication de la *vita Plotini*. Le témoignage sur lequel repose l'histoire n'est donc pas de première main, ni même (sans doute) proche de l'événement dans le temps. Cela ne peut, comme le dit justement Eitrem, « avoir la valeur d'une attestation authentique [54] ». Néanmoins, cela nous donne un aperçu intéressant, quoique non satisfaisant, de la technique magique supérieure au IIIe siècle.

Ni le but ni le lieu de la séance ne doivent trop nous surprendre. La croyance en un *daimôn* intime est très ancienne et répandue, et fut acceptée et rationalisée par Platon et les stoïciens, chacun à sa façon [55]. Que cela ait pu jouer un rôle quelconque dans la magie gréco-égyptienne est suggéré par *PGM* VII. 505 seq., où une « recette » malheureusement incomplète est titrée Σύστασις ἰδίοδ δαίμονος [56]. (Cela ne doit toutefois pas être confondu avec l'évocation bien plus commune, d'un *paredros* ou esprit « familier », dont le lien avec le magicien est *créé* pour la première fois par la procédure magique). Pour le *daimôn* qui se révèle être un dieu, voir, outre Plotin. *Enn.* 3.4.6. (I.265. 4 Volk.) *daimôn toutô theos* (cités par Eitrem), Olympiodore *in Alc.* p. 20 Cr., où après avoir distingué les *theioi daimones* de ceux d'un rang inférieur, il nous dit que οἱ κατ' οὐσίαν ἑαυτῶν βιοῦντες καὶ ὡς πεφύκασι τὸν θεῖον δαίμονα ἔχουσιν εἰληχότα... κατ' οὐσίαν δέ ἐστι ζῆν τὸ πρόσφορον αἱρεῖσθαι βίον τῇ σειρᾷ ὑφ' ἣν ἀνάγεται, οἷον στρατιωτικὸν μέν, ἐὰν ὑπὸ τὴν ἀρεϊκήν, κτλ. Quant au choix du lieu il s'explique suffisamment par l'exigence bien connue d'un *topos katharos*, d'un lieu pur, pour les opérations magiques [57], et par l'affirmation de Chaeremon que les temples égyptiens n'étaient accessibles en temps ordinaires qu'à ceux qui s'étaient purifiés, et soumis à un jeûne rigoureux [58].

Mais ce qui laisse Eitrem perplexe tout comme moi, c'est le rôle joué par les oiseaux, ἃς κατεῖθε φυλακῆς ἕνεκα c'est-à-dire pour protéger les officiants des assauts d'esprits mal intentionnés (et non assurément pour empêcher que les oiseaux eux-mêmes ne s'envolent, ainsi que le traduisent à tort et unanimement Mac Kenna, Bréhier, et Harder : leur présence serait alors totalement inexpliquée). Des mesures de sécurité sont parfois prescrites par les papyrus [59]. Mais comment les oiseaux servaient-ils de phulakê ? Et pourquoi leur mort bannissait-elle l'apparition ? Selon Hopfner, l'impureté de la mort éloignait le dieu : ils étaient là pour que leur mort puisse servir d'*apolusis* en cas de besoin [60], mais ici la chose est faite prématurément et inutilement. Eitrem, d'autre part, comparant ce texte à *PGM* 12. 15 seq., où l'étranglement d'oiseaux fait partie du rite de l'animation d'une figure en cire d'Eros, estime que le motif réel devait être un sacrifice et que Porphyre ou son informateur a dû mal comprendre ce qui s'est passé : les motifs attribués au *philos* lui paraissent « invraisemblables ». A l'appui de ce point de vue, il aurait pu citer les mots mêmes de Porphyre dans la *Lettre à Anebo* [61] où il dit que διὰ νεκρῶν ζῴων τὰ πολβὰ αἱ θεαγωγίαι ἐπιτελοῦνται, ce qui paraîtrait devoir débouter l'explication porposée par Hopfner. Il existe toutefois un autre texte de Porphyre qui semblerait donner à entendre qu'en tuant des oiseaux en *cette* circonstance, le *philos* enfreignait une règle du *mysterion* théurgique : dans le *de abst.*, 4.16 (255,7 N.) il dit : ὅστις δὲ φασμάτων φύσιν ἱστόρησεν, οἶδεν καθ' ὃν λόγον ἀπέχεσθαι χρὴ πάντων ὀρνίθων καὶ μάλιστα ὅταν σπεύδῃ τις ἐκ τῶν χθονίων ἀπαλλαγῆναι καὶ πρὸς τοὺς οὐρανίους θεοὺς ἱδρυνθῆναι. La chose s'applique si bien à l'incident de l'Iséum (on accordera volontiers, je crois, qu'*apechesthai* comprend aussi bien une abstention de tuer que de manger) qu'il est difficile de ne pas avoir le sentiment que Porphyre songeait précisément à cela. Nous pourrions peut-être rappeler à ce sujet la règle pythagoricienne qui interdisait explicitement le sacrifice de coqs (Jamb. *vit. Byth.* 147, *Protrept.* 21).

Mais s'il en est ainsi, pourquoi les oiseaux étaient-ils là ? Il est possible que ce soit parce que leur présence même était une *phulakê*. *Ornithes* dans autre forme de qualification signifie ordinairement la volaille domestique, *katoilidioi ornithes* (*cf. L.-S.* [9], s.v.), Et la volaille domestique, comme l'a fait remarquer Cumont [62], apporta avec elle de son lieu d'origine en Perse la réputation d'être un oiseau sacré, un bannisseur d'obscurité et par conséquent de démons [63] : Plutarque, par exemple, sait que *Kunes kai ornithes* appartiennent à Oromazes (Ormuzd) [64]. N'est-il pas probable qu'en cette matière, comme dans le culte du feu, la tradition théurgique ait préservé des traces des idées religieuses iraniennes, et que Porphyre au moins (sinon le prêtre égyptien) ait pensé que les oiseaux avaient un rôle apotropaïque, et que leur mort était un outrage au phantasme céleste ? Il existe en fait des indices plus récents qui étayent cette hypothèse, car Proclus nous apprend, non seulement que les coqs sont des créatures solaires, μετέχοντες καὶ αὐτοὶ τοῦ θείου κατὰ τὴν ἑαυτῶν τάξιν, mais que ἤδη τινὰ τῶν ἡλιακῶν δαιμόνων λεοντοπρόσωπον φαινόμενον, ἀλεκτρύονος δειχθέντος, ἀφανῆ γενέσθαι φασὶν ὑποστελλόμενον τὰ τῶν κρειττόνων συνθήματα[65].

IV. Le modus operandi : telestikê

Proclus définit la théurgie de façon grandiloquente « une puissance plus haute que toute sagesse humaine, qui embrasse les bienfaits de la divination, les vertus purifiantes de l'initiation, et en un mot toutes les opérations de la possession divine » (*Theol. Plat. p.* 63). Cela peut se décrire plus simplement comme étant la magie appliquée à une fin religieuse et reposant sur une révélation supposée de caractère religieux. Tandis que la magie vulgaire emploie des noms et des formules d'origine religieuse à des fins profanes, la théurgie se sert des procédés de la magie commune dans un but avant tout religieux : son but, son *telos* était ἡ πρὸς τὸ νοητὸν πῦρ ἄνοδος (*de myst.* 179.8), qui permettait à ses adhérents d'échapper au déterminisme cosmique, εἱμαρμένη (οὐ γὰρ ὑφ' εἱμαρτὴν ἀγέλην πίπτουσι θεουργοί), *Or. chald* p. 59 Kr., cf. *de myst.* 269. 19 seq.), et assurait l'immortalisation de l'âme *(tês psychês apathanatismos)* (Procl. *in Remp.* I.152.10)[66]. Mais elle a une utilité encore plus immédiate : le Livre III du *De mysteriis* est entièrement consacré aux techniques de divination, et Proclus prétend avoir reçu des *daimones* de nombreuses révélations concernant le passé et l'avenir (*in Remp.* I. 86.13).

Pour autant que nous puissions en juger, les procédures de la théurgie étaient en gros semblables à celles de la magie commune. Nous pouvons distinguer deux types principaux : (I) ceux qui dépendaient uniquement de l'emploi de *symbola* ou *sunthêmata ;* et (II) ceux qui nécessitaient le recours à un « médium » en extase. De ces deux branches de la théurgie, la première paraît avoir été connue sous le nom de *telestikê*, et s'être rapportée surtout à la consécration (*telein*, Procl. *in Tim.* III.6.13) et l'animation de statues magiques dans le but d'en obtenir des oracles : Proclus, *in Tim.* III.155.18, τὴν τελεστικὴν καὶ χρηστήρια καὶ ἀγάλματα θεῶν ἱδρῦσθαι ἐπὶ γῆς καὶ διά τινων συμβόλων ἐπιτήδεια ποιεῖν τὰ ἐκ μερικῆς ὕλης γενόμενα καὶ φθαρτῆς εἰς τὸ μετέχειν θεοῦ καὶ κινεῖσθαι παρ' αὐτοῦ καὶ προλέγειν τὸ μέλλον : *Theol. Plat.* I.28, p. 70, ἡ τελεστικὴ διακαθήρασα καί τινας χαρακτῆρας καὶ σύμβολα περιτιθεῖσα τῷ ἀγάλματι ἔμψυχον αὐτὸ ἐποίησε : dans le même sens cf. *in Tim.* I.51.25, III.6.12 seq.; *in Crat.* 19.12. [67]. Nous pouvons supposer qu'une partie au moins de cette tradition remonte aux *telestika* de Julien; il est certain que les *symbola* remontent aux *Oracles chaldéens* [68].

Qu'étaient ces *symbola*, et quel était leur emploi ? La réponse la plus claire se trouve dans une lettre de Psellus [69] : ἐκείνη γὰρ (sc. ἡ τελεστικὴ ἐπιστήμη) τὰ κοῖλα τῶν ἀγαλμάτων ὕλης ἐμπιπλῶσα οἰκείας ταῖς ἐφεστηκυίαις δυνάμεσι, ζῴων, φυτῶν, λίθων, βοτανῶν, ῥιζῶν, σφραγίδων, ἐγγραμμάτων, ἐνίοτε δὲ καὶ ἀρωμάτων σπονδεῖα καὶ θυμιατήρια, ἔμπνοα ποιεῖ τὰ εἴδωλα καὶ τῇ ἀπορρήτῳ δυνάμει κινεῖ. C'est l'authentique doctrine théurgique, dérivée sans doute du commentaire de Proclus sur les *Oracles chaldéens*. Les animaux, les plantes, les pierres et les parfums figurent dans *de myst.* (233.10 seq., cf. Auf., *Civ. D.* 10.11) et Proclus fournit une liste de plantes magiques, pierres magiques, etc., utiles à diverses fins [70]. Chaque dieu a son représentant « sympathique » dans le règne animal, végétal et minéral, qui est, ou qui contient, un *symbolon* de sa cause divine et qui est ainsi en rapport avec celle-ci [72]. Ces *symbola* étaient dissimulés à l'intérieur de la statue [71], de sorte qu'ils n'étaient connus que du *telestês* (Procl. *in Tim.* 1.273.11). Les sphragides (pierres gravées) et les *engrammata* (formules écrites) correspondant aux *charactêres kai onomata zôtika* de Procl. *in Tim.* III.6.13. Les *charactêres* (comprenant par exemple les sept voyelles symbolisant les sept dieux planétaires [73]), pouvaient être écrites *(theis)* ou prononcées *(ekphônêsis)* [74]. La manière correcte de les prononcer était un secret professionnel qui était transmis oralement [75]. Les attributs du dieu pouvaient aussi être nommés pour produire un effet magique dans une invocation orale [76]. Les « noms vivifiants » comprenaient en outre certaines appellations secrètes que les dieux eux-mêmes avaient révélées aux Juliens, leur permettent ainsi d'obtenir des réponses à leurs prières [77]. Celles-ci seraient parmi les *onamota barbara* qui, d'après les *Oracles chaldéens*, perdent leur efficacité s'ils sont traduits en grec [78]. Il en est certes que les dieux ont expliqués [79] : quant au reste, si un *charactèr* n'a pas de sens pour nous αὐτὸ τοῦτο ἐστιν αὐτοῦ τὸ σεμνότατον (*De must.*, 254.14 seq.).

En tout cela la *telestikê* théurgique était loin d'être originale. Les anciens herbiers et lapidaires sont pleins de « botanique astrologique » et de « minéralogie astrologique » qui attribuaient telle plante ou telle pierre précieuse à tel dieu planétaire, et dont les débuts remontent au moins à Bolus de Mende (vers 200 avant Jésus-Christ [80]). Ces *symbola* étaient déjà utilisés dans les invocations de la magie gréco-égyptienne; ainsi Hermès est-il évoqué en nommant sa plante et son arbre, la déesse lunaire par la récitation d'une liste d'animaux, etc.; se terminant par εἴρηκά σου τὰ σημεῖα καὶ τὰ σύμβολα τοῦ ὀνόματος [81]. *Charactêres*, listes d'attributs, *onomata barbara*, font partie du répertoire usuel de *materia magica* gréco-égyptien; l'emploi des *onamata barbara* était connu de Lucien (*Menipp.* 9 *fin.*), et de Celse, et la théorie de leur intraduisible efficacité fut énergiquement soutenue par Origène contre ce dernier (*c. Cels.* I.24 seq.). Pour un dieu révélant son nom véritable au cours d'une opération magique, voir *PGM* I.161 seq.; sur l'importance de l'énonciation (*ekphonêsis*) correcte, *PGM* V.24, etc.

La fabrication de statuettes magiques de dieux n'était d'ailleurs pas une industrie nouvelle ni un monopole des théurgistes [82]. Cela s'appuyait en fin de compte sur la croyance primitive et très répandue en une *sympatheia* naturelle reliant l'image à l'original [83], croyance identique à celle qui sert de fondement à l'emploi magique de représentations d'êtres humains à des fins d'envoûtement. Son centre de diffusion était évidemment l'Égypte, où elle s'était enracinée dans les idées religieuses indigènes [84]. Le dialogue hermétique tardif *Asclepius* a connaissance des « statuas animatas sensu et spiritu plenas » qui président l'avenir « sorte, vate, somniis, multisque aliis rebus », et qui causent les maladies aussi bien qu'elles en guérissent : l'art de produire de telles statues en emprisonnant, dans les images consacrées à l'aide de plantes, de pierres précieuses et de parfums, les âmes de *daimones* ou d'anges, fut découvert par les anciens Egyptiens : « sic deorum fictor est homo [85] ». Les papyrus magiques offrent des recettes pour la construction de telles images et leur animation (*zôpurein*, XII. 318), par exemple IV.1841 seq., où l'image doit être creuse comme les statues de Psellus, et doit renfermer un nom magique inscrit sur une feuille d'or; 2360 seq., un Hermès creux renfermant une formule magique, consacré par une guirlande et le sacrifice d'un coq. A partir du Ier siècle après Jésus Christ [86], nous entendons parler de la fabrication privée [87] et l'emploi magique des statues semblables hors de l'Egypte. Néron en possédait une, le don d'un « plebeius quidam et ignotus, » qui le prévenait des conspirations (Suet. *Nero* 56); Apulée fut accusé, sans doute avec raison, d'en posséder une [88]. Lucien dans son *Philopseudes* satirisa cette croyance [89]; Philostrate fait mention de leur emploi à titre d'amulettes [90]. Au IIIe siècle, Porphyre cite un oracle hécatique [91] donnant les instructions pour la confection d'une image qui doit procurer au fidèle endormi une vision de la déesse [92]. Mais la vogue véritable vint plus tard et paraît devoir être attribuée à Jamblique qui y vit sans doute le mode de défense le plus efficace du culte traditionnel des images contre les sarcasmes de la critique chrétienne. Tandis que Porphyre dans son Περὶ ἀγαλμάτων ne semble pas avoir voulu soutenir que les dieux étaient en aucun sens présents dans les images qui les symbolisaient [93], Jamblique dans un ouvrage du même nom se met en devoir de prouver « que les idoles sont divines et remplies de la divine présence ». Il soutient son argument en rapportant *polla apithana* [94]. Ses disciples avaient coutume de demander des présages aux statues et ils ne tardèrent pas à ajouter des *apithana* de leur cru : Maxime fait rire une statue d'Hécate et s'allumer automatiquement les torches entre ses mains [95]; Heraiscus possède une intuition si délicate qu'il distingue tout de suite la statue « animée » de l' « inanimée » d'après les sensations qu'elle lui donne [96].

L'art de fabriquer les images oraculaires passa du monde païen mourant dans le répertoire des magiciens médiévaux, où il eut une longue vie, quoiqu'il ne fût jamais aussi commun que l'emploi d'images à des fins d'envoûtement. Ainsi une bulle du pape Jean XXII, datée de 1326 ou 1327, dénonce les personnes qui, par magie, emprisonnent des démons dans des images ou autres objets, les interrogent, et en obtiennent des réponses [97]. Et deux autres questions se présentent en ce qui concerne la *telestikê* théurgique, quoiqu'elles ne puissent être approfondies ici. En premier lieu, cela a-t-il contribué en quelque chose à la croyance, tant en Italie que dans la Byzance médiévale, aux *telesmata* (talismans) ou « statuae averruncae » — images ensorcelées dont la présence, secrète ou apparente, avait le pouvoir de détourner les désastres naturels et la défaite militaire [98] ? Certaines de ces *telesmata* (habituellement attribuées à des magiciens anonymes ou légendaires) étaient-elles en réalité l'œuvre de théurgistes ? Zosime nous apprend (4.18) que le thérugiste Nestorius sauva Athènes d'un tremblement de terre en 375 après Jésus-Christ par la dédicace d'une *telesma* (une statue d'Achille) au Parthénon, suivant des instructions reçues en rêve. Il semble aussi que serait théurgique la statue de Zeus Philios dédiée μαγγανείαις τισὶ καὶ γοητείαις à Antioche par un contemporain de Jamblique, le fanatique païen Theoteknos, qui pratiquait des *teletai*, des *muêseis* et des *katharmoi* qui se rapportaient à elle (Eus. *Hist. Eccl.* 9.3; 9.11). On peut supposer une origine semblable à cette statue de Jupiter, armé de foudres d'or, qui, en 394, fut « consacrée avec certains rites » pour aider le prétendant païen Eugène contre les troupes de Théodose (Aug. *Civ.* D. 5.26) : nous pouvons voir là-dedans l'œuvre de Flavien, le principal partisan d'Eugène et un homme connu pour s'intéresser à l'occultisme païen. D'autres part, l'*agalma tetelesmenon*, qui protégea Rhegium tant des feux de l'Etna que de l'invasion par mer, semble avoir été munie de *stoicheia* d'une manière qui fait songer aux *symbola* de la théurgie et des papyrus : ἐν γὰρ τῷ ἑνὶ ποδὶ πῦρ ἀκοίμητον ἐτύγχανε, καὶ ἐν τῷ ἑτέρῳ ὕδωρ ἀδιάφθορον [99].

En second lieu, la *telestikê* théurgique suggéra-t-elle aux alchimistes médiévaux leurs tentatives de créer des êtres humains artificiels (« homunculi »), tentatives par lesquelles ils étaient constamment préoccupés ? Ici le rapport entre les deux idées est moins apparent, mais de curieux indices de quelque relation historique ont récemment été mis en avant par l'arabisant Paul Kraus [100], dont la mort prématurée constitue une perte sérieuse. Il fait remarquer que la vaste corpus alchimique attribué à Jâbir b. Hayyan (Gebir) non seulement fait allusion à ce sujet à un ouvrage (apocryphe ?) de Porphyre intitulé *Le Livre de la Génération* [101], mais utilise aussi les spéculations néo-platoniciennes au sujet des images, d'une façon qui ferait croire à quelque connaissance d'ouvrages authentiques de Porphyre, dont peut-être la *Lettre à Anebo* [102].

V. Le modus operandi : la transe médiumnique

Tandis que la *telestikê* cherchait à susciter la présence d'un dieu dans un « réceptacle » *(hypodoché)* inanimé, une autre branche de la théurgie avait pour but de l'incarner passagèrement *(eiskrinein)* dans un être humain (*katochos* ou, selon le terme plus spécifiquement technique, *docheus)* [103]. Tout comme la première reposait sur l'idée plus générale d'une « sympathie » naturelle entre l'image et l'original, ainsi l'autre s'appuyait sur la croyance très répandue d'après laquelle les altérations spontanées de la personnalité étaient attribuables à la possession par un dieu, un *daimôn*, ou un être humain défunt [104]. Qu'une technique pour la production de ce genre d'altération remonte aux Juliens, cela peut se déduire de la déclaration de Proclus selon laquelle le pouvoir qu'a l'âme de quitter le corps et d'y revenir est confirmé par ὅσα τοῖς ἐπὶ Μάρκου θεουργοῖς ἐκδέδοται· καὶ γὰρ ἐκεῖνοι διὰ δή τινος τελετῆς τὸ αὐτὸ δρῶσιν εἰς τὸν τελούμενον [105]. Et que de telles techniques furent pratiquées aussi par d'autres, cela est apparent dans l'oracle tiré du recueil de Porphyre et cité par Firmicus Maternus (*err. prof. rel.* 14) qui commence par « Serapis vocatus et intra corpus hominis collocatus talia respondit ». Un certain nombre des oracles de Porphyre semblent fondés comme l'a vu Frédéric Myers [106], sur les paroles de médiums mis en transe dans ce but, et cela non dans des sanctuaires officiels, mais dans des cercles privés. A cette catégorie appartiennent les instructions pour mettre fin à une transe *(apolusis)*, qui sont censées être données par le dieu par l'entremise du médium entransé [107], et qui ont leurs équivalents dans les papyrus magiques, mais qui ne pouvaient guère faire partie d'une réponse oraculaire officielle. Du même genre est l' « oracle » cité (d'après Porphyre ?) par Proclus *in Remp.* I.111.28, " οὐ φέρει με τοῦ δοχῆος ἡ τάλαινα καρδία, " φησί τις θεῶν. Ce genre d'*eikrisis* privé différait des oracles officiels du fait que le dieu était estimé entrer dans le corps du médium non pas par un mouvement spontané de grâce, mais en réponse à la supplication, et même à la contrainte [108], de l'agent *(klêtôr)*.

Cette branche de la théurgie est surtout intéressante à cause de son analogie évidente avec le spiritisme moderne : si nous étions mieux renseignés à son sujet, nous pourrions espérer, grâce à la comparaison, jeter quelque lumière sur les bases tant psychologiques que physiologiques des deux superstitions. Mais les renseignements dont nous disposons ne peuvent que nous tantaliser par cela même qu'ils ont d'incomplet. Nous savons, grâce à Proclus, qu'avant la séance l'opérateur aussi bien que le médium étaient purifiés par le feu et par l'eau [109] (*in Crat.* 100.21), qu'ils étaient habillés de *chitons* spéciaux et qu'ils portaient des ceintures spéciales correspondant à la divinité qui devait être évoquée (*in Remp.* II. 246.23); ceci paraît correspondre au *neilaiê othonê* ou au *sindôn* de l'oracle de Porphyre (*Praep. Ev.* 5.9), dont le célébrant devait se dévêtir, ce geste étant manifestement une partie essentielle de l'*apolusis* (*cf. PGM* IV. 89, σινδονιάσας κατὰ κεφαλῆς μέχρι ποδῶν γυμνόν... παιδα, la « lintea indeumenta » des magiciens, Amm. Marc. 29.1.29, le « purum pallium ». Apul. *Apol.* 44). Le médium portait également une guirlande qui avait une efficacité magique [110], et portait dans ses mains, ou rattachés à ses habits, εἰκονίσματα τῶν κεκλημένων θεῶν [111] ou d'autres *symbola* qui pouvaient convenir [112]. Outre cela on n'a pas de certitude sur ce qui pouvait être fait afin de provoquer l'état de transe. Porphyre a entendu parler de personnes qui s'efforcent d'obtenir la possession *(eikrinein)* en se mettant « debout sur des *charactêres* » (comme les magiciens du Moyen Age), mais Jamblique n'estime guère cette façon de procéder (*de myst.* 129.13; 131.3 seq.). Il admet l'emploi d'*atmoi* et d'*epiklêseis* (*ibid.*, 157.9 seq.), mais nie qu'ils puissent avoir quelque influence sur la disposition mentale du médium; Apulée d'autre part (*Apol.* 43), rapporte qu'un médium est endormi « seu carminum avocamento sive odorum delenimento ». Proclus connaît la pratique qui consiste à enduire les yeux de strychnine et d'autres drogues afin de procurer des visions [113], mais il ne l'attribue pas aux théurgistes. Il est probable que les éléments efficaces dans l'opération théurgique, comme dans le spiritisme, étaient l'ordre psychologique et non physiologique. Selon Jamblique, tout le monde n'est pas un médium en puissance; les plus aptes sont les « personnes jeunes et plutôt simples [114] ». En cela il s'accorde à l'opinion antique en général [115]; et l'expérience moderne tendrait dans l'ensemble à l'appuyer, du moins en ce qui concerne la seconde de ses exigences.

Le comportement du médium et son état psychologique sont décrits assez longuement mais obscurément par Jamblique (*de myst.* 3.4-7), et en langage plus clair par Psellus (*orat.* 27, *Scripta Minora*, I.248.1 seq., qui se fonde sur Proclus : cf. aussi *CMAG*, VI.209.15 seq., et *Op. Daem.* XIV. *PG* 122,851). Psellus distingue les cas dans lesquels la personnalité du médium est entièrement « suspendue », en sorte qu'il est absolument nécessaire qu'une personne normale soit présente pour s'en occuper, de ceux dans lesquels la conscience (*parakolouthêsis*) persiste θαυμαστόν τινα τρόπον, en sorte que le médium est τίνα τε ἐνεργεῖ καὶ τί φθέγγεται καὶ πόθεν δεῖ ἀπολύειν τὸ κινοῦν. Ces deux types de transe se rencontrent aujourd'hui [116]. Jamblique rapporte que les symptômes de la transe varient considérablement suivant les différents « communicateurs » et même d'une séance à l'autre (111.3 seq); il peut y avoir anesthésie, et même insensibilité au feu (110.4 seq.); mouvement corporel, ou immobilité complète (111.17); des changements de voix (112.5 seq.). Psellus parle du risque que les *hulika pneumata* ne causent des mouvements convulsifs (κίνησιν μετά τινος βίας γενομένην) que les médiums plus faibles ne peuvent supporter [117]; ailleurs il parle de *katochoi* qui se mordent les lèvres et marmonnent entre leurs dents (*CMAG* VI.164.18). La plupart de ces symptômes se trouvent illustrés dans l'étude classique des phénomènes de transe chez Mrs. Piper par Mrs. Henry Sidgwick [118]. Il est, me semble-t-il, raisonnable de conclure que les états décrits par les observateurs anciens et modernes sont, sinon identiques, du moins analogues. (Ajoutons la remarque significative de Pythagore de Rhodes citée par Porphyre, *ap.* Eus. *Praep. Ev.* 5.8, selon laquelle « les dieux » viennent d'abord avec difficulté, mais plus facilement une fois qu'ils ont pris l'habitude — c'est-à-dire lorsqu'une personnalité de transe s'est formée.)

Nous ne lisons pas que ces « dieux » aient fourni quelque preuve de leur identité; et il semblerait que celle-ci était en fait souvent contestée. Porphyre aurait voulu savoir comment on pouvait distinguer la présence d'un dieu de celle d'un ange, archange, *daimôn*, *archôn* ou d'une âme humaine (*de myst.* 70.9). Jamblique reconnaît que des médiums impurs ou inexperts obtiennent parfois un dieu autre que celui qu'on désirait, ou encore, ce qui est pire, tombent sur un de ces esprits malins appelés *antitheoi* [119] (*ibid.*, 177.7 seq.). Il aurait lui-même démasqué un faux Apollon qui n'était en fait que le spectre d'un gladiateur (Eunap. *vit. Soph.* 473). Synesius, *de insomn.* 142A, attribue des réponses fausses à ce genre d'esprits intrus qui « se précipitent pour occuper une place préparée pour un être supérieur »; son commentateur, Nicephoros Gregoras (*PG* 149, 540A), prête ces vues aux *Chaldaioi* (Julien ?) et cite des instructions (provenant des *Oracles chaldéens ?*) permettant de régler ce genre de situation. D'autres expliquent les réponses fausses en invoquant des « circonstances défavorables [120] » (πονηρὰ κατάστασις τοῦ περιέχοντος, Porph. *ap.* Eus. *Praep. Ev.* 6.5. = Philop. *de mundi creat.* 4.20), ou un défaut d'*epitêdeiotês* [121]; d'autres encore invoquent un état d'âme troublé du médium, ou l'intervention inopportune de sa personnalité normale (*de myst.* 115.10). Toutes ces façons d'excuser l'échec se retrouvent dans les ouvrages sur le spiritisme.

Outre qu'ils révélaient le passé ou l'avenir par la bouche du médium, les dieux accordaient des signes visibles (ou parfois audibles [122]) de leur présence. Le corps du médium pouvait être visiblement allongé ou dilaté [123], ou même élevé dans les airs (*de myst.* 122.3 [124]). Mais ces manifestations prenaient d'ordinaire la forme d'apparitions lumineuses : à vrai dire, en l'absence de ces « visions bienheureuses », Jamblique estime que l'opérateur ne peut pas être sûr de ce qu'il fait (*de myst.*, 112.18). Il semblerait que Proclus ait distingué deux types de séances : « l'autoptique », dans laquelle le *theatês* voyait ces phénomènes par lui-même; et « l'epoptique » où il devait se contenter de la description que lui en faisait le *klêtor* (ὁ τὴν τελετὴν διατιθέμενος [125]). Dans ce dernier cas, les visions s'exposaient naturellement au soupçon d'être purement subjectives, et Porphyre semble l'avoir laissé entendre; et effet, Jamblique répudie énergiquement la notion que l'*enthousiasmos* ou la *mantikê* puissent être d'origine subjective (*de myst.* 114.16; 166.13), et s'en réfère apparemment aux traces objectives de leur visite laissées par « les dieux [126] ». Des auteurs plus tardifs s'appliquent à expliquer pourquoi certaines personnes seulement peuvent jouir de ces visions, grâce à un don naturel ou à une *hieratikê dynamis* (Procl., *in Remp.* II.167.12; Hermeias *in Phaedr.* 69.7 Couvreur).

Les apparitions lumineuses remontent aux *Oracles chaldéens*, qui promettent qu'en prononçant certains charmes, l'opérateur verrait « du feu ayant la forme d'un enfant », ou encore « un feu informe *(atypôton)* d'où une voix procède », ou diverses autres choses [127]. Qu'on compare cela aux *pyraugê phasmata* que les « Chaldéens » auraient fait voir à l'empereur Julien [218]; aux *phasmata hekatika phôtoeidê* que Proclus prétend avoir vus (Marin. *Vit. Procl.*, 28); et à la recette d'Hippolyte qui permettait de simuler une apparition flamboyante d'Hécate par des moyens périlleux mais naturels (*Ref. Haer.* 4.36). Le *De myst.* 3.6 (112.10 seq.) associe nettement ces phénomènes à la médiumnité : l'esprit est visible sous une forme ignée ou lumineuse entrant *(eiskrinomenon)* ou sortant du corps du médium; il est visible à l'opérateur *(tô theagôgounti)*, au médium *(tô dechomenô)*, et parfois à toutes les personnes présentes : ce dernier cas (l'*autopsia* de Proclus) est, nous dit-on, la plus satisfaisante. L'apparente analogie avec l' « ectoplasme » ou le « téléplasme » que des observateurs modernes prétendent avoir vu quitter et rejoindre les corps de certains médiums, a été notée par Hopfner [129] et d'autres. Tout comme l' « ectoplasme », les apparitions pouvaient être informes *(atypôta, amorphôta)* ou posséder une forme *(tetupômena, memorphômena)* : l'un des oracles de Porphyre parle du « feu pur de l'être comprimé en des formes *(typoi)* sacrées »; mais selon Psellus (*PG* 122, 1136C) les apparitions informes sont les plus dignes de foi, et Proclus (*in Crat.* 34.28) en donne la raison ἄνω γὰρ ἀμόρφωτος οὖσα διὰ τὴν πρόοδον ἐγένετο μεμορφωμένη. Le caractère lumineux qui leur est régulièrement attribué, est sans doute lié au culte du feu « chaldéen » (iranien); mais il rappelle aussi les *phôtagôgiai* des papyrus [130] ainsi que les « lueurs » des séances modernes. Proclus semble avoir parlé du processus de formation comme s'il avait lieu « dans une lueur [131] » : cela fait songer à une *luchnomanteia* comme celle prescrite dans les *PGM* VII.540 seq., où le magicien dit (561), ἔμβηθι αὐτοῦ (sc. τοῦ παιδός) εἰς τὴν ψυχήν ἵνα <u>τυπώσηται</u> τὴν ἀθάνατον <u>μορφὴν ἐν φωτὶ</u> κραταιῷ καὶ ἀφθάρτῳ. Eitrem [132] voudrait que τυπώσηται se traduise ici par « percevoir » (un sens qui n'est attesté en aucun texte); mais compte tenu des passages auxquels je viens de me référer, j'estime que nous devrions rendre ce mot par « donner forme à » (« abbilden », Preisendanz) et supposer qu'il s'agit d'une matérialisation. La « forte lumière immortelle » remplace le lueur mortelle de la lampe, tout comme dans le *PGM* IV.1103 seq., le veilleur voit la lumière de la lampe prendre « la forme d'une voûte » et la voit ensuite remplacée par « une très grande lumière au-dedans d'un vide », et découvre le dieu. Mais nous ignorons si une lampe fut jamais employée en théurgie. Il est sûr que certains types de *phôtagôgia* se déroulaient dans l'obscurité [133], d'autres en plein air [134], tandis que la lychnomancie ne figure pas parmi les formes de *phôtos agôgê* dont une liste est donnée au *De myst.* 3.14. Les ressemblances de langage sont néanmoins frappantes.

NOTES DE L'APPENDICE II

1. W. Kroll, *De Oraculis Chaldaicis* (Breslauer Philologische Abhandlungen. VII.1, 1894).

2. *Catalogue des manuscrits alchimiques grecs* (abrev. *CMAG*), vol. VI; *Mélanges Cumont*, 95 seq. Cf. sa « Note sur les mystères néo-platoniciens », dans *Rev. belge de Phil. et d'Hist.* 7 (1928), 1477 seq., et sa *Vie de l'Emp. Julien*, 73 seq. Sur Procope de Gaza source directe de Psellus, voir L. G. Westerink dans *Mnemosyne*, 10 (1942) 275 seq.

3. *Griechisch-Aegyptische Offenbarungszauber* (cité sous l'abréviation *OZ*); et dans l'introduction et le commentaire à sa traduction du *De mysteriis*. Voir aussi ses articles « Mageia » et « Theurgie », dans Pauly-Wissowa, et ci-dessous n. 115.

4. Surtout « Die σύστασις und der Lichtzauber in der Magie », *Symb. Oslo.* 8 (1929) 49 seq.; et « La Théurgie chez les Néo-Platoniciens et dans les papyrus magiques », *ibid.*, 22 (1942) 49 seq. L'essai de W. Theiler, *Die Chaldaischen Orakel und die Hymnen des Synesios* (Halle, 1942) traite de façon érudite l'influence des Oracles sur le néo-platonisme tardif, sujet que je n'ai pas cherché à examiner ici.

5. *Papyri Graecae Magicae*, ed. Preisendanz (abrev. *PGM*).

6. Cf. Bidez-Cumont, *Les Mages hellénisés*, I.163.

7. τοῦ κληθέντος θεουργοῦ Ἰουλιανοῦ, Suidas, s. v.

8. Suidas, s. v., cf. Proclus *in Crat.* 72.10 Pasq., *in Remp.* II.123.12, etc. Psellus en un endroit (le confondant peut-être avec son père ?) le situe à l'époque de Trajan (*Scripta Minora*, I, p. 241.29 Kurtz-Drexl).

9. *Vie de Julien*, 369, n. 8.

10. Voir Eitrem, *Symb. Oslo.* 22.49. Psellus semble avoir compris le mot en ce dernier sens, *PG* 122, 721 D : θεοὺς τοὺς ἀνθρώπους ἐργάζεται. Cf. aussi l'hermétique « deorum fictor est homo », cité à la p. 281.

11. L'expression de Proclus οἱ ἐπὶ Μάρκου θεουργοί (*in Crat.* 72.10, *in Remp.* II.123.12) est peut-être une allusion au père et au fils à la fois.

12. Ad *Philops.* 12 (IV.224 Jacobitz). En ce qui concerne cette scholie voir Westerink, *op. cit.*, 276.

13. *Script. Min.* I.241.25 seq., cf. *CMAG* VI.163.19 seq. Comme le fait remarquer Westerink, il semblerait que la source de ces affirmations soit Procope.

14. Marinus, *vit. Procl.* 26; cf. Procl. *in Crat.* c. 122. Sur ce genre de prétentions à une origine divine, prétentions qui se rencontrent fréquemment dans la littérature occulte hellénistique, voir Festugière, *L'Astrologie*, 309 seq.

15. Bousset, *Arch. f. Rel.* 18 (1915) 144, présentait des arguments en faveur d'une date plus ancienne alléguant des coïncidences avec la doctrine de Cornelius Labeo. Mais la date de Labeo lui-même est loin d'être fixée avec certitude; aussi les coïncidences pourraient seulement signifier que les Juliens fréquentaient les milieux néo-pythagoriciens, lesquels, nous le savons, s'intéressaient à la magie.

16. *Script. Min.* I.241.29; cf. *CMAG* VI.163.20. Sur les oracles doctrinaux obtenus dans des visions, voir Festugière, *op. cit.*, 59 seq.

17. Voir chap. III, n. 70.

18. Kroll, *op. cit.*, 53 seq. Les passages concernant le feu divin rappellent la « recette d'immortalité » des *PGM* IV.475 seq., qui est sous bien des aspects ce qui se rapproche le plus des *Oracles chaldéens*. Julien, *Or.* V, 172 D, attribue au *Chaldaios* (c'est-à-dire à Julien) un culte de *ton heptaktina theon*. Ce titre solaire a été défiguré par une corruption du texte dans deux passages de Psellus : *Script. Min.* I.262.19 : 'Ερωτύ ην ἢ κασόθαν ἢ "Επτακις (lire : 'Επτάκτις), ἢ εἴ τις ἄλλος δαίμων ἀπατηλός, *ibid.* I.446.26 : τὸν "Επάκτον ('Επτάκτιν Bidez) ὁ 'Απουλήιος ὅρκοις καταναγκάσας μὴ προσομιλῆσαι τῷ Θεουργῷ (sc. Juliano). Cf. aussi Procl. *in Tim.* I.34.20 : 'Ηλίῳ, παρ' ᾧ... ὁ 'Επτάκτις κατὰ τοὺς θεολόγους.

19. Περὶ τῆς χρυσῆς ἁλύσεως, *Ann. Assoc. Et. Gr.* 1875, 216.24 seq.

20. Proclus, *in Tim.* III.120.22 : οἱ θεουργοί... ἀγωγὴν αὐτοῦ παρέδοσαν ἡμῖν δι' ἧς εἰς αὐτοφάνειαν κινεῖν αὐτὸν δυνατόν : cf. Simpl. *in Phys.* 795.4 et Damasc. *Princ.* II.235.22. *Sustasis* et *agôgê* sont tous les deux des « termes de l'art » qui nous sont connus par les papyrus magiques.

21. Proclus, *in Remp.* II.123.9 seq.

22. Suidas, s. v. 'Ιουλιανός. Le fait est peut-être aussi attribué implicitement à Julien par Claudien, *de VI cons. Honorii*, 348 seq., qui parle de magie « chaldéenne ». Pour d'autres versions de ce conte, et un résumé des commentaires modernes abondants, voir A. B. Cook, *Zeus*, III.324 seq. L'attribution à Julien a peut-être été provoquée par une confusion avec le Julien qui commanda contre les Daces sous Domitien (Dion Cass. 67.10).

23. *Script. Min.* I.446.28.

24. S. Anastase de Sinai, *Quaestiones* (*PG* 89, col. 525 A). Sur la prétendue rivalité entre Julien et Apulée, voir aussi Psellus à la référence donnée plus haut n. 18.

25. Cf. Olympiodore, *in Phaed.* 123.3 Norvin : οἱ μὲν τὴν φιλοσοφίαν προτιμῶσιν, ὡς Πορφύριος καὶ Πλωτῖνος καὶ ἄλλοι πολλοὶ φιλόσοφοι. οἱ δὲ τὴν ἱερατικήν (c'est-à-dire la théurgie), ὡς 'Ιάμβλιχος καὶ Συριανὸς καὶ Πρόκλος καὶ οἱ ἱερατικοὶ πάντες.

26. L'injonction en prose, μὴ ἐξάξῃς ἵνα μὴ ἐξίῃ ἔχουσα τι qu'il cite dans l'*Enn.* I.9 *init.*, est appelée « chaldéenne » par Psellus (*Expos. Or. Chald.* 1125 C seq.) et aussi dans une scholie tardive *ad loc.*, mais elle ne peut pas provenir d'un poème hexamétrique. La doctrine est pythagoricienne.

27. Porph. *vit. Plot.* 16. Cf. Kroll. *Rh. Mus.* 71 (1916), 350; Puech dans les *Mélanges Cumont*, 935 seq. Dans une liste semblable de pseudo-prophètes, Arnob. *adv. gentes* 1.52, Julien et Zoroastre figurent côte à côte.

28. Cf. surtout c. 9, I.197.8 seq. Volk. : τοῖς δ' ἄλλοις (δεῖ) νομίζειν εἶναι χώραν παρὰ τῷ θεῷ καὶ μὴ αὐτὸν μόνον μετ' ἐκεῖνον τάξαντα ὥσπερ ὀνείρασι πέτεσθαι... τὸ δὲ ὑπὲρ νοῦν ἤδη ἐστὶν ἔξω νοῦ πεσεῖν.

29. *Enn.* 4.4.37, 40. A noter qu'au cours de cette discussion il se sert du terme méprisant *goêteia* et n'introduit aucun des termes de l'art employé par les théurgistes. Sur la conception stoïcienne et néo-platonicienne de *sympatheia*, voir K. Reinhardt, *Kosmos und Sympathie*, et

mes remarques dans *Greek Poetry and Life*, 373 seq. De pareilles explications semblaient tout à fait insuffisantes à des théurgistes (*De myst.* 164.5 seq. Parthey).

30. *Symb. Oslo.* 22.50. Comme le fait remarquer Eitrem lui-même, Lobeck et Wilamowitz étaient d'un autre avis; il aurait pu ajouter les noms de Wilhelm Kroll (*Rh. Mus.* 71 [1916] 313) et de Joseph Bidez (*Vie de Julien* 67; *CAH* XII.635 seq.).

31. Voir à ce sujet *CQ* 22 (1928) 129, n. 2.

32. J. Cochez, *Rev. néo-scolastique*, 18 (1911) 328 seq., et *Mélanges Ch. Moeller*, 1.85 seq.; Cumont, *Mon. Piot*, 25.77 seq.

33. *De abst.* 4.6, cf. *de myst.* 265.16, 277.4. Voir en outre la réponse convaincante d'E. Peterson à Cumont, *Theol. Literaturzeitung*, 50 (1925) 485 seq. J'ajouterais que l'allusion dans l'*Enn.* 5.5.11 aux personnes exclues de certaines *hiera* du fait de leur *gastrimargia* se rapporte probablement à Eleusis, non à l'Egypte : παραγγέλλεται γὰρ καὶ Ἐλευσῖνι ἀπέχεσθαι κατοικιδίων ὀρνίθων καὶ ἰχθύων καὶ κυάμων ῥοιᾶς τε καὶ μήλων, Porph. *de abst.* 4.16.

34. Cf. *CQ* 22 (1928) 141 seq., et E. Peterson, *Philol.* 88 (1933) 30 seq. Inversement, comme Eitrem le fait justement remarquer (*Symb. Oslo.* 8.50), la *systasis* magique et théurgique n'a rien à voir avec l'union mystique.

35. Voir l'étude bienveillante, élégante et savante de Bidez, *La Vie du néo-platonicien Porphyre.* Une infection semblable du mysticisme par la magie s'est produite dans d'autres cultures. « Au lieu que la religion populaire soit spiritualisée par l'idéal contemplatif, nous voyons dans la religion la plus élevée une tendance à être envahie et contaminée par les forces infra-rationnelles du paganisme sous-jacent. C'est ce qui paraît dans le bouddhisme tantrique et dans certaines formes sectaires de l'hindouisme » (Christopher Dawson, *Religion and Culture*, 192 seq.).

36. νεὸς δὲ ὢν ἴσως ταῦτα ἔγραφεν, ὡς ἔοικεν, Eun. *vit. soph.* 457 Boissonade; Bidez, *op. cit.*, chap. III.

37. Les fragments furent édités par W. Wolff, *Porphyrii de Philosophia ex Oraculis Haurienda* (1856). Sur le caractère général de cette collection, voir A. D. Nock, « Oracles théologiques », *REA* 30 (1928) 280 seq.

38. Les fragments reconstitués (peu scientifiquement) par Gale sont reproduits dans l'édition du *De mysteriis* de Parthey. Au sujet de la date voir Bidez, *op. cit.*, 86.

39. Apud Eus. *Praep. Ev.* 5.10, 199 A (= fr. 4 Gale) : μάταιοι αἱ θεῶν κλήσεις ἔσονται... καὶ ἔτι μᾶλλον αἱ λεγόμεναι ἀνάγκαι θεῶν· ἀκήλητον γὰρ καὶ ἀβίαστον καὶ ἀκατανάγκαστον τὸ ἀπαθές.

40. Il est probable que la lettre à Anebo ne citait ni Julien ni les *Oracles chaldéens*, puisque la réponse de Jamblique n'en fait aucune mention. Il reste à découvrir si la « théurgie » du *De mysteriis* est indépendante de la tradition des Juliens. Certes l'auteur prétend connaître tant la doctrine « chaldéenne » (p. 4.11) ou « assyrienne » (p. 5.8) que l'égyptienne, et dit qu'il présentera les deux.

41. Marinus, *vit. Procli* 26; Lydus, *mens.* 4.53; Suidas, s. v. πορφύριος.

42. Aug. *Civ. Dei* 10.32 = *de regressu* fr. I Bidez (*Vie de Porphyre*, App. II).

43. *Ibid.*, 10.9 = fr. 2 Bidez. Concernant la fonction de la *pneumatikê psychê* en théurgie, voir mon édition de Proclus, *Elements of Theology*, p. 319.

44. Cf. Plus haut, n. 25, le jugement d'Olympiodore.

45. Julien, *Epist.* 12 Bidez; Marinus, *vit. Procli* 26; Damasc. I.86.3 seq.

46. Le *De mysteriis* parut sous le nom d'« Abammon », mais Proclus et Damascius l'attribuaient à Jamblique, et depuis la publication de la dissertation de Rasche en 1911 la plupart des savants ont accepté cette attribution. Cf. Bidez dans les *Mélanges Desrousseaux*, 11 seq.

47. *Epist.* 12 Bidez = 71 Hertlein = 2 Wright. L'éditeur de la collection Loeb est manifestement dans l'erreur lorsqu'il soutient, contre Bidez que *ton homônymon* dans ce passage se rapporte à Jamblique le jeune : τὰ 'Ιαμβλίχου εἰς τὸν ὁμώνομον ne peut pas signifier « les écrits de Jamblique à son homonyme »; d'ailleurs le jeune Jamblique n'était pas *theosophos*.

48. Cf. ce que dit Eunape d'un certain Antonin qui mourut peu avant 891 : ἐπεδείκνυτο οὐδὲν θεουργὸν καὶ παράλογον ἐς τὴν φαινομένην αἴσθησιν, τὰς βασιλικὰς ἴσως ὁρμὰς ὑφορώμενος ἑτέρωσε φερούσας (p. 471).

49. C'est ainsi que Proclus apprit d'Asclepigeneia la *theourgikê agogê* du « grand Nestorius » dont elle était, par l'entremise de son père Plutarque, la seule héritière (Marinus, *vit. Procli* 28). Concernant cette transmission familiale de secrets magiques, voir Dieterich, *Abraxas* 160 seq.; Festugière, *L'Astrologie*, 332 seq. Selon Diodore, c'est une pratique chaldéenne, 2.29.4.

50. Marinus, *vit. Procli* 26, 28. Le Περὶ ἀγωγῆς est énuméré par Suidas, s. v. Προκλος.

51. *Script. Min.* I.237 seq.

52. Migne, *PG* 149, 538 B, 599 B; cf. Bidez, *CMAG* VI.104 seq., Westerink, *op. cit.*, 280.

53. La correction donnée par Nauck pour φησίν qui n'a pas de sujet possible.

54. Parmi les auteurs tardifs, Proclus (*in Alc.* P. 73.4 Creuzer) et Ammianus Marcellinus (21.14.5) font allusion à l'incident. Mais lorsque Proclus écrit ὁ Αἰγύπτιος τὸν Πλωτῖνον ἐθαύμασεν ὡς θεῖον ἔχοντα τὸν δαίμονα, il dépend nettement de Porphyre; il en va de même, probablement d'Ammianus, que ce soit de façon directe, ou par l'entremise d'une source doxographique.

55. Voir chap. II, pp. 51 seq. Quoique chaque homme ait son « génie », dit Ammianus, *loc. cit.*, de tels êtres sont « admodum paucissimis visa ».

56. La partie de la recette qui nous est parvenue étant une invocation au soleil, Preisendanz et Hopfner estiment que *idiou* est une erreur pour *hêliou*. La perte du reste de la recette (Eitrem) paraît être une explication tout aussi possible. Concernant ce genre de perte, voir Nock, *J. Eg. Arch.* 15 (1929) 221. L'*Idios daimôn* semble aussi avoir joué un rôle en alchimie; cf. Zosime, *Comm. in* ∞ 2 (Scott, *Hermetica*, IV.104).

57. Par exemple, *PGM* IV.1927. C'est ainsi encore que IV.28 exige un lieu récemment mis à nu par la décrue du Nil et qui n'a pas encore été foulé, et II.147, un τόπος ἁγνὸς ἀπὸ παντὸς μυσαροῦ. Il en est de même pour Thessalus, *CCAG* 8 (3). 136.27 (οἶκος καθαρός).

58. *Apud* Porph. *de abst.* 4.6 (236.21 Nauck). Plus loin il parle de ἁγνευτήρια τοῖς μὴ καθαρεύουσιν ἄδυτα καὶ πρὸς ἱερουργίας ἅγια (237.13). Concernant les pratiques magiques dans les temples égyptiens, voir Cumont, *L'Egypte des Astrologues*, 163 seq.

59. Par exemple, *PGM* IV.814 seq. Au sujet de *phylakê*, cf. Proclus dans *CMAG* VI, 151.6 : ἀπόχρη γὰρ πρός... φυλακὴν δάφνη, ῥάμνος σκύλλα, κτλ.; esprits qui deviennent mauvais au cours de la séance : Pythagore de Rhodes dans Eus. *Praep. Ev.* 5.8, 193 B; Psellus, *Op. Daem.* 22, 869 B.

60. L'aspersion avec le sang d'une colombe paraît dans une *apolusis*, *PGM* II.178.

61. Fr. 29 = *De myst.* 241.4 = Eus. *Praep. Ev.* 5.10, 198 A.

62. *CRAI* 1942, 284 seq. On peut douter de la date tardive que donne Cumont pour l'introduction de la volaille domestique en Grèce; mais ceci n'affecte pas le présent argument.

63. « Le coq, ainsi que le chien, furent créés pour combattre démons et sorciers », Darmesteter (cité par Cumont, *loc. cit.*). La croyance en ses vertus conjuratoires subsiste jusqu'en ce jour dans de nombreux pays. Concernant cette croyance parmi les Grecs, voir Orth dans P.-W. s. v. « Huhn », 2532 seq.

64. *Is. et Os.* 46, 369 seq.

65. *CMAG* VI.150.1 seq., 15 seq. (fondé en partie sur l'inimitié traditionnelle du lion et du coq, Pline, *N. H.* 8.52, etc.). Cf. Bolus Φυσικά fr. 9 Wellmann (*Abh. Berl. Akad.*, phil.-hist. KI., 1928, Nr. 7, p. 20).

66. Des idées fort semblables se trouvent dans la « recette pour l'immortalité », *PGM* IV.475 seq. e.g. 511 : ἵνα θαυμάσω τὸ ἱερὸν πῦρ, et 648 : ἐκ τοσούτων μυριάδων ἀπαθανατισθεὶς ἐν ταύτῃ τῇ ὥρᾳ. Là aussi cela culmine en de lumineuses visions (634 seq., 694 seq.). Mais l'*apathanatismos* théurgique pouvait se rapporter à un rite d'inhumation et de renaissance, Procl. *Theol. Plat.* 4.9, p. 193 : τῶν θεουργῶν θάπτειν τὸ σῶμα κελευόντων πλὴν τῆς κεφαλῆς ἐν τῇ μυστικωτάτῃ τῶν τελετῶν (cf. Dieterich, *Eine Mithrasliturgie*, 163).

67. Psellus, tout en établissant un rapport entre la *telestikê* et les statues, explique le terme d'une autre façon : τελεστικὴ δὲ ἐπιστήμη ἐστὶν ἡ οἷον τελοῦσα (ainsi dans les manuscrits) τὴν ψυχὴν διὰ τῆς τῶν ἐνταῦθ' ὑλῶν δυνάμεως (*Expos. or. Chald.* 1129 D, dans *PG*, vol. 122) Hieroclès, qui représente une tradition différente, voit dans la *telestikê* l'art de purifier le *pneuma* (*in aur. carm.* 482 A Mullach).

68. « Les Chaldéens », dit Psellus, διαφόροις ὕλαις ἀνδρείκελα πλάττοντες ἀποτρόπαια νοσημάτων ἐργάζονται (*Script. Min.* 1.447.8). Pour les *symbola*, cf. la phrase citée par Proclus, *in Crat.* 21.1 : σύμβολα γὰρ πατρικὸς νόος ἔσπειρεν κατὰ κόσμον.

69. *Epist.* 187 Sathas (*Bibliotheca Graeca Medii Aevi*, V.474).

70. *CMAG* VI.151.6; cf. aussi *in Tim.* I.111.9 seq.

71. Cf. Proclus dans *CMAG* VI.148 seq., avec l'introduction de Bidez, et Hopfner, *OZ* I.382 seq.

72. Une pratique identique a cours au Tibet de nos jours; on y consacre les statues en y introduisant des charmes écrits et d'autres objets ayant une puissance magique (Hastings, *Encycl. of Religion and Ethics*, VII.144, 160).

73. Cf. R. Wünsch, *Sethianische Verfluchungstafeln*, 98 seq.; A. Audollent, *Defixionum Tabellae*, p. LXXIII; Dornseiff, *Das Alphabet in Mystik u. Magie*, 35 seq.

74. Proclus, *in Tim.* II.247.25; cf. *in Crat.* 31.27. Porphyre aussi, dans sa liste des *materia magica* théurgiques, inclut tant les « figurationes » que « soni certi quidam ac voces » (Aug. *Civ. Dei.* 10.11).

75. Marinus, *vit. Procl.* 28; Suidas, s. v. Χαλδαϊκοῖς ἐπιτηδεύμασι. Cf. Psellus, *Epist.* 187, où nous apprenons que certaines formules sont inefficaces εἰ μή τις ταῦτα ἐρεῖ ὑποψέλλῳ τῇ γλώσσῃ ἢ ἑτέρως ὡς ἡ τέχνη διατάττεται.

76. Psellus, dans *CMAG* VI.62.4, nous dit que Proclus conseillait l'invocation d'Artémis (= Hécate) sous les noms de ξιφηφόρος, σπειροδρακοντόζωνος, λεοντοῦχος ; τρίμορφος· τούτοις γὰρ αὐτήν φησι τοῖς ὀνόμασιν ἕλκεσθαι καὶ οἷον ἐξαπατᾶσθαι καὶ γοητεύεσθαι.

77. Proclus, *in Crat.* 72.8. Cf. le nom divin que « le prophète Bitys » trouva gravé en hiéroglyphes dans un temple à Saïs, et qu'il révéla au « roi Ammon », *De myst.* 267.14.

78. Psellus, *expos. or. chald.* 1132 C; Nicephoros Gregoras, *in Synes. de insomn.* 541 A. Cf. *Corp. Herm.* XVI.2.

79. Cf. les traductions grecques de certains de ces noms magiques donnés par Clem. Alex. *Strom.* 5.242, et Hesych. s. v. Ἐφέσια γράμματα.

80. Voir Wellmann, *Abh. Berl. Akad.*, phil.-hist. Kl., 1928, Nr. 7; Pfister, *Byz. Ztschr.* 37 (1937) 381 seq.; K. W. Wirbelauer, *Antike Lapidarien* (Diss. Berl., 1937); Bidez-Cumont, *Les Mages hellénisés* I.194; Festugière, *L'Astrologie*, 137 seq., 195 seq.

81. *PGM* VII.13; VII.781. Cf. VII.560 : ἧκέ μοι τὸ πνεῦμα τὸ ἀεροπετές, καλούμενον συμβόλοις καὶ ὀνόμασιν ἀφθέγατοις et IV.2300 seq.; Hopfner, P.-W., s. v. « Mageia », 311 seq.

82. Cf. J. Kroll, *Lehren des Hermes Trismegistos*, 91 seq., 409; C. Clerc. *Les Théories relatives au culte des images chez les auteurs grecs du IIe siècle après J.-C.*; J. Geffcken, *Arch. f. Rel.* 19 (1919) 286 seq.; Hopfner, P.-W., s. v. « Mageia », 347 seq., et *OZ* I.808-812; E. Bevan, *Holy Images.*

83. Cf. Plot. *Enn.* 4.3.11 (II. 23.21 Volk.) : προσπαθὲς δὲ τὸ ὁπωσοῦν μιμηθέν, ὥσπερ κάτοπτρον ἁρπάσαι εἶδός τι δυνάμενον où ὁπωσοῦν semble impliquer la négation de toute vertu particulière aux rites de consécration magique.

84. Erman, *Die ägyptische Religion*, 55; A. Moret, *Ann. Musée Guimet*, 14 (1902) 93 seq.; Gadd, *Divine Rule*, 23 Eusèbe paraît le savoir : il inclut *zoanôn hidruseis* parmi les pratiques religieuses et magiques que les Grecs empruntèrent à l'Egypte (*Praep. Ev.* 10.4.4). Un rite simple de dédicace par l'offrande de *chutrai* était en usage en Grèce classique (textes dans G. Hock, *Griech. Weihegebraüche*, 59 seq.); mais rien ne laisse entendre que ceci était censé produire une animation magique.

85. *Asclep.* III.24^a, 37^a-38^a (*Corp. Herm.* I.338, 358 Scott). Cf. aussi Preisigke, *Sammelbuch*, n°. 4127, ξοανῷ (ainsi Nock pour αοανω) τε σῷ καὶ ναῷ ἔμπνοιαν παρέχων καὶ δύναμιν μεγάλην, de Mandulis-Helios; et Numenius *apud* Orig. *c. Cels.* 5.38.

86. C'est aussi l'époque à laquelle des joyaux gravés de figures ou de formules magiques commencent à paraître en grand nombre (C. Bonner, « Magical Amulets », *Harv. Theol. Rev.* 39 [1946] 30 seq.). La coïncidence n'est pas due au hasard : la magie commence à venir à la mode.

87. Les légendes concernant le comportement miraculeux de statues de culte public étaient naturellement aussi fréquentes dans le monde hellénistique qu'au Moyen Age : elles abondent chez Pausanias et Dion Cassius; Plutarque, *Camille* 6, est un *locus classicus.* Mais un tel comportement était d'ordinaire considéré comme un acte spontané de la grâce divine, et non comme le résultat d'une *hidrusis* ou d'une *kataklêsis* magiques. Sur l'attitude grecque classique voir Nilsson, *Gesch. der Griech. Rel.* I.71 seq.; jusqu'à l'époque d'Alexandre, le rationalisme était généralement assez fort, semble-t-il, pour contenir (dans la classe instruite au moins) la tendance à attribuer des puissances divines aux images tant publiques que privées. A une époque plus récente, la croyance en leur animation peut avoir été entretenue parfois par un recours à des artifices frauduleux; voir F. Poulsen, « Talking, Weeping and Bleeding Sculptures », *Acta Archaeologica*, 16 (1945) 178 seq.

88. Apul. *Apol.* 63. Cf. P. Vallette, *L'Apologie d'Apulée*, 310 seq.; Abt, *Die Apologie des A. u. die antike Zauberei*, 302. De telles statues, qui étaient des possessions permanentes, diffèrent naturellement d'une certaine façon de l'image construite spécialement pour servir dans telle ou telle *praxis.*

89. *Philops.* 42 : ἐκ πηλοῦ Ἐρώτιον τι ἀναπλάσας, Ἄπιθι, ἔφη, καὶ ἄγε Χρυσίδα. Cf. *ibid.* 47, et *PGM* IV.296 seq., 1840 seq.

90. *Vit. Apoll.* 5.20.

91. Des statues animées ont pu jouer un rôle dans la magie hécatique de la Grèce classique; voir les curieuses notices de Suidas, s.vv. θεαγένης et Ἑκάτειον, et cf. Diodore 4.51, où Médée fait une statue creuse d'Artémis (Hécate) contenant des *pharmaka*, tout à fait à la manière égyptienne.

92. Eus. *Praep. Ev.* 5.12 = *de phil. ex orac.*, pp. 129 seq. Wolff. C'est ainsi que le fabricant de l'image en *PGM* IV.1841 lui demande de lui envoyer des songes. Ceci explique l'allusion à « somnia » dans le passage de l'*Asclepius*.

93. Voir les fragments cités par Bidez, *Vie de Porphyre*, App.I.

94. Photius, *Bibl.* 215. Le compte rendu est de seconde main, mais il peut être reçu, du moins comme une indication du sens général de l'argumentation de Jamblique. Cf. Julien, *epist.* 89^{b} Bidez, 293 AB.

95. Eunap. *vit. soph.* 475. Cf. *PGM* XII.12. le *pûr automaton* est un vieux tour de la magie iranienne (Paus. 5.27.5 seq.), dont Julien a peut-être conservé la tradition. Mais il était également connu de prestidigitateurs profanes (Athen. 19 E; Hipp. *Ref. Haer.* 4.33; Julius Africanus, κεστοί p. 62 Vieillefond). Cela reparaît dans l'hagiologie médiéviale, par exemple, Caesarius d'Heisterbach. *Dialogue sur les Miracles*, 7.46.

96. Suidas, s. v. Ses dons « psychiques » se manifestaient en outre du fait que la simple proximité physique d'une femme impure lui donnait toujours un mal de tête.

97. Th. de Cauzons, *La Magie et la sorcellerie en France*, II.338 (cf. aussi 331, 408).

98. Cf. l'App. III de Wolff dans son édition du *de phil. ex orac.* de Porphyre; H. Diels, *Elementum.* 55 seq.; Burckhardt, *Civilisation of the Renaissance in Italy*, 282 seq. (éd. angl.) : Weinreich, *Antike Heilungswunder*, 162 seq.; C. Blum, *Eranos.* 44 (1946) 315 seq. Malalas attribuait même à un *telesmatopoios* les vertus du palladium troyen (Dobschütz, *Christusbilder*, 80* seq.).

99. Olympiodore de Thèbes chez Müller, *FHG* IV.60.15 (= Photius, *Bibl.* 58.22 Bekker). Le feu et l'eau étaient sans doute symbolisés par des *charactêres*. Il se peut que ce soit par coïncidence que ces deux mêmes éléments servent aux purifications théurgiques (Proclus, *in Crat.* 100.21).

100. *Jâbir et la science grecque* (= *Mém. de l'Inst. d'Egypte*, 45, 1942). Je suis redevable au Dr Richard Walter de m'avoir fait connaître ce livre intéressant.

101. Porphyre fait figure d'alchimiste chez Berthelot, *Alchim. grecs* 25, et dans la tradition arabe (Kraus, *op. cit.*, 122, n. 3). Mais il n'existe aucune trace d'œuvres authentiques de Porphyre sur l'alchimie. Olympiodore, toutefois, et d'autres néo-platoniciens tardifs s'intéressent à la question.

102. Les allusions au *ad Aneb.* dans la littérature arabe sont cités par Kraus, *op. cit.*, 128, n. 5.

103. J'ignore pour quel motif Hopfner (*OZ* II.70 seq.) exclut ces deux types d'opération de sa définition de « la divination théurgique proprement dite ». En définissant un terme comme la théurgie, nous devrions plutôt nous guider, me semble-t-il, sur les preuves anciennes que sur une théorie *a priori*.

104. Voir chap. III, p. 72. Pour des personnalités secondaires professant d'être des dieux païens et acceptées pour tels par des exorcistes chrétiens, cf. Min. Felix., *Oct.* 27.6 seq.; Sulpice Sévère, *Dial.* 2.6 (PL 20, 215 C), etc.

105. *In Remp.* II.123.8 seq. A en juger par le contexte, le but de cette *teletê* était probablement d'obtenir (comme dans l'expérience imaginaire avec le *psychoulkos rabdos* que cite Proclus, 122.22 seq., d'après Cléarque, une « excursion psychique » plutôt qu'une possession, mais cela devait en tout cas impliquer la production d'un certain état de transe.

106. « Greek Oracles », *in* Abbott, *Hellenica*, 478 seq.

107. Lignes 216 seq. Wolff (= Eus. *Praep. Ev.* 5.9). Selon G. Hock, *Griech. Weihegebraüche*, 68, les instructions se rapporteraient au cas où la présence divine se retirait d'une statue. Mais des tournures comme βροτὸς θεὸν οὐκέτι χωρεῖ, βροτὸν αἰκίζεσθε, ἀνάπαυε δὲ φῶτα, λῦσόν τε δοχα, ἄρατε φῶτα γέηθεν ἀναστήσαντες ἑταῖροι ne peuvent se rapporter qu'à un médecin humain (les « contrôles » des séances modernes s'expriment régulièrement ainsi à la troisième personne, en parlant du médium).

108. Les oracles de Porphyre l'affirment à plusieurs reprises, par exemples, 1.190 θειοδάμοις 'Εκάτην με θεὴν ἐκάλεσσας ἀνάγκαις. Pythagore de Rhodes aussi, que Porph. cite à ce propos (*Praep. Ev.* 5.8) La contrainte est niée dans le *de myst.* (3.18, 145.4 seq.), qui nie aussi que « les Chaldéens » usent de menaces envers les dieux, tout en admettant que les Egyptiens le font (6.5-7). Sur tout ce sujet, cf. B. Olsson dans ΔΡΑΓΜΑ *Nilsson*, 374 seq.

109. Dans le *CMAG* VI.151.10 seq. il mentionne la purification par le soufre et l'eau de mer. Les deux appartiennent à la tradition grecque classique : soufre, cf. Hom. *Od.* 22.481, Theocr. 24.96, et Eitrem, *Opferritus*, 247 seq.; eau de mer, Dittenberger, *Syll.* [3] 1218.15, Eur *IT*, 1193, Theophr. *Char.* 16.12. La nouveauté est dans le but de l'opération : préparer l' « anima spiritalis » à recevoir un être supérieur (Porph. *de regressu* fr. 2). Cf. Hopfner, P.-W., s.v. « Mageia », 359 seq.

110. Cf. λυσατέ μοι στεφάνους dans l'oracle de Porphyre (*Praep. Ev.* 5.9), et le jeune garçon Aedesius qui « n'avait qu'à se mettre une guirlande et regarder le soleil, pour produire immédiatement des oracles dignes de foi, dans le meilleur des styles inspirés » (Eun. *vit. soph.* 504).

111. Porphyre, *loc. cit.*

112. Proclus dans *CMAG* VI.151.6 : ἀποχρὴ γὰρ πρὸς μὲν αὐτοφάνειαν τὸ κνέωρον.

113. *In Remp.* II.117.3; cf. 186.12. Psellus dit avec raison que la pratique est égyptienne (*Ep.* 187, p. 474 Sathas) : cf. *PGM* v[a], et le Papyrus magique démotique de Londres et de Leiden, verso col. 22.2.

114. *De myst.* 157.14. Olympiodore, *in Alc.* p. 8 Cr., dit que les enfants et les gens des campagnes sont plus sujets à l'*enthousiasmos*, du fait qu'ils manquent d'imagination (!).

115. Cf. l'intéressant article de Hopfner, « Die Kindermedien in den Gr.-Aeg. Zauberpapyri », *Festschrift N. P. Kondakow* 65 seq. Il est habituellement allégué que les enfants sont préférables à cause de leur pureté sexuelle, mais la cause véritable de leur efficacité supérieure était sans doute leur plus grande suggestibilité (E. M. Butler, *Ritual Magic*, 126). La Pythie du temps de Plutarque était une simple fille de la campagne (Plut. *Pyth. Orac.* 22, 405 C).

116. Cf. Lord Balfour in *Proc. Soc. for Psychical Research*, 43 (1935) 60 : « En état de transe, Mrs. Piper et Mrs. Leonard semblent perdre tout sentiment d'identité personnelle, ce qui n'est jamais le cas, pour autant qu'un témoin puisse juger, avec Mrs. Willett. Ses séances foisonnent de commentaires au sujet de ses propres sentiments et, à l'occasion, elle fera des remarques... concernant les messages qu'on lui prie de transmettre. » Voir aussi chap. III, n. 54, 55.

117. οὐ φέρουσιν : ce qui explique la ligne οὐ φέρει με τοῦ δοχῆος ἡ τάλαινα καρδία citée par Proclus *in Remp.* I.111.28.

118. *Proc. Soc. Psych. Research*, 28 (1915) : changements de voix, mouvements convulsifs, grincements de dents, pp. 206 seq.; anesthésie partielle, pp. 16 seq. Une insensibilité au feu était attribuée au médium D. D. Home, et dans de nombreuses parties du monde, elle est associée à des états psychologiques anormaux (Oesterreich, *Possession*, 264, 270, Trad. angl.; R. Benedict, *Patterns of Culture*, 176; Brunel, *Aissâoûa*, 109, 158).

119. Cf. *PGM* VII. 634 : πέμψον τὸν ἀληθινὸν 'Ασκληπιὸν δίχα τινὸς, ἀντιθέου πλανοδαίμονος, Arnob. *abv. nat.* 12 : magi suis in accitionibus memorant antitheos saepius obrepere pro accitis, Heliod. 4-7 : ἀντιθέος τις ἔοικεν ἐμποδίζειν τὴν πρᾶξιν, Porph. *de abst.* 2.41 seq., Psellus, *Op. Daem.* 22, 869 B. La source de cette croyance est, pense-t-on, iranienne (Cumont, *Rel. Orient.*[4], 278 seq.; Bousset, *Arch. f. Rel.* 18 [1915] 135 seq.).

120. Porphyre, *loc. cit.*, cite la requête d'un « dieu » en pareilles circonstances que la séance soit levée : λῦε βίην κάρτος τε λόγων· ψευδήγορα λέξω. De même un « communicateur » moderne mettra fin à la séance en disant « je dois m'arrêter à présent, sinon je dirai une bêtise » (*Proc. Soc. Psych. Research*, 38 [1928] 76).

121. Selon Proclus *in Tim.* I.139.23, et *in Remp.* I.40.18, ceci implique, outre la présence du *synthêma* approprié, une position favorable des astres (cf. *De myst.* 173.8), un temps et un lieu favorables (conditions dont les papyrus font souvent mention), et enfin, des conditions météorologiques favorables. Cf. Hopfner, P.-W., s.v. « Mageia », 353 seq.

122. Proclus *in Crat.* 36.20 seq. offre une explication théorique de ce que les spiritistes appelleraient « la voix directe »; elle est de tendance posidonienne (cf. *Greek Poetry and Life*, 372 seq.). Hippolyte sait contrefaire ce phénomène (*Ref. Haer.* 4.28).

123. ἐπαιρόμενον ὁρᾶται ἢ διογκούμενον. Cf. l'élongation prétendue de la religieuse italienne du XVIe siècle. Veronica Laparelli (*Jour. Soc. Psych. Research*, 19.51 seq.), et des médiums modernes Home et Peters (*ibid.*, 10.104 seq., 238 seq.).

124. Un signe traditionnel du magicien ou du saint. La chose est attribuée à Simon Mage (ps.-Clem. *Hom.* 2.32); à des mystiques hindous (Philost. *vit. Apoll.* 3.15); à plusieurs saints chrétiens et rabbins juifs; et au médium Home. Le magicien d'un conte en fait état dans son « répertoire » (*PGM* XXXIV.8), et Lucien fait une satire de ce genre de prétentions (*Phitops.* 13, *Asin.* 4). Les esclaves de Jamblique se vantaient des lévitations de leur maître en oraison (Eunap. *vit. soph.* 458).

125. Voir les textes de Psellus et de Nicetas de Serrae réunis par Bidez, *Mélanges Cumont*, 95 seq. Cf. aussi Eitrem, *Symb. Oslo.* 8 (1929) 49 seq.

126. *De myst.* 166.15, où *tous kaloumenous* semble être passif c'est-à-dire *theous*), et non (comme pour Parthey et Hopfner) moyen (= *tous klêtoras*) : ce sont les « dieux » et non les opérateurs qui améliorent les médiums (166.18, cf. 176.3). S'il en est ainsi, les « pierres et plantes » seraient des *symbola* portés par les « dieux » et laissés par eux, comme les « apports » des spiritistes. Cf. chap. IV, n. 19.

127. Procl. *in Remp.* I.111.1; cf. *in Crat.* 34.28, et Psellus, *PG* 122, 1136 B.

128. Grégoire de Nazianze, *orat.* 4.55 (*PG* 35, 577 C).

129. « Kindermedien », 73 seq.

130. Cf. *De myst.* 3.14, pour divers types de *phôtos agôgê*.

131. Simpl. *in phys.* 613.5, citant Proclus qui parle d'une lueur τὰ

αὐτοπτικὰ θεάματα ἐν ἑαυτῷ τοῖς ἀξίοις ἐκφαῖνον· ἐν τούτῳ γὰρ τὰ ἀτύπωτα τυποῦσθαί φησι κατὰ τὸ λόγιον. Simplicius nie toutefois qu'il soit dit dans les *Oracles* que les apparitions surgissent ἐν τῷ φωτί (616.18).

132. *Greek Magical Papyri in the British Museum*, 14. Reitzenstein, *Hell. Myst.-Rel.*, 31, le traduit par « damit sie *sich* forme nach ».

133. *De myst.* 133.12. : τοτὲ μὲν σκότος σύνεργον λαμβάνουσιν οἱ φωτάγῷ γοῦντες, cf. Eus. *Praep. Ev.* 4. 1. Les prestidigitateurs prétendent, pour leur commodité, que l'obscurité est nécessaire, *Hipp. Ref. Haer.* 4.28.

134. *De myst.* 133.13. τοτὲ δὲ ἡλίου φῶς ἢ σελήνης ἢ ὅλως τὴν ὑπαίθριον αὐγὴν συλλαμβανόμενα ἔχουσι πρὸς τὴν ἔλλαμψιν. Cf. Aedesius, *supra* n. 110; Psellus, *Expos. or. Chald.* 1133 B, et Eitrem, *Symb. Oslo*, 22.56 seq.

INDEX

Abaris, 145, 149, 169 (63).
Adonis, 194.
Aetius, 129 (28).
Alexander, W. H., 10.
Alexandre Polyhistor, 116, 131 (53).
Alföldi, A., 145.
Al Ghazali, 205.
Ammonius Saccas, 282.
Amphiaraus, sanctuaire d', 115.
Amphikleia, oracle de, 93 (30).
Anacréon, 142.
Anaxagore, et Hermotimos, 147, 189, 199 (64).
Ancien Testament, 60 (8), 62 (26).
Anonymus Iamblichi, 197 (27).
Antiphon, *ho teratoskopos*, ne pas identifier au sophiste Antiphon, 136 (100).
Apollon, *l'alexikakos*, 82; origine asiatique, 76; Hyperboréen, 145, 148, 164 (36); Nomios, 84; dans *Les Lois* de Platon, 219, 221, 232 (85); patron de la démence prophétique, 75-77.
Voir aussi : Delphes, La Pythie.
Apollonius de Tyana, le magicien, 281.
Apulée, le magicien, 281, 292, 295.
Apulunas, 76, 94 (32).
Archiloque, 40.
Arès, 20, 84.
Argos, oracle de, 77, 80.
Arismaspiens, 144.
Aristarque, l'astronome, 243.
Aristéas, 145, 165 (37) (61).
Aristide Aelius, 115, 119-122, 130 (32), 134 (79), 250.
Aristides Quintilianus, 85.
Aristophane, 132 (56), 152, 190, 92 (21), 101 (91).
Aristote, 58, 86; 127, 137 (116); 125, 139; 185; 131; 234; 69 (110); 172 (94); 137 (112); 147, 167 (50); 147.
Arnold, Matthew, 241.
Artémidore, 112, 129 (24), 136 (107).
Asclépiades, 86.
Athena, 25, 45, 63 (38), 115, 131 (50), 240.
Attis, 194.
Auden, W. H., 235, 256 (107).

Bacchus, *voir* Dionysos.
Bakis, 78, 95 (45).
Beauchamp, Sally, 73.
Bendis, 193, 202 (89).
Bérose, 242.
Bidez, J., 279.
Bion de Borysthenes, 44, 62 (33).
Bolus de Mende, 243, 244, 259 (69), 291.
Bonner, Campbell, 121.
Bowra, sir Maurice, 12.
Branchidée, oracle de, 76, 80, 98 (70).
Burckhardt, Jacob, 192, 210.
Burnet, John, 143.

Calhoun, G.-M., 57.
Cassandre, 76, 95 (45).
Chalcidius, sur les rêves, 112, 122, 129 (26).
Chronos, 56, 68 (103).
Chrysanthius, 285.
Chrysippe, 234, 236, 237.
Cicéron, 126, 243.
Claros, oracle de, 76, 80, 96 (53), 97 (60), 98 (70).
Cléanthe, 234, 249.
Cléarque, 147.
Cook, A. B., 77.
Corybantes, 84-86, 101 (90).
Cratippe, 126.
Cumont, F., 288.
Cybèle, 84, 101 (90), 122, 193.

Damascius, 278.
Dawkins, R. M., 271.
Delphes, oracle de, 54, 78 à 82, 97 (59), 98 (66 et 70), 99 (71), 113.
Démétrius de Phalère, 141.
Démétrius Poliorcète, 256 (32).
Démocrite, 89, 123, 125, 135 (95).
Démodocos, 87.
Diagoras, 189.
Dicaearchus, 137 (117).
Diels, H., 145, 147, 166 (40).
Dieterich, A., 272.
Diodore, 266.
Diogène Laërce, 167 (51).
Diogène le Cynique, 118.
Dion Cassius, 126.
Dionysos, 86 (30), 89, 99 (78), 100 (82), 172 (95), 176 (129), 176 à 178, 196 (14), 266 à 274, 276 (et 19).
Diopeithes, 190.
Dodone, oracle de, 79, 131 (47).

DUNNE, J. W., 112.

EAQUE, 147, 167 (57).
EDELSTEIN, L., 117, 121.
EHNMARK, E., 23.
EITREM, S., 279, 282, 286, 298.
ELEUSIS, 141, 173 (102), 230 (82), 255 (29), 302 (33).
ELIOT, T. S., 51, 212.
EMPÉDOCLE, 72, 147, 149, 158, 167 (55), 169 (65), 174 (111 et 112).
EPICURE, 234, 237, 243, 256 (36), 260 (77).
EPICURIENS, 237.
EPIDAURE, Registre d', 119.
EPIGENE, 92 (20), 103 (109), 153, 173 (96).
EPIMÉNIDE, 115, 145-151, 166 (42), 175 (121), 230 (81).
ERINYES, 15-19, 31-32 (37), 48-49, 51.
EROS, 51, 216, 228 (60).
ESCHINE, 51, 65 (71).
ESCHYLE, 18, 39, 42, 48, 141, 129 (24), 98 (66), 161 (3), 165 (37), 197 (20), 65 (65, 66).
ESCULAPE, 85, 115-121; culte de, 202 (83); chiens sacrés, 119, 132 (65); épiphanie, 202 (86); devient un dieu important, 193; serpents sacrés, 119, 132 (64), 194.
EUDOXE, 242.
EURICLÈS, 78.
EURIPIDE, 40, 50, 163 (22), 171 (82), 182, 187-190, 199 (46 et 49), 265-274.
EUSÈBE de Mynde, 285.

FESTUGIÈRE, A. J., 151, 237, 246.
FLAVIEN, 293.
FORSTER, E. M., 71.
FRANKFORT, M. et A. N., 50.
FREUD, S., 58, 66 (84), 111, 119, 125, 156, 211, 217.
FRY, Roger, 11.

GALIEN, 126, 136 (104).
GEBIR, 293.
GLOTZ, G., 43, 49.
GRUPPE, O., 274.
GUTHRIE, W. K. C., 9.

HADÈS, 116, 173 (102), 175 (114), 196 (14), 219, 223 (5), 230 (77).
HÉCATE, 86, 101 (91), 200 (61).
HÉCATÉE de Milet, 180, 196 (5).
HEINIMANN, F., 182.
HÉRACLIDE du Pont, 147.
HÉRACLITE, 18, 51, 99 (71), 100 (80), 123, 135 (91), 182.
HERAISCUS, 282.
HERMÈS, 191, 201 (78).
HERMOCLÈS, 239, 255 (32).
HERMOTIME DE CLAZOMÈNES, 145, 147.
HERODAS, 133 (66).
HÉRODOTE, 40, 42, 49, 53, 65 (55), 72, 123, 148, 165 (33), 168 (60 et 61), 170 (80), 172 (96).
HERZOG, R., 117.
HÉSIODE, 42, 47, 51, 54, 68 (103), 87, 122, 134 (86).
HIÉROPHILE, 112, 129 (28).
HIPPOCRATE, 74, 84, 92 (20), 124, 135 (90), 136 (102 et 107).
HITTITES, 68 (103), 76, 94 (32), 114.
HOMÈRE, 15, 39, 44, 55, 61 (16 et 21), 63 (39), 68 (102), 74, 77, 94 (38), 101 (94), 104 (115 et 116), 109-113, 115, 128 (20 et 22), 141, 162 (10).
HOPFNER, 279, 287, 298.
HROZNY, B., 76.
HUGO, V., 107.
HUXLEY, Aldous, 267.
HUXLEY, T. H., 233.

ION de Chios, 153.
ISOCRATE, 63 (37).

JAEGER, W., 150.
JAMBLIQUE, 177 (135), 203 (96), 234, 238, 284, 285, 292, 295, 302 (40), 306 (91), 308 (126).
JAMES, William, 11.
JEAN XXII, pape, 292.
JULIEN, l'Empereur, 280, 298, 302.
JULIEN, le « philosophe chaldéen » 281.
JULIEN, le théurgiste, 279-281, 285, 290-292, 301 (18 et 22).
JUNG, C. G., 127 (4), 130 (37).

KINÉSIAS, 188, 200 (61).
KOESTLER, A., 214.
KOUMARBI, 68 (103).
KRAUS, Paul, 293.
KROLL, W., 279, 283.

LABEO, Cornélius, 301 (15).
LATTE, K., 77, 122.
LEVY-BRUHL, L., 8, 49.
LIDDELL et SCOTT, erreurs dans leur dictionnaire, 15, 30 (17), 63 (37), 95 (49), 163 (19).
LINFORTH, I. M., 11, 83, 85, 151.
LOCRIEN TRIBUT, 46.
LOURDES, 118, 120, 132 (60).
LYCURGUE, 48.
LYSIAS, 189.

MACROBE, 112, 114, 129 (24).
MALINOWSKI, B., 54, 67 (92).
MALRAUX, A., 251.
MARC AURÈLE, 126, 212, 245.
MARINUS, 281.
MARXISME, 58, 248.
MAXIME, le théurgiste, 285, 292.
MAZON, P., 12.
MÉDÉE, 186, 198 (44), 199 (46), 254 (16).
MELAMPOS, 84, 100 (85).
MELVILLE, Herman, 139.
MÉNADES, 265 à 277.
MÉNÉCRATE, 73, 131 (48).
MEULI, K., 145.
MILET, 265, 272.
MILTIADE, 49.
MOIRA, 17, 31 (30).
MURRAY, G., 12, 54, 179, 192.
MUSES, 87-89, 103 (111), 122.
MYERS, Frédéric, 294.

NÉCHEPSO, Révélations de, 243.
NEMESIS, 36 (109), 40.
NÉO-PLATONICIENS et THÉURGIE, 282 à 286.
NÉO-PYTHAGORISME, 244, 259 (69), 301 (15).
NÉRON, 292.
NESTORIUS, 293.
NICÉPHORE GREGORAS, 285, 297.
NIETZSCHE, F., 76.
NILSSON, W. P., 8, 25 à 27, 76, 154, 190, 239, 245, 246.
NOCK, A. D., 9, 246, 249, 275.

ŒDIPE, 45, 56, 68 (105).
ŒSTERREICH, T. K., 80.
OLYMPIODORE, 177 (135).
ONOMACRITOS, 147, 159.
ORPHÉE, 151.
OURANOS, 56, 68 (103).

PAN, 84, 101 (89), 122.
PANAETIUS, 243, 254 (14).
PARKE, H. W., 81, 253 (11), 254 (16).
PATARA, oracle de, 77.
PAUSANIAS, 159.
PEARCE, Nathaniel, 270.
PENTHÉE, mythe de, 274.
PÉRÉGRINUS, 250, 262 (100).
PÉRIANDRE, 116.
PFEIFFER, R., 275 (1).
PFISTER, F., 46, 53.
PHÈDRE, 187, 198 (44), 199 (46).
PHÉMIOS, 21, 104 (115).
PHÉNICIENS, prophéties, 49, 53, 69 (108), 76, 218, 60 (8).
PHÉRÉCYDE de Syros, 157.
PHILIPPIDE, 122 et 123.
PHOCYLIDE, 51.
PINDARE, 38, 52, 109, 122, 139, 142, 160.
PIPER, Mrs., 96 (52), 97 (61), 296, 307 (116).
PLATON, 43, 52, 56, 62 (32), 72, 86, 89, 94 (41), 95 (46), 95 (49), 103 (104), 113, 125, 139, 152, 155, 160, 171 (87), 172 (92 et 95), 174 (132), 175 (133), 197, 198 (33), 199 (47), 203 (97), 205-209, 214-222, 224 (9 et 19), 225 (24 et 30), 226 (33), 227 (48), 228 (59), 229 (70), 230 (77 et 82), 237, 242, 257 (52).
PLINE, 102 (96).
PLOTIN, 244, 260 (78), 282, 286-288, 301 (26), 302 (33).
PLUTARQUE, 43, 77-81, 96 (56), 126, 250.
PORPHYRE, 283, 286 à 300, 288, 294, 307 (107).
POSEIDON, 84.
POSIDONIUS, 117, 236, 247, 254 (14), 259 (65), 308 (122).
PRINCE, Morton, 73.
PROCLUS, 279, 285, 288, 294.
PROCOPE de Gaza, 279.
PROTAGORAS, 184-185, 189, 200 (63 et 66).
PSELLUS, 279-281, 285, 290, 291, 301 (18).
PTOA, oracle de, 97 (60).
PYTHAGORAS de Rhodes, 296.
PYTHAGORE, 87, 115, 147, 155 146-149, 159, 168 (61), 169 (63), 170 (75), 244.
PYTHIE, 77-81, 94 (41), 98 (68).

Rêves d'anxiété, 111.
ROHDE, E., 18, 72, 75, 144, 154.
ROSE, H. J., 109, 111.

SABAZIUS, 194, 271, 277 (42 et 44), 278 (57).
SARAPIS, 113.
SCEPTIQUES, 237, 247, 248.
SÉNÈQUE, 246.
SHACKLETON, sir Ernest, 122.
SIBYLLE, la, 78.
SIDGWICK, Mrs. Henry, 296.
SIMONIDES, 39, 142.
SMALL, H. A., 9.
SNELL, Bruno, 26.
SOCRATE, 86, 99 (71), 112, 122, 184, 189, 190-191, 198 (36), 201 (74), 206, 223 (6).
SOLON, 42.
SOPHISTE, mouvement, 180, 182-183, 185-187.
SOPHOCLE, 38 (37), 52, 58, 60 (6), 61 (12), 62 (25), 93 (24 et 25), 142, 143, 145, 165 (39), 194.
SORANUS, 87.
SPARAGMOS, rite, 160, 272-274.
SPENGLER, O., 263 (106).
SYNESIUS, 297.

TAGHAIRM, rite incubatoire de, 130 (43).
TENNYSON, lord, 184.
THÉOCLYMÈNE, 77.
THÉOGNIS, 39, 42, 48, 50.
THÉOPHRASTE, 86, 234, 247.
THÉORIS, 203 (95 et 98).)
THÉOTEKNOS, 293.
THESIGER, Ernest, 272.
THOMAS, H. W., 151.
TIMO, 49.
TITANS, mythe des, 159, 176 (128 et 132), 177 (135).
TYLOR, 118.

UPANISHADS, 160.

VIZA, mines de, 271.

WEINRICH, Otto, 73, 117.
WHITEHEAD, A. N., 179, 240.
WILAMOWITZ, V. von, 80, 151, 159, 182, 191, 193.

XÉNOCRATE, 160, 177 (133 et 134).
XÉNOPHANE, 123, 147, 167 (55), 180-182, 196 (7 et 8).
XÉNOPHON, 135 (99), 136 (100), 139.

ZALMOXIS, 148, 168 (60 et 61), 175 (119).
ZENON de Citium, 234-236.
ZEUS, 28, 38, 40-42, 44, 52, 113, 238.

TABLE DES MATIÈRES

Préface 7

Chapitre I. Les excuses d'Agamemnon 11
Notes 30

— II. De « Civilisation de honte » à « Civilisation de culpabilité » 37
Notes 60

— III. Les bienfaits de la Folie 71
Notes 91

— IV. Structure onirique et structure culturelle 107
Notes 127

— V. Les chamans grecs et les origines du puritanisme 139
Notes 161

— VI. Rationalisme et réaction à l'époque classique 179
Notes 196

— VII. Platon, l'âme irrationnelle et le « conglomérat hérité » ... 205
Notes 223

— VIII. La crainte de la liberté 233
Notes 253

Appendice I. Le Ménadisme 265
Notes 275

Appendice II. La théurgie 279
Notes 300

Index 311

GF — TEXTE INTÉGRAL — GF

10561-1984. — Impr.-Reliure Mame, Tours.
N° d'édition 10239. — 4e trimestre 1977. — Printed in France.